高职高专经济、管理类专业"十二五"规划教材

管理学原理

（第2版）

GUANLIXUEYUANLI

主　编　向秋华
副主编　彭　燕　向媛秀
参　编　（按姓氏笔画排序）
　　　　丁承学　王　尧　李建新
　　　　陈飞霞　吴海琼　李寒蕾
　　　　庞广仪　梁　莺　黄福秀

U0747916

中南大学出版社
www.csupress.com.cn

高职高专经济、管理类专业"十二五"规划教材编委会

编委会主任：李国淮（广西国际商务职业技术学院院长、教授）

编委会副主任：王海东（中南大学出版社社长、教授、博导）

覃扬彬（广西职业技术学院副院长、教授）

编　　　委：（按姓氏笔画排序）

韦　滨（广西机电职业技术学院工商管理系副主任）

韦永福（广西现代职业技术学院管理系主任）

叶桂中（广西工商职业技术学院财会系副主任）

冯雪萍（柳州职业技术学院管理系主任）

向秋华（广西经济管理干部学院工商管理系主任）

伍　锐（广西外国语学院国际工商管理学院常务副院长）

罗海峰（桂林山水职业学院经贸系副主任）

陈湘桂（广西经济管理干部学院教务处处长）

李建春（广西职业技术学院管理系主任）

佘伯明（广西经济管理干部学院贸易经济系主任）

陈　梅（广西工商职业技术学院管理系主任）

张秀兰（桂林航天工业高等专科学校工商管理系主任）

杨振科（广西生态工程职业技术学院管理系主任）

杨　磊（广西国际商务职业技术学院国际贸易系主任）

林建栋（广西经贸职业技术学院财政金融系主任）

姚瑞基（广西国际商务职业技术学院财会金融系主任）

郭上玲（广西工业职业技术学院管理科学系主任）

黄容生（柳州城市职业技术学院管理系主任）

黄朝晓（广西经济管理干部学院会计系主任）

黄彪虎（广西经贸职业技术学院经贸系主任）

葛　莉（桂林航天工业高等专科学校经济与贸易系主任）

韩海燕（广西交通职业技术学院管理系主任）

覃学强（广西职业技术学院经贸系主任）

韩江河（南宁职业技术学院商学院院长）

熊小庆（广西外国语学院国际经济与贸易学院常务副院长）

廖福英（广西国际商务职业技术学院市场流通系主任）

前　言

　　《管理学原理》是高职院校管理类专业基础课系列规划教材之一，是以教育部高职高专管理课程教学基本要求的精神为指导，以实用、通俗为原则，既博采众家之长，又力求突破与创新，主要针对管理类高职应用型专业人才的培养，为满足高职高专教师传授知识和学生实际应用的需要编著而成的。教材注意理论联系实际，注重"讲、读、练"一体化的紧密结合，以适应高职院校教师精讲、学生多练的"能力本位"教学模式的需要。

　　本教材是为高职高专管理类相关专业学生量身定做的教材，在内容和形式上都有所创新，具有如下突出的特点：一是既注重普及基本管理理论，又强调了现代管理理论的新发展。例如，创新管理、危机管理等都是现代管理中研究的热点，都在相应的章节中得到体现；二是以通俗、实用为原则进行编写。在每一章的编写中，只把基本的理论知识交代清楚，更多冗长的阐述都尽量删减，取而代之的是通俗易懂的导入案例、管理故事和管理启示；三是根据管理学课程特点和学生的认知水平，加大课堂和课外实训的力度；每章都有一定数量的练习题，涉及了填空题、选择题、简答题、案例分析四个方面，使学生能针对实际问题应用所学知识进行全方位思考，从而培养学生分析解决实际问题的能力。

　　本书由向秋华教授任主编，彭燕、向媛秀任副主编。向秋华制定编写大纲并对全书统稿定稿；向媛秀协助主编负责 1～6 章的统稿定稿工作；彭燕协助主编负责 7～11 章的统稿定稿工作。参加编写工作的有李寒蕾（第一章）、吴海琼（第二章）、庞广仪（第三章）、王尧（第四章）、丁承学（第五章）、梁莺（第六章）、彭燕（第七章、第十章）、黄福秀（第八章）、陈飞霞（第九章）、李建新（第十一章）。

　　本教材在编写过程中，参考了大量同行专家的有关著作、教材及案例，在此向相关作者表示衷心感谢。管理学是一门实践性很强的学科，现代管理的理论与方法，当前仍在不断的发展和完善当中。虽然我们为编写《管理学原理》一书付出了艰辛和努力，但由于水平有限，难免出现疏漏和差错，恳请广大专家和读者批评指正。

编　者

2011 年 6 月

目 录

第一章　管理与管理学

本章学习目标

1. 掌握管理的含义
2. 了解管理的性质
3. 掌握管理的基本职能
4. 掌握管理者的类型及其技能要求
5. 明确管理学的研究内容、对象和研究方法
6. 理解环境对管理的影响

案例导入

管理——在人类奇迹中彰显魅力

在人类发展的历史长河中，人们用智慧和汗水创造了一个又一个奇迹。在古代，从中国的万里长城到埃及的金字塔；在现代，从阿波罗登月计划到中国的"神七"飞天，无不显示人类征服自然、创造奇迹的成果。殊不知，在这些奇迹的背后，管理有着巨大的功劳。

万里长城，这个站在月球上都能看得见的人类建筑物，同埃及的金字塔一样，在当时的条件下建筑成如此宏伟的工程，实在是令当代人难以置信。但毫无疑问的是，如此浩大的工程，除了先进的技术，缺乏严密的组织管理也是不可能完成的。长城的修筑人数达到数十万，历时上百年，工程量大到无法统计，如何组织，如何分工，如何实施，严密的科学管理就成为关键。在施工管理方面，由秦到明，都采用防务与施工相结合，分地区，分片负责，管理制度相当完善，工程质量也相应很好。单就工程的计算，就计划得十分周密。据《春秋》记载，不仅测量计算了包括城墙的长、宽、高以及沟穴在内的土石方总量，连所需人工、材料，从各地调来人力、往返道路里程、人员所需口粮，各地区负担的任务，也分配得十分明确。

管理启示

纵观人类社会的发展史，管理无处不在，管理起到至关重要的作用。如今，科学技术和组织管理已被认为是推动人类社会发展的"两个车轮"，是社会发展的两股强大力量。

第一节　管理概述

一、管理的概念

"管理"起源于人类的共同劳动，自古有之。当人们组成群体要达到共同目标时，就必须有管理，以协调群体中每个成员的活动。

自从有了人类就有了管理活动。因为人是社会动物，人们所要从事的活动，无论是社会活动还是生产活动，都必须依靠集体来进行，而要组织和协调集体活动就需要管理。原始人在狩猎时，常常由一群人来捕杀一头猎物。因为他们认识到这是单个人无法做到的，只有靠集体的力量，同心协力，才能达到既保全自己，又捕获猎物的目的，这就需要大家配合行动。组织这种相互配合的活动实际上就是最早期的管理，尽管当时他们还没创造出"管理"这个词。

随着生产力的发展，管理思想也在发展。原始社会的生产力水平非常低下，当时的管理水平也较低。随着生产力的不断发展和社会的进步，管理思想有了很大的发展，世界上的一些文明古国也对早期管理思想的发展作出了突出的贡献。

早在公元前五千年左右，古埃及人就建造了世界七大奇迹之一的金字塔。要完成这项巨大的工程是非常艰难的，其中包含了大量的管理工作，如组织人力进行计划与设计，在没有先进运输工具的条件下组织搬运，合理进行人力分工等。这些工作不仅需要丰富的技术知识，还需要许多管理经验。

公元前两千年左右，古巴比伦王汉穆拉比曾经颁布过一部法典，全文共有200多条，其中对人的活动作了许多规定，如个人财产怎样受到保护、百姓应遵守什么规范，等等。这里面涉及了许多的管理思想。

古希腊也留下了许多宝贵的管理思想。公元前370年，古希腊学者对劳动分工作了这样的描述："在制鞋工厂中，一个人负责缝鞋底，另一个负责剪裁，还有一个人负责制造鞋帮，最后一个人负责把各部件组装起来。这里所遵循的原则是：一个从事高度专业化的人一定能把工作做好。"科学管理创始人泰罗的一些思想与古希腊学者的这一管理思想非常接近，尽管他们的时代相差两千多年。

中国也是一个历史悠久的文明古国，在管理思想的发展中，同样占有重要的历史地位。早在两千多年前的春秋战国时期，杰出的军事家孙武所著的《孙子兵法》13篇，篇篇都闪烁着无限智慧的光芒。"知己知彼，百战不殆"这句话就是书中一个典型的例子。它强调了要充分了解我方和敌方的实际情况，掌握客观规律，就能取得最后的胜利。像这样的辩证策略在书中比比皆是，甚至有许多思想在今天仍值得我们借鉴。日本和美国的一些大公司都把《孙子兵法》列为培训经理的必读书籍。

我国现在还流传着田忌赛马的故事。虽然这个故事发生在春秋战国时期，但其中所包含的管理思想可以看作是现代管理对策论思想的雏形……

由此可见，人类很早以前的活动中就蕴涵许许多多管理思想，其中有很多都是现代管理思想的雏形。管理是人类活动的重要组成部分，管理是否恰当，是否得力，在很大程度上决定着社会组织的兴衰成败。事实上，无论人们从事何种职业，他们都不同程度地参与管理，如管理国家、管理某项工作、管理家庭等。因此，我们有必要认真地学习管理学。

在现代社会，管理活动作为人类最重要的一项活动，广泛地存在于社会生活中，国家、军队、企业、学校、医院、慈善机构等日常工作的进行都需要管理。可以说，现代社会的发展离不开管理。因此，我们有必要了解什么是管理，为什么要进行管理活动，怎样才能有效地开展管理活动。

1. 管理的定义

对于"管理"，人们从不同的角度出发，有着不同的理解。从汉语词典来看，管理一词是"管辖"、"处理"的意思，但在管理活动中，管理的含义远非如此。是在"管辖"、"处理"的基本含义基础上延伸出更为广泛的意义。

什么是管理？管理学界对于管理概念的认识，至今仍未有一个公认和统一的解释。多年来，西方许多管理学者从不同的研究角度，对管理概念作出了不同阐释。

古典管理理论的代表人物，科学管理的创始人 F·W·泰罗认为："确切知道要别人干些什么，并注意他们用最好最经济的方法去干。"

管理理论创始人之一、法国的亨利·法约尔则将管理定义为："计划、组织、指挥、协调和控制。"法约尔对管理基本思想的阐述反映在后来许多管理学家给管理所下的定义中。

20 世纪 50 年代以来，随着社会生产的不断发展，人们对管理的认识又进一步拓展。

美国管理学家赫伯特·A·西蒙认为："管理就是决策。"

马丁·J·坎农则认为："管理是一种为取得、分配并使用人力和自然资源以实现某种目标而行使某些职能的活动。"

美国的小詹姆斯·唐纳利等又把管理定义为："管理就是一个人或更多的人来协调他人的活动，以便收到单个人单独活动所不能收到的效果而进行的各种活动。"

当代管理过程学派的代表，美国管理学家哈罗德·孔茨把管理定义为："管理就是设计和保持一种良好环境，使人在群体里高效率地完成既定目标。"

斯蒂芬·P·罗宾斯对管理定义是："一个协调工作活动的过程，以便能够有效率和有效果地同别人一起或通过别人实现组织的目标。"

随着管理研究范围的不断扩大，各相关学科的研究成果日益丰富，人们对管理概念的认识愈宽泛。有人从系统论角度出发，认为管理就是对整个系统运动、发展、变化有目的、有意义的控制行为；有人从信息论的角度出发，认为管理就是信息不断输入、输出和反馈的过程。对于管理的概念的种种不同认识，我们还可以列举出很多，这些不同认识从不同的侧面揭示了管理的含义，深化了管理在某一方面的属性，这对管理理论的发展是有益的。

综上分析，我们认为管理是指管理者在特定的环境下，对组织的各类资源进行有效的计划、组织、领导和控制，使组织成员高效率地实现既定目标的活动过程。这一定义包含以下几层意思：

（1）管理是为实现组织目标服务的，是一个有意识、有组织的群体活动过程。

管理的基本原理适用于一切组织。不论是营利性的工商企业，或是非营利性的群体组织，如学校、医院、科研单位、政府机关、军队或慈善救济会等。虽然不同组织可能需要不同的管理技术和管理方法，但是管理的基本原理却是相同的。

（2）管理过程是由一系列相互关联的基本职能所构成的，这些基本职能包括计划、组织、领导和控制。各级管理者都要通过计划工作、组织工作、领导工作和控制工作来确定组织目标，创造一种良好的环境，使组织成员高效率地实现既定目标。

（3）管理的对象是组织的各类资源，管理的有效性集中体现在组织资源的投入、产出的比较上。所以，管理者都必须把提高效益作为管理目标。营利性的组织固然要讲究效益，追求盈利；非营利性的组织，如事业单位、政府机关等，也必须力争完成预期目标，投入的资源（人、财、物）越少越好，或者以现有的资源完成更多的工作。而要提高效益，就必须提高工作效率。任何一个组织要想留住并诱导该组织的成员高效率地工作，应使组织成员明确实现组织目标与实现个人目标是一致的，同时要满足组织成员各种合理的物质需要和精神需要，通过提高组织成员的满意感激发员工的工作热情。

（4）管理活动是在一定的环境背景下进行的，管理者应善于发现环境中的机会和威胁。管理者绝不是在一个孤立、封闭的组织内开展管理活动的，而是在一个开放的、与外界有千丝万缕联系的组织中进行管理活动的。管理者要适应外部环境的变化，并能充分利用外部环境提供的各种机会。一方面要求组织为创造优良的社会物质和文化环境尽其"社会责任"，另一方面，管理的方法和形式要因环境条件的不同而随机应变。

2. 理解管理概念的四个要素

（1）客观性。管理活动是在特定的组织内、外部客观环境的约束下进行的，任何组织都存在于一定的内、外部环境之中，并受到客观环境的约束。

例如，企业的存在离不开外部原材料的供应和顾客的需求，其生产经营活动要受到国家政策、法律等多种因素的影响；学校的生存取决于学生求学的欲望和用人单位的需求。

管理理论的学习和实践必须注重组织内、外部的客观环境并适应环境，利用内、外部环境的各种有利因素，并根据其变化不断创新。与此同时，管理还必须遵循客观规律，这些规律包括自然规律、经济规律、矛盾运动的规律、价值规律等。

（2）目的性。管理是为实现组织目的服务的，没有明确目标的管理是不存在的。

例如，企业的目的是提高组织资源利用效率和利用效果，不断开拓市场，最大限度地获取经济利益，创造条件促进职工发展；学校的目的就是培养高素质的学生，提高教师教学、科研水平。

（3）有效性。管理工作要通过有效地利用组织的各种资源来实现目标。

组织资源包括传统资源（人、财、物这些内部的、有形的资源）和现代资源（信息、时间、情感、公关这些外部的、无形的资源）。有效性的标志是效率和效果（效能）。管理工作实现效率是指单位时间内所取得的效果的数量，反映了劳动时间的利用状况，与效益有一定的联系。效果（效能）是指由投入经过转换而产出的成果，其中有的是有效益的，有的是无效益的。

管理只关心效率是不够的，还必须关心效果。

效率与效果是不同的：效率只涉及活动方式，与资源利用相关，只有高低之分而无好坏之别；效果涉及活动的目标和结果，不仅有高低之分，而且有好坏之别；高效率只是在正确地做事，好效果则是在做正确的事。例如，三峡大坝必须在保证效果的前提下，最大限度地提高效率。

效率与效果是相互联系的，在管理上缺一不可。例如，企业如不考虑效率，可能会生产或制造出十分精良的产品来。但是，一颗螺丝的生产耗费半年时间，又有何意义？

因此，管理不仅要关心活动达到的目标(即效果)，还要尽可能做到有效率，把管理的目的体现在效率与效果的整体之中，即绩效之中。只有"正确地做正确的事"，组织才能具有最大的有效性。

(4)职能性。管理要最终落实到"计划、组织、领导、控制"等一系列管理职能上。

管理职能是管理者开展管理工作的手段和方法，也是管理工作区别于一般作业活动的重要标志。这些管理职能是每个管理者都必须要做的事情，是管理理论研究和管理实践的重点，不为社会制度、组织规模和管理者的喜好所左右。

二、管理的性质

(一)管理的二重性

1. 管理的自然属性

(1)含义，是指管理要处理人与自然的关系，具有同生产力、社会化生产相联系的性质，表现为要合理组织生产力，也称为管理的生产力属性。

(2)特征，管理的自然属性特征包括如下：

①具有正确、合理地履行管理的四大职能，最大限度地利用人、财、物等资源，实现既定目标的功能。

②自然属性指明了管理作为一种独立社会生产劳动，是社会生产力发展和社会分工的产物。

③自然属性主要决取于生产力发展水平和劳动社会化程度，而与生产关系的性质无关。即管理的自然属性是一切社会化大生产所共有的，不会随着生产关系的变更而改变。

2. 管理的社会属性

(1)含义，是指管理要处理人与人之间的关系，具有同生产关系、社会制度相联系的性质，表现为维护所在社会的生产关系的基本职能，也称为管理的生产关系属性。

(2)特征，管理的社会属性特征包括如下：

①表明了管理鲜明的阶级性，指明了管理要服从企业生产资料所有者的利益和意志，是实现其生产目的的一种手段。

②回答了管理的目的、权力归属和方式等问题。

③社会属性主要决定于社会生产关系的性质。

3. 管理二重性形成的原因

(1)由企业本身的两重性决定。企业是社会系统中生产力的组成部分，也是社会生产关系的具体体现单位。企业的生产过程，既要把实物产品生产出来，销售出去(物质资料的再生产)，又要维护其所在国的社会制度和生产关系(生产关系的再生产)，企业本身的两重性决定了企业管理的两重性。

(2)生产过程是生产力和生产关系的统一体。要保证生产过程的正常进行，企业管理必须具备生产力和生产关系两个方面的基本职能，而这两个基本职能正是企业管理两重性的表现。

4. 社会主义管理也有二重性

管理的二重性最早是由马克思提出来的，他论述了资本主义企业管理的二重性。社会主义企业管理同样具有二重性。

　　在生产力方面，社会主义企业管理的自然属性同资本主义企业管理的自然属性是相同的，都是表现在合理地组织生产力、组织社会化大生产方面的基本职能。

　　在生产关系方面，社会主义企业管理的社会属性同资本主义企业管理的社会属性有着本质区别。这是由于社会主义企业是以生产资料公有制为主体，它的社会属性是维护和加强集体劳动条件、正确处理人们在生产过程中的相互关系的职能，因此其具有一些新的特征，如管理的权力属于劳动者；管理的目的是为了发展社会主义生产力，满足社会全体成员日益增长的需要；管理的方式是民主的，可以实行真正的民主管理，等等。

　　5.管理二重性的现实意义

　　(1)管理的二重性告诉我们，要正确处理人与自然、人与人之间的关系。

　　(2)管理人员既应具备组织生产力的技术知识和能力，又需要具备处理人际关系的知识和技能。

　　(3)全面地认识国外管理理论和经验。即不仅要有选择地学习和借鉴国外的生产力组织管理方面的理论和经验，而且更要正确地认识国外有关人际关系和社会关系方面的先进管理理论和经验。

　　(4)管理的二重性可以作为我国的管理实践的理论依据。

　　(二)管理的科学性和艺术性

　　1.管理的科学性

　　管理的科学性，管理以反映客观规律的管理理论和方法价值为指导，有一套分析问题、解决问题的理论和科学的方法论；因为它与其他科学一样，具有理论系统性、客观性、指导性和真理性。

　　(1)管理的理论系统性。管理学发展到今天，已经形成了比较系统的体系，揭示了一系列具有普遍意义的管理规律，总结出许多管理原则、管理理论、管理形式、管理方法和管理制度。

　　(2)管理的客观性。一方面，管理这门学科是由大量的学者和实业家长期在总结管理工作的客观规律的基础上形成的，是理论与实践高度凝结的产物，不会因为地域、文化乃至社会制度的差异而不同，也不以人们的主观意志为转移；另一方面，管理必须按照客观规律办事，不能凭运气拍脑袋，否则，就会在激烈竞争的知识经济时代掉队，甚至被淘汰。

　　(3)管理的指导性。管理这门学科来源于管理的实践，接受管理实践的检验，反过来又指导着实践，它是一门指导性和应用性很强的学科。

　　(4)管理的真理性。管理科学是管理工作经验的科学总结，它不是伪科学。

　　2.管理的艺术性

　　管理的艺术性，是指管理是实践性很强的学科，从事管理的人对于事物发展的认识决定了其采取的管理方式方法具有主观性，不能仅仅依靠理论科学知识解决问题，强调管理的实践性。

　　(1)因为管理是一门正在发展的科学，与数学、物理学等自然科学相比，管理科学的发展历史相对较短，还需要在实践中逐步走向完善。

　　(2)由于管理活动本身的复杂性，它受社会政治、经济、技术、文化等多种因素的制约和影响，因此人们从事管理活动需要熟练地运用知识并通过巧妙的技能来达到某种效果，而不可能从管理学书本中找到解决一切管理问题的标准答案，这些技能包括经验、才智、思维力、创造力，因地制宜地将管理知识与具体的管理活动相结合，这些就是艺术。

（3）管理的核心在于人，而人是靠思想、感情支配的，这使得现实生活中的管理问题千差万别，给管理工作带来了浓厚的艺术色彩。

（4）管理的艺术性强调了其实践性，没有实践则无所谓艺术。无视实践经验的积累，无视对理论知识灵活运用能力的培养，管理工作则注定要失败。

管理的艺术性告诉我们，管理活动除了要掌握一定的理论和方法外，还要有灵活运用这些知识和技能的技巧和诀窍。

3. 管理的科学性和艺术性理论的实际意义

（1）管理的科学性和艺术性不是相互排斥，而是紧密结合的。

（2）不注重管理的科学性只强调管理的艺术性，将会表现为随意性，只凭直觉或经验管理，就不会实现管理现代化，就会走弯路，甚至犯错误，影响企业的发展进程。

（3）不注重管理的艺术性而只强调管理的科学性，管理科学将会成为僵硬的教条，机械地搬用管理原理，难以从实际出发有效地达到管理的目标。

因此，管理的科学性和艺术性反映了理论知识和灵活运用相结合的必要性。

4. 现代管理艺术的主要表现

（1）统筹艺术。善于从全局考虑问题，能综合运用主、客观条件和各种内、外部的关系去实现总体目标。

（2）决断艺术。分辨是非曲直，权衡利弊得失，区别轻重缓急，且能果断决策。

（3）用人艺术。知人善任，任人唯贤，做到得其才而致其力。

（4）应变艺术。处变不惊，因势利导，能积极主动地处理问题，变不利为有利。

管理故事

将军与士兵

一个将军到前线，看到一名士兵在那里挖战壕，将军问："大兵你累吗?"士兵说："这哪里是人过的日子啊!"将军并没有直接给士兵回答和解释，而是带着士兵在整个军区里走了一圈，给他讲了作为一个将军的种种压力。结果一圈下来，士兵说："我还是去挖战壕吧。"

小明起床

小明经常上学迟到，原因是晚上很晚才睡，白天起不来。爸爸每天早上6点半提醒小明起床，每次爸爸都会粗暴地推开门，大声说："起床啦，起床啦，再不起要迟到啦。"头几次小明还能遵命起床，久而久之小明对这种枯燥的行为感到厌烦，叫了数十声就是不起床。爸爸打了小明，让小明产生了强烈的抵抗心理。

对此，小明的妈妈换了一种方法，每天用不同的音乐去唤醒小明，小明每天都带着兴奋的心情在想，今天会是什么音乐呢？这样就把抵触情绪转移到好奇上来。从此，小明再也没有上学迟到过。

管理启示

要管理好下属或孩子当然是需要科学的管理方法，否则，对方就不会服从。但要取得最好的效果还需要讲究一定的技巧和灵活性，这样，才能使对方心服口服，管理更加有效。这就是管理的科学性和艺术性。

第二节 管理的职能

一、管理的要素

管理是一项有组织的社会活动，它包括五个基本要素：管理主体、管理客体、管理目标、管理职能和管理手段。

1. 管理目标

管理目标是管理活动的努力方向和将要达到的目的。凡是管理活动都必然有目标。尽管各种管理活动的主体不同、客体不同、内容不同、职能不同，甚至具体的目标也有很大差别，但没有哪个管理会没有目标，否则，就不能称为管理活动。

管理目标具有层次性。低层的管理目标是指一项具体的管理活动或管理工作的目标。如企业的利润管理就是要通过增加企业的销售收入，降低产品成本，以达到利润增加的目标；市场营销管理就是要通过市场调查，生产市场所需的产品，在满足消费者需求的基础上实现组织赢利的目标。这一层次的目标对于具体的管理活动或管理工作来说是非常重要的，因为管理活动若没有这一具体的欲达成的目标，这个活动本身就没有存在的必要了。另外，低层管理目标又是组织高层管理目标规定下的产物，管理的终极目标就是组织的最高层的战略目标，具体的管理活动或管理工作的目标若与组织高层目标相脱离，则管理就不能实现组织的最终目标。

2. 管理主体

管理主体是指从事管理活动的人员。组织中的管理主体由两类人构成：一类是根据组织既定目标将目标任务分解为各类管理活动、工作任务，并督促完成既定目标的人。这类人员通常是组织的核心人物，或者说是组织的高层管理人员。另一类是从事各方面具体管理活动的人，这类人员通常是组织中的骨干人物，即组织的中层管理人员和基层管理人员。没有他们，组织既定的目标难以实现。后者在成为管理主体的同时，又是前者的管理活动的作用对象，即受前者领导和控制，又执行前者分解的组织目标和任务。因此，后者既是管理活动的发出者，又是管理活动的收受者。也就是说，其既是管理的主体又是管理的客体。

管理者在组织中工作，但并非组织工作中的每一个人都是管理者。管理者是指一个组织中，担任某一职务，具有相应的权力和责任，为实现预定目标，指挥别人活动、让别人完成具体任务的人。组织中的成员可以分两种类型：管理者和操作者。操作者是指直接从事某项工作或任务、不具有监督他人工作职责的人。如汽车装配线上的装配工人，麦当劳店里烹制汉堡包的厨师等；相反，管理者就是指挥别人活动的人。他们要为下级人员卓有成效地工作而创造良好环境，实现预期的目标。

（1）管理者的职责

①管理者是目标的提出者

管理能否取得成效和取得成效的大小，关键在于是否能制定出反映本组织发展的目标，这个目标体现着管理者和大多数成员的意志，以及社会发展的要求。因此，管理者要能够为组织制定一个切实可行，足以激发组织成员奋发向上的发展目标。

②管理者是计划者

制定计划是管理者的首要任务，也是管理者指引组织发展，调动组织内成员积极性的重要手段。一个管理者必须善于制定计划，亨利·法约尔说过：缺乏计划或一个不好的计划，是领导人员无能的标志。因此，管理者必须以科学的态度，实事求是的精神，制定组织的计划，并保证计划的可行性和操作性。

③管理者是组织者

组织是保证管理活动顺利进行的必不可少的条件，因而是管理者的重要职责。管理者应把管理活动的各个要素、环节和方面，从劳动的分工、协作、时间、空间上做到很好的结合，使组织不断适应客观条件的变化，发挥出最大的效能。

④管理者是指挥者

管理者要不断地在管理过程中发布命令，下达指示，制定措施，以此来统一组织及其成员的意志和行为，所以，他又是一个指挥者。指挥者的任务就是要在严密组织的基础上，合理分配任务和布置工作，并督促和检查执行情况，及时处理管理中出现的问题。没有高效统一的指挥，组织的目标就不能实现，计划无法完成，也不能实行有效的管理。

⑤管理者是协调者

有效的管理，必须要保证生产过程中各要素，管理的各职能之间的高度协调，这种协调的实现，需要管理者在管理活动中不断地进行统筹和调节。所以，管理者又是一个协调者。作为一个协调者，必须要在保证组织目标实现的基础上，各环节相互配合，紧密衔接，不互相矛盾。协调的形式有纵向协调和横向协调，内部协调和外部协调，协调包括人、财、物的协调，也包括各种关系的协调。

（2）管理者的分类

①按管理人员的层次划分

根据管理者在组织中所处的层次不同，将管理者分为以下几种类型：高层管理者、中层管理者和基层管理者。

1）高层管理者。组织中的高级领导人，对管理负有全面责任，其主要任务有制定战略目标、把握发展方向、分配资源等。如学校的校长、副校长，企业的董事会成员，城市的正、副市长等。

2）中层管理者。他们介于高层和一线管理人员之间。其主要职责是执行重大决策和管理意图、监督和协调基层管理人员的工作活动、具体工作的规划和参谋。如学校中的系主任、处长，企业中计划、生产、财务等部门的负责人，政府中的主任、局长等。

3）基层管理者。他们是最直接的一线管理人员，是直接监察实际作业人员的管理者。其主要职责是直接给下属人员分派任务、直接指挥和监督现场作业活动、保证上级下达的各项计划和指令的完成。如工长、领班、小组长等。

上述三个不同层次的管理人员，其工作内容和性质存在很大的差别。一般来说，第一线管理人员所关心的主要是具体的战术性工作，而最高管理人员所关心的则主要是组织的战略管理工作。

③按管理工作的性质与领域划分

1)综合管理者。综合管理者是指负责整个组织或组织中某个部门的全部管理工作的管理人员。

2)职能管理者。职能管理者是指在组织内只担负某种职能的管理人员。他们只在本职能或特定领域内行使职权，指导工作，对组织中某一职能或本领域的工作目标负责。

凡是管理者都要执行管理职能，但由于管理者在组织中所处的层次不同，他们在执行这些职能时也就各有侧重。就职能来说，随着管理者在组织中的晋升，他们从事更多的计划和更少的直接监督工作。所有管理者，无论他处于哪个层次、都要制定决策，履行计划、组织、领导和控制职能，只是他们花在每项职能上的时间不同。

管理故事

丙吉问牛

西汉有一个丞相叫丙吉，有一天他到长城外去视察民情，走到半路就有人拦道喊冤，查问之下原来是有人打架斗殴致死，家属来告状。丙吉回答说："不要理会，绕道而行。"走了没多远，发现有一头牛躺在地上直喘气，丙吉下轿围着牛看了很久，问了很多问题。人们就议论纷纷，觉得这个丞相不称职，死了人不管，对一头生病的牛却那么关心。皇帝听到传言后就问丙吉为什么这样做，丙吉回答："这很简单，打架斗殴是地方官员该管的事，他自然会按法律处置，如果他渎职不办，再由我来查办他，我绕道而行没有错。丞相管天下大事，现在天气还不热，牛就躺在地上喘气，我怀疑今年天时不利，可能有瘟疫要流行，要是瘟疫流行，我没有及时察觉就是我丞相的失职。所以，我必须了解清楚这头牛生病是因为吃坏了东西还是因为天时不利的原因。"他的一番话说得皇帝非常赞赏。

管理启示

管理者应该清楚自己所处的层次和明白自己的职责，什么该管，什么不该管，有所为，有所不为。

(3)管理者的技能

管理工作是复杂的。如果要把承担管理工作所需的各种技能全部列举出来，则不太现实。在管理者应掌握的一般性管理技能方面，目前，人们普遍接受的是美国学者罗伯特·库茨于20世纪70年代提出的管理技能模型。根据罗伯特·库茨1974的研究，管理者要具备三类技能：技术性技能、人际关系技能和概念性技能，见图1－1。

概念性技能，包含着一系列的能力，包括能够提出新的想法和新的思想的能力，能够进行抽象思维的能力，能够把一个组织看成是一个整体的能力，以及能够识别在某一个领域的决策对其他领域将产生何种影响的能力。人际关系技能，是与其他人能够一起有效开展工作的能力。也可以说是一个人能够以小组成员的身份有效地工作，并能够在他领导的小组中建立起合作的能力。技术性技能，指能够运用特定的秩序、方法、技术处理和解决实际问题的能力，也就是说，对于特殊活动，特别是包含方法、过程、程序或技术的技能统一的理解和熟练程度。例如，工程师、会计师、广告设计师、推销员等，就都各具有各自领

图 1 - 1　管理者的三类技能

域的相应技术技能，所以被称作专业技术人员。

　　对于不同层次的管理者而言，几种技能的重要性是不同的。一般地，对于高层管理者来说，最重要的是概念技能；对于基层管理者来说，最重要的是技术技能；人际技能对于各个层次的管理者来说都是重要的。

　　越是处于高层的管理人员，越需要制定全局性的决策。他们所作的决策影响范围更广、影响期限更长，因此，他们需要更多地掌握概念性技能，进而把全局意识、系统思想和创新精神渗透到决策过程中。由于他们并不经常性地从事具体的作业活动，所以并不需要全面地掌握完成各种作业活动所需具备的技术性技能。但是，他们也需要对技术性技能有基本的了解，否则就无法与他们所主管的组织内的专业技术人员进行有效的沟通，从而也就无法对他所管辖的业务范围内的各项管理工作进行具体的指导。在现实生活中，对技术性技能一窍不通的人不能成为高层管理者，但那些在某一专业领域是专家而对其他相关领域专业技术知识一无所知的人也绝不会成为一名称职的最高管理人员。例如，医院的院长不应该是对医疗过程一窍不通的人，但如果他仅仅精于外科手术而不理解基本的财务管理知识，那么他就不应该当院长，而应该在医生的职位上寻求发展。

　　作为基层管理人员，他们每天大量的工作是与从事作业活动的一线作业人员打交道。他们有责任检查工作人员的工作，及时解答并同工作人员一起解决实际工作中出现的各种具体问题。因此，他们必须全面而系统地掌握与本部门工作内容相关的各种技术性技能。当然，基层管理人员也可能面对一些例外的、复杂的问题，也要协调好所管辖工作人员的工作，制定本部门的整体计划，为了做好这些工作，他们也需要掌握一定的概念性技能。

　　人际关系技能是组织各层管理人员都应具备的技能。因为不管是哪个层次的管理者，都必须在与上下左右进行有效沟通的基础上相互合作，共同完成组织的目标。

管理故事

技能与实践

　　一天，公司新近招聘的营销员小李对自己的上司说："我在学校里学的是市场营销，而咱们的营销员老刘没上过一天专业课，公司为什么派他作为我的指导人员？"他的上司耐心地对小李讲："老刘虽然没有学过系统的理论知识，但他在这个岗位已经干了多年，经验丰富，业绩突出，你有这么好的专业基础，跟他多学一些实践经验，会很快地成长起来的。"

管理启示

理论不等于技能，老刘虽然没有学过系统的理论知识，但他通过实践锻炼，拥有了营销技能。小李虽然学过系统的理论知识，但其缺乏实践基础，仍然难以真正地具有该项技能。可见，管理技能只能在实践中习得。

（4）管理者的素质

管理者的素质即管理者要成功地执行管理工作、圆满地实现管理的目标所要具备的条件。早在 2500 多年前，孙子就提出，"将者，智、信、仁、勇、严也。"可以说，关于管理者应该具备什么样的素质这一问题的讨论，从来就没有间断过。关于管理者素质的观点也很多，从业务条件来看，管理者要取得良好的管理成效，必须具备多个方面的条件：①知识，包括管理知识和专业技术知识。②经验，包括直接从事实际管理工作获得的直接经验和通过学习、观察、体验，从别人的成功和失败中，从信息的传递中得到的间接经验。③能力，包括技术、人文和综合全局达到目标的基本才干。

当然，作为一名管理者，必须具备相应的业务条件。但是仅仅具备基本业务条件的人并不能成为卓有成效的管理者。一位优秀的管理者，要有更高层次的素质要求，以便使自身的知识、经验和能力得到最大限度的发挥。这些条件至少应该包括以下几个方面。

第一，事业心。每个管理者都承担着赋予社会所托付的各种资源以新的更高的价值的责任，管理者的工作必须对社会的长期繁荣与发展有益。管理者，特别是高层管理者和企业家们，必须要有宏伟的抱负和远大的理想，有成就一番大事业的愿望，这对管理者个人、所负责的组织乃至整个社会的发展都十分有益。世界上广为人们尊敬的企业家无一不具备这种素质。例如，柯达公司创始人乔治·伊斯曼把自己的一生贡献给了"摄影大众化"的崇高事业，为人类作出了巨大的贡献；福特汽车公司的创始人亨利·福特一生对汽车事业的热爱和不懈的努力，加快了美国汽车甚至全球的汽车普及进程，并带来了生活方式、经营方式的变革。

第二，责任心。责任心是促使管理者做好管理工作的内在动力。没有责任感，就没有促进组织发展的热情，那么即使有再多的知识、再丰富的经验、再强的能力，也不会产生出好的管理绩效。相反，富有责任心的管理者，即使在基本素质方面有欠缺，他也会设法提高完善自己。

第三，服务的热情。管理要获得成就，就必须给予服务，就像企业要让顾客购买自己的产品，就必须为顾客提供物美价廉的产品和优质的服务一样。管理意味着服务：管理者带领员工主动承担社会责任，服务于社会，才会受到社会的认可；管理者能为员工创造良好的工作环境，多给员工发展的机会，促进员工发展，才能获得员工的认可和支持，才能做到上下同心。管理者应树立起服务的意识，认真服务于社会、企业和员工，而不是索取和压制，这样才能使自身知识、经验和能力的发挥对社会、企业、员工和管理者自身的发展有益。

第四，合作的意识。个人的能力是有限的，要真正达到管理目的，管理者必须有合作的意识，加强组织高层管理者之间的团结，增强凝聚力。管理领域所强调的合作并不仅仅是个人间的配合，企业之间同样也需要合作。作为现代组织的管理者，必须打破传统的

"大而全、小而全"的思想，树立广泛合作的意识，注重借助各方面的力量谋求发展，做好内外部资源(而不仅仅是内部资源)的整合工作。合作与竞争一样重要。如果不懂如何制定合作的战略，增强合作的优势，企业便无法在当今社会中生存，个人也是如此。

首先，成功的合作要建立在相互信任的基础上。美国兰德咨询公司的分析家弗朗西斯·桐山连续撰写过有关合作方面的著作，提出了"信任半径"这一新概念，即一个人愿意对周围人信任的最大范围。他发现，在中国和意大利南部，信任往往局限于家庭成员、亲戚朋友，所以在纺织、设计、家具等不特别需要组建大企业的行业中发展很好。日本、德国和美国的信任半径比较大，进而有助于大公司的发展，而且这些大公司靠专业管理人员而非家族关系管理。

其次，成功的合作要营造"双赢"的局面。强调双赢，即双方透过合作互惠互利，如果合作的结果是一方获得了巨大的利益，另一方得到的是纯粹的损失，这样的合作一定不会持久。

强调合作，并不是否认个人的作用，也不是要求管理人员在解决具体问题的做法和分析问题的观点上整齐划一，而是要求每位管理者都能以实现组织整体目标为出发点，共同促进管理绩效水平的提高。

资料链接

优秀管理者必备的"十商"

(1)德商(MQ)：指一个人的道德人格品质。内容包括体贴、尊重、容忍、诚实、负责、平和、忠心、礼貌、幽默等各种美德。

(2)智商(IQ)：是一种表示人智力高低的数量指标，也可以表现为一个人对知识的掌握程度，反映人的观察力、记忆力、思维力、想象力、创造力以及分析问题和解决问题的能力。

(3)情商(EQ)：指控制自己的情绪和处理人际关系的能力。

(4)逆商(AQ)：指面对逆境承受压力的能力，或承受失败和挫折的能力。

(5)胆商(DQ)：是一个人的胆量、胆识、胆略的度量，体现了一种冒险精神。

(6)财商(FQ)：指理财能力，特别是投资收益能力。

(7)心商(MQ)：是维持心理健康、缓解心理压力、保持良好心理状况和活力的能力，心商的高低，直接决定了人生过程的苦乐，主宰人生命运的成败。

(8)志商(WQ)：指一个人的意志品质水平，包括坚韧性、目的性、果断性、自制力等方面。

(9)灵商(SQ)：是对事物本质的顿悟能力和直觉思维能力。

(10)健商(HQ)：指一个人所具有的健康意识、健康知识和健康能力。

3.管理客体

管理客体是指管理活动所作用的对象，即管理的收受者。从这个定义出发，管理的客体可以分成三类。

(1)组织中的一般成员。组织中的一般成员均是管理的客体。他们执行组织分配的工作任务，按一定的运行规则进行工作。

(2)组织中的其他资源。组织中的其他资源包括物质资源、信息资源、关系资源等。

这些资源均是管理的客体，都是管理的收受者。它们在管理的作用下经过特定的技术转换过程而成为组织的产出物。

（3）与组织的扩张和发展相关的人力、财力、物力、信息和其他组织。这一类客体具有很大的不确定性，经常发生变动。

4.管理环境

任何组织都不是独立存在、完全封闭的。组织存在于由外部各种因素构成的环境中，在与环境中其他组织之间的相互作用过程中谋求其自身目标的实现。要进行组织的管理，就必须了解和把握环境对组织的影响、环境要素的种类及特点等，就需要对组织的环境进行研究。

（1）环境对组织的影响

环境是组织生存的土壤，它既为组织活动提供条件，同时也必然对组织的活动起制约作用。

①企业经营所需的各种资源需要从外部环境去获取。企业经营所需的各种资源需要从属于外部环境的原料市场、能源市场、资金市场、劳动力市场中去获取。离开外部的这些市场，企业经营便会成为无源之水、无本之木。

②企业出售产品或劳务也要在外部环境中实现。与此同时，企业出售用上述各种资源生产出来的产品或劳务也要在外部环境中实现。没有外部市场，企业就无法销售产品、得到销售收入，生产过程中的各种消耗就不能得到补偿，经营活动就无法继续。

③外部环境为企业生存提供了条件，必然也会限制企业的生存。企业只能根据外部环境能够提供的资源种类、数量和质量来决定生产经营活动的具体内容和方向。

既然企业的产品要通过环境中的市场才能实现，那么，在生产之前和生产过程中就必须考虑到这些产品能否被用户所接受，是否受市场欢迎。因此，外部环境在提供了经营条件的同时，也限制了企业的经营。

（2）不断变化的环境对组织活动产生的影响

对组织活动有着如此重要作用的环境是在不断变化的。如果环境是静态的，那它的影响再大，对其研究也无需反复强调、高度重视。因为在这种情况下，环境研究可以是一劳永逸的；对一成不变的外部环境进行一次深入的分析，便可把握它的特点，制定相应对策。然而，实际情况却并非如此，外部存在的一切都在不断变化，例如，技术在发展，消费者收入在提高，教育在不断普及，就连执政者也在经常更换。环境的种种变化，可能会给组织带来两种不同程度的影响。

①为组织的生存和发展提供新的机会。例如，新资源的利用可以帮助企业开发新的产品，执政者的变化可能导致环保政策的修订。

②环境在变化过程中对组织的生存造成某种不利的威胁。例如，技术条件或消费者偏好的变化可能会使企业产品不再受欢迎。

组织要继续生存，要在生存的基础上不断发展，就必须及时地采取措施，积极地利用外部环境在变化中提供的有利机会，同时也要采取对策，努力避开这种变化可能带来的威胁。

要认识环境，就必须研究外部环境，分析外部环境。这种研究不仅可以帮助我们了解外部环境今天的特点，而且可以使我们认识外部环境是如何从昨天演变到今天的，从而揭示外部环境变化的一般规律，并据此预测它在未来的发展和变化趋势。

二、管理的职能

管理的职能就是管理者为了有效地管理必须具备的功能，或者说管理者在执行其职务时应该做些什么。

最早对管理的具体职能加以概括和系统论述的是管理过程学派的创始人法约尔。他在1916 年发表的《工业管理与一般管理》一书中指出，管理就是实行计划、组织、指挥、协调和控制。法约尔对管理职能的论述，形成了自己的学派，被称为"五功能学派"。后来许多管理学者对管理职能又从不同的角度用不同的语义进行了阐述，出现了不同的学派。但从总体上看，只是繁简不同，表述不一，并没有实质上的差异。

在法约尔之后，众多有影响的管理学家都没有再把协调列为一项管理职能。这主要是基于协调是管理的实质，其他各项职能均有协调的作用，因而不应作为一项独立的管理职能。20 世纪 30 年代以后，人际关系学说兴起，人们在管理中从重视技术研究转向重视对人的研究，因而古利克等人把人事、激励、通讯联系等作为管理职能。以后西蒙和马奇等创立了决策理论，强调决策在管理中的作用，又把决策从计划职能中分出，列为一项管理职能。由于新技术革命浪潮的冲击，为了突出创造和革新在管理中的作用，一些学者如希克斯等人将创造和革新作为一项管理职能。总之，随着社会发展的不断进步，人类对于管理的认识也在不断提升、发展，对管理职能的诠释也不断丰富和深化。

1. 计划

任何有组织的集体活动，都需要在一定的计划指引下进行，计划是对组织的未来活动进行预先筹划。管理者通过制定计划，帮助组织成员认清所处的环境和形式，指明活动的目标以及目标实现的途径。任何活动在开始之前，首先需要制定出计划，这样才能做到有的放矢，计划是管理者谋划组织未来行动目标以及提出目标实现途径的过程。计划在操作上包括三个步骤：第一，决定组织将要追求的目标；第二，决定为了实现这一目标需要采取的战略；第三，决定如何配置组织的资源来实现目标。计划职能的核心是决策。

2. 组织

组织职能是指根据企业目标和计划，对执行计划的各种要素及其相互关系进行配置、协调、组合，形成一个有机的组织结构，使整个组织协调地运转，保证计划任务得以全面落实的过程。

组织目标决定着组织结构的具体形式和特点。例如政府、企业、学校、医院、军队、教会、政党等社会组织由于各自的目标不同，其组织结构形式也各不相同，并显示出各自的特点。

反过来，组织工作的状况又在很大程度上决定着这些组织各自的工作效率和活力。在每一项计划的执行中，在每一项管理业务中，都要做大量的组织工作，组织工作的优劣同样在很大程度上决定着这些计划和管理活动的成败。任何社会组织是否具有自适应机制、自组织机制、自激励机制和自约束机制，在很大程度上也取决于该组织结构的状态。

因此，组织职能是管理活动的根本职能，是其他一切管理活动的保证和依托。

3. 领导

领导职能是指带领和指导组织成员去实现共同目标的各种活动的整个过程，其核心是调动组织成员的积极性。

实现组织目标需要有权威的领导者进行领导。计划与组织工作做好了，也不一定能保证组织目标的实现，因为组织目标的实现要依靠组织全体成员的努力。配备在组织机构各种岗位上的人员，由于在个人目标、需求、偏好、性格、素质、价值观、工作职责和掌握信息量等方面存在很大差异，在相互合作中必然会产生各种矛盾和冲突。因此，就需要有权威的领导者进行领导，指导人们的行为，通过沟通增强人们的相互理解，统一人们的思想和行动，激励每个成员自觉地为实现组织目标共同努力。

管理的领导职能是一门艺术，它贯彻于整个管理活动之中。

4. 控 制

控制职能是指检查、监督、确定组织活动的进展情况，纠正偏差，从而确保组织总的计划及目标得以实现的过程。

人们在执行计划的过程中，由于受到各种因素的干扰，实践活动往往有可能偏离原来的计划。为了保证目标及为此而制订的计划得以实现，就需要有控制职能。

没有控制就没有管理，这是由以下三点所决定的。①管理环境具有不确定性；②管理活动具有复杂性；③管理失误具有不可避免性。

有的管理者以为有了良好的组织和领导，目标和计划自然就能实现。实际上无论什么人，如果对他放纵不管，只是给他下达计划、布置任务、赋予职权、予以奖励，而不对他工作的实绩进行严格的检查、监督，发现问题不采取有效的措施予以纠正，听之任之，那么他迟早会成为组织的累赘，甚至会被完全毁掉。

控制与信任并不完全对立。管理中可能有不信任的控制，但绝不存在没有控制的信任。

5. 管理职能之间的相互关系

计划、组织、领导和控制是最基本的管理职能，它们分别重点回答了一个组织要做什么、怎么做、靠什么做、如何做得更好以及做得怎么样等基本问题。

没有计划便无法控制，没有控制也就无法积累制订计划的经验。人们往往在进行控制工作的同时，又需要编制新的计划或对原计划进行修改。同样，没有组织架构，便无法实施领导，而在实施领导的过程中，又可能反过来对组织进行调整。管理过程是一个各职能活动周而复始的循环过程，而且在大循环中套着小循环。

从管理职能在时间上的关系来看，它们通常按照一定的先后顺序发生，即先计划，继而组织，然后领导，最后控制。对于一个新创建的企业往往更是如此。然而，这种前后工作逻辑在实践中并不是绝对的，没有哪个管理者是周一制订计划，周二开展组织工作，周三实施领导工作，周四采取控制活动……这些管理职能往往相互融合，同时进行。归纳起来，管理职能之间的相互关系如下。

(1) 管理的四大职能相互联系、相互制约、交叉渗透，不可偏废。

(2) 计划是管理的首要职能，是组织、领导、控制职能的依据。

(3) 组织、领导、控制职能是有效管理的重要手段，是计划及其目标得以实现的保障。

(4) 每一项管理工作一般都是从计划开始，经过组织、领导到控制结束。控制可能又导致新的计划，开始又一轮新的管理循环。

第三节　管理学的研究对象与学科性质

一、管理学的研究对象

管理学是系统地研究管理知识、指导人们如何做好管理工作的一门学科。根据马克思主义认识论原理，管理学是管理实践活动在理论上的概括和反映，是管理工作经验的科学总结。它来自丰富的管理实践并接受管理实践的检验，反过来又指导管理的实践。管理学的研究对象有广义和狭义之分。

（一）管理学的广义研究对象：生产力、生产关系和上层建筑

（1）生产力方面。主要研究生产力的合理组织问题。即研究如何根据组织目标合理配置组织中的各项资源以求获得最佳的经济、社会效益的问题。

（2）生产关系方面。主要研究如何处理各类组织之间、组织内部人与人之间的经济关系、协作关系和分配关系，建立完善的管理体制，为实现组织目标服务。

（3）上层建筑方面。主要研究如何使组织内部环境和组织外部环境相适应的问题；研究如何使组织的各项规章制度、劳动纪律与社会的政治、哲学、法律、道德等上层建筑保持一致的问题，从而维持正常的生产关系，促进生产力的发展。

（二）管理学的狭义研究对象：管理原理、管理职能、管理方法、管理者和管理历史

（1）管理原理。管理学首先研究管理的基本规律，尤其是研究应用于一切社会和个别社会形态的各种基本规律。如管理目的、过程、原则和内容等。

（2）管理功能或职能。管理的各种功能既体现管理的基本任务，又反映了管理的全过程。

（3）管理的主要方法、技术和手段。管理功能的执行和完成，是靠管理方法、技术和手段来实现的。因此，对管理方法、技术和手段的研究是管理学的重要内容。

（4）管理者。管理者是管理的主体，管理者是实施有效管理的关键因素。管理者群体结构的优化以及他们之间的关系，是管理学研究的重要课题。

由于管理学的研究内容包括生产力、生产关系和上层建筑三方面，所以它必然同许多学科发生紧密的联系，要吸收和运用与它有联系的学科的研究成果，所以它的性质是一门介于自然科学和社会科学之间的边缘科学。此外，管理学还是一门实践性很强的学科，属于应用科学而非理论科学。

二、管理学的学科性质

随着科学技术和社会经济的不断发展以及市场竞争的日益激烈，管理问题变得越来越复杂、越来越重要。因此，管理学得到前所未有的重视和发展，现代管理科学的门类和内容已经相当丰富。例如，在管理的门类方面有行政管理、工商管理、国民经济管理等；在管理学内容方面出现了各种专门的管理学分支：战略管理学、组织管理学、人力资源管理学、财务管理和决策科学等。作为管理学的基础理论，管理学原理（有的学者称它为一般

管理学或普通管理学)试图揭示各行业或各部门管理活动的一般规律和普遍原理,并且描述各种专门的管理学之间的相互关系,进而构筑起管理体系的整体结构。

管理学是一门横跨社会科学、自然科学和技术科学的交叉学科。长期以来,有人为管理学究竟属于社会科学还是自然科学的问题争论不休。实际上,它是在这些学科的基础上发展起来的一门独立的学科,它既不属于社会科学,也不属于自然科学,更不可能属于技术科学,也就是说,理、工、文、管等是几门平行的学科。

管理学的基础科学主要有三类:在社会科学方面,管理学主要涉及哲学(含系统哲学)、经济学、社会学、心理学和人类学等学科;在自然科学方面,管理学的基础主要是数学,其中包括统计学、运筹学、概率论、线性代数、矩阵论、随机过程理论、动态优化论等;在技术科学方面,包括信息科学与信息技术(含计算机技术和网络技术等)、系统科学与系统工程、控制理论与控制技术等学科。

管理学的基本原理运用在不同的部门或行业就出现了各种管理门类,如国民经济管理、产业经济管理、行政管理、企业管理、商业管理、旅游管理、教育管理和科技管理等。从这些管理门类中可以抽象出一些相通的和具有共性的管理学内容,如战略管理、人力资源管理、财务管理、物资管理、信息管理、组织管理、决策科学、领导科学、管理控制、营销管理、生产管理、作业管理等。

三、管理学的研究方法

1.唯物辩证法

马克思主义的唯物辩证法是研究和学习管理学的总的方法论指导。根据唯物辩证法,管理学产生于管理的实践活动,管理实践经验的科学也产生于管理的实践活动。因此,学习管理学必须坚持实事求是的态度,深入管理实践,进行调查研究,总结实践经验并用判断和推理的方法,使管理实践上升为理论。与此同时,在管理学的学习和研究中,还要认识到各种现象都是相互联系和相互制约的,每个事物都是不断发展变化的,因此还必须运用全面的、历史的观点去观察它的过去、现状及其发展趋势,而不能一成不变地看待组织的管理活动。

2.系统方法

要进行有效的管理活动,必须对影响管理过程的各种因素及其相互之间的关系进行总体的、全面的分析研究,这样才能形成可行的基本理论和合理的决策活动。总体的、全面的研究和学习方法,就是用系统的观点来分析、研究和学习管理的原理和管理活动。

所谓系统是指由相互作用和相互依赖的若干组成部分结合而成的,是具有特定功能的有机整体,系统本身又是它所从属的一个更大系统的组成部分。根据这个定义,管理过程是一个系统。管理的概念、理论和技术方法也是一个系统。这样,从管理的角度看,系统有两个含义:一是指系统是一个实体,二是指系统是一种方法或手段。二者既有区别,又有密切联系。

系统作为一种方法、手段或理论,要求在研究和解决管理问题时必须具有整体观点、"开放性"观点、信息畅通的观点、分级观点、等效观点等有关系统的基本观点。学习管理的概念、理论和方法,也要用系统的观点进行指导。通过管理过程中管理职能的展开来系统研究管理活动的过程、规律、原理和方法的问题,这是针对主管人员来说比较切合实际的研究和学习的方法，而且易学、易用。因此，学习管理学，绝不能把各项职能工作割裂开来，而应把它们当作整个管理过程的有机组成部分来系统地分析和思考。

3. 案例分析法

案例分析法在法学、社会学和管理学中都被广泛采用，西方经验主义管理学派的主导研究方法就是案例分析法；而且它是现在教学研究中一种较为成功的方法，美国的哈佛商学院就极为推崇此种方法。

案例分析法——通常是选取现实中一些典型的案例作为分析的对象，对整个事件的前因后果以及其他原因进行分析，给学习者一些启示和忠告，使那些有类似情况企业的管理者懂得如何避免悲剧的再次上演。

4. 理论联系实际的方法

理论联系实际的方法，总体说可以是案例的调查和分析、边学习边实践以及带着问题学习等多种方式。这种方法有助于提高学习和运用管理的基本理论和方法发现问题、分析问题及解决问题的能力。同时，由于管理学是一门生命力很强的、建设中的学科，因而还应以探讨研究的态度来学习，通过理论与实践的结合，使管理理论在实践中不断加以检验，从而深化认识，发展理论。

理论联系实际还有一个含义，就是在学习和研究管理学时，既要吸收发达国家管理中科学性的东西，又要去其糟粕；既要避免盲目照搬，又要克服全盘否定；要从我国的具体实际出发加以取舍和改造，有分析、有选择地学习和吸收。

上述四种方法是学习和研究管理学的基本方法，除此以外，还有其他一些方法，如归纳与演绎的方法、比较研究的方法、数学分析方法等。总之，学习和研究管理学，要以马克思主义唯物辩证法为总的方法论指导，同时综合运用各种方法，吸收和采用多种学科的知识，从系统观点出发，联系实际，实事求是，这样才能真正掌握和发展管理学。

本章小结

管理是伴随着组织的产生而产生的，随着组织规模的扩大而日益显示出其重要性。管理就是管理者在特定的环境下，对组织的各类资源进行有效的计划、组织、领导和控制，使组织成员高效率地实现既定目标的活动过程。管理工作是在组织中开展的，是相对区别于作业工作又为作业工作提供服务的活动。管理工作在本质上不同于作业工作。称职的管理者不能事必躬亲，使自己陷入到作业工作中，而要设法通过他人并同他人一起实现组织的目标。

组织中从事管理工作的人，可以按层次划分为基层管理者、中层管理者和高层管理者，按所管辖领域范围分为综合管理者和职能管理者。

管理者的基本职能包括计划、组织、领导和控制。不同类别管理者在工作上的差别不在于职能本身有什么明显不同，而主要是各项管理职能履行的程度和重点有所不同。

管理者需具备的技能包括三大方面，即技术技能、人际技能和概念技能。这三种管理技能是任何类别的管理者都共同需要的，区别在于从事不同管理工作的管理者，他们所掌握的各种管理技能的比例可能不同。高层管理者更需要概念技能，基层管理者对技术技能的要求更高，但不论何类管理者，他们都需要人际技能。

管理工作适用于各类组织，包括各种营利性组织和非营利性组织。因此，管理的适用范围是广泛的。但管理又是在特定的环境下，对特定的组织进行的。管理者在开展实际管理工作中，必须处理好普遍性、共通性与特殊性之间的关系。世界上不存在普遍适用的某种固定的管理模式，有效的管理者必须能在管理理论、原理和方法的指导下，结合具体情况因地制宜、灵活应变地开展管理工作。

练习题

一、填空题

1. 管理者按照所处的层次不同分为(　　　　　)、(　　　　　)、(　　　　　)。

2. 管理的四项基本职能包括(　　　　)、(　　　　)、(　　　　)、(　　　　)。

3. 管理的二重性指的是管理的(　　　　)和(　　　　)。

4. 从狭义上讲，管理学研究的对象包括(　　　　)、(　　　　)、(　　　　)、(　　　　)和(　　　　)等。

5. 对于不同层次的管理者而言，(　　　　)是大家都需要的，且所占比例相当。

6. 从广义上讲，管理学研究的对象包括(　　　　)、(　　　　)和(　　　　)。

二、选择题

1. 玛丽在快餐店当了两年服务员，最近被提升为领班。她极想在新的岗位上取得成功，故去征求曾做过领班工作的一位朋友的意见。这位朋友向她道出了三大成功要素：

第一，能理解人，能敞开心扉地与人沟通，能在部门内外与他人一起工作；

第二，能理解组织的整体结构，能解释组织计划和目标，并将其转换为本部门的目标，能够预见问题并对之进行处理；

第三，能使自己的想法和建议被上司接受，维护权威，尊重管理阶层。

试问，玛丽朋友所提出的建议中哪一点涉及人际技能？(　　　　)

A. 第一和第二　　　　B. 第一和第三　　　　C. 第二和第三　　　　D. 第一

2. 航行于波涛汹涌的大海上的船只，依靠舵手对航向的不断修正，方能平安到达目的地。球队教练在赛前给球队确定的赛场战术、比赛中换人或利用"暂停"指示队员改变战术、赛后总结经验教训，都是为了球队取得期望的成就。

企业生产中，若发现某产品的单位变动成本超过某一水平 x 元，管理者则要分析原因是原材料涨价，还是工人劳动生产率降低，或者加工中浪费材料等，以便采取一定措施，使成本降下来。这些(　　　　)。

A. 分别是管理的计划、领导和控制职能

B. 分别是管理的领导、组织和控制职能

C. 分别是管理的领导、组织和计划职能

D. 都是管理的控制职能

3. 四川某旅行公司刘总经理在总体市场不景气的情况下，以独特的眼光发现了惊险性旅游项目与40~45岁男性消费者之间的相关性，在此基础上设计了具有针对性的旅游路线与项目，并进行了前期宣传。因为涉及与交通管理、保险、环保等部门的协调，新项目得到正式批准的时间比预期的晚了将近一年，由此丧失了大量的市场机会。你认为下列哪种说法最能概括刘总的管理技能状况（　　　　　）。

A. 技术技能、人际技能、概念技能都弱

B. 技术技能、人际技能、概念技能都强

C. 技术技能和人际技能强，但概念技能弱

D. 技术技能和概念技能强，但人际技能弱

4. 有时，一位工作表现很出色的基层主管在被提升为中层主管、尤其是高层主管后，尽管工作比以往更卖力，绩效却一直甚差。其中的原因可能就在于这位管理人员并没有培养起从事高层管理工作所必需的(　　　　　)。

A. 概念技能　　　　　B. 技术技能　　　　　C. 人际技能　　　　　D. 领导技能

5. 某大企业人才济济、设备精良，长期以来以管理正规、有序而闻名。但近年来该企业业绩不佳，尤其是干部群众士气低落，管理人员和技术人员的流失率逐年升高。从管理职能的角度分析，该企业只有可能是以下哪方面工作存在问题（　　　　　）。

A. 计划职能　　　　　B. 组织职能　　　　　C. 领导职能　　　　　D. 控制职能

三、简答题

1. 何谓管理？其内涵有哪些？

2. 如何理解管理的必要性？

3. 试析管理的科学性和艺术性。

4. 管理活动具有哪些基本职能？它们之间的关系是什么？

5. 什么是管理者？在管理学中管理者怎样分类？

6. 管理学的研究对象及其方法是什么？

四、案例分析

任正非和他的华为公司

华为技术有限公司(以下简称"华为")成立于1988年，目前是全球领先的网络及通信设备供应商之一，其全球客户超过300家电信运营商，其中22家位列全球电信运营商50强。华为的产品已经进入90多个国家。截至2005年6月，华为全球共有30 000多名员工。

华为的产品包括无线产品、网络产品、增值服务以及移动和固定产品都处于全球领先地位，成为对思科等国际知名企业有力的挑战。

华为的矩阵形组织架构包括事业部和地区公司。事业部和地区的决策机构包括三部分：公司执行委员会、高层管理委员会与公司委员会(包括战略规划委员会、人力资源委员会、财经管理委员会和员工委员会)。

1978年，已经是团级干部的任正非退伍转业。几年后，40多岁的他来到中国最早的经济特区深圳，在打了两年工后于1988年创立了华为公司。成立之初，公司主要代理香港的HAX交换机。当时，中国的电话网使用的基本都是国外设备。交换机的高额利润很快吸引了大批新的竞争者，仅深圳市就出现了100多家代理公司。到20世纪80年代后期，中国出现了200多家国营交换机厂家，但规模很小、技术落后，尽管价格很低，也只能卖给酒店和厂矿等小客户。

华为公司立志开发自己的产品，并从一开始就强调技术的重要性。20世纪90年代初，国产交换机主要面向农村市场，2 000门交换机容量已经足够，但华为并不满足，公司决心开发万门交换机，进军城市市场。为此华为投入了公司的全部资源，甚至不惜以20%的高利率融资。在耗费了上亿元的投资和一次次的失败后，华为终于在1994年研制成功了大型交换机C6C08。这一执著体现了《华为基本法》中的"压强原则"：在关键成功要素和选定的战略成长点上，以超过竞争对手的强度配置资源。要么不做，要做就极大地集中人力、物质和财力，实现重点突破。

窄带电话网包括电话网、信令网、同步网和管理网四大块，其中处于制高点的信令网至关重要。最初国内一般使用的是北电网络和阿尔卡特的设备。华为决心再次挑战难关。

1996年底，华为首台SW在银川成功投入运营，信息产业部召开了现场会，各省电信管理局都到场了。很快，除了国家骨干网外，各省均采用了华为的STP设备。借此，华为跃居为全球少数几家能生产STP设备的厂家之一。1997年，邮电部移动通信局招标建立自己的信令网，最终华为和阿尔卡特各中标1/2。

华为创业初期效法了毛泽东"农村包围城市"的战略，选择了跨国公司无暇顾及的县城为突破口。例如，爱立信只有34个人负责盯黑龙江的本地网，华为却派出多人常年驻守。销售人员从基层做工作，通过各种方法鼓动基层电信部门领导试一下华为的产品，以性能打动客户，逐渐打开了市场。

《华为基本法》第22条将公司的经营模式总结为：

抓住机遇，靠研究开发的高投入获得产品技术和性能价格比的领先优势，通过大规模的席卷式的市场营销，在最短的时间里形成正反馈的良性循环，充分获取"机会窗"的超额利润。不断优化成熟产品，驾驭市场上的价格竞争，扩大和巩固在战略市场上的主导地位。

随着企业规模的扩大，任正非开始关注如何建立有效的管理体系。1997年，IBM对当时华为的管理现状进行了全面诊断：缺乏准确、前瞻的客户需求关注；反复做无用功，浪费资源，造成高成本；没有跨部门的结构化流程，各部门都有流程，但部门流程之间靠人工衔接，运作过程割裂；组织上存在本位主义、部门墙，各自为政，造成内耗；专业技能不足，作业不规范，依赖英雄，而这些英雄的成功难以复制；项目计划无效，项目实施混乱，无变更控制，版本泛滥。

基于此，公司决定聘请IBM为华为设计产品开发（IPD）和供应链管理系统。1997年，公司聘请了HAY GROUP设计公司人力资源体系，建立了绩效考核与技能认证体系。从1998年起，HAY开始为华为培养适应全球化的领导者。此外，PWC为华为设计了财务管理系统。华为还引进了ORACle2的ERP系统。任正非说："我们进行持续管理变革，就是要建立一系列以客户为中心、以生存为底线的管理体系，摆脱企业对个人的依赖。"

《华为基本法》强调了持续管理变革的重要性：我们不单纯追求规模上的扩展，而是要使自己变得更优秀。因此，高层领导必须警惕长期高速增长有可能给公司组织造成的脆弱和隐藏的缺点，必须对成长进行有效的管理，在促进公司迅速成为一个大规模企业的同时，必须以更大的管理努力，促使公司更加灵活和更为有效。

和多数中国企业一样，华为有一个非常强势的领导人。任正非以理想主义和军人般的铁腕掌控着华为。虽然创业时条件极为艰苦，任正非仍然胸怀大志，并以"中华有为"之意命名华为。任正非脾气暴躁，即使对高层管理人员仍动辄就骂。任正非又是一个非常有感情的人，听到雄壮的革命歌曲甚至会泪流满面。任正非非常自律，他在华为的持股仅5%左右。2000年，常务副总裁李一男辞职，任正非非常自责，主动把自己的薪水从A级降到C级。任正非的姐妹和女儿都在华为工作，但都把名字改掉了，以免其特殊身份影响工作。

　　任正非受毛泽东的影响很深，他的许多经营战略都来自毛泽东的革命理论。例如"农村包围城市，逐步占领城市"的市场战略，"集中兵力，各个击破"的压强原则等。任正非将他的员工称为"同志"，将他的经理称为"干部"，华为的办事处称为"前线"。此外，任正非还模仿毛泽东的做法在员工中发起群众运动（战前总动员和革命歌曲大合唱）和思想政治教育。1998年，华为年底大合唱歌曲的内容是：雄赳赳气昂昂跨过太平洋，去欧洲进美洲奋战在非洲，华为好儿女艰苦勤奋斗，平等真诚华为精神振全球。

　　（资料来源：王建铆等编. 中欧案例经典. 北京：中信出版社，2006）

　　1. 作为管理者，任正非的哪些素质和技能对华为的成长最为关键？

　　2. 华为公司为什么要聘请IBM为其改善业务流程？

　　3. 华为公司的管理工作中哪些是属于计划、组织、领导和控制职能的？

第二章 管理理论的发展

本章学习目标

1. 了解中外早期管理实践和管理思想的内容
2. 掌握古典管理理论的基本内容
3. 理解现代管理理论的主要内容

案例导入

宋真宗时期，大臣丁谓用"一举三得"方案重建皇宫，是一次典型的系统管理实践。当时，由于皇城失火，皇宫被焚，宋真宗命丁谓重修皇宫。这是一个复杂的工程，不仅要设计施工，运输材料，还要清理废墟，任务十分艰巨。丁谓首先在皇宫前开挖沟渠，然后利用开沟取出的土烧砖，再把京城附近的汴水引入沟中，使船只运送建筑材料直达工地。工程完工后，又将废弃物填入沟中，复原大街，这就很好地解决了取土烧砖、材料运输、清理废墟三个难题，使工程如期完成。工程建设的过程，同现代系统管理思想何其吻合！

丁谓主持的皇宫修建工程从什么方面体现了中国古人高超智慧的管理实践？

第一节 早期的管理实践和管理思想

一、早期的管理实践

从人类社会产生到 18 世纪，人类为了谋求生存自觉或不自觉地进行着管理活动和管理实践，其范围是极其广泛的，但是人们仅凭经验去管理，尚未对经验进行科学的抽象和概括，没有形成科学的管理理论。早期的一些著名的管理实践和管理思想大都散见于埃及、中国、希腊、罗马和意大利等国的史籍和许多宗教文献之中。

（一）中国古代管理实践

中国是世界四大文明古国之一，曾为人类文明的发展作出过重要贡献。长城、京杭大运河、都江堰等伟大工程，都是古代管理实践的典范。中国古代劳动人民在劳动和生活中发现许多管理问题并总结了很多经验。这些古代的管理思想散见于一部分代表人物的著作中，有些管理思想是先于西方几千年提出来的，有些管理思想至今还具有借鉴意义，摘要归纳为组织、经营、用人和理财。

1. 组织

早在两千多年前的春秋战国时期，杰出的军事家孙武(字长卿，约公元前 535 年 – ?)著有《孙子兵法》一书。孙武的策略思想不仅在军事上而且在管理上具有指导意义和参考价值。日本和美国的一些大公司甚至把《孙子兵法》作为培训经理的必用书籍。

战国时期周公旦(姓姬，名旦，氏号为周，爵位为公)所著的《周礼》一书，对封建国家的管理体制进行了理想化的设计，内容涉及政治、经济、财政、教育、军事、司法和工程等方面，为周朝制定了一套官僚组织制度，封官定职，层次分明，职责清楚。该书对封建国家的经济管理的论述和设计都达到了相当高的水平。

战国时代，墨翟(约公元前 468—376 年)提出劳动过程分工的思想，他说："譬如筑墙然，能筑者筑，能实壤者实壤，能欣者欣，然后墙成。"

元代董博霄曾提出"百里一日运粮术"的具体作法，即"每人行 10 步……三千六百人可行百里，每人负米四升，以夹布囊盛之，用印封识，人不息肩，米不着地，排列成行，日行五百回，计路二十八里，轻行一十四里，日可运米千百石，每运给米十升，可供二万人。"这里讲的"米不着地"，可减少不必要的停滞时间。"排列成行"、"人不息肩"可缩短操作过程，提高工作效率，符合科学管理原则。

2. 经营

中国历史上著名的经营理论有范蠡、计然的待乏原则和积著之理。"待乏原则"提到的"水则资车，旱则资舟，夏则资裘，冬则资絺"是指市场上的物资只有预测未来的需要，方有利可图。水灾时制作车，因为灾后车将成为短缺急需商品，价格将上涨；天旱经营舟船，夏天贩运皮货，冬天销售葛麻，都是预测将来的需求，道理相同。"积著之理"则注重于猎取利润的方式，主张经营高质量物品，促进货币流动运行，并以存货多寡预测价格贵贱。

汉代司马迁在《史记·货殖列传》作出了以一定经营资金获取一定合理利润的论述。书中载"务完物，无息布，以物相贸易，腐败而食之货勿留，无敢居贵。论其有余不足，则知贵贱。贵上极则反贱，贱下极则反贵。贵出如粪土，贱取如珠玉，财币欲其行如流水"。这是指所经营的物品必须质量完好，货币不能停滞不用；对易腐烂的食物，切勿长期存贮、贪图高价。通过商品数量的多寡，预测其价格贵贱。商品价太贵必转而下跌，太贱则又会回涨。货物和货币要像流水一样经常流动和运行，才能得到经济效益。

3. 用人

中国古代用人，素有"选贤任能"、"任人唯贤"的主张。据《尧典》记载，尧在选拔贤能委以重任这一问题上与氏族首领进行讨论，主张凡担任职务有功绩的人都作为委以重任的条件；而品德恶劣，不能采纳善言、违抗命令、残害好人的人，都不能重用。《尧典》还记载了人员任用中试用和考绩的制度，对于已经任用的，有"三载考绩"的规定，即经过三次考核，昏庸的降职，明智的升级。

从隋唐时期开始的科举制度，比较系统地体现和发展了我国古代人事考试和选拔的思想。从人事评价和选拔的角度来看，科举制度在以下几方面具有管理学的意义：

(1)公开申报与竞争：科举制度的特点之一是它的公开性和竞争性，任何人都可以申请和参与，使得测验和选拔有了较充分的选择基础；

(2)综合评价与考核：大部分科举制考试包含多种内容和形式，从笔试、面试到论文、习武，在一定程度上提供了较为全面的评价信息；

（3）多层筛选与录用：科举制实践中比较注重自下而上的多层次筛选，并在适当的层次给予录用。

4. 理财

中国古代曾实行会计制度和审计制度。在会计方面，南宋郑伯谦在《太平经国之书》中提出会计原则："出纳移用之权"（主管财务行政官吏的职能）和"纠察钩考之权"（主管会计官吏的职能）要分别由不同的"官司"掌管，就是主张出纳和会计分离。还主张将司会和司书（掌管簿书图籍）分开，便于实行会计监督。在成本核算方面，清代魏源（公元1794—1857年）在他的改革建议中提出，在经营盐务、漕运、造船和外贸等方面要降低成本；在资金流转和利润方面，汉代司马迁在《史记·货殖列传》中指出，一定数量的经营资金可获得一定数量的合理利润，年利润可达20%，若低于此数，则认为没有得到合理利润。在统计分析方面，明代邱浚（公元1420—1495年），曾将元朝从至元二十年（公元1283年）到天历二年（公元1329年）共47年的海运、漕运记录逐年按起运实收和损失数量作了详细的统计，从而得出了海运损耗较河运为小的结论。

（二）外国早期管理实践

外国早期的管理实践主要体现在治国施政、指挥军队作战和管理教会等活动之中。希伯来人、古巴比伦人、古埃及人以及古罗马人在这些方面都有过重要贡献。

譬如《圣经》中就解释了希伯来人的领袖摩西在领导他的人民时所遇到的组织问题。据文献记载，摩西的岳父耶特鲁曾批评摩西处理政务事必躬亲的做法，并提出三点建议：首先，制定法令，昭告民众；其次，建立等级，分权而治；再次，最重要的政务由摩西亲自处理。这些原则都符合现代管理组织程序的基础。

古巴比伦在汉谟拉比的统治下，建起了强大的中央集权国家。为了治理国家，从中央到地方设立一系列法庭，设置官吏管辖行政、税收和水利灌溉，国王总揽国家的全部司法、行政和军事权力。在汉谟拉比统治时期，《汉谟拉比法典》的编纂是一件大事。这部法典共282条，较全面地反映了当时的社会情况，并以法律形式来调节全社会的商业交往、个人行为、人际关系、工薪、惩罚以及其他社会问题。在汉谟拉比之后，也出现了许多有效管理的实例，如被誉为古代世界七大奇观之一的"空中花园"和高650英尺的"巴比伦塔"。

在古埃及，值得称道的管理实例是其金字塔式的管理机构。在法老之下设置了各级官吏，最高为宰相，辅助法老处理全国政务，总管王室农庄、司法、国家档案，监督公共工程的兴建。宰相之下设有一大批大臣，分别管理财政、水利建设以及各地方事务。上自宰相，下至书吏、监工，各有专职，形成了以法老为最高统治者的金字塔式的管理机构。为了强化法老专制政权的统治，埃及法老为自己修建被后世称为世界七大奇观之一的金字塔。其工程之浩大、技术之复杂，至今仍被视为难以想象的奇迹，以致被蒙上许多神秘的色彩。仅从管理角度来看，成千上万人的共同劳动，就需要严密的组织和管理。

在古希腊，当时的思想家们对管理有许多精辟的见解。苏格拉底曾提出管理的普遍性，认为管理技能在公共事务和私人事务之间是相通的。亚里士多德不仅指出了管理一个家庭和管理一个国家的相似之处，而且研究了国家制度的问题，提出了国家制度的各种形式，以及采取各种形式的国家制度的原则，描绘了以奴隶制为基础的"理想城邦"的轮廓。

另一著名古希腊哲学家色诺芬还专门写了一本《家庭经济》，主要研究家务管理和农业。他对劳动分工也有精辟的论述，认为一个人只做一种最简单的工作就会把工作做得更好。继色诺芬之后，柏拉图对劳动分工原理作了进一步阐述，他认为，分工的产生是由于人的需要是多方面的，而人的天赋却是单方面的。他指出，如果一个人不做其他任何工作，只做适合其天才的一种工作，而且在恰当的时机去做，他就能做得更多、更好而且更容易。

古罗马在征服了古希腊后，逐渐成为一个庞大的帝国。罗马共和时期，在管理体制上，已体现了行政、立法和司法的分离。在法律方面，罗马人大约在公元前450年，制订了有名的《十二铜表法》。该法在私有财产的保护、债务、奴隶制度、财产继承、刑法和诉讼等方面都作了规定。古罗马人最有效的管理实例，是当时统治者戴克里先（公元284年）对罗马帝国的重组。他重新设计了帝国的组织结构，把军队和政府分为不同的权力层次，对每一层次规定了严明的纪律以保证组织职能的发挥。他把帝国分为100个"郡"，归为13个"省"，进一步把"省"组成4个"道"，从而建立起专制的组织结构。

而在意大利，13世纪和14世纪时，大贸易商号需要一种记录商业交易的方法，为了满足这种需要，帕西奥利在1494年最先描述了复式簿记的技术。因此，会计学成为现代管理人员的一门重要知识。

在欧洲文艺复兴时期，也有许多管理思想出现。如16世纪托马斯·莫尔（Thomas More）的《乌托邦》和尼科罗·马基雅维利（Niccolo Machiavelli）的《君主论》。新的宗教伦理观、市场伦理观和个人自由伦理观的建立有助于管理思想的发展。然而，外国管理实践和思想的革命性发展是在工厂制度产生之后。

18世纪60年代开始的工业革命使西方世界不仅在工业技术上而且在社会关系上出现了巨大的变化，它加速了资本主义生产的发展。小手工业受到大机器生产的排挤，社会的基本生产组织形式迅速从以家庭为单位转向以工厂为单位。在新的社会生产组织形式下，效率和效益问题、协作劳动之间的组织和配合问题、在机器生产条件下人和机、机和机之间的协调运转问题，使传统的军队式、教会式的管理方式和手段遇到了前所未有的挑战。许多新的管理问题需要人们去回答、去解决。在这种情况下，随着资本主义工厂制度的建立和发展，不少对管理理论的建立和发展具有重大影响的管理实践和思想应运而生。

二、管理理论的先驱者

（一）国内管理理论的先驱者

1. 儒家

春秋末期由孔子（孔丘，公元前551—前479）所创建的儒家学派，其思想的主旨就是"爱人"和"知天"。儒家哲学是先秦的"显学"之一，其主要代表是孔子。

关于管理的载体，孔子答曰："为政在人，取人以身，修身以道，修道以仁。仁者人也，亲亲为大。"可见，"人"是管理的载体。

关于管理的手段，儒家强调"为政以德"，主张用管理教化的手段，感化百姓，从而达到治理的目的。

关于管理的途径，儒家讲"为政以德"，同时也就包含着管理者自身的德行。注重个人的管理修养，自身的管理，"君子务本""修身，齐家，治国，平天下"，无不体现管理者应从自身做起，培养自己德行的观点。

2.道家

道家是春秋战国时期由老子(老聃、李耳,约公元前571—前471)所创立的学派。《老子》一书以"道"和"德"为基本范畴,其管理哲学的基本精神是以"道"为中心,讲"道法自然",讲"无为而治",讲"弱者道之用",在管理的规律、方式和艺术方面提出了独特的见解。

关于管理的规律,以老子为代表的道家将"道"看作是一种客观规律,"人法地,地法天,天法道,道法自然",因此强调人们必须按照自然规律办事,顺其自然,做到天地相合,充分融汇,实现人和自然的和谐统一,然而"道常无为",因此要"处无为之事,行不言之教",实有似无,无为而治,达到一种较高的管理境界,即通过最少的、必要的、有效的法律制度把社会干涉行为减少到最低限度,从而实现组织的自然和谐与个人自由的协调发展。

关于管理的方式,老子所主张的是"无为而治",不要过多干预下属的比较宽松的管理方式。

关于管理的艺术,道家提出独特的"反者道之动,弱者道之用"的原理,运用辩证法的精湛思想证实了"柔弱胜刚强"的道理。

3.墨家

墨家是战国初期由墨子(名翟,约公元前468－前376,鲁人)所创立的学派,其管理哲学的基本思想是以"兼爱"为中心,以节用、尚贤为支点,讲"张力胜天命",讲"三表法"等。

关于管理的目标,墨子在中国哲学史上第一次提出了不分差别彼此而普遍相爱的"兼爱"思想,这是一种管理的价值理想和目标。

关于管理的原则,墨家特别强调"仪"即标准的重要。没有一定的标准,是非利害根本就无法分辨。

(二)国外管理理论的先驱者

1.亚当·斯密

亚当·斯密(Adam Smith)是英国古典政治经济学家,对管理理论发展的一个贡献是他的分工观点。他在1776年出版的《国民财富的性质和原因的研究》中提出了劳动分工是增进生产率的重要因素,原因是:①分工可以使劳动者专门从事一种单纯的操作,从而提高熟练程度、增进技能;②分工可以减少劳动者的工作转换,节约由一种工作转到另一种工作所损失的时间;③分工可以使劳动简化,使劳动者的注意力集中在一种特定的对象上,有利于发现比较方便的工作方法,促进工具的改良和机器的发明。斯密的分工观点适应了当时社会对迅速扩大劳动分工以促进工业革命发展的要求,成为资本主义管理的一条基本原理。

斯密的另一个贡献是他的经济人观点。他认为,经济现象是由具有利己主义的人们的活动产生的。人们在经济行为中,追求的完全是私人利益。"请给我以我所要的东西吧,同时,你也可以获得你所要的东西。"

2.罗伯特·欧文

罗伯特·欧文(Robert Owen)是19世纪初英国著名的空想社会主义者,同时也是19世纪最有成就的实业家之一。他对管理理论的贡献是首次提出了关心人的哲学,并在他与人合办的新拉纳克工厂进行了全面实验。其理论的主要内容有：①改善工厂内的工作条件；②限制童工的最低年龄；③缩短工人的劳动时间；④为工人提供厂内膳食；⑤设立按成本向工人出售生活必需品的商店；⑥通过建造房舍与修筑街道改善工人居住条件，等等。罗伯特·欧文试图在企业内建立起一种全新的人际关系，因此，他被誉为"人际关系之父"。

3. 查尔斯·巴贝奇

查尔斯·巴贝奇(Charles Babbage)是英国著名的数学家和机械工程师，出版了《论机器和制造业的经济》一书，以数学家的眼光，对劳动分工的效益和主管人员对设备、物质、人力使用上的具体管理技术进行了较全面的论述。为了具体地进行核算，他甚至设计了一张供管理人员使用的有关原料正常消耗、开支、工具、价格、最终市场、工人工资、工作周期等的问题表。他还探讨了能使投资效率更高的大工厂的优越性，以及这些工厂原料来源的恰当位置；探讨了工艺过程和制造成本；探讨了在同一领域各个企业的比较研究等。

作为科学管理的先驱者，巴贝奇更全面、更细致地分析了劳动分工能提高生产效率的原因，这就是：①节省了学习所需要的时间；②节省了学习过程中所耗费的材料；③节约了从一道工序转到另一工序所耗费的时间；④节省了更换工具所耗费的时间；⑤重复同一操作，技术熟练，工作效率加快；⑥注意力集中于单一作业，便于改进工具和机器；⑦经常做某一项工作，肌肉得到了锻炼，不易疲劳。

巴贝奇特别强调劳资协作，提出了一种固定工资加利润分享制度，以调动劳动者的工作积极性。他认为这种制度的好处是：①每个工人同工厂的发展和利润多少有直接利害关系；②每个工人都会关心浪费和管理不善的问题；③能促使每个部门改进工作；④鼓励工人提高技术和品德，表现不好者减少分享的利润；⑤工人与雇主利益一致，能消除隔阂，共求发展。

4. 丹尼尔·麦卡勒姆和亨利·普尔

丹尼尔·麦卡勒姆(Daniel Craig Mccallum)在管理实践中制定严密的管理制度，其原则如下：①适当的职责划分，进行明确的分工；②授予充分的权力以便能够充分执行责任；③要有能够了解是否切实承担起责任的手段；④极其快捷的报告制度，对一切情况能及时地进行反馈，如果出现疏忽和偏差，能及时地得到纠正；⑤通过每日的检查和报告反映上述各种情况。这种制度的前提条件是不应增加主要负责人的麻烦，也不应减少主要责任人对下属的影响，而要使他不仅能及时发现情况，而且能找到失职人员。

麦卡勒姆的管理制度和措施遭到了工人的反对，但却得到了亨利·普尔(Henry Poor)的高度赞扬。作为《美国铁路杂志》的编辑，亨利·普尔进一步发挥了麦卡勒姆的管理思想：①主张建立一种管理体系。他从麦卡勒姆的制度和措施中归纳出建立健全管理体系的三条基本原则，即组织原则、沟通原则和信息原则。②注意到企业中人的因素，提出改变僵化的领导作风。

第二节　古典管理理论

管理思想虽然由来已久，但早期的管理思想只是西方管理理论的萌芽。在西方，对管理理论比较系统地加以阐述始于19世纪末20世纪初。人们通常将这一时期的管理理论称为古典管理理论。

19 世纪末 20 世纪初，资本主义由自由竞争开始向垄断阶段过渡。随着科技水平和生产社会化程度的不断提高，企业规模不断扩大，生产技术更加复杂，市场迅速扩展，竞争日益激烈。这一切变化都对管理提出了更高的要求。资本家越来越感到单凭个人的经验和能力管理企业，已不能适应生产发展的需要，客观上要求资本所有者与企业经营者分离，要求管理职能专业化，建立专门的管理机构，采用科学的管理制度和方法。同时，也要求对过去积累的管理经验进行总结，使之系统化、科学化并上升为理论，用于指导实践，提高管理水平。这表明，西方企业发展面临着如何提高劳动生产率和管理水平以促进生产的实际问题，迫切需要用"科学管理"取代"传统的经验管理"。而当时社会经济发展状况，又使欧美的一些管理学家有可能根据实践经验，在继承前人管理思想的基础上，建立系统的管理理论，这便促进了古典管理理论体系的形成。

古典管理理论的主要代表人物有美国的泰罗、法国的法约尔和德国的马克斯·韦伯。

一、科学管理理论

18—19 世纪工业革命后，自动化和计算技术的应用是对人类产生重大影响的一次变革，人们称之为"第二次工业革命"。从 20 世纪初开始，科学管理对工业界产生了深远影响，它是随着资本主义从自由竞争阶段向垄断阶段过渡逐渐形成的。这时资本主义的生产力和生产关系都发生了重大的变化，企业规模不断扩大，生产技术更加复杂，竞争空前激烈，资本主义的发展，迫切要求提高企业的管理水平，要求把过去积累起来的管理经验进一步标准化、制度化和科学化，用科学的管理理论代替传统的经验管理。

最先突破传统的经验管理思想的代表人物是美国的泰罗（Frederick Taylor，1865—1915），他于 1911 年出版的《科学管理原理》一书，提出了通过对工作方法的科学研究来提高工人劳动效率的基本理论与方法。泰罗在该书中提出的理论奠定了科学管理的理论基础，标志着科学管理思想的正式形成，泰罗也因此被西方管理学界称为"科学管理之父"。

泰罗出生在美国费城一个富裕的律师家庭，从小醉心于科学研究和试验。从 18 岁进入钢铁厂当工人，做过技工、工头、车间主任、总工程师。泰罗的经历使他对生产现场很熟悉，对生产基层很了解。长期的切身观察使泰罗认识到，工人"磨洋工"，一方面是因为"人的懒散的天性"；另一方面则是因为落后的管理。他认为单凭经验进行管理的方法是不科学的，必须加以改变。但是，当时守旧的势力很大，工人是自己决定制造方法，工厂主是自己决定管理方法，各人所掌握的技艺和积累的经验对别人都严守秘密。虽然处在这样僵化和守旧的环境中，泰罗还是利用自己取得的地位，开始了管理方面的革新活动。

泰罗认为，通过研究某一工序的时间和动作便可确定完成该工序内任意一项工作任务的最有效方法；计件工资制能使雇员的工作努力最大化；对雇员的选拔和培训应当基于才干和技艺的全面了解。泰罗还提倡改革工商企业的组织结构，比如，一个部门由一个工头大权独揽的做法应当让位于几个工头分工负责某一方面，比如生产、机器维修或人事管理等。

1. 主要内容

泰罗的管理理论主要有以下几个观点：

（1）科学管理的根本目的是谋求最高工作效率。泰罗认为，最高的工作效率是工厂主和工人共同达到富裕的基础。它能使较高的工资与较低的劳动成本统一起来，从而使工厂主得到较多的利润，使工人得到较高的工资。这样，便可以提高他们扩大再生产的兴趣，促进生产的发展。所以，提高劳动生产率是泰罗创立科学管理理论的基本出发点，是泰罗确定科学管理的原理、方法的基础。

（2）达到最高工作效率的重要手段是用科学的管理方法代替旧的经验管理。泰罗认为管理是一门科学。在管理实践中，应建立各种明确的规定、条例、标准，提高管理效能的关键是使一切科学化、制度化。

（3）实施科学管理的核心问题，是要求管理人员和工人双方在精神上和思想上进行彻底变革。1912 年，泰罗在美国众议院特别委员会所作的证词中强调指出：科学管理是一场重大的精神变革。他要求工厂的工人树立对工作、对同事、对雇主负责任的观念；同时也要求管理人员——领工、监工、企业主、董事会改变对同事、对工人以及对一切日常问题的态度，增强责任观念。通过这种重大的精神变革，管理人员和工人双方都把注意力从利润的分配转到增加盈利数量上来。当他们用友好合作和互相帮助代替对抗和斗争时，他们就能够生产出比过去更多的盈利，从而使工人的工资得到增加，使企业主的利润也大大增加。这样，双方之间便没有必要再为盈利的分配而争吵了。

根据以上观点，泰罗提出了科学管理四原则，见表 2 - 1。

表 2 - 1　泰罗的科学管理四原则

1	对工人工作的每一个要素开发出科学方法，用以代替老的经验方法。
2	科学地挑选工人，并对他们进行培训、教育和使之成长（而在过去，则是由工人自己挑选工作，并尽自己的可能进行自我培训）。
3	与工人们衷心地合作，以保证一切工作都按已形成的科学原则去办。
4	管理当局与工人在工作和职责的划分上几乎是相等的，管理当局自己应承揽比工人更胜任的各种工作（而在过去，几乎所有的工作和大部分责任都推到了工人们头上）。

科学管理思想的核心是认为应该通过科学研究来决定工作方法，而不是凭每一个工人自己过去的经验。泰罗认为，科学管理是管理思想上的一次"革命"。以前，劳资双方的兴趣集中在双方共同努力所取得的盈利的合理分配上，而若遵循科学管理的四项原则，劳动生产率将得到充分的提高，从而使得如何分配盈余的争论成为不必要。提高效率是工人能取得较高工资、资本家能获得较多利润的前提，科学管理所要做的一切就是提高劳动生产率。

在企业管理实践中，泰罗从上述管理思想出发，做了许多开拓性的工作：进行劳动方法、工具、材料的标准化；对工人进行科学训练；实行刺激性的差别计件工资制；明确管理工作专业化；采用职能组织形式；推行"例外管理"制度等。

与泰罗同时代的科学管理学派的著名学者还有甘特（Henry L. Gantt）、吉尔布雷思夫妇（Frank and Lillian Gilbreth）等。

弗兰克·吉尔布雷斯曾经是一位建筑承包商。1912 年，他在一次专业会议上聆听泰罗的演讲后，放弃他的承包商生涯转而致力于研究科学管理。同他的心理学家妻子莉莲一起，研究工作安排及消除手和身体动作的协调性问题。吉尔布雷斯夫妇还在设计和采用适当的工具和设备使工作绩效最优化方面进行大量试验。弗兰克·吉尔布雷斯最著名的实验就是关于省略砌砖动作的研究。

　　吉尔布雷斯夫妇是首先采用动作摄影来研究手和身体动作的研究者之一。他们发明一种瞬时计,用来记录1/2 000秒的时间,把它置于要拍照的研究现场,以决定工人在每个动作上花费的时间,从而能够辨认出被肉眼忽略的浪费动作并将其省去。吉尔布雷斯夫妇还设计出一种分类体系,用来标识手的17种基本的动作(如寻找、选择、抓取、持握等),他们称之为基本动作元素。这套体系使吉尔布雷斯夫妇能够以更精确的方式,分析任何操作者手的运动所包含的动作要素。

　　泰罗在米德韦尔和伯利恒钢铁公司的一位亲密同事是年轻的工程师亨利·L·甘特。像泰罗和吉尔布雷斯一样,甘特寻求通过科学的调查研究提高工人的效率,他扩展某些泰罗最初的思想,并加入自己的理解。例如,甘特发明一种奖金制度,对那些以少于标准规定的时间完成工作者给予额外奖励。他还引入一种对领班的奖金制度,只要领班手下的所有工人都完成定额,不仅工人而且领班本人也可以得到一份额外的奖金,从而使科学管理的应用对象不仅包括操作者还包括工作的管理者。

　　甘特最著名的发明是创造一种线条图(甘特图),使管理者能够利用它来进行计划和控制。甘特图(Gantt Chart)在一个坐标轴上表示计划的工作与完成的工作,在另一个坐标轴上表示已经过去的时间,这在当时称得上是一项革命。甘特图使管理当局能够随时看到计划的进展情况和及时采取必要的行动保证项目按时完成。甘特图及它的各种改进,今天仍广泛用于各种组织作为安排工作进度计划的手段。

　　2. 基本评价

　　泰罗制应用在生产现场管理中虽然效果显著,但其推广却并不顺利。一方面是由于社会上传统意识的影响,另一方面是由于它本身存在着弱点。

　　(1)它冲破多年沿袭下来的传统、落后的经验管理办法,将科学引进管理领域,并且创立一套具体的科学管理方法来代替单凭个人经验进行作业和管理的旧方法。这是管理理论上的进步,也为管理实践开创了新局面。

　　(2)由于采用科学的管理方法和科学的操作程序,使生产效率得到提高,推动了生产的发展,适应资本主义经济在这个时期的发展需要。

　　(3)由于管理职能与执行职能的分离,企业中开始有一些人专门从事管理工作,使管理理论的创立和发展有了实践基础。

　　(4)泰罗把工人看成是会说话的机器,只能按照管理人员的决定、指示、命令进行劳动,在体力和技能上受最大限度的压榨。泰罗的"标准作业方法"、"标准作业时间"、"标准工作量",都是以身体最强壮、技术最熟练的工人进行最紧张的劳动时所测定的时间定额为基础的,使大多数工人无法忍受和坚持。他把人看作是纯粹的"经济人",认为人的活动仅仅出于个人的经济动机,忽视企业成员之间的交往及工人的感情、态度等社会因素对生产效率的影响。泰罗认为,工人集体行为会降低工作效率,只有使"每个工人个别化"才能达到最高效率。

　　泰罗制是适应历史发展的需要而产生的,同时也受到历史条件和倡导者个人经历的限制。当时,要增加企业利润,关键是提高工人的劳动效率。泰罗本人长时间从事现场的生产和管理工作,故泰罗的一系列主张,主要是解决工人的操作问题及生产现场的监督和控制问题,管理的范围比较小,管理的内容也比较窄。而企业关于供应、财务、销售等方面的活动则基本没有涉及。

二、一般管理理论

法约尔(Henri Fayol, 1841—1925),法国工业家,1860 年从矿业学校毕业,从 1866 年开始一直担任高级管理职务。

1. 主要内容

法约尔根据 50 多年的管理实践,于 1916 年出版了《工业管理和一般管理》一书,提出适用于一切组织的管理五大职能(计划、组织、指挥、协调和控制)以及有效管理的 14 条原则,见表 2-2。

表 2-2　法约尔的 14 条管理原则

1	工作分工	专业化通过使雇员们的工作更有效率,从而提高了工作的成果。(这条原则与亚当·斯密的"劳动分工"原则是一致的。)
2	职权	管理者必须有命令下级的权力,职权赋予管理者的就是这种权力。但是,责任应当是权力的孪生物,凡行使职权的地方,就应当建立责任。
3	纪律	雇员必须遵守和尊重统治组织的规则,良好的纪律是有效的领导者造就的。对管理者与工人间关系的清楚认识关系到组织的规则。明智地运用惩罚以对付违反规则的行为。
4	统一指挥	每一个雇员应当只接受来自一位上级的命令。
5	统一领导	每一组具有同一目标的组织活动,应当在一位管理者和一个计划的指导下进行。
6	个人利益服从整体利益	任何雇员个人或雇员群体的利益,不应当置于组织的整体利益之上。
7	报酬	对工作人员的服务必须付给公平的工资。
8	集中	集中是指下级参与决策的程度。决策制定是集中(集中于管理当局)还是分散(分散给下属),只是一个适当程度的问题,管理当局的任务是找到在每种情况下最适合的集中程度。
9	等级链	从最高层管理到最低层管理的直线职权代表了一个等级链,信息应当按等级链传递。但是,如果遵循等级链会导致信息传递的延迟,则可以允许横向交流,条件是所有当事人同意和通知各自的上级。
10	秩序	人员和物料应当在恰当的时候处在恰当的位置上。
11	公平	管理者应当和蔼地和公平地对待下级。
12	人员的稳定	雇员的高流动率是低效率的,管理当局应当提供有规则的人事计划,并保证有合适的人选接替职务的空缺。
13	首创精神	允许雇员发起和实施他们的计划将会调动他们的极大热情。
14	团结精神	鼓励团队精神将会在组织中建立起和谐和团结。

法约尔认为,管理理论是指有关管理的、得到普遍承认的理论,是经过普遍经验检验并得到论证的一套有关原则、标准、方法、程序等内容的完整体系,有关管理的理论和方法不仅适用于企业,也适用于军政机关和社会团体,这些正是一般管理理论的基石。

　　法约尔通过对企业全部活动的分析,将管理活动从经营职能(包括技术、商业、财务、安全和会计等五大职能)中提炼出来,成为经营的第六项职能。他认为管理是普遍的一种单独活动,有自己的一套知识体系,由各种职能构成,管理是管理者通过完成各种职能来实现目标的一个过程。企业中的每组活动都对应一种专门的能力,如技术能力、商业能力、财务能力、管理能力等。而随着企业由小到大、职位由低到高,管理能力在管理者必要能力中的相对重要性不断增加,而其他诸如技术、商业、财务、安全、会计等能力的重要性则会相对下降。

　　法约尔认为管理能力可以通过教育获得,缺少管理教育是由于没有管理理论,每一个管理者都按照他自己的方法、原则和个人的经验行事,但是谁也不曾设法使那些被人们接受的规则和经验变成普遍的管理理论。

　　2. 对法约尔一般管理理论的评价

　　(1)虽然法约尔的管理思想与泰勒的管理思想都是古典管理思想的代表,但法约尔管理思想的系统性和理论性更强,后人根据他建立的构架,建立了管理学并把它引入了课堂。

　　(2)法约尔提出的管理原则,经过多年的研究和实践证明,总的来说仍然是正确的,这些原则过去曾经给管理人员巨大的帮助,现在仍然为许多人所推崇。

　　(3)法约尔一般管理理论的主要不足之处是他的管理原则缺乏弹性,以至于有时实际管理工作者无法完全遵守。

三、行政管理理论

　　马克斯·韦伯是德国著名社会学家和哲学家。他在组织管理方面有关行政组织的观点对社会学家和政治学家都有着深远的影响。他不仅考察了组织的行政管理,而且广泛地分析了社会、经济和政治结构,深入研究工业化对组织结构的影响。他提出了所谓理想的行政组织体系理论,其核心是组织活动要通过职务或职位而不是通过个人或世袭地位来管理。他的理论是对泰罗和法约尔理论的一种补充,对以后的管理学家,尤其是组织理论学家有重大影响,因而在管理思想发展史上被人们称之为"组织理论之父"。

　　1. 主要内容

　　马克斯·韦伯的官僚行政组织(Bureaucracy)的理想组织模式是一种体现劳动分工原则的、有着明确定义的等级和详细的规则与制度,以及非个人关系的组织模式。韦伯认为,尽管这种"理想的官僚行政组织"在现实中是不存在的,但它代表了一种可供选择的现实世界的重构方式。他把这种模式作为推理的基础,用来推论在一个大的团体中,应当有哪些工作和应当如何从事这些工作。他的理论成为许多今天设计的大型组织的原型。韦伯的理想官僚行政组织结构的详细特征概要地描述在表2-3中。

表 2 – 3　韦伯的理想官僚行政组织的主要特征

1	劳动分工	工作应当分解成为简单的、例行的和明确定义的任务。
2	职权等级	公职和职位应当按等级来组织。每个下级应当接受上级的控制和监督。
3	正式的选拔	所有的组织成员都是依据经过培训、教育或正式考试取得的技术资格选拔的。
4	正式的规则和制度	为了确保一贯性和全体雇员的活动，管理者必须倚重正式的组织规则。
5	非人格性	规则和控制的实施具有一致性，避免掺杂个性和雇员的个人偏好。
6	职业定向	管理者是职业化的官员而不是他所管理的单位的所有者，他们领取固定的工资并在组织中追求他们职业生涯的成就。

韦伯的理想行政组织结构可分为三层，其中最高领导层相当于组织的高级管理阶层，行政官员相当于中级管理阶层，一般工作人员相当于基层管理阶层。企业无论采用何种组织结构，都具有这三层基本的原始框架。

2. 基本评价

韦伯提出的官僚组织结构其实是一种效率很高的组织形式，因为它能在技能和效率的基础上，使组织内人们的行为理性化，具有一致性和可预测性。今天各种各样的组织，不管是工厂、学校、机关、医院或是军队，或多或少地具有官僚集权组织的某些特征。尽管官僚组织结构有较多的缺陷，但从纯技术的角度看，官僚制强调知识化、专业化、制度化、标准化、正式化和权力集中化，确实能给组织带来高的效率。

但是，今天人们却也经常在批评官僚组织结构理论。人们把官僚制度、官僚主义、官僚作风作为组织效率低下的代名词。对于官僚制度的批评，主要有以下几个方面：

(1) 诸多假设的有效性问题。比如说，官僚组织结构理论强调建立等级系统，认为它有助于促进纪律和加强统一指挥原则，而且官僚组织结构理论是以技术为根据来选择候选人的。在这里，官僚组织结构理论就隐含着这样一个假设前提：当上级与下级之间出现不协调时，上级的判断必然比下级的判断正确。显然，这个假设存在着明显的缺陷。因为上级并不可能总是比下级正确。又比如说官僚组织结构理论强调人际关系的非人格化，决策者决策时考虑的只能是规章和程序、合理性和效率。在这里，隐含着的一个假设前提：组织中只存在正式组织的框架，否认人的感情等非正式组织方面的因素对管理者决策的影响。显然，这个假设前提也是不能完全成立的。

(2) 人们对官僚组织结构理论最激烈的批评是它过分地强调执行规章制度。当然，任何一个组织都要有一定的规章制度，以规范组织和组织成员的行为。但是，过分地强调规章制度也会抑制创造力、革新精神。它使得组织的"官僚"们在遵守规章制度的借口下不做与现实不相关问题的决策；不过早地做决策；不做其他人会做的决策。对于官僚们来说，只要按章办事就不会犯错误，至于如何才能提高组织的效率，则不是他们所要考虑的事情。久而久之，官僚组织中的"官僚"们就形成这样的行为规范：求稳定和坚持原则对个人成功是至为重要的；宁可把冒险的决策推给别人也不愿意自己冒可能犯错误的风险；否定一个建议比肯定一个建议更安全；慢慢研究比马上决定更为稳妥。其结果，就形成人们所批评的效率低下的"官僚主义"和"官僚作风"了。

第三节 人际关系学说和行为科学理论

科学管理思想通常把人只看成是"经济人"，即工人只是为了追求最高工资的人，认为工人在干活时常采取"磨洋工"的办法，因此应用严格的科学办法来进行管理。如泰罗主张用"科学管理"的方法，由工程技术人员设计科学的操作方法，工人严格地照章执行即可提高生产率；法约尔则从企业整体的角度，推行一套科学的管理原则；韦伯的官僚组织体系同时也是一种科学的管理组织体系。他们的共同特点是强调组织和管理的科学性、精密性而忽视了人的因素，把工人看成只是组织中的一个零件。因而，科学管理理论在提高劳动生产率方面虽然取得显著的成绩，却激起了工人、特别是工会的反抗，使得欧美等国的统治阶级感到单纯用科学管理等传统的管理理论和方法已不能有效地控制工人，不能达到提高生产率和利润的目的，必须有新的企业管理理论来缓和矛盾，促进生产率的提高，在这种情况下，行为管理思想应运而生。

一、霍桑试验与人际关系学说

乔治·埃尔顿·梅奥（George Elton Mayo，1880—1949），美籍澳大利亚人，1899 年获澳大利亚阿德雷大学逻辑和哲学硕士，后在英国学医，研究精神病理学，1923 年移居美国任哈佛大学教授。1927 年起，梅奥作为一名心理学家和管理学家参加并领导了霍桑试验，在此项试验的基础上创立了早期的行为科学——人际关系学。

所谓霍桑试验，是指 1924—1932 年间，美国国家研究委员会和西方电气公司合作，在西方电气公司所属的芝加哥霍桑工厂，为测定各种有关因素对生产效率的影响程度而进行的历时 8 年的一系列试验。霍桑试验的目的是要找出工作条件对生产效率的影响，以寻求提高劳动生产率的途径。霍桑试验分为以下 4 个阶段。

（一）第一阶段：照明试验（1924—1927）

该阶段试验从变换车间的照明开始，打算研究照明度与生产效率间的关系。共选择 12 名女工分成两组，一组（控制组）的车间照明度始终维持不变，而对另一组（试验组）的车间照明度进行各种变化操作。原以为生产效率会随着照明条件的变化而发生变化，但结果发现，照明度的变化对生产率几乎没有影响。无论照明强度增强、减弱，甚至减弱到相当于月光的程度，试验组的产量提高，控制组的也提高。这说明二者间无直接因果关系。

（二）第二阶段：继电器装配室试验（1927 年 8 月—1928 年 4 月）

在这一阶段，梅奥应邀参加并领导试验，进一步研究其他各种工作条件的变动对小组生产率的影响。首先从工人中挑选出 6 名女工安排在单独的房间里从事继电器的装配工作，然后采取一系列试验措施来研究其行为，即通过改变材料供应、工作方法、工作时间、劳动条件、工资支付办法、管理作风与方式等各种因素来考察其对装配继电器的工作效率的影响。结果发现，无论各因素如何变化，产量都增加。这说明工作条件变化与劳动生产效率没有直接的关系。

梅奥作为心理学家，从失败的试验中发现，问题出在人的方面。主要原因是试验小组中的工人在精神方面发生了巨大变化，他们有一种参与试验的感觉，认为自己受到了各方面的注意和重视，结果在各种试验状态下工人的劳动生产效率仍然能够提高。梅奥认为，工人是从社会的角度被激励了，工作条件、休息时间和工资报酬等不是影响劳动生产效率的第一位因素，生产率的提高主要是由于社会因素（企业与工人、工人与工人之间的社会关系）改变的结果。于是进入下一阶段的试验。

（三）第三阶段：大规模的访谈调查（1928—1931）

在上述试验的基础上，梅奥等人进行了一个为时约两年的大规模访谈与调查，总共对2 100多名工人进行了访问和交谈。访谈调查是"无指示性的"，涉及的问题很广泛，允许职工自己选择话题、提建议、发牢骚，畅所欲言。通过访谈，不仅取得大量有关职工态度的第一手资料，而且由于工人们宣泄了心中长期以来对工厂管理等各方面的不满情绪后，心情舒畅，同时有许多建议被接受，工人觉得自己受到重视，已经参与到公司的经营管理中，从心理上排除了很多影响劳动生产率的因素，结果劳动生产率得以大幅度提高。

（四）第四阶段：接线板接线工作室试验（1931—1932）

在这一阶段，主要进行非正式组织研究，目的是想搞清楚社会因素对激发工人积极性的重要性。选择了14名接线板安装工人作为研究对象，通过6个月的观察，发现许多无形中形成的行为规范会影响工人的行为。如工作不要做得太多，否则是"害人精"；不能做得太少，否则是"懒惰鬼"；不应向上司告发同事中发生的事情，否则是"告密者"，等等。大家均按集体平均标准额进行工作，谁也不拔尖和偷懒，还存在自然领袖人物。此阶段证实，存在一种"非正式组织"，对工人行为有较强的约束力，甚至超过经济上的刺激。

通过4个阶段历时近8年的霍桑试验，梅奥等人认识到，人们的生产效率不仅要受到生理方面、物理方面等因素的影响，更重要的是要受到社会环境、社会心理等方面的影响。这个结论对科学管理只重视物质条件，忽视社会环境、社会心理因素对工人的影响，是一个重大的修正。

根据研究结果，梅奥等人得出以下3点结论：

（1）职工是"社会人"，而不是单纯追求金钱收入的"经济人"。作为复杂社会系统成员的企业员工，金钱并非是刺激积极性的唯一动力，社会和心理因素等方面所形成的动力，对效率的影响更大。

（2）企业中除"正式组织"外，还存在着"非正式组织"。非正式组织是企业成员在共同工作过程中，由于具有共同的社会感情而形成的非正式团体。它同正式组织相互依存，对生产率的提高有很大影响。要善于发挥非正式组织的正面作用，防止其负面作用。

（3）新型的领导应通过增加职工"满足度"来提高职工的"士气"，从而提高劳动生产率。生产率的升降主要取决于职工的士气高低，即积极性、主动性、协作精神。而士气的高低则主要取决于职工的满足度，它首先表现为人与人之间的关系。如职工在工作中的社会地位，他的工作是否被上司、同事和社会承认。满足程度越高，士气也越高，生产效率也就越高。所以，领导的职责在于提高士气，善于倾听和沟通下属的意见，使正式组织的经济需求和非正式组织的社会需求之间保持平衡，这是提高效率的关键。

（五）评价

梅奥的人际关系理论开辟了管理理论的新领域，开创了管理思想史的一个新时代，是管理思想发展过程中的又一大里程碑。该理论同以前的管理理论的最大不同之处在于，抛弃了以物为中心的管理思想，代之以人为中心进行管理理论的研究，为管理方法的变革指明了方向，也为其后的行为科学的发展奠定了基础。

第二次世界大战后，行为科学取得了很大的发展，其研究涉及个人需要和行为、团体行为、组织行为、激励方式、领导行为等方面，导致了管理上的一系列变革，在20世纪30年代到50年代十分盛行，而且取代了科学管理理论的地位，成为研究管理的主要方法。

梅奥理论强调意见沟通、改善人际关系，强调对管理者和监督者的教育和训练，要求管理者改变对工人的态度和监督方式，同时倡导下级参与企业决策，允许职工对管理工作提出意见等，这对今天的管理工作都有着积极意义。但由于个人行为的复杂性导致对行为分析和预言的困难，使人际关系理论的许多假设都有过于简单化的缺点。此外，这一理论存在过多强调人际关系和非正式组织的作用，过分强调感情因素对提高生产效率的作用，过分否定物质条件、规章制度、作业标准及经济刺激的影响。

二、行为科学理论

人际关系学发展到20世纪50年代初期便形成为行为科学理论。行为科学理论侧重于对工人在生产中的行为以及这些行为产生的原因进行分析研究，其内容包括：人的本性与需要、动机与行为以及生产中的人际关系（包括上下级之间的关系）。行为科学在第二次世界大战后的发展，主要集中在两大领域：一是有关人的需要、动机、行为的激励理论，其中较有代表性的理论包括：马斯洛的"需求层次论"，赫茨伯格的"双因素理论"，弗鲁姆的"期望理论"，亚当斯的"公平理论"等。二是同管理直接相关的领导理论，包括麦格雷戈的"X理论－Y理论"、阿吉里斯的"不成熟－成熟理论"，布莱克和默顿的"管理方格理论"，等等。

从人际关系学到行为科学理论的研究，不仅丰富和发展了管理理论，扩展了管理作为一门科学的研究领域和发展空间，而且对当时及后来的管理实践都产生了深刻的影响。

第四节　现代管理理论

第二次世界大战以后，随着现代科学技术日新月异的发展，社会生产力水平迅速提高，生产的社会化程度不断加强，市场竞争日益加剧。生产与经营环境的变化，引起人们对管理理论的普遍重视，传统的管理理论和方法遇到严峻挑战。于是，欧美的许多管理学家以及心理学家、社会学家、人类学家、经济学家甚至生物学家、哲学家、数学家等纷纷从各自不同的背景、不同的角度、用不同的方法对现代管理问题进行研究，这一现象带来了管理理论的空前繁荣，相继出现许多新的管理理论和管理学派，从而形成了管理理论的新阶段——现代管理理论。

各个学派的思想和原理，既有渊源上的联系，又有观点上的争论，众说纷纭、莫衷一是，学派大大小小上百个，美国已故著名管理学家哈罗德·孔茨形象地描述各种管理理论和流派像盘根错节的一片"热带丛林"。这些学派主要有：社会系统学派、权变理论学派、决策理论学派、系统管理学派、经验或案例学派、管理科学学派、社会技术系统学派、管理过程学派、群体行为学派等。

一、数量管理理论

数量管理理论又称为管理科学理论。定量管理思想是在第二次世界大战中产生和发展起来的。当时，英美军队为了解决战争中的一些问题，建立由各种专家组成的运筹研究小组，取得了巨大的成功。例如，英国通过数学家建立的资源最优分配模型，有效地解决了如何以有限的皇家空军力量来抵抗庞大的德国空军的问题。定量研究所取得的成效，在战后引起了企业界的关注，特别是当运筹研究专家在战后纷纷到公司就业以后，定量研究方法便日益在企业管理中得到推广应用。在第二次世界大战期间，为了调动巨大的资源进行战争，保证战争后勤工作的秩序和合理性，英国首先建立了由各种专家组成的第一批"运筹学小组"，以便把他们的知识用于解决雷达系统、防空射击、反潜艇战以及民防事务等问题。美国也十分重视运筹学的潜力，美国陆军成立了一个运筹处，海军成立了一个运筹评价小组，而空军则成立了运筹分析科。

战后大规模的经济增长使工业组织也开始认识到运筹学的方法可用于非军事性质的问题，工业中运筹学很自然地开始应用于生产管理领域。在这个领域中存在着较为固定的问题，如：储存恰当水平的存货、安排生产日程、按经济批量进行生产、质量控制、资金筹集等。

生产或运筹管理的新语言带有浓厚的统计学和数学的味道，其基础是解决问题的数学方法，其主体是把各种变量和关系进行数量化的专门技术，其顶点则是代表各种变量及其关系，以便预测和控制的模型概念。统计学、规划论、排队论、对策论、决策论、模拟技术等就是这种新语言的一些重要组成部分。统计学和概率论有助于取样，以便进行质量控制和其他应用；规划论及其特殊技术有利于在给定的约束条件下选择一种满意的方案；排队论可用于平衡设备和其他服务设施的成本和服务；对策论有助于很好地理解竞争性的战略；资金的运动可以通过电子计算机和概率论的应用来加以模拟……除了提供分析技术以外，运筹学工具使经济学中的一些重要概念同更现代的数学工具结合起来。由于把数学和电子计算机技术结合起来，有可能对一个企业、一个城市、一种经济和其他系统的整个作业及其相互关系进行模拟。

运筹学发展极快，其界限还难以确定，因为它的应用不断地突破先前所想象的范围，并且涉及到包括国防系统、外层空间和管理在内的大量问题。管理科学是近些年来才出现的名词，它是科学管理一词的倒置，它是探求管理的科学，是努力把科学应用于管理之中。这两个名词往往可以互换使用，但是，运筹学比较侧重于一般理论的方面，而管理科学则侧重于管理的应用问题。

数量管理理论的代表人是布莱克特（P. M. S. Blackett）、丹齐克（George Dantzig）、丘奇曼（C. West Churchman）、阿考夫（Russeu L. Ackoff）、贝尔曼（Richard Beuman）、康托洛维奇、伯法（E. S. Buffa）等人。主要代表作有布莱克特的《运筹学方法论上的某些方面》、康托洛维奇的《生产组织与计划中的数学方法》、爱德华和鲍曼合著的《生产管理分析》、里奇蒙的《用于管理决策的运筹学》、伯法的《生产管理基础》等。

这个理论把过多的注意力放在建立某些类型问题的数学模型并精致地进行模拟和求解上。许多批评者认为，光狭隘地注重数学，够不上一个完整的真正的管理学派。任何关心科学的人都承认数学模型和数学分析的巨大作用，但正如数学不能成为化学、物理学和生物学中的一个独立学派一样，也很难把数学看成一个管理的学派。数学和数学模型只是管理者从事分析的一种工具而已。另一方面也应当注意到，数量方法从来没有达到人力资源方法对管理实践的那种影响程度。这无疑是由于多种因素造成的：许多管理者不熟悉数量工具；行为问题涉及面太广而又很直观；绝大多数学生和管理者可以直接了解组织中现实的、每天发生的人的问题，诸如激励下级和减少冲突等，而无须借助建立定量模型这种更抽象的活动。

二、系统管理理论

一般系统理论建立之后，有些学者把它应用于工商企业的管理，因而形成了系统管理学派，其代表人物有约翰逊（Richard Johnson）、卡斯特（Fremont Kast）等人。

系统管理理论认为，一个组织的管理人员必须理解构成整个运作的每个系统。所谓系统，即由相互联系或相互依存的一组事物组成，其各部分在运作时像一个整体一样，来达成特定的目标，或按计划与设计发挥其功能。组织也有其子系统，执行着其生存所必需的各项关联的任务。要理解一个系统是如何工作的，首先要懂得其各子系统是如何发挥作用的，以及每一个子系统对整个系统的贡献。当任何一个子系统发生变化时，通常会对其他子系统产生影响。对于管理者而言，尤其是工商组织中的管理者，必须要有系统观念，当他们决定改变某一子系统时，要考虑这一改变将会对其他子系统乃至整个系统产生怎样的影响。组织中整体的或部门的运作要防止因局部的优化而造成对其他领域产生负面影响。

系统在一定的环境中生存，与环境进行物质、能量和信息的交换（见图2-1）。从这种意义上讲，系统是开放的。系统从环境得到资源，通过转换过程把资源转换为产出物，一部分产出物为维持系统而消耗，其余部分则输出到环境中。系统在投入-转换-产出的过程中不断进行自我调节，以获得自身的发展。运用系统观点来考察管理的基本职能，可以提高组织的整体效率，使管理人员不至于只重视某些与自己有关的特殊职能而忽视了大目标，也不至于忽视自己在组织中的地位和作用。

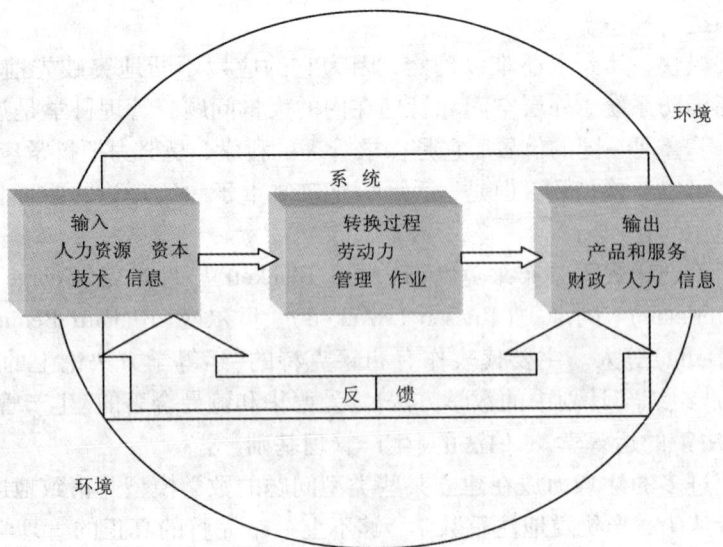

图 2-1　系统方法

系统管理和系统分析在自然科学中早已被应用，并形成了很值得重视的系统知识体系。系统分析这一概念最初由美国兰德公司于 1949 年提出，运用科学和数学的方法对系统中事件进行研究和分析。其特点是解决管理问题时要从全局出发，进行分析和研究，以制订出正确的决策。

系统理论同样也适用于管理理论与管理科学。一些精明老练的管理人员和有实际经验的管理学家，都习惯于把他们的问题和业务看成是一个由相互联系的因素所构成的网络，该网络与组织的内外环境每日每时都在相互作用。对系统的自觉研究和强调，的确提高了管理人员和学者们对影响管理理论与实践的各种相关因素的洞察力。

三、权变管理理论

权变管理理论是 20 世纪 70 年代在美国形成的一种管理理论。这一理论的核心是力图研究组织的各子系统内部和各子系统之间的相互联系，以及组织和其所处的环境之间的联系，并确定各种变数的关系类型和结构类型。它强调在管理中要根据组织所处的内外部环境随机应变，针对不同的具体条件寻求不同的最合适的管理模式、方案或方法。

美国尼布拉加斯大学教授卢桑斯（F. Luthans）在 1976 年出版的《管理导论：一种权变学》中系统地概括了权变管理理论。他认为：过去的管理理论没有把管理和环境很好地联系起来，造成管理观念和技术与实际的脱节，不能使管理有效地进行。而权变管理理论则把环境对管理的作用具体化，并使管理理论与管理实践紧密地联系起来。权变理论家们广泛地应用了古典理论、管理科学和系统观念来分析解决问题。有人甚至认为真正的权变学派是一个综合各家理论的学派，在有的情形中需要"人治"（由人来寻求答案）；换种情形则可能需要"法治"（按逻辑程序解决问题）。他们既吸取在某种情景中行为学家的经验，也学习在另一种形势下数量学派所用的知识。

权变管理理论着重考察有关环境的变数与相应的管理观念和技术之间的关系，以使采用的管理观念和技术有效地达到目标。在通常情况下，环境是自变量，而管理观念和技术是因变量。这就是说，组织所处的环境决定着何种管理观念和技术更适合于组织。比如，在经济衰退时期，由于企业面临的市场环境是供大于求，集权的组织结构可能更为适合；在经济繁荣时期，由于企业面临的市场环境是供不应求，分权的组织结构可能更为适合。环境变量与管理变量之间的函数关系就是权变关系，这是权变管理理论的核心内容。

以下描述了 4 个一般性的权变变量，当然这不是全部，因为如果全部列出来则不下100 个变量。这 4 个权变变量有助于了解所谓权变理论的含义。

1. 组织规模

组织的人员数量对管理者的工作起着主要影响，当组织规模扩展时，协调的问题也随之增多。例如，适合于 5 万名雇员的组织结构类型，很可能对只有 50 名雇员的组织来说是低效率的。

2. 任务技术的例常性

组织为了实现自己的目标，需要采用技术。就是说，要从事将输入转化为输出的过程。例常性技术所要求的组织结构、领导风格和控制系统，不同于用户定制化和非例常化技术的要求。

3．环境的不确定性

由于政治、技术、社会文化和经济变化的不确定性程度影响管理过程，在稳定的和可预见的环境下做得很好的工作，也许完全不适合变化迅速的和不可预见的环境。

4．个人差异

个人对成长、自主等方面是有差异的，分析这些及其他个人差异对于管理者选择激励方法、领导风格和工作设计尤其重要。

四、全面质量管理理论

无论是工商企业还是公共组织都在发生一场质量革命，描绘这场革命的通用术语是全面质量管理(Total Quality Management，TQM)。这场革命是由一小群质量专家掀起的，其中最突出的是一位名叫 W·爱德华兹·戴明(W. Edwards Deming)的美国人。

1950 年，戴明去日本向许多日本企业的高层管理者讲授如何改进他们的生产效率，他的管理方法的核心是采用统计方法分析生产过程的变异性。按照戴明的观点，一个管理得好的组织，应当用统计控制减少变异性，从而产生均匀的和可预见的产出质量。戴明发展出一套 14 点计划来实现组织的这种转变。

今天，戴明的最初计划已经扩展为 TQM：一种由顾客的需要和期望驱动的管理哲学。全面质量管理(TQM)的含义如下：

1．强烈地关注顾客

顾客的含义不仅包括外部购买组织产品和服务的人，还包括内部顾客(诸如发运和回收应收账款的人员)，他们向组织中的其他人提供服务并与之发生相互作用。

2．坚持不断地改进

TQM 是一种永远不能满足的承诺，"非常好"还不够，质量总能得到改进。

3．改进组织中每项工作的质量

TQM 采用广义的质量定义。它不仅与最终产品有关，并且与组织如何交货、如何迅速地响应顾客的投诉、如何有礼貌地回答电话等都有关系。

4．精确地度量

TQM 采用统计技术度量组织作业中的每一个关键变量，然后与标准和基准进行比较以发现问题，追踪问题的根源，消除问题的原因。

5．向雇员授权

TQM 吸收生产线上的工人加入改进过程，广泛地采用团队形式作为授权的载体，依靠团队发现和解决问题。

TQM 代表了一种与早期管理理论家相反的观点。传统的观点认为，低成本是提高生产率的唯一途径。美国汽车工业就是一个典型的例子，它说明当注意力仅仅集中在降低成本上会出什么问题。像通用汽车公司、福特汽车公司，还有克莱斯勒汽车公司生产的汽车，被很大一部分买车的大众所拒绝。并且，如果计入不合格品成本、修理成本、退货成本，以及质量控制的昂贵费用，则美国制造商的生产率和效益低于许多外国竞争者。日本企业的实践说明，最高质量的制造商，完全可能是最低成本的生产者。直到最近，美国汽车制造商才认识到 TQM 的重要性，开始实施许多 TQM 的基本要素。如质量控制小组、过程改进、组织工作队、改善与供应商的关系，以及倾听顾客的愿望和需要。

管理故事

将脑袋打开一毫米

美国有一家生产牙膏的公司，产品优良，包装精美，深受广大消费者的喜爱，每年的营业额蒸蒸日上。

记录显示，前 10 年每年的营业增长率为 10% 至 20%，令董事部雀跃万分。不过，业绩进入第 11 年，第 12 年及第 13 年时，则停滞下来，每个月维持着同样的数字。

董事部对此三年之业绩表现感到不满，便召开全国经理级高层会议，以商讨对策。

会议中，有名年轻经理站起来，对董事部说："我手中有张纸，纸里有个建议，若您要使用我的建议，必须另付我 5 万元！"

总裁听后很生气地说："我每个月都支付你薪水，另有分红、奖励，现在叫你来开会讨论，你还要另外要求 5 万元，是否过分？"

"总裁先生，请别误会。若我的建议行不通，您可以将它丢弃，一分钱也不必付。"年轻的经理解释说。

"好"。总裁接过那张纸后，阅毕，马上签了一张 5 万元的支票给那位年轻经理。

那张纸上只写了一句话：将现在的牙膏开口扩大 1 毫米。

总裁马上下令更换新的包装。

试想，每天早上，每个消费者多用 1 毫米的牙膏，每天牙膏的消费量将多出多少倍呢？这个决定，使该公司第 14 年的营业额增加了 32%。

管理启示

一个小小的改变，往往会引起意料不到的效果。当我们面对新知识、新事物或新创意时，千万别将脑袋封闭，置之于后，应该将脑袋打开 1 毫米，接受新知识、新事物。也许一个新的创见，能让我们从中获得不少启示，从而改进业绩，改善生活。

本章小结

研究管理的历史可以理解现代的管理理论和实践，现代管理理论是一个不断地发展、检验、修正、再检验的结果。

中国早期管理实践与管理思想可归纳为组织、经营、用人和理财等方面。国外的管理实践和思想主要体现在指挥军队作战、治国施政和管理教会等活动之中。希伯来人、古巴比伦人、古埃及人以及古罗马人在这些方面都有过重要贡献。

西方管理思想及管理理论的产生与发展经历了"早期的管理思想"、"古典管理理论"、"现代管理理论"等漫长的历史过程。

斯密等人提出的劳动分工观点和"经济人"观点，为管理理论的产生奠定了基础；泰罗的"科学管理"、法约尔的"一般管理理论"以及韦伯的"理想的行政组织"理论，促进了经验管理向科学化、规范化管理的过渡；行为科学理论的产生，引起了人们对生产中"人"这个关键性因素的重视，而管理科学理论的出现，拉开了管理理论研究中定量分析的序幕；

管理领域发生的"热带丛林"现象，标志着管理理论研究的空前繁盛。

练习题

一、填空题

1. 体现古巴比伦人的许多管理思想的著名法典是(   )。

2. "为政以德"是春秋时期(   )提出的治国思想。

3. 亚当·斯密的(   )观点对早期古典管理理论的发展具有突出的意义。

4. (   )是西方古典管理理论的主要代表，科学管理理论的创始人。

5. 韦伯在管理思想上的最大贡献是提出了(   )。

6. 行为科学是由(   )学说发展起来的，它和工业心理学有密切的关系，后来又融入了人力资源学派。

7. 马斯洛的(   )是在《人类动机理论》一书中提出的。

8. 科学管理的根本目的是(   )。

9. (   )着重考察有关环境的变数与相应的管理观念和技术之间的关系，以使采用的管理观念和技术有效地达到目标。

10. 一般认为现代管理理论是从(   )直到20世纪80年代初的整个历史阶段中西方的管理理论。

二、选择题

1. 管理产生的萌芽阶段时间是(   )。

A. 19世纪末20世纪初   B. 18世纪到19世纪末

C. 6000年以前   D. 20世纪30年代

2. 科学管理理论的中心问题是(   )。

A. 作业标准化   B. 计件工资制   C. 职能工长制   D. 提高劳动生产率

3. 能反映法约尔管理过程理论的是(   )。

A. 管理过程应标准化   B. 应实行"职能工长制"

C. 应遵循管理的14项原则   D. 应实行奖励性报酬制度

E. 应有理想的组织体系

4. "无为而治"是(   )的观点主张。

A. 儒家   B. 道家   C. 墨家   D. 其他

5. 《十二铜表法》是由(   )人订立的。

A. 古罗马   B. 古巴比伦   C. 古埃及   D. 古希腊

6. 首次强调管理中人的因素的学说是(   )。

A. 人际关系学说   B. 人的基本需要层次论

C. 管理过程理论   D. 群体行为理论

E. 人性管理理论

7. 霍桑实验最引人注目的是提出了什么观点(　　　　)。

A. 人是经济人　　　　　　　　　　B. 人是社会人

C. 需要激励　　　　　　　　　　　D. 人有自我实现的需要

E. 人有社交的需要

8. 马斯洛的人类需要层次理论主要研究(　　　　)。

A. 一般管理原理和管理效率　　　　B. 人际关系

C. 人的需要、动机和行为　　　　　D. 生产过程中的劳动效率

E. 管理中环境和效率的关系

9. 马克斯·韦伯认为宜于作为理想组织体系的基础的权力是(　　　　)。

A. 理性——合法权力　　　　　　　B. 超凡的权力

C. 传统的权力　　　　　　　　　　D. 继承的权力

10. 管理科学理论的基础是第二次世界大战中发展起来的(　　　　)。

A. 数学分析技术　　B. 计算技术　　C. 网络分析技术　　D. 运筹学

三、简答题

1. 中国古代管理思想表现在哪些方面？

2. 西方早期管理思想主要代表人物及其主要观点各是什么？

3. 简述科学管理的基本原理。

4. TQM 包含了科学管理、人力资源管理方法和定量方法，为什么？

第三章 计划

本章学习目标

1. 了解计划的概念、性质和类型
2. 了解计划编制的过程
3. 了解战略性计划的基本概况，掌握战术性计划选择的基本知识
4. 掌握波士顿矩阵和SWOT矩阵分析法
5. 掌握计划的组织实施的基本方法

案例导入

中国CMT机床公司案例

中国CMT机床公司是一家拥有约160名员工的公司，地处中国沿海某省。公司成立约45年，由已故3年的S.P.Heng先生创建。他逝世后将公司大部分股份留给了儿子Chin。在过去的几十年中，公司取得了可观的利润。但自从Heng先生去世后，公司的利润日趋下降。由于受进口机床的冲击，国内机床市场竞争变得十分激烈。公司的出口市场很小。Chin先生遇到的主要问题之一是缺乏正常的业务计划。在他父亲掌管公司时，大部分计划和决策是随意制定的。大部分销售依靠个人交往和Heng先生的长期业务关系。

假设近来你与Chin先生交往甚密，而且Chin先生对企业研究产生了浓厚的兴趣，他认识到，如果公司要想生存，必须制定一个三年至五年的发展战略计划。

管理技能

你是否可以在业务分析和战略计划的关键问题上对Chin先生给予指导，你可以提出哪些建设性意见？

第一节 计划概述

一、计划的概念

计划是管理的首要职能，在管理的各项职能中，计划具有领先的地位，起着龙头作用，是整个管理活动的基础和依据。

从广义来看，所谓计划，是指管理的一项基本职能。就是通过调查研究、预测未来、进行决策，从而制定出组织的目标和实现目标的行动方案，统一组织各个部门、各级单位

与各类人员的思想和行为，以实现组织目标的一种管理活动。

通常把计划工作的内容概括为 6 个方面，俗称 5W1H：做什么（ what to do ），为什么做（ why to do it ），何时做（ when to do it ），何地做（ where to do it ），谁去做（ who to do it ）和怎样做（ how to do it ）。具体含义如下：

1. 做什么（ what to do ）

即要明确计划工作的具体任务和要求，明确每一个时期的中心任务和工作重点。例如，企业生产计划的任务主要是确定生产哪些产品，生产多少，合理安排产品投入和产出的数量和进度，在保证按期、按质和按量完成订货合同的前提下，使得生产能力得到尽可能充分地利用。

2. 为什么做（ why to do it ）

即要明确计划工作的宗旨、目标和战略，并论证可行性。实践表明，计划工作人员对组织和企业的宗旨、目标和战略了解得越清楚，认识得越深刻，就越有助于他们在计划工作中发挥主动性和创造性。正如通常所说的"要我做"和"我要做"的结果是大不一样的，其道理就在于此。

3. 何时做（ when to do it ）

即规定计划中各项工作的开始和完成时间，以便进行有效控制以及对能力和资源进行平衡。

4. 何地做（ where to do it ）

即规定计划的实施地点或场所，了解计划实施的环境条件和限制，以便合理安排计划实施的空间组织和布局。

5. 谁去做（ who to do it ）

计划不仅要明确规定目标、任务、地点和进度，还应规定由哪个主管部门负责。例如，开发一种新产品，要经过产品设计、样机试制、小批试制和正式投产几个阶段。在计划中要明确规定每个阶段由哪个部门负主要责任，哪些部门协助，各阶段交接时，由哪些部门和哪些人员参加鉴定和审核等。

6. 怎样做（ how to do it ）

即制定实施计划的措施以及相应的政策和规则，对资源进行合理分配和集中使用，对人力、生产能力进行平衡，对各种派生计划进行综合平衡等。实际上，一个完整的计划还应包括控制标准和考核指标的制定，也就是告诉实施计划的部门或人员，做成什么样，达到什么标准才算是完成了计划。

二、计划的性质

计划对一个组织来说非常重要。美国的一项调查表明，大约65%的新设立公司寿命在5 年以下，如此高的失败率很大程度上是因为这些公司没有制定周密的计划。计划的性质主要体现在：

1. 计划的目的性

任何组织和个人制定计划都是为了有效地达到某种目标。然而在计划工作开始之前，这种目标可能还不具体，计划就是起源于这种不具体的目标。在计划工作过程的初始阶段，制定具体的、明确的目标是其首要任务，其后的所有工作都是围绕目标进行的。例如，某家百货公司的经理希望明年的销售额和利润额有较大幅度的增长，这就是一种不明确的目标；为此，就要制定计划，根据过去的情况和现在的条件确定一个可行的目标，比如销售额增长20%，利润额增长15%。这种具体的、明确的目标不是单凭主观愿望就能确定的，它要符合实际情况。要以许多预测和分析工作为其基础。计划工作要使今后的行动集中于目标，要预测并确定哪些行动有利于达到目标，哪些行动不利于达到目标或与目标无关，从而指导今后的行动朝着目标的方向迈进。可以说，没有计划的行动或多或少是一种盲目的行动。

2. 计划工作的首要性

计划工作在管理职能中处于首要地位，这主要是由于管理过程当中的其他职能都是为了支持、保证目标的实现。因此这些职能只有在计划工作确定了目标之后才能进行。厂长只有在明确目标之后才能确定合适的组织结构、下级的任务和权力、伴随权力的责任，以及怎样控制组织和个人的行为不偏离计划，等等。所有这些组织、领导、控制职能都是依计划而转移的。没有计划工作，其他工作就无从谈起。计划工作的首要性的另一个原因是，在有些情况下，计划可能是唯一需要完成的管理工作。计划工作的最终结果可能导致一种结论，即没有必要采取进一步的行动。比如，原打算在某地建立一个新的钢铁厂，首先要做的工作是进行可行性分析，如果分析的结果表明在此地建立钢铁厂是不合适的，那么所有工作也就告一段落，无须实行其他的管理职能。

3. 计划的普遍性

任何管理者或多或少都有某些制定计划的权力和责任。高层管理者不可能也不必要对自己组织内的一切活动做出确切的说明，这也是有效的管理者所必须遵循的一条原则。最常见的情况是高层管理人员仅对组织活动制定结构性的计划。换句话说，高层管理人员负责制定战略性的计划，而那些具体的计划由下级完成。这种情况的出现主要是由于一个人的能力是有限的，现代组织的工作是如此繁杂，即使是最聪明、最能干的领导人，也不可能包揽全部计划工作。此外，授予下级某些制定计划的权力，有助于调动下级的积极性，挖掘下级的潜在能力，这无疑对贯彻执行计划，高效地完成组织目标大有好处。

4. 计划要讲究经济效益

计划的经济效益可用计划的效率来衡量。所谓计划的效率是指实现目标所获得的利益与执行计划过程中所有耗损之和的比率。换句话说，计划效率是指制定计划与执行计划时所有的产出与所有的投入之比。如果一个计划能够达到目标，但它需要付出的代价太大，这个计划的效率就很低，因此不是一份好的计划。在制定计划时要时时考虑计划的效率，不但要考虑经济方面的利益和耗损，还要考虑非经济方面的利益和耗损。

当然，当计划职能没有被很好地运用时，将成为企业的阻碍。比如，过分强调计划会占据过多管理时间。管理需要在计划和组织、控制、领导等其他职能之间找到平衡。

三、计划的类型

企业的生产经营活动是多方面的，为了更有效地指导企业的各项经营活动，需要有多种计划与之相适应。因此，可以按照不同的标准对企业的经营计划进行分类。计划的种类很多，在此主要介绍以下两大类。

（一）按计划制定的层次分类

根据计划制定的层次不同，可将计划分为战略计划、战术计划和行动计划。

1. 战略计划

战略计划是由高层领导机构制定并下达到整个组织执行和负责检查的计划。它是对本组织关系重大的、带全局性的、时间较长的工作任务的筹划。比如远景规划，就是对较大范围、较大规模的工作以及较长时间的总方向、大目标、主要步骤和重大措施的设想蓝图。这种设想蓝图虽然有重点部署和战略措施，但并不具体指明有关的工作步骤和实施措施；虽然有总的时间要求，但并不提出具体的、严格的工作时间表。企业单位的战略计划一般叫经营战略。

2. 战术计划

战术计划是中层管理机构制定、下达或颁布到有关基层执行并负责检查的计划，战术计划一般是专业计划或业务计划。专业或业务计划是实现战略计划的具体安排。它规定基层组织和组织内部各部门在一定时期要完成什么、如何完成，并筹划出人力、物力和财力资源等。

3. 行动计划

行动计划是基层执行机构制定、颁布和负责检查的计划。行动计划一般是执行性的计划，主要有作业计划、作业程序和规定等。行动计划的制定首先必须以计划的要求为依据，保证战术计划和战略计划的实现。同时，行动计划还应在高层计划许可的范围内，根据自身的条件和客观情况的变化灵活地作出安排。

总之，战略计划、战术计划和行动计划强调组织纵向层次的指导和衔接，它们应在统一计划、分级管理的原则下，合理划分管理权限。既要充分发挥战略计划对战术计划和行动计划的指导作用，又要通过战术计划和行动计划的实施保证战略计划目标的实现。

（二）按计划的期限分类

按计划的期限划分，计划可分为长期计划、中期计划和短期计划。一般地说，年、季计划是短期计划，2 年、3 年和 5 年计划称为中期计划，5 年以上的计划为长期计划，企业通常编制短期和长期计划，两者相互联系、相辅相成。现重点介绍长期计划和年度计划。

1. 长期计划

长期计划是指较长时期的计划，一般是指 5 年或 5 年以上、规定企业生产方向和任务的纲领性规划，是根据国家的 5 年长远发展规划以及对未来市场需求情况进行科学分析和预测的基础上制定出来的。它是一种预测性较强，为企业发展方向、规模等确立一个较长时期的战略目标计划，其特点是有预见性和纲领性。

长期计划的内容，一般根据不同行业和企业的特点而有所不同。一般来说，包括以下主要计划。

（1）发展计划。发展计划是为适应企业发展的要求，而对生产规模和产品开发进行的规划。扩大生产规模方面的规划主要包括：资金筹措计划、大中型基本建设项目计划、技术改造和技术措施计划以及与此相适应的物质资源需求计划、职工人数和结构计划等。产品开发方面的规划主要有科研和新产品开发计划、产品质量计划等。它主要是规定企业产品品种的发展方向、新产品发展和老产品整顿的任务以及科学研究项目的安排等。产品开发规划是生产规模发展规划依据。

（2）经济效益计划。经济效益计划主要有：企业赢利计划、生产效益提高计划、降低成本计划、资金利用效益提高计划、产品品种与数量计划等。赢利计划对制定产品品种与数量计划、成本计划、效率计划等有指导作用，但同时，它的制定又要以这些计划为基础。

（3）市场开拓计划。市场计划是企业编制其他计划的出发点和落脚点。它包括资源供应和产品销售两个方面。资源市场计划包括技术装备采购引进计划、配套件专业化协作计划等。产品销售市场计划包括市场开拓计划、产品销售计划和技术服务计划。

（4）职工队伍建设和生活福利方面的计划。职工队伍建设和生活福利方面的计划主要包括：职工培训计划即企业智力投资和开发计划、职工住宅、生活福利设施计划、职工收益水平提高计划等。

（5）环境保护计划。环境保护计划主要是规定预期达到国家环境保护标准的程度，废水、废气、废物的清除和利用的程度，厂区内外绿化面积的增加等。

长期计划是从整个企业的全局出发，确定在较长时间所要达到的目标和为实现这一目标应采取的各种具体措施。不仅考虑了企业的当前利益，而且考虑了长远的经济效果。因此，这种计划带有战略意义。有了长期计划，可以使企业的全体员工的眼光不被眼前走出的第一步所限制，从而更好地激励全体员工不断提高企业的生产水平、技术水平和管理水平。

由于长期计划的时间跨度比较大，在这个较大的时间跨度内，企业内外的技术经济条件通常会发生较大的变化，很难做出精确的判断。因此，长期计划通常是比较难以概括全面的。

2. 年度计划

企业的年度计划，又称为年度综合计划，或称生产技术财务计划，它是根据企业的长期计划、长期经济协议书、国家下达的年度计划控制数字以及对市场情况的预测制定的。它比较详细、具体地规定了企业在计划年度内的任务，是指导企业生产经营的主要计划，包括企业年度内各个生产环节和各个方面的活动，如生产、技术、财务等的活动。年度计划的特点是各计划指标分类、分月，使企业经济计划的各组成部分具体化和各项落实措施具体化。

年度计划的内容，在不同的行业、不同规模的企业是不尽相同的。根据企业现有的计划内容和经济体制改革后的发展情况，企业年度计划通常由以下主要内容组成。

（1）生产与销售计划。它规定企业计划年度内生产的各种产品的数量、生产期限、生产能力的利用程度，以及可供销售的产品数量等。

（2）新产品试制与科研计划。它规定企业在计划年度内的新产品试制、老产品的改进，以及主要的科学研究项目。

（3）产品质量计划。它规定企业在计划年度内为提高产品技术方面所要达到的目标及主要指标。

（4）劳动工资计划。它规定企业为保证完成生产任务所需要的各类人员数量、所要达到的劳动生产率水平，以及职工的工资总额和平均工资水平。

（5）物资供应计划。它根据生产计划规定各种原材料、燃料、动力、工具以及外购件等各类物资的需要量、储备量和供应期等。

（6）机器设备维修计划。它规定在计划期内主要机器设备的大修、中修、小修的台数、期限、工作量，以及备品配件制造任务等。

（7）成本计划。它规定企业为完成生产计划需要支出的生产费用、生产计划成本，以及可变成本降低的任务等。

（8）财务计划。它规定企业为完成生产计划所必需的财务收入和支出，主要包括固定资产、流动资产、产品成本和利润计划等。

（9）技术组织措施计划。它规定为了保证全面完成企业计划任务所采取的改进生产技术、生产组织和劳动组织等方面的措施和项目，以及实施这些项目的效果、期限、负责单位和费用来源等。

管理技能

计划书的构成样本

不同种类、不同类别的计划书结构不同。但是计划书的构成与计划过程的顺序应该是一致的。一般来说，企业的计划书大致有以下 8 个部分，共计 11 项内容构成，如表 3-1 所示。

表 3-1　计划书构成的内容表

构成	内容	说明
1. 计划导入	（1）封面	计划书的脸面，应充满魅力
	（2）前言	表明计划者的动机及计划者的态度
	（3）目录	计划书的目录
2. 计划概要	（4）计划概要	概述计划书的整体思路与内容
3. 计划背景	（5）现状分析	明确计划的出发点，说明计划必要性及前提
4. 计划意图	（6）目的、目标设定	确定计划的目的、目标，说明计划的意义
5. 计划方针	（7）概念的形成	明确计划的方向、原则，规定计划的内容
6. 计划构想	（8）确定实施策略的结构	明确计划实施的结构及其组织保证，提高计划的效果
	（9）具体实施计划	计划的具体内容，将实现目标的方法具体化
7. 计划设计	（10）确定实施计划	实施计划所需的时间、费用、执行者及其他资源，预测计划可能获得的效果
8. 附录	（11）参考计划	附加与计划相关的资料，增加计划的可信度

计划书的构成样例：

"美味"饮食店商业环境调查计划书

封面

目录

结论概要

开设饮食店的场所、条件；营销战略观点

1. 前言

前提条件和条件设定；调查分析方法；本报告构成概要。

2. 物品概要

3. 都市条件

位置、区域规定；人口迁移；收入水平；城市规模；饮食市场；市场前景。

4. 开设条件

场所条件、位置、环境、道路及交通。

5. 商业环境条件

商业范围设定；商业范围人口；商业范围内商业设施；竞争状况；未来状况；商业环境概要。

6. 结论

各条件的概念；对所有条件的判定；店铺提案；潜在月销售额测算。

7. 资料集

周边环境图示；周边竞争图示；城市关系图示；商业范围内人口资料。

第二节　计划编制过程

一、确定目标

确定企业的目标，首先要明了企业的使命和宗旨。企业的宗旨规定企业生存的目的和使命，反映社会对该企业的基本要求，具体包括：经营理念、使命或经营范围。

1. 经营理念

亦称经营哲学，它按照企业的经营方式规定出价值观、信念和指导原则。企业经营哲学的确定，一方面取决于企业创办者的意图，另一方面也与整个社会的商业伦理有关。

2. 明确使命或经营范围

确定企业的使命或经营范围并不是简单地说明这家企业是干什么的，而是应当明确而仔细地规定出这一企业应该干什么和不应该干什么。应该做和不应该做的事都需要尽可能地在使命说明书中得到明确阐述。例如，有一家中型企业将它的使命表述为："我们的业务是在世界范围内向非家用空调市场提供空调系统的部件和维修服务。"从该企业的使命陈述中可以看出，这家企业并不供应空调系统，也不介入家用的空调市场。任何一个企业，无论是所拥有的资源还是利用资源的能力，都或多或少有一定的限度，只有"有所不为"，才能"有所为"。

因此,企业使命或经营范围的确定,要综合考虑各产业领域的潜力,尤其是顾客需求变化产生的市场容量和结构的变化,有关领域中成功经营所需要的条件,以及成功的关键要素与企业自身拥有的资源、实力状况的匹配程度等各方面要素。

3. 具体目标的制定

明确企业的使命和宗旨之后,我们就要确定具体目标。具体目标是企业期望达到的结果。一个企业在同一时期可能有多个目标,但任何一个目标都应包括以下内容:明确的主题,包括扩大利润、提高顾客的满意度、改进产品质量等;期望达到的数量或水平,如销售数量、管理培训的内容等;可用于测量计划实施情况的指标,如销售额、接受管理培训的人数等;明确的时间期限,即要求在什么样的时间范围内完成目标任务。

从表面上看,目标的制定并不难,但事实上,有很多因素限制了目标制定的科学性。

首先,人们对目标的认识和理解可能会存在很大差异。目标只会在被人们普遍认同并接受的情况下才容易付诸实施,而这是非常困难的。所以,在目标制定过程中,鼓励人们多参与、多沟通、多讨论是必要的。

其次,环境的快速变化使得计划跟不上变化,这是客观事实,但以此否定计划的作用是绝对错误的。一方面,可以利用滚动计划方法把长期计划与短期计划衔接起来;另一方面,对于一些作业计划,可以制定短期目标,然后经常检查目标的实施情况,不断修正计划目标,使之适应环境的变化。

最后,计划制订者的错误认识干扰。如短期行为倾向、过于强调避免风险而缺乏把握机会的能力等。

二、研究过去

研究过去的作用是总结经验教训,掌握客观规律,用以指导现在和未来。计划既要根据现状,又要借鉴历史经验。"以史为鉴,可以明得失"。要把同类问题在不同时期、不同国家中所呈现的不同结果作对比。国家和国家、地方和地方、单位和单位、专业和专业要对比;方向目标、方针政策、指标措施也要对比。不但要比优劣得失,还要比优劣得失的主客观条件。比较既要定性,又要定量。

研究过去的关键在于全面收集文献资料,我们不仅要掌握有关的国内信息,还要了解国际信息;不仅要收集组织内部信息,还要收集外部的环境信息。收集信息是一项长期的工作,为了确保资料的全面、完整、准确,有必要在组织中建立数据库,充分利用计算机存储、整理并传递信息。当然,我们所收集的数据资料不是越多越好,因为经济性问题需要随时考虑。收集资料过程中强调的是资料的真实性、可用性。同时,我们也要邀请知情人进行座谈,或个别访问,然后分门别类地进行分析研究,总结历史经验教训,认识其中的规律,用以指导计划的制定。在研究过去的时候,要防止只顾一点不及其余,只作机械类比不顾情况变化,或只为主观设想寻找个别根据的错误倾向。

三、认识现在

1. 评估企业的当前状况

计划工作的一个重要的工作环节是对企业的当前状况作出评估,这是制订和实施计划工作方案的前提。

我们一方面要分析内部资源，主要应考虑组织的财务状况、员工技能、技术水平，以及那些能反映组织当前工作状况的信息资料。分析内部资源可以了解组织目前的优势和劣势。如果企业在内部资源上优于竞争对手，那将意味着企业的计划工作有强有力的资源保障；反之，将意味着企业只能制定较低的目标或正常目标在实施过程中可能会面临各种困难。

另一方面，我们还要分析企业的外部关系，如与供应者之间的关系、与顾客之间的关系、与银行等公共群体之间的关系等。分析外部关系可显现出计划工作必须予以关注的潜在机会和限制因素。

2. 估量现状与目标之间的差距

企业的将来状况与现状之间必然存在差距，客观地度量这种差距，并设法缩小这种差距，是计划工作的重要任务。

一般来说，缩小现状与目标之间的差距，可采取两类措施：一类是不打破现状，在现状的基础上力求改进，随着时间的推移不断地逼近目标。例如，针对市场占有率低的现状，可以通过加大广告开支和营销力度，降低产品价格等措施，实现企业扩大市场占有率的目标。这类措施风险相对较小。另一类是变革现状，有时甚至是对企业进行根本性的调整，如调整产品品种、大幅度精简人员等。这类措施风险相对较大，但如果成功，组织绩效将会得到明显的改进。具体采用哪类措施，要对现状与目标之间的差距作出客观而准确的分析。

3. 根据现在预测未来

在计划的实施过程中，企业内外部环境都可能发生变化，如果能够及时预测内外部环境的可能变化，对制订和实施计划来说将十分有利。所以，计划工作人员应设法预见计划在未来实施时所处的环境，对影响既定计划实施的环境要素进行预测。在此基础上，设计可行的计划方案。所谓预测，就是根据过去和现在的资料用各种方法和技术，对影响企业工作活动的未来环境作出正确的估计和判断。预测有两种，一种预测是计划工作的前提，比如对近来经营条件、销售量和环境变化所进行的预测，这是制订计划的依据和先决条件；另一种预测是从既定的现行计划发展而来的对将来的期望，如对一项新投资所做的关于支出和收入的预测，这是对计划工作结果的预测。

预测的方法是多种多样的。概括地讲，可归纳为两大类：一是定性预测方法，主要靠人们的经验和分析判断能力进行预测；二是定量预测方法，就是根据已有的数据和资料，通过数学计算和运用计量模型进行预测，如时间序列分析、回归分析等。这些方法往往具有较强的专业技术特征，每一种方法都需要各自的情况、资料和数据。而且各种方法的复杂程度不同，应用条件和范围亦不尽相同，所以应当有选择地加以运用。

四、制定计划

1. 制定计划的过程

在上述各阶段任务完成之后，接下来应制订具体的计划方案。计划方案类似于行动路线图，是指挥和协调组织活动的工作文件，制订计划方案包括提出方案、比较方案、选择方案等工作，其中以"5W2H"法较为典型，即通过设问来诱发人们的创造性设想，发问的具体内容可根据具体对象灵活应用。

（1）why（为什么）：为什么需要改革？为什么非这样做不可？

（2）what（什么）：目的是什么？做哪一部分工作？

（3）where（何处）：从何入手？何处最适宜？

（4）when（何时）：何时完成？何时最适宜？

（5）who（谁）：谁来承担？谁去完成？谁最适合？

（6）how（怎样）：怎样去做，怎样做效率最高，怎样实施？

（7）how much（多少）：要完成多少数量？成本多少？利润多少？

计划是面向未来的管理活动，未来是不确定的，不管多么周密，在实施过程中都可能因为内外部环境的变化而无法顺利开展，有的情况下甚至需要对预先制订的计划予以调整。僵化的计划有时比没有计划还糟。因此，在制订计划方案的同时，还应该制订应急计划（或称权变计划），即事先估计计划实施过程中可能出现的问题，预先制订备选方案（有时甚至是几套备选方案），这样可以加大计划工作的弹性，使之更好地适应未来环境。

制订应急计划是计划工作的组成部分，应急方案所需要的费用应一并纳入整体预算中。在环境多变、竞争日趋激烈的时代，每位管理人员都必须牢牢地树立起权变的意识，争取主动，而不是等到出现问题后再予以补救。

2.制定计划活动中的分工

不同类型的行动方案形成不同种类的计划，因此，我们还要对实现各种目标的活动及其所采取的方式和所使用的资源等作出安排。

创办者、董事会或者高层管理者确定企业的宗旨和使命，企业的中层管理者必须在理解企业宗旨和使命的基础上对企业的远景目标和战略方案负责，企业的基层管理者主要负责企业的具体目标和战术方案的执行。因此，企业的战略计划是在创办者、董事会或者高层管理者与中层管理者的通力合作之下拟定而成的，而战术计划的制定则由中层管理者和基层管理者共同负责。战略计划和战术计划的构成、关系及其制订的逻辑可以用图3-1表示。

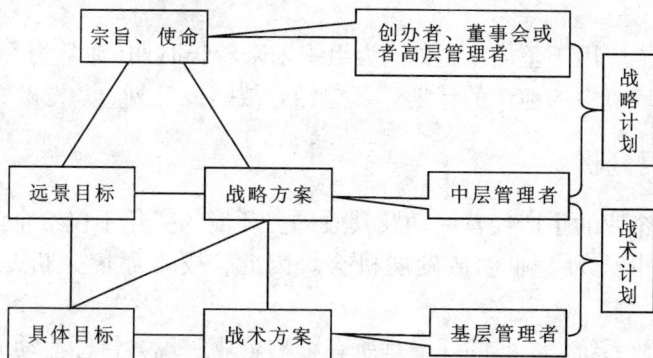

图3-1　战略计划和战术计划的关系图

管理案例

计划部经理李建的烦恼

李建是一家民营企业的计划部经理，他主要负责工作计划的编制和监督执行。每年的年底是李建最痛苦的时候。这时他不仅要准备向老板汇报当年的计划完成情况，还要牵头组织下一年度工作计划的编制工作。为此，他几乎每天都要向各部门要数据、催进度，对于实在拖拉的部门，他还不惜动用罚款等措施；最后好不容易各部门的工作计划上报完毕，可等到李建汇总时，结果却往往会使他变得很沮丧：其中有些部门的计划纯粹是在不切实际地喊口号、唱高调，有些部门则是想通过工作计划来争资源，有些部门的工作计划则根本没有给出任何约束性指标……

然而李建还是得依据这些来自各部门的"原始资料"完成他下一年度的计划编制工作。从前些年公司的业绩看，这样编制出来的计划可以说是一纸空文，计划数据与实际数据相差太大了。李建常常听到这样的抱怨：我们连公司下一步要往哪里走都搞不清，让我们怎么定计划啊？李建作为部门经理，觉得自己很有责任把这些意见反馈给老板，但当他每次看到老板忙碌的身影时，都是话刚到嘴边又咽了下去。

又该编制下一年度的工作计划了，李建再次感到了一股无形的压力。但这次他不想再走老路子了。为公司的前途着想，他决定要和老板和其他部门同事沟通一下，谈谈公司的未来和计划的制订工作。

管理技能

根据上面所学的知识，假设你是李建，该向老板和同事反映何种意见？为什么？

第三节　战略性计划

战略性计划是指应用于整体组织的、为组织未来较长时期（通常为 5 年以上）设立总体目标和寻求组织在环境中的地位的计划。要想做好战略性计划，必先做好战略环境分析。

一、战略环境分析

经营环境影响企业的生产经营活动及其效果。环境的变化不仅给企业的生产经营活动带来制约和威胁，也会为企业创造发展机会。因此，战略环境分析是制定战略计划的基础。

企业是一个开放系统，企业的环境是所有影响企业实现其目标活动的各种内外部因素的总和。主要包括外部一般环境、行业环境、经营环境和内部环境 4 个方面。

（一）外部一般环境

外部一般环境是指那些给企业带来市场机会或环境威胁的主要社会力量，它直接或间接地影响企业的战略抉择。主要的因素有：

1. 政治和法律环境

政治和法律环境指那些制约和影响企业的政治要素和法治系统及其运行状态。包括政治制度、政治形势、国家法律和法令、国家政策等。它是决定、制约和影响企业生存和发展的极其重要的因素。

2. 经济环境

经济环境指构成企业生存和发展的社会经济状况及国家的经济政策。企业经济环境表明了经济资源的分配和使用方式，主要有社会经济结构、经济发展水平、经济体制、宏观经济政策和经济基础设施等要素构成。衡量经济环境因素的指标有国民生产总值、国民收入水平、平均消费水平、消费支出分配、利息率、通货膨胀率以及政府支出总额等。

3. 科技环境

科学技术是第一生产力，既包括生产技术，又包括管理技术。科技环境指企业所处环境中的科技要素及与该要素直接相关的各种社会现象的集合。企业的科技环境大体包括社会科技水平、社会科技力量、国家科技体制及国家科技政策和科技立法等要素。

4. 社会文化环境

社会文化环境包括人口的地区性流动、人口年龄结构的变化、社会中权力结构、人们的生活方式、工作方式以及文化传统、教育程度、价值观念、风俗习惯等，这些方面必定都要反映到企业中来，不仅影响到社会对企业产品及劳务的需求，也影响到企业整个生产经营活动，包括产品、定价、促销、分销渠道、包装、款式、服务等，企业一切生产经营活动都受到了环境文化价值观的检验。

5. 自然环境

自然环境指企业所处的自然资源和生态环境，包括土地、森林、河流、海洋、生物、矿产、能源、水源、环境保护、生态平衡等方面的发展变化。环境保护的要求对企业的生产经营有着极为重要的影响。

（二）行业环境

所谓行业，是指按照企业生产的产品性质、特点以及它们在国民经济中的不同作用而形成的工业类别。行业环境分析主要包括：

1. 行业定位

各个行业因使命、发展条件以及产品和生产过程等方面的不同而具有不同的性质。通过对其定位，可以掌握企业所在行业或所进入行业与其他行业的差别，从而来把握行业环境。企业一般可从以下几个方面界定行业：一是行业分工，既可指行业间的分工，又可指行业内部企业间的分工。二是行业在工业生产总过程中的位置。可以分为五大类，即生产工业最终产品的行业；生产各种工作母机的行业；制造各种工作母机所需工作母机的行业；生产坯料、零部件、元器件的行业；生产原料、动力的行业。三是行业所使用的主要资源。可将行业分成劳动密集型行业、资金密集型行业和技术密集型行业。四是行业内部的企业数量结构。它是指一个行业内企业的总数量以及不同规模企业的数量分布。五是行业的市场状况。一般表现在供求形势、需求分布和需求变动频繁性三个方面。

2. 行业结构分析

行业结构分析是制定企业经营战略最重要的基础。行业结构实际上是指该行业的内在经济关系，它说明行业的竞争力量。一个行业内存在着五种基本竞争力量，即潜在的加入者、替代品的生产者、讨价还价的供应者、讨价还价的购买者、行业内现有竞争对手,如图3-2所示。

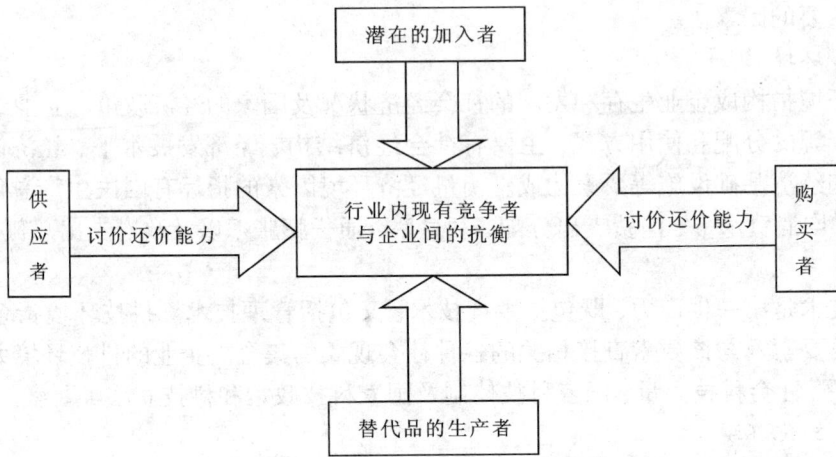

图 3 - 2　行业内的基本竞争力量图

这五种竞争力量的状况以及它们的综合强度,引发行业内在经济结构的变化,从而决定着行业内竞争的激烈程度,决定着行业中获得利润的最终潜力。行业的竞争强度,虽然是由五种竞争力量决定的,但五种竞争力量中常常是最强的力量起决定性作用。企业在制定经营战略时,应分析每个竞争力量的来源,确定某个行业中决定和影响五种基本竞争力量的基本因素,弄清企业生存的优势和劣势,寻求企业在行业中的有利地位。

潜在的进入者:潜在的进入者或新加入者是行业的重要竞争力量,会给本行业带来很大的威胁,称为进入威胁。进入威胁的状况取决于进入障碍和原有企业的反击强度。如果进入障碍高,原有企业激烈反击,进入者难以进入本行业,则进入威胁就小。

影响进入行业的主要因素有:规模的经济性、资本需求、产品的差异化、商标的知名度、转换成本、销售渠道、成本优势、原材料与技术优势、政府的政策、预期的反攻等。

替代品的生产者:替代品是指那些与本企业产品具有相同功能或类似功能的产品。在质量相等的情况下,替代品的价格常常会比被替代产品的价格更具有竞争力。决定替代品威胁的主要因素有相对价格、转换成本、买主对替代品的购买倾向等。在这种竞争中应注意下述情况:当出现的替代品是一种顺应潮流的产品并具有强大成本优势时,或者替代品是那些实力雄厚的行业生产的时候,与其采取排斥的竞争战略不如采取引进的战略更为有利。

购买者的讨价还价能力:对于行业中的企业来讲,购买者是一个不可忽视的力量。购买者所采取的手段主要有要求压低价格、要求较高的产品质量、更多的服务,甚至迫使作为供应者的企业互相竞争等。

供应者的讨价还价能力:供应者通过扬言要提高产品和劳务的价格或降低质量,对作为购买者的企业进行威胁,以发挥他们讨价还价的能力。企业可以审时度势,通过战略来改善自己的处境。

　　行业内部现有竞争者间的抗衡：行业内部的抗衡是指行业内部企业之间的竞争范围与程度。常见的抗衡手段主要有价格战、广告战、引进新产品以及增加对消费者的服务等。

　　（三）竞争对手分析

　　竞争对手是指那些向相同的顾客销售基本相同的产品或提供基本相同服务的竞争者。"同行是冤家"，这只是泛泛之谈，任何一个企业都难以有足够的资源和能力，也没有必要与行业内企业全面为敌、四面出击，它必须处理好与竞争对手的关系。

　　1. 分析竞争对手

　　在确立了重要的竞争对手以后，就需要对每一个竞争对手做出尽可能深入、详细的分析，揭示出每个竞争对手的长远目标、基本假设、现行战略和能力，并判断其行动的基本轮廓，特别是竞争对手对行业变化，以及当受到竞争对手威胁时可能作出的反应。

　　（1）竞争对手的长远目标。对竞争对手长远目标的分析可以预测竞争对手对目前的位置是否满意，由此判断竞争对手会如何改变战略，以及他对外部事件会采取什么样的反应。

　　（2）竞争对手的战略假设。每个企业所确立的战略目标，其根本是基于其假设之上的。这些假设可以分为3类：其一，竞争对手所信奉的理论假设。例如许多美国公司所奉行的理论是短期利润，因为只有利润，才能支持发展。而日本企业信奉的是市场占有率和规模经济理论；他们认为，只要能占领市场，扩大生产销售规模，单位成本就会下降，利润自然滚滚而来，然后才有秋天的黄金般的收获。其二，竞争对手对自己企业的假设。有些企业认为自己在功能和质量上高人一筹，有些企业则认为自己在成本和价格上具有优势。名牌产品企业对低档产品的渗透可能不屑一顾，而以价格取胜的企业对其他企业的削价则会迎头痛击。其三，竞争对手对行业及行业内其他企业的假设。对战略假设，无论是对竞争对手，还是对自己，都要仔细检验，这可以帮助管理者识别对所处环境的偏见和盲点。可怕的是，许多假设是尚未清楚意识到或根本没有意识到的，甚至是错误的；也有的假设过去正确，但由于经营环境的变化而变得不那么正确了，但企业仍在沿循着过去的假设。

　　（3）竞争对手的战略途径与方法。战略途径与方法是具体的、多方面的，应从企业的各个方面去分析。具体而言，有营销战略、价格战略、产品策略和关税战略等方面。

　　（4）竞争对手的战略能力。目标也好，途径也好，都要以能力为基础。在分析研究了竞争对手的目标与途径之后，还要深入研究竞争对手是否具有能力采用其他途径实现其目标。这就涉及到企业如何规划自己的战略以应对竞争。如果较之竞争对手本企业具有全面的竞争优势，那么则不必担心在何时何地发生冲突。如果竞争对手具有全面的竞争优势，那么只有两种办法：或是不要触怒竞争对手，甘心做一个跟随者，或是避而远之。如果不具有全面的竞争优势，而是在某些方面、某些领域具有差别优势，则可以在自己具有的差别优势的方面或领域把文章做足，但要避免以己之短碰彼之长。

　　2. 竞争对手对竞争的反应

　　从上面的分析中可知，战略管理是一个"博弈"的过程。一是要选择我们的对手，二是要判断对手的棋路，并根据"对手会对我们这一招怎样反应"来决定我们的策略。概括起来，竞争对手对竞争的反应无非有3种情况：不采取反击行动、防御性反击和进攻性反击。这取决于竞争对手对目前位置是否满意，它是否处在战略转变之中，以及竞争对手对他的刺激程度。具体说来，可以分为6种反击模式。

　　（1）坐观事变者。不立即采取反击行动，其原因可能是深信顾客的忠诚度，也可能是没有反击所必需的资源，还可能是并未达到应予反击的程度。所以，对于这类竞争对手就要格外慎重。

（2）全面防御者。这一类型的企业会对外在的威胁和挑战做出全面反应，以确保其地位不被侵犯。但是全面防御也会把战线拉长，对付一个竞争者还可以，若是同时要对付几个竞争者的攻击，则会力不从心。

（3）死守阵地型反击。因为其反击范围集中，而且又有背水一战的信念，所以反应强度相当高。这类反击行动是比较有效的。又因为是集中在较小范围内的反击，所以其持久力也较强。

（4）凶暴型反击者。这一类型的企业对其所有领域发动的进攻都会做出迅速而强烈的反击。例如：宝洁公司决不会听任竞争者的任何一种洗涤剂轻易投放市场。凶暴型反击者向竞争对手表明，最好不要碰他，老虎的屁股摸不得。

（5）选择型反击者。可能只对某些类型的攻击做出反应，而对其他类型的攻击则不然。因此，必须了解这种类型反击者的敏感部位，避免不必要的冲突。

（6）随机型反击者。它的反击最不确定，或者根本无法预测，它可能会采取任何一种可能的反击方式。

以上讨论了竞争分析的3个方面。鉴于竞争环境的重要性，企业非常有必要建立起用于监测、分析竞争环境的情报系统，以便及时、系统地搜集和分析竞争对手战略动态。

管理案例

日本摩托车公司与美国同行的角逐

美国哈雷公司曾是世界摩托车行业的龙头。在20世纪60年代，它不仅对摩托车行业充满信心，而且对日本企业过于掉以轻心，认为他们不过是在起步学习阶段，对自己构不成威胁。然而，日本人一边低头哈腰地表示："我们是小学生。"一边却对美国人小觑自己刻骨铭心：看谁笑到最后。经过20年的修炼，日本摩托车终于在美国修成正果。

除了在技术上不断地向竞争对手学习外，从营销战略的角度看，日本摩托车公司的营销战略途径与方法至少包括这样一些内容：在产品策略上，以小型车切入美国市场，提供尽可能多的小型车产品型号，提高产品吸引力；在小型车市场站稳脚跟后再向大型车市场渗透；在价格上，通过规模优势和管理改进降低产品成本，低价销售；在促销上，建立摩托车新形象，使其与风靡世界的哈雷公司产品的粗犷风格相区别。而且，为了全面占领美国这块世界上最大最好的市场，日本摩托车企业在20世纪70～80年代的战略目标很明显，在遇到关税壁垒时就可能采取到美国直接建厂的办法绕过美国关税壁垒的限制。

事实证明，这些战略途径行之有效，日本公司大获成功。相对而言，哈雷公司却没有明确的战略途径与方法。哈雷公司的母公司AMF公司虽然也为哈雷公司注入资本提高产量，也曾一度进行小型车的生产，结果由于多方面因素的不协同而以失败告终。

管理技能

根据上面所学的知识，请你分析一下日本公司运用了什么策略，从而在与美国同行的角逐中处于上风？

（四）组织自身的内部环境

企业内部条件是指企业在一定的技术经济条件下，从事生产经营活动所具有的内在条件。它表现在企业的经营管理水平、竞争能力、应变能力几个方面。

1. 经营管理水平

经营管理水平主要反映在企业领导的素质及职工文化水平受教育情况，企业的管理体制，组织机构的建立，生产经营指挥系统的建立和健全情况。

2. 竞争能力

（1）生产能力。指企业在一定的生产技术条件下拥有的生产性固定资产在一定的时期内，所能生产的产品或提供劳务的最大数量；主要反映在基本生产环节和辅助生产环节的生产能力及运输能力上。

（2）产品竞争能力。包括企业产品竞争性的强弱，产品对国计民生的影响程度、成本、质量、服务、商标、交货期、市场容量、市场占有率和市场开发率等方面。

（3）财务能力。反映企业的资金拥有量及来源、偿债能力、盈利水平。

（4）销售能力。指企业所拥有的销售渠道、服务网点、服务力量等。

3. 应变能力

应变能力指企业适应环境变化的能力。反映企业经营战略制定，研制开发新产品、新工艺、新技术的能力，不断推进技术进步和技术改造的能力，生产指挥系统、市场营销、物资能源供应系统、人事组织系统、经济核算系统的适应性及相互间的协调性。

组织的内部环境对组织的正常运行发展起到了重要的作用，管理者应从以下几个方面做好内部环境的建设与维护。

1. 在了解内部环境的基础上把握全局

管理者要为组织设立合适的工作任务与目标，明确组织行为准则及价值观，开阔视野，确立组织长期发展的方向；管理者应清楚了解组织核心竞争力何在，以此为起点加快组织发展的脚步；组织结构的优劣对于组织效率的提高有很大的影响，管理者应搭建合理的组织架构并根据实际情况随时予以调整；管理者应创造和谐、平等、鼓励创新的组织氛围，营造大家庭的气氛，让每一位员工真正融入到组织中，实现个人与组织的双重价值；管理者应有效利用与整合组织内所有资源，将其优化升级，为组织的全面发展提供强有力后盾。

2. 注重组织内部环境信息的收集

为及时掌握员工、团队及整个组织的发展过程及发展趋势，管理者应在正确信息的指引下，了解内部环境的状态及走向以便及时制定或调整管理决策。管理者对组织内部环境的变化在一些情况下要让自身去适应，去接受，但在另一些情况下，管理者可以着手改变组织内部环境的一些状况，动用强大的行政管理手段，辅以内部宣传教育等措施，对内部进行感化及规整，使所有变化均在管理者掌握范围内，不至于偏离组织最本质的原则。

3. 拓展视野

经济全球化与知识经济的到来要求管理者必须将眼界拓展，放眼同行甚至放眼世界，了解其他组织内部管理的精华及方法，学习先进企业的管理策略，在适当的条件下，可以引入外界的资源，外界的信息，将他们与组织内部原有的部分进行融合，使之成为符合组织要求，符合市场要求的新型组织财富。

（五）顾客（目标市场）

著名的市场营销学者麦卡锡提出了，应当把消费者看作一个特定的群体，称为目标市场；通过市场细分，有利于明确目标市场，通过市场营销策略的应用，有利于满足目标市场的需要。即：目标市场就是通过市场细分后，企业准备以相应的产品和服务满足其需要的一个或几个子市场。

所谓目标市场，就是指企业在市场细分之后的若干"子市场"中，所运用的企业营销活动之"矢"而瞄准的市场方向之"的"的优选过程。例如，现阶段我国城乡居民对照相机的需求，可分为高档、中档和普通三种不同的消费者群。调查表明，33%的消费者需要物美价廉的普通相机，52%的消费者需要使用质量可靠、价格适中的中档相机，16%的消费者需要美观、轻巧、耐用、高档的全自动或多镜头相机。国内各照相机生产厂家，大都以中档、普通相机为生产营销的目标，因而市场出现供过于求，而各大中型商场的高档相机，多为高价进口货。如果某一照相机厂家选定16%的消费者目标，优先推出质优、价格合理的新型高级相机，就会受到这部分消费者的欢迎，从而迅速提高市场占有率。

1. 目标市场的选择策略

目标市场的选择策略即关于企业为哪个或哪几个细分市场服务的决定。通常有5种模式供参考：

（1）市场集中化。企业选择一个细分市场，集中力量为之服务。较小的企业一般这样专门填补市场的某一部分。集中营销使企业深刻了解该细分市场的需求特点，采用针性对的产品、价格、渠道和促销策略，从而获得强有力的市场地位和良好的声誉。但同时隐含较大的经营风险。

（2）产品专门化。企业集中生产一种产品，并向所有顾客销售这种产品。例如服装厂商向青年、中年和老年消费者销售高档服装，企业为不同的顾客提供不同种类的高档服装产品和服务，而不生产消费者需要的其他档次的服装。这样，企业在高档服装产品方面树立很高的声誉，但一旦出现其他品牌的替代品或消费者流行偏好的转移，企业将面临巨大的威胁。

（3）市场专门化。企业专门服务于某一特定顾客群，尽力满足他们的各种需求。例如企业专门为老年消费者提供各种档次的服装。市场专业化，能建立良好的声誉。但一旦这个顾客群的需求潜量和特点发生突然变化，企业就要承担较大风险。

（4）有选择的专门化。企业选择几个细分市场，每一个对企业的目标和资源利用都有一定的吸引力。但各细分市场彼此之间很少或根本没有任何联系。这种策略能分散企业经营风险，即使其中某个细分市场失去了吸引力，企业还能在其他细分市场盈利。

（5）完全市场覆盖。企业力图用各种产品满足各种顾客群体的需求，即以所有的细分市场作为目标市场，例如IBM公司在计算机市场、可口可乐公司在饮料市场开发众多的产品，满足各种消费需求。

2. 影响企业目标市场策略的因素

（1）企业的资源特点。资源雄厚的企业，如拥有大规模的生产能力、广泛的分销渠道、产品标准化程度很高、好的内在质量和品牌信誉等，可以考虑实行无差异市场营销策略；如果企业拥有雄厚的设计能力和优秀的管理素质，可以考虑施行差异市场营销策略；而对实力较弱的中小企业来说，适于集中力量进行集中营销策略。企业初次进入市场时，往往采用集中市场营销策略，在积累了一定的成功经验后再采用差异市场营销策略或无差异市场营销策略，扩大市场份额。

（2）产品特点。产品的同质性表明了产品在性能、特点等方面差异性的大小，是企业选择目标市场时不可不考虑的因素之一。一般对于同质性高的产品如食盐等，宜施行无差异市场营销；对于同质性低或异质性产品，差异市场营销或集中市场营销是恰当选择。此外，产品因所处的生命周期的阶段不同，而表现出的不同特点亦不容忽视。产品处于导入期和成长初期，消费者刚刚接触新产品，竞争尚不激烈，企业这时的营销重点是挖掘市场对产品的基本需求，往往采用无差异市场营销策略。等产品进入成长后期和成熟期时，消费者已经熟悉产品的特性，需求向深层次发展，表现出多样性和不同的个性来，竞争空前激烈，企业应适时地转变策略为差异市场营销或集中市场营销。

（3）市场特点。供与求是市场中两大基本力量，它们的变化趋势往往是决定市场发展方向的根本原因。供不应求时，企业重在扩大供给，无暇考虑需求差异，所以采用无差异市场营销策略；供过于求时，企业为刺激需求、扩大市场份额殚精竭虑，多采用差异市场营销或集中市场营销策略。从市场需求的角度来看，如果消费者对某产品的需求偏好、购买行为相似，则称之为同质市场，可采用无差异市场营销策略；反之，为异质市场，差异市场营销和集中市场营销策略更合适。

（4）竞争者的策略。企业可与竞争对手选择不同的目标市场覆盖策略。例如，竞争者采用无差异市场营销策略时，选用差异市场营销策略或集中市场营销策略更容易发挥优势。企业的目标市场策略应慎重选择，一旦确定，应该有相对的稳定，不能朝令夕改。但灵活性也不容忽视，没有永恒正确的策略，一定要密切注意市场需求的变化和竞争动态。

管理案例

目标市场的营销策略

选择目标市场营销策略，明确企业应为哪一类用户服务，满足他们的哪一种需求，是企业在营销活动中的一项重要策略。

1.无差别性市场营销策略

无差别市场营销策略，就是企业把整个市场作为自己的目标市场，只考虑市场需求的共性，而不考虑其差异，运用一种产品、一种价格、一种推销方法，吸引可能多的消费者。美国可口可乐公司从1886年问世以来，一直采用无差别市场策略，生产一种口味、一种配方、一种包装的产品满足世界156个国家和地区的需要，称作"世界性的清凉饮料"，资产达74亿美元。由于百事可乐等饮料的竞争，1985年4月，可口可乐公司宣布要改变配方，不料在美国市场掀起轩然大波，许多电话打到公司，对公司改变可口可乐的配方表示不满和反对，因而公司不得不继续大批量生产传统配方的可口可乐。可见，采用无差别市场策略，产品在内在质量和外在形体上必须有独特风格，才能得到多数消费者的认可，从而保持相对的稳定性。

这种策略的优点是产品单一，容易保证质量，能大批量生产，降低生产和销售成本。但如果同类企业也采用这种策略时，必然要形成激烈竞争。闻名世界的肯德基炸鸡，在全世界有800多个分公司，都是同样的烹饪方法、同样的制作程序、同样的质量指标、同样的服务水平，采取无差别策略，生意很红火。1992年，肯德基在上海开业不久，上海荣华鸡快餐店开业，且把分店开到肯德基对面，形成"斗鸡"场面。因荣华鸡快餐把原来洋人用面包作主食改为蛋炒饭为主食，西式沙拉土豆改成酸辣菜、西葫芦条，更取悦于中国消费者。所以，面对竞争强手时，无差别策略也有其局限性。

2. 差别性市场营销策略

差别性市场营销策略就是把整个市场细分为若干子市场，针对不同的子市场，设计不同的产品，制定不同的营销策略，满足不同的消费需求。如美国有的服装企业，按生活方式把妇女分成三种类型：时髦型、男子气型、朴素型。时髦型妇女喜欢把自己打扮得华贵艳丽，引人注目；男子气型妇女喜欢打扮得超凡脱俗，卓尔不群；朴素型妇女购买服装讲究经济实惠，价格适中。公司根据不同类型妇女的不同偏好，有针对性地设计出不同风格的服装，使产品对各类消费者更具有吸引力。又如某自行车企业，根据地理位置、年龄、性别细分为几个子市场：农村市场，因常运输货物，要求牢固耐用，载重量大；城市男青年市场，要求快速、样式好；城市女青年市场，要求轻便、漂亮、闸灵。针对每个子市场的特点，制定不同的市场营销组合策略。

这种策略的优点是能满足不同消费者的不同要求，有利于扩大销售、占领市场、提高企业声誉。其缺点是由于产品差异化、促销方式差异化，增加了管理难度，提高了生产和销售费用。目前只有力量雄厚的大公司才采用这种策略。如青岛双星集团公司，生产多品种、多款式、多型号的鞋，满足国内外市场的多种需求。

3. 集中性市场营销策略

集中性市场营销策略就是在细分后的市场上，选择二个或少数几个细分市场作为目标市场，实行专业化生产和销售。在个别少数市场上发挥优势，提高市场占有率。采用这种策略的企业对目标市场有较深的了解，这是大部分中小型企业应当采用的策略。日本尼西奇起初是一个生产雨衣、尿布、游泳帽、卫生带等多种橡胶制品的小厂，由于订货不足，面临破产。总经理多川博在一次偶然的机会，从一份人口普查表中发现，日本每年约出生250万个婴儿，如果每个婴儿用两条尿布，一年需要500万条。于是，他们决定放弃尿布以外的产品，实行尿布专业化生产。一炮打响后，又不断研制新材料、开发新品种，不仅垄断了日本尿布市场，还远销世界70多个国家和地区，成为闻名于世的"尿布大王"。

采用集中性市场营销策略，能集中优势力量，有利于产品适销对路，降低成本，提高企业和产品的知名度。但有较大的经营风险，因为它的目标市场范围小，品种单一。如果目标市场的消费者需求和爱好发生变化，企业就可能因应变不及时而陷入困境。同时，当强有力的竞争者打入目标市场时，企业就要受到严重影响。因此，许多中小企业为了分散风险，仍应选择一定数量的细分市场为自己的目标市场。

三种目标市场营销策略各有利弊。选择目标市场进行营销时，必须考虑企业面临的各种因素和条件，如企业规模和原料的供应、产品类似性、市场类似性、产品寿命周期、竞争的目标市场等。选择适合本企业的目标市场营销策略是一个复杂多变的工作。企业内部条件和外部环境在不断发展变化，经营者要不断通过市场调查和预测，掌握和分析市场变化趋势与竞争对手的条件，扬长避短，发挥优势，把握时机，采取灵活的适应市场态势的策略，去争取较大的利益。

二、战略计划选择

(一)战略性计划的含义与内容

1. 战略性计划的含义

企业战略计划(Strategic Planning)是企业根据外部环境和内部资源条件而制定的涉及企业管理各方面(包括生产管理、营销管理、财务管理、人力资源管理等)的带有全局性的重大计划。这种规划一般要定出 5—10 年甚至更长时间的发展方向,但也不是一次完成后就固定不变,它是随着企业内部和外部环境的变化而不断修正的一种管理过程。它强调企业组织的整体性,而不限于市场营销一个方面。尽管如此,市场营销部门在企业战略计划中起着重要的作用。

2. 战略性计划的内容

战略性计划的内容包括 4 个方面:第一,远景陈述和使命陈述;第二,战略定位,即通过外部环境和内部条件研究,确定企业在行业中合适的地位;第三,战略选择,即选择合适的发展途径;第四,通过制定一系列战术性计划将战略性计划付诸实际。

(二)战略计划的选择

1. 基本战略

(1)按战略领域可以分为产品战略、市场战略和投资战略。产品战略主要包括产品扩展战略、维持战略以及收缩战略等。市场战略包括市场渗透战略、开拓战略、新产品战略、产品寿命周期战略等。而投资战略主要指企业资源分配战略,包括产品投资战略、市场投资战略、技术发展战略、企业规模发展战略等。

(2)按战略层次可以分为企业总体战略、分公司战略和部门战略。企业总体战略指企业最高层次的战略,主要解决企业经营范围和内部资源的分配。分公司战略也可称为事业部战略,是一种分散型企业战略,主要指事业部层次制定的战略。部门战略,即指由职能部门制定的战略,是总体战略的部门化、具体化。

(3)按企业职能部门可以分为市场战略、产品战略、技术战略、人才战略和信息战略。市场战略指企业为建立、创造和保持与目标市场彼此有利的交换关系所作的长远性规划。产品战略指企业对自己的产品进行的全局性谋划。技术战略指企业对技术进步的总体规划。人才战略指企业对人才的开发、培养和使用方面的谋划。信息战略指有关企业经营信息的谋划。

(4)按偏离战略起点的程度可以分为紧缩战略、稳定战略和成长战略。紧缩战略是指企业处于不利竞争地位时采取的收缩或撤退战略。稳定战略,又称为防御战略(积极和消极之分),是巩固既得优势,维持现状的战略。成长战略,又叫发展战略,是在现有基础水平上向更高一级的方向发展的战略。

(5)按照企业总体战略涉及的内容可以划分为单一经营战略、纵向一体化战略、多元化战略和国际化战略。单一经营战略是指企业把自己的经营范围限定在某一种产品上。优点在于能够集中有限资源,形成较强的核心竞争力;通过专业化的知识和技能提供满意和有效的产品和服务;有利于各部门制定简明、精确的发展目标;减少高层管理人员的管理工作量,提高企业经营能力。纵向一体化战略是指企业在同一行业内扩大经营范围,后向扩大到供给资源，前向扩大到最终产品的直接使用者。多元化战略是指企业通过开发新产品、新市场而扩大经营范围的战略。好处是分散风险，有效利用企业的经营资源。国际化战略是指实力雄厚的大企业把生产经营方向指向国际市场，从而推动企业进一步发展的战略，常用的方法有商品输出和建立跨国公司两种。

2. 成长战略

从企业发展的角度来看，任何成功的企业都应当经历长短不一的成长型战略实施期，因为从本质上说只有成长型战略才能不断地扩大企业规模，使企业从竞争力弱小的小企业发展成为实力雄厚的大企业。

企业成长在战略上可分为一体化扩张和多样化扩张。一体化扩张又可分为横向一体化（水平一体化）和纵向一体化（垂直一体化）。现在我们简述一下企业成长战略的 3 种主要类型。

（1）横向一体化。指企业现有生产活动的扩展并由此导致的现有产品市场份额的扩大。该类成长可以从 3 个方向进行：扩大原有产品的生产和销售；向与原产品有关的功能或技术方向扩展；与上述两个方向有关的向国际市场扩展或向新的客户类别扩展。通过横向一体化，可以带来企业同类生产规模的扩大，实现规模经济。由于该类增长与原有生产活动有关，比起其他类型增长更易于实现，故一般来说，企业早期的增长多以此为主，且实现的方式以内部增长为主。

（2）纵向一体化。指企业向原生产活动的上游和下游生产阶段扩展。现实中，多数大型企业均有一定程度的纵向一体化。该类扩张使企业通过内部的组织和交易方式将不同生产阶段联结起来，以实现交易内部化。纵向一体化包括后向一体化和前向一体化。后向一体化（Backward Integration）指企业介入原供应商的生产活动；前向一体化（Forward Integration）指企业控制其原属客户公司的生产经营活动。如化学工业公司可向石油冶炼、采油方向扩展，以实现后向一体化；也可向塑料制品、人造纤维等方向扩展，以实现其前向一体化。图 3 - 3 大致描述了制造业公司纵向一体化的可扩展部门。

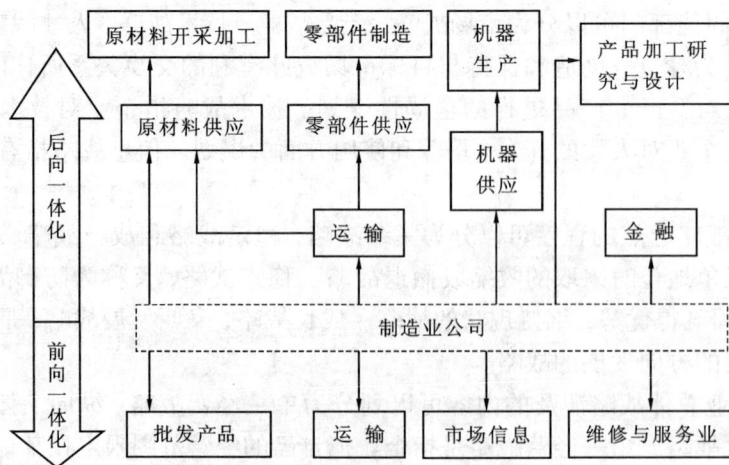

图 3 - 3　公司纵向一体化示意图

纵向一体化是公司增长到一定阶段的主要扩张战略。公司通过横向一体化打败竞争对手，达到市场多头垄断地位后，便会进入纵向一体化扩张，以占领其供应市场领域。一旦公司在某一生产部门占领重要地位之后，向多种部门扩张便成为其唯一的增长战略。

（3）多样化战略。多样化可以涉及相关产品的活动，也可以涉及不相关产品的活动。由于横向一体化已涉及同类产品的多样化，纵向一体化已涉及相关但不同生产阶段产品多样化，所以这里的多样化仅指不相关产品的多样化。但是，严格区分相关与否并不容易。因为在实际中，多数公司多样化扩张的部门均多少与其原有市场营销和技术开发有联系。尤其是研究与开发，多来自于现存生产活动的需求，但可用于其他无关部门的生产之中。

多样化扩张是基于对市场风险和环境的不确定因素的防范意识而采取的战略。具有多样化经营的公司，可以减少某种不可预测因素的冲击。此外，一些原生产产品市场需求的下降，也会促使公司寻求多样化机会，以充分利用其生产能力。而当某一产品出现旺盛市场需求时，也会诱发新的公司介入此类生产活动（如前几年许多公司在"房地产热"中介入房地产市场）。

企业增长的各种战略和方法，均可导致企业的多部门、多区位发展。当企业规模增加到一定程度时，这种多部门、多区位的格局，对企业充分利用各地优势、降低生产成本、扩大盈利起着重要作用。

3. 防御战略

防御型战略是企业应付市场可能给企业带来的威胁，采取一些措施企图保护和巩固现有市场的一种战略。在某个有限的市场中，防御型组织常采用竞争性定价或高质量产品等经济活动来阻止竞争对手进入它们的经营领域，以此来保持自己的稳定。需要明确的是，防御型战略并不是消极的防御，而是积极的防御。

防御型战略的适用条件如下：宏观经济严重不景气、通胀严重、消费者购买力很弱；企业的产品已进入衰退期，市场需求大幅度下降，企业没有做好新产品的投入准备；企业受到强有力的竞争对手挑战，难以抵挡；企业高层领导者面对困境，主动地选择前景良好的经营领域进行投资，实施有秩序的资源转移。

防御型战略的实施有以下方面：紧缩阶段——紧缩开支、节约原材料、缩小经营规模；巩固阶段——完善管理制度、提高管理水平、检讨市场营销；复苏阶段——推出新产品、改善企业形象、调整市场营销策略和实施计划，为彻底摆脱困境作好资源和财务上的安排。

资料链接

防御性战略的方式

在一个竞争性的市场上，所有的公司都会受到来自其他公司的挑战。市场上的进攻性行动既可以来自行业的新进入者，也可以来自于那些寻求改善现有地位的既有公司。防御型战略的目的是降低被攻击的风险，减弱任何已有的竞争性行动所产生的影响，影响挑战者从而使他们的行动瞄准其他竞争对手。虽然防御性战略通常不会提高公司的竞争优势，但是它有助于加强公司的竞争地位，捍卫公司最有价值的资源和能力不被模仿，维护公司已有的竞争优势。

防御性战略是尽力堵住挑战者采取进攻性行动的战略，可以选择的方式有：

1. 招聘额外的职员以扩大或者加深公司在关键领域内的核心能力，从而战胜那些模仿公司技巧和资源的竞争对手。

2. 提高公司的资源资产和能力的灵活性，以便公司可以进行很好很快的资源再分配，或者根据变化的市场环境进行调整，从而使公司适应新的发展态势的敏捷性比竞争对手相应的敏捷性要强。

3. 扩大公司的产品线，堵住挑战者可能进入的市场点和市场缺口。

4. 推出新的模型或者品牌，做到与挑战者的已有模型或者可能将要有的特色相匹配。

5. 对于那些能够同竞争对手相匹配的模型要保持较低的价格。

6. 同特约经销商和分销商签订排他性合同，使竞争对手不能使用这些渠道。

7. 授予特约经销商和分销商一定的销量折让利益，以阻止他们对其他供应商的产品进行试销。

8. 给产品用户提供免费的或者低成本的培训。通过下列方式尽量阻止购买者使用竞争对手的品牌：(1)向那些容易受试用产品诱惑的购买者提供彩票和样品免费馈赠；(2)对即将推出的新产品或者价格变动提前宣布，以取得潜在购买者，并使他们推迟品牌的转换。

9. 提供给特约经销商和分销商融资服务。

10. 降低备用零配件的送货时间。

11. 延长保险覆盖的时间和范围。

12. 参与替代技术。

13. 保护产品设计、产品生产技术以及其他价值链活动中的专有诀窍。

14. 对最优供应商提供的绝大部分或者全部产品，签订合同，增加竞争对手获得同等质量零部件的难度。

15. 避免与那些同样服务于竞争对手的供应商打交道。

16. 在现实需求之前购买自然资源，使它不易为竞争对手所得。

17. 在管理程序方面对竞争对手的产品或者惯例提出挑战。

上述这些行动不仅可以为公司的现有地位树立一个坚强的堡垒，而且可以使自己成为竞争对手的一个"移动靶"。保护现状是不够的，必须做到对变化的行业环境做出快速的调整，同时在某些情况下首先采取行动阻止可能的挑战者或者先于挑战者采取行动。流动的防卫要优于固定的防卫。

防御性战略的第二个方式是要求向挑战者发出这种信号：如果挑战者发起进攻的话，他们将受到很强的报复。其目的是劝说挑战者根本不要进攻，或者至少使他们采取那些对防卫者来说威胁性更小的行动。下面一些行动可以看作是对挑战者发出的信号：

1. 公开宣告公司的管理层将维持公司现有的市场份额。

2. 公开宣告公司将计划兴建足够的生产能力来满足而且可能超过行业容量的预计增长。

3. 提前发布有关新产品、技术突破以及计划推出的重要新品牌或者模型的有关信息。其中，公司计划推出重要的新品牌或者模型的目的在于希望挑战者会将他们的行动推迟到他们看到这些被宣告的行动是否真的会发生为止。

4. 公开宣告公司将执行能够与竞争对手的条件或者价格相匹配的政策。

5. 保持一定"战略储备性"的现金和可转换债券。

6. 偶尔对弱小的竞争对手所采取的行动予以强烈的反击，从而提高公司坚强的防卫者的形象。

4. 波士顿(BCG)矩阵分析和 SWOT 分析

企业采取成长型战略和防御型战略的时机是相当讲究的,国际上同样的战略分析法是波士顿(BCG)矩阵分析法和 SWOT 分析法。

波士顿矩阵(BCG Matrix),又称市场增长率——相对市场份额矩阵、波士顿咨询集团法、四象限分析法、产品系列结构管理法等,是由美国著名的管理学家、波士顿咨询公司创始人布鲁斯·亨德森于1970年首创的一种用来分析和规划企业产品组合的方法。这种方法的核心在于,要解决如何使企业的产品品种及其结构适合市场需求的变化,只有这样,企业的生产才有意义。同时,如何将企业有限的资源有效地分配到合理的产品结构中去,以保证企业收益,是企业在激烈竞争中能否取胜的关键。

波士顿矩阵分析的第一步是核算企业各种产品的销售增长率和市场占有率。销售增长率可以用本企业的产品销售额或销售量增长率。时间可以是1年或是3年以至更长时间。市场占有率,可以用相对市场占有率或绝对市场占有率,但是要用最新资料。基本计算公式为:

本企业某种产品绝对市场占有率 = 该产品本企业销售量/该产品市场销售总量

本企业某种产品相对市场占有率 = 该产品本企业市场占有率/该产品市场占有份额最大者(或特定的竞争对手)的市场占有率

波士顿矩阵分析的第二步是绘制四象限图。以10%的销售增长率和20%的市场占有率为高低标准分界线,将坐标图划分为四个象限。然后把企业全部产品按其销售增长率和市场占有率的大小,在坐标图上标出其相应位置(圆心)。定位后,按每种产品当年销售额的多少,绘成面积不等的圆圈,顺序标上不同的数字代号以示区别。定位的结果即将产品划分为四种类型。

波士顿矩阵分析的第三步是根据企业产品所处的四个象限所具有不同的定义,分析相应的战略对策,具体如下图3-4所示。

图3-4 波士顿矩阵示意图

明星业务(Stars),它是指处于高增长率、高市场占有率象限内的产品群,这类产品可能成为企业的现金牛产品,需要加大投资以支持其迅速发展。这时候适合采取成长战略,积极扩大经济规模和市场机会,以长远利益为目标,提高市场占有率,加强竞争地位。

现金牛业务(Cash Cow),又称厚利产品。它是指处于低增长率、高市场占有率象限内的产品群,已进入成熟期。其财务特点是销售量大,产品利润率高、负债比率低,可以为企业提供资金,而且由于增长率低,也无需增大投资。因而成为企业回收资金,支持其他产品，尤其明星产品投资的后盾。对这一象限内的大多数产品，市场占有率的下跌已成不可阻挡之势，因此可采用收获战略：即所投入资源以达到短期收益最大化为限。

图 3-4 中所示的公司只有一个现金牛业务，说明它的财务状况是很脆弱的。因为如果市场环境一旦变化导致这项业务的市场份额下降，公司就不得不从其他业务单位中抽回现金来维持现金牛的领导地位，否则这个强壮的现金牛可能就会变弱，甚至成为瘦狗。

问题业务（Question Marks），它是处于高增长率、低市场占有率象限内的产品群。前者说明市场机会大，前景好，而后者则说明在市场营销上存在问题。其财务特点是利润率较低，所需资金不足，负债比率高。例如在产品生命周期中处于引进期、因种种原因未能开拓市场局面的新产品即属此类问题的产品。对问题产品应采取选择性投资战略。即首先确定对该象限中那些经过改进可能会成为明星的产品进行重点投资，提高市场占有率，使之转变成"明星产品"；对其他将来有希望成为明星的产品则在一段时期内采取扶持的政策。因此，对问题产品的改进与扶持方案一般均列入企业长期计划中。对问题产品的管理组织，最好是采取智囊团或项目组织等形式，选拔有规划能力，敢于冒风险、有才干的人负责。

瘦狗业务（Dogs），也称衰退类业务。它是处在低增长率、低市场占有率象限内的产品群。其财务特点是利润率低、处于保本或亏损状态，负债比率高，无法为企业带来收益。对这类产品应采用防御乃至撤退战略：首先应减少批量，逐渐撤退，对那些销售增长率和市场占有率均极低的产品应立即淘汰。其次是将剩余资源向其他产品转移。第三是整顿产品系列，最好将瘦狗产品与其他事业部合并，统一管理。

SWOT 战略分析方法，通过对被分析对象的优势、劣势、机会和威胁等加以综合评估与分析得出结论。S（strength）指企业竞争优势，主要包括技术技能优势、有形资产优势、无形资产优势、人力资源优势、组织体系优势、竞争能力优势等方面；W（weakness）指企业的竞争劣势，主要包括技术技能劣势、有形资产劣势、无形资产劣势、人力资源劣势、组织体系劣势和竞争能力劣势等方面；O（opportunity）指公司面临的潜在机会，它可能是客户群的扩大趋势、产品细分市场、技能技术向新产品新业务转移、市场进入壁垒降低、获得购并竞争对手的能力、市场需求增长强劲或者出现向其他地理区域扩张的机会，等等；T（threat）指危及公司的外部威胁，它可能是：出现将进入市场的强大的新竞争对手、替代品抢占公司销售额、主要产品市场增长率下降、汇率和外贸政策的不利变动、社会消费方式的不利变动、客户或供应商谈判能力提高、市场需求减少、受到经济萧条和业务周期的冲击，等等。

SWOT 战略分析的关键是组合分析，即对优势—机会组合、优势—威胁组合、劣势—机会组合、劣势—威胁组合这 4 个组合进行分析，或者是利用内部资源优势去赢得外部发展机会，或者利用内部资源优势去应对外部环境威胁，或者是创造条件抓住机会降低劣势。而劣势—威胁组合是最不利的，任何组织都要尽量避免。SWOT 战略分析方法可参照图 3-5 掌握。

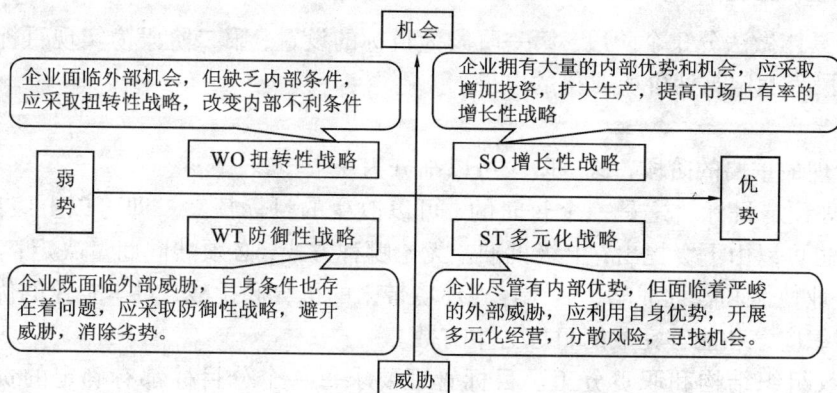

图 3 - 5 SWOT 分析法图示

第四节 计划的组织实施

一、目标管理

目标管理(简称 MBO),是德鲁克在其 1954 年出版的《管理实践》一书中首次提出的,40 多年来经许多学者的发展和完善,而为许多组织广泛运用。目标管理的重点是让组织中的各层管理人员与各自的下属围绕着下属的工作目标以及如何完成这些目标进行充分的沟通。目标管理的基本假设是组织中的全体人员——管理者和操作者,都必须而且能够亲自参加制定目标和实施计划,在工作中实施"自我控制",并努力完成各自的工作目标。

(一)目标的性质

目标表示最后结果,而总目标需要由子目标来支持。这样,组织及其各层次的目标就形成了一个目标网络。作为任务分配、自我管理、业绩考核和奖惩实施的目标具有如下特征:层次性、网络性、多样性、可考核性、可实现性、富有挑战性、伴随信息反馈性。

(二)目标管理的类型

1. 业绩主导型目标管理和过程主导型目标管理

这是依据对目标的实现过程是否规定来区分的。目标管理的最终目的在于业绩,所以从根本上说,目标管理也称业绩管理。其实,任何管理其目的都是要提高业绩。

2. 组织目标管理和岗位目标管理

这是从目标的最终承担主体来分的。组织目标管理是一种在组织中自上而下系统设立和开展目标,从高层到低层逐渐具体化,并对组织活动进行调节和控制,谋求高效地实现目标的管理方法。

3. 成果目标管理和方针目标管理

这是依据目标的细分程度来分的。成果目标管理是以组织追求的最终成果的量化指标为中心的目标管理方法。

（三）目标管理的基本程序

目标管理的具体做法分 3 个阶段：第一阶段为目标的设置；第二阶段为实现目标过程的管理；第三阶段为测定与评价所取得的成果。

1. 目标的设置

这是目标管理最重要的阶段，这一阶段可以细分为 4 个步骤：

（1）高层管理预定目标。这是一个暂时的、可以改变的目标预案。即可以上级提出，再同下级讨论；也可以由下级提出，上级批准。无论哪种方式，必须共同商量决定；其次，领导必须根据企业使命和长远战略，估计客观环境带来的机会和挑战，对本企业的优劣有清醒认识。对组织应该和能够完成的目标心中有数。

（2）重新审议组织结构和职责分工。目标管理要求每一个分目标都有确定的责任主体。因此预定目标之后，需要重新审查现有组织结构，根据新的目标分解要求进行调整，明确目标责任者和协调关系。

（3）确立下级的目标。首先下级明确组织的规划和目标，然后商定下级的分目标。在讨论中上级要尊重下级，平等待人，耐心倾听下级意见，帮助下级发展一致性和支持性目标。分目标要具体量化，便于考核；分清轻重缓急，以免顾此失彼；既要有挑战性，又要有实现的可能性。每个员工和部门的分目标要和其他的分目标协调一致，支持本单位和组织目标的实现。

（4）上级和下级就实现各项目标所需的条件以及实现目标后的奖惩事宜达成协议。分目标制定后，要授予下级相应的资源配置的权力，实现权责利的统一。

2. 实现目标过程的管理

目标管理重视结果，强调自主、自治和自觉，但并不等于领导可以放手不管，相反由于形成了目标体系，一环失误，就会牵动全局。因此领导在目标实施过程中的管理是不可缺少的。首先要进行定期检查，利用双方经常接触的机会和信息反馈渠道自然地进行；其次要向下级通报进度，便于互相协调；再次要帮助下级解决工作中出现的困难问题，当出现意外、不可测事件严重影响组织目标实现时，也可以通过一定的手续，修改原定的目标。

3. 总结和评估

达到预定的期限后，下级首先进行自我评估，提交书面报告；然后上下级一起考核目标完成情况，决定奖惩；同时讨论下一阶段目标，开始新循环。如果目标没有完成，应分析原因总结教训，切忌相互指责，以保持相互信任的气氛。目标管理过程如图 3－6 所示。

（四）目标管理必备条件

目标管理可能看起来简单，但要把它付诸实施，需要管理者的领会和理解。

首先，管理者必须知道什么是目标管理，为什么要实行目标管理。如果管理者本身不能很好地理解和掌握目标管理的原理，那么，由其来组织实施目标管理也是一件不可能的事。

其次，管理者必须知道组织的总目标是什么，以及他们自己的活动怎样适应这些目标。如果组织的一些目标含糊不清、不现实、不协调、不一致，那么主管人员想同这些目标协调一致，实际上也是不可能的。

第三，目标管理所设置的目标必须是正确的、合理的。所谓正确，是指目标的设定应

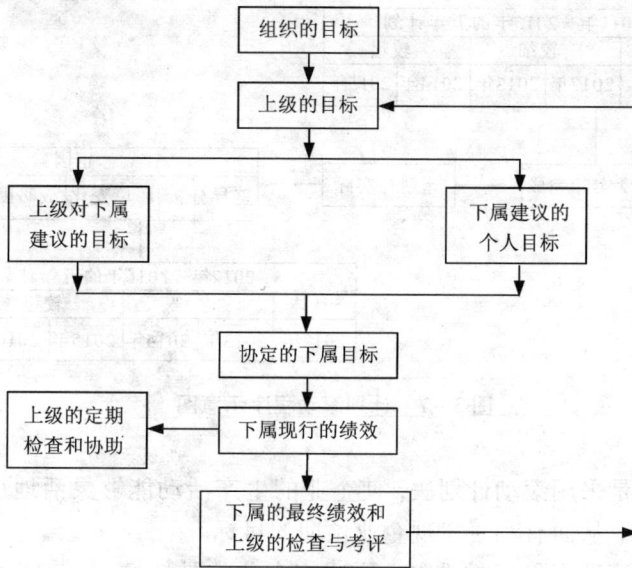

图 3 − 6　目标管理的过程示意图

符合组织的长远利益，和组织的目的相一致，而不能是短期的。合理的，是指设置目标的数量和标准应当是科学的，因为过于强调工作成果会给人的行为带来压力，导致不择手段的行为产生。为了减少选择不道德手段去达到这些效果的可能性，管理者必须确定合理的目标，明确表示行为的期望，使得员工始终具有正常的"紧张"和"费力"程度。

第四，所设目标无论在数量或质量方面都应该具备可考核性，这也是目标管理成功的关键。任何目标都应该在数量上或质量上具有可考核性。有些目标，如"时刻注意顾客的需求并很好地为他们服务"，或"使信用损失达到最小"，或"改进提高人事部门的效率"等，都没多大意义，因为在将来某一特定时间没有人能准确地回答他们实现了这些目标没有。如果目标管理不可考核，就不利于对管理工作或工作效果进行评价。

二、滚动计划法

滚动计划法就是将短期计划、中期计划和长期计划有机地结合起来，根据近期计划的执行情况和环境变化情况，定期修订未来计划。由于在计划工作中很难准确地预测未来，计划期越长，这种不确定性就越大。为提高计划的有效性，可以采用滚动计划方法。其具体做法如下：在计划制定时，同时考虑制定未来若干期的计划，但计划内容采用近细远粗的方法，即把近期的详细计划和远期的粗略计划结合在一起。在近期计划完成后，根据计划执行情况和环境变化情况，对原计划进行修订和细化，以后根据同样的原则逐期向前滚动，如图 3 − 7 所示。

滚动计划法虽然使得计划编制工作的任务量加大，但在计算机已被广泛应用的今天，其优点十分明显：第一是把计划期内各阶段以及下一个时期的预先安排有机地衔接起来，而且定期调整补充，从而从方法上解决了各阶段计划的衔接和符合实际的问题；第二是较好地解决了计划的相对稳定性和实际情况的多变性这一矛盾，使计划更好地发挥其指导生

2011年—2015年的五年计划				
具体	较细		较粗	
2011年	2012年	2013年	2014年	2015年

本年度实际完成　→　计划与实际　→

计划修正因素		
差异分析	环境变化	战略因素

2012年—2016年的五年计划				
具体	较细		较粗	
2012年	2013年	2014年	2015年	2016年

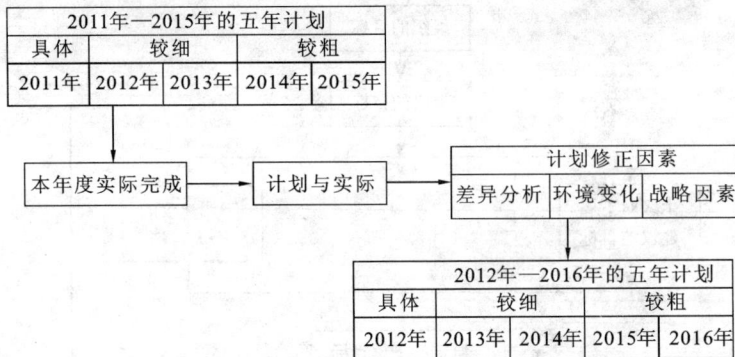

图 3 - 7　计划滚动程序示意图

产实际的作用；第三是采用滚动计划法，使企业的生产活动能够灵活地适应市场需求，把供产销密切结合起来，从而有利于实现企业预期的目标。

需要指出的是，滚动间隔期的选择，要适应企业的具体情况，如果滚动间隔期偏短，则计划调整较频繁，好处是有利于计划符合实际，缺点是降低了计划的严肃性。一般情况是，生产比较稳定的大量大批企业宜采用较长的滚动间隔期，生产不太稳定的单件小批生产企业则可考虑采用较短的间隔期。

采用滚动计划法，可以根据环境条件变化和实际完成情况，定期地对计划进行修订，使组织始终有一个较为切合实际的长期计划作指导，并使长期计划能够始终与短期计划紧密地衔接在一起。

计划是全部管理职能中最基本的一个职能，与其他管理职能有着密切的联系。计划既是组织有序、高效运行的开始，又贯穿其工作运行始终。因为计划既包括组织一个时期内的工作目标，又包括实现这些目标的途径与方法。管理人员围绕着计划既定的目标，去从事组织工作、人力物力调配、领导、指导以及控制组织活动，以达到既定目标。所以，一个组织如欲高效地开展工作，就必须有一个严密而统一的计划，从而提高组织自身的效益，增强竞争实力，发展壮大自身。

本章小结

本章阐述了计划职能概述、计划工作的分类及计划工作的原则、步骤和方法。在第一节，主要掌握计划工作的概念、性质和类型，对计划工作形成整体概念。在第二节，主要从确定目标、研究过去、认识现在和制定计划几方面了解计划工作的编制过程，了解计划工作的原则。在第三节，重点学习了战略计划，战略计划是为了实现企业的使命和目标，在未来较长时期内对企业所要采取的行动方针和资源使用方向的一种总体性规划，战略环境分析和战略计划选择都是要着重掌握的知识点。第四节主要介绍计划实施的两种方法：目标管理和滚动计划法。

通过本章的学习，应学会对一个组织的计划工作的制订形成整体思路，依照计划工作的原则、步骤、方法制订一个组织一定时期的工作计划。

练习题

一、填空题

1. 按制定的层次分类，计划可以分为（　　　）、（　　　）、（　　　）和（　　　）。

2. 制定计划的过程以"5W2H"法较为典型，其中的"2H"指的是（　　　）和（　　　）。

3. 制定计划过程存在着分工不同，其中创办者、董事会或者高层管理者确定（　　　）和（　　　）。

4. 企业成长在战略上可分为一体化扩张和多样化扩张。一体化扩张又可分为（　　　）和（　　　）。

5. （　　　）是企业应付市场可能给企业带来的威胁，采取一些措施企图保护和巩固现有市场的一种战略。

6. 目标管理的类型包括业绩主导型目标管理和过程主导型目标管理、组织目标管理和岗位目标管理和（　　　）、（　　　）。

二、选择题（前三项是单向选择，后三项为多项选择）

1. 在管理活动中居于主导地位的是（　　　）。
A. 计划　　　　　B. 组织　　　　　C. 领导　　　　　D. 控制

2. 某企业在推行目标管理中，提出了如下的目标："质量上台阶，管理上水平，效益创一流，人人争上游。"该企业所设定的目标存在着哪方面的欠缺（　　　）。
A. 目标缺乏鼓动性　　　　　B. 目标表达不够清楚
C. 目标无法考核　　　　　D. 目标设定得太高

3. 计划制定中的滚动计划法是动态的和灵活的，它的主要特点是（　　　）。
A. 按前期计划执行情况和内外环境变化，定期修订已有计划
B. 不断逐期向前推移，使短、中期考虑有机结合
C. 按近细远粗的原则来制定，避免对不确定性远期的过早过死安排
D. 以上 A、B、C 三方面都是

4. 下列对滚动计划法的评价正确的是（　　　）。
A. 滚动计划方法加大了计划编制和实施工作的任务量
B. 滚动计划方法使长期计划、中期计划与短期计划相互衔接
C. 滚动计划方法大大加强了计划的弹性
D. 滚动计划方法是一种静态地执行战略性计划的方法
E. 滚动计划方法可以避免战略性计划的不确定性带来的不良后果

5. 企业战略按企业职能部门可以分为（　　　）。
A. 市场战略　　　B. 产品战略　　　C. 技术战略　　　D. 人才战略
E. 信息战略

6. 目标管理的优点有（　　　）。
A. 有利于提高管理水平　　　　　B. 有利于调动人的积极性、责任心
C. 有利于长期目标的实现　　　　　D. 灵活

E. 有利于暴露组织结构中的缺陷

三、简答题

1. 简述滚动计划法的特点。
2. 简述计划工作的程序。
3. 简述目标管理的程序。
4. 简述成长战略的主要类型、构成要素和特点。
5. 简述波士顿(BCG)矩阵分析和 SWOT 分析。

第四章 组 织

本章学习目标

1. 掌握组织职能的基本内容
2. 掌握组织设计的内容
3. 掌握组织结构设计的原则
4. 了解各种组织结构类型的特点和适用范围
5. 掌握职权分配的原理与方法
6. 了解组织变革的动力及实施

案例导入

某卫浴产品制造企业管理组织结构过于繁杂,仅有 430 多名员工的企业,竟然设置了 11 个科室,科室管理人员已占全厂人数的 1/4,每年的管理费用高达 50 多万元,成为企业的沉重负担。企业内部也因部门复杂,经常出现推诿扯皮现象,办事效率很低,同时因非生产人员过多,相应减少了一线生产人员,引起了工人的不满,企业出现严重亏损。

管理技能

该企业应如何走出现在的管理困境?

第一节 组织概述

一、组织的含义

组织一词,有静态和动态两方面不同的含义。

作为一个实体,静态的组织是指人们按照一定目的、任务和形式编制起来的有一定结构和功能的社会团体,是为了达成一定目标而有意识地建立起来的人群体系。它满足以下几个特点:(1)有明确的组织目标;(2)有特定的组织成员;(3)活动的分工与协作;(4)开展连续性的工作。

作为一个过程,动态的组织主要指人们为了达到目标而创造组织结构,为适应环境的变化而维持和变革组织结构,并使组织结构发挥作用的过程。首先,管理者要根据工作的需要,对组织结构进行精心设计,明确每个岗位的任务、权力、责任和相互关系,以及信息沟通的渠道,使人们在实现目标的过程中,能发挥出比合作个人总和更大的力量、更高的效率；其次，随着竞争的日益加剧，组织所处的环境不断发生变化，为了与变化的环境相适应，管理者要对组织结构进行改革和创新或再构造；最后，合理的组织结构只是为达到目标提供了一个前提，要有效地完成组织的任务，还需要各层管理者能动地、合理地协调人力、物力、财力和信息，使组织结构得以高效地运行。

二、组织的类型

组织的类型，从不同的角度可以划分为不同的种类。

（一）根据组织的目标分类

根据组织的目标，可以把组织划分为以下 4 类：

（1）互益性组织。以满足组织内部成员的利益和共同目标的组织，如工会、俱乐部等。

（2）工商性组织。以满足其所有者、经营者的利益为目标的组织，如工厂、商店、银行等。

（3）服务性组织。以满足特定服务对象的需要为目标的组织，如医院、学校、社会福利机构等。

（4）公益性组织。以满足国家及社会公众的整体利益为目标的组织，如政府机构、研究机构、消防队等。

（二）根据组织满足需求分类

根据组织满足其成员心理需求来分类，可将组织分为正式组织和非正式组织。

（1）正式组织。它是指有明文规定的、由一定社会组织认可和组织结构确定，职务分配明确的群体。具有正规性、目的性和稳定性的特征。

（2）非正式组织。它是指没有明文规定，没有正式结构，不是由组织确定，而是在成员的某种共同利益基础上，为满足心理需要而自然形成的群体。具有自发性、内聚性和不稳定性的特征。

（三）根据组织维系其成员的主要因素分类

（1）功利性组织。讲究经济效益，利用经济手段管理组织，如各类企业。

（2）规范性组织。讲究行为规范，利用组织章程，以共同的理想、信念、纪律等来维系的组织，如政党、协会等。

（3）强制性组织。讲究依法办事，严格执行规章制度，带有明显的强制性，管理对象必须绝对服从管理者的管理，如劳改（劳教）农场等。

以上分类并不是绝对的，实际生活中的组织形式往往是多种的。例如，一个企业既是工商组织，又是正式组织，同时又是功利性组织。一所学校既是服务组织，又是正式组织，同时又是规范性组织。

第二节　组织设计

一、组织设计的原则与影响因素

组织设计是管理者为实现组织的目标而对组织活动和组织结构进行设计的活动，是在特定环境中，把组织的任务与组织的职能、职权和规范进行有效的结构性配合的过程。

　　组织设计必须根据组织的复杂性、规范性和集权性程度，必须根据组织的目标和任务以及组织的规律和组织内外环境因素的变化来进行规划或构造，只有这样，组织机构的功能和协调才能达到最优化程度；否则，组织内的各级机构就无法有效地运转，也就无法保证组织任务和目标的有效完成和实现。

　　组织设计工作的直接结果是形成一种关系网络，用现代组织管理理论创始人巴纳德的话说，是"有意识地加以协调的两个或两个以上的人的活动或力量的协作系统"。

　　(一)组织设计的原则

　　一般来说，组织设计应遵循以下原则：

　　1.目标导向原则

　　目标导向原则是指组织结构的设计和组织形式的选择必须有利于组织目标的实现。任何一个组织，都有其特定的任务和目标，组织设计者的根本目的是为了保证组织的任务和目标的实现，组织设计者的每一项工作都应以是否对实现目标有利为衡量标准。因此，在进行组织结构设计时，应明确组织确立的任务和目标是什么，然后通过目标层层分解，机构层层建立，使每个组织成员了解自己在总目标的实现中应完成的任务。这样，建立起来的组织机构才是一个有机整体，才能为保证组织目标的实现奠定组织基础。

　　2.分工协作原则

　　分工协作原则是指组织结构的设计和组织形式的选择应反映目标所必需的各项任务和工作的分工以及彼此间的协调。所谓分工协作，是指按照管理专业化程度和工作效率的要求，把组织的目标分成各级、各部门以至个人的目标和任务，使组织的各个层次、各个部门、每个人都了解自己在实现组织目标中应承担的工作职责和职权。分工与协作是社会化生产的客观要求。随着社会生产力的发展，科学与技术的进步，分工越来越细，这正是现代社会的一个主要特征。但是随之而来的，就是协调工作越来越难，越来越重要。只有分工，没有协作，分工也就失去了意义。因此在进行组织设计时，要同时考虑这两方面的问题。组织结构中组织层次的分工、部门的分工及职权的分工、各种分工之间的协调就是分工协作原则的具体体现。

　　3.管理幅度原则

　　管理幅度原则要求一个管理者要有一个适当的管理幅度。管理幅度是指一个管理者直接指挥下级的数目。管理幅度过大，会造成指挥监督不力，使组织陷入失控状态，管理幅度过小，又会造成管理人员配备增多，管理效率降低。因此，组织设计应保持合理的管理幅度。

　　有效的管理幅度受到诸多因素的影响，主要有管理者与被管理者的工作内容、工作能力、工作环境和工作条件。

　　管理幅度的大小影响和决定着组织的管理层次。管理层次是指组织中职位等级的数目。管理幅度大，管理层次就少；反之，管理幅度小，管理层次就大。

　　企业的管理层次与管理幅度的反比关系决定了两种基本的管理组织结构，即扁平式结构形态和高长式结构形态。扁平式结构是指管理幅度较宽、管理层次较少的一种组织结构形态。其优点是管理层次少，管理人员也少，可以节约管理费用；要求上级授权；必须制订明确的目标、政策和计划；必须谨慎地选择下属人员。其缺点是上级主管负担较重；上级有失控的危险；要求管理人员有较好的素质。高长式组织结构是指管理幅度较窄，管理层次较多的高、尖、细的金字塔形态。其优点是可以进行严密的监督和控制；上下级之间的联络迅速。其缺点是上级往往过多地参与下级的工作；管理层次多，管理费用多；最高层与最底层的距离长，信息传递慢，容易失真。总之，一个企业应采用何种结构形式应根据具体情况决定，使管理幅度与管理层次均衡，以便用最低的成本去完成企业目标。

4. 权责对等原则

权责对等原则要求在进行组织结构设计时，既要明确规定每一个管理层次和各个部门的职责范围，又要赋予完成其职责所必需的管理权限，职权和职责必须相等。这是因为组织中任何一项工作都需要利用一定的人、财、物等资源，在组织设计中，在规定了一个岗位的任务和责任的同时，必须规定相应取得和利用人力、物力和财力的权力。只有职责，没有职权，或权限太小，则其职责承担者的积极性、主动性必然受到束缚，实际上也不可能承担起应有的责任。但是如果权力超过其应负的职责，会导致不负责任地滥用职权，甚至会危及整个组织系统的运行。

5. 统一指挥原则

统一指挥原则要求组织的各级机构以及个人必须服从一个上级的命令和指挥。统一指挥原则的实质，就是在管理工作中实行统一领导，建立起严格的责任制，消除多头领导、政出多门的现象，保证全部活动的有效领导和正常工作。

6. 精干高效原则

精干高效原则是指在服从由组织目标所决定的业务活动需要的前提下，力求减少管理层次，精简管理机构和人员，充分发挥组织成员的积极性，提高管理效率，更好地实现组织目标。无论何种组织结构形式，都必须将精干高效原则放在重要地位。因为一个组织只有机构精简，队伍精干，工作效率才会提高；如果组织层次繁多，机构臃肿，人浮于事，则势必导致浪费人力，滋长官僚主义作风，办事拖拉，效率低下。

7. 因事设职与因人设职相结合原则

组织设计的根本目的是为了保证组织目标的实现，是使目标活动的每项内容都落实到具体的岗位和部门，即"事事有人做"，而非"人人有事做"。因此，组织设计就要根据工作特点和需要出发，因事设职，因职设人。但这并不意味着组织设计中可以忽视人的因素，忽视人的特点和人的能力。组织设计过程中必须重视人的因素，谋求人与事的有机结合。

8. 稳定性与适应性相结合原则

稳定性与适应性相结合原则要求组织结构及其形式既要有相对的稳定性，又必须随着组织内外条件的变化，根据长远目标作出相应调整。为保证企业的高效和各方面工作的正常运行，一个企业的组织结构应保持相对的稳定性。一般来说，组织越稳定，效率也将越高。组织结构的大小调整和各部门职权范围的每次重新划分，都会涉及人员、分工、职责、协调等各方面的调整，对人员的情绪、工作方法和习惯等带来各种影响，也会给组织的正常运行带来影响。因此，组织结构不宜频繁调整，应保持相对稳定。保持企业管理组织的稳定性，并不意味着组织结构一成不变，因为一成不变的僵化组织无法在变化的环境中灵敏反应，将会使组织失去发展的机会。

(二)组织设计的影响因素

在进行组织设计时必须考虑的影响因素主要有：

1. 组织环境

组织环境对组织设计具有重要影响。组织环境因素可以分为任务环境与一般环境。任务环境主要作用于对组织实现其目标能力具有直接影响的部门。如顾客、供应商、竞争对手、投资和金融机构、工会组织、行业协会和政府机构等。一般环境指那些对组织的日常活动产生间接影响的经济、技术、政治、法律、社会、文化和自然资源等要素。

组织环境中的不同因素对企业活动内容的选择及其组织方式的影响程度是不同的。不同环境的特点及其变化对企业组织的影响主要表现在以下 3 个方面：①对职务和部门设计的影响；②对各部门关系的影响；③对组织结构总体特征的影响。

2. 组织战略

在影响组织结构的多种因素中，组织的战略是一个重要的因素。战略是实现组织目标的各种行动方案、方针和方向选择的总称。一个组织为了求得在竞争中取胜，争取本身在竞争中具有独特的优势，就要选择一个与自己条件相适应的战略，与此同时需要在组织结构上有所配合，才能令组织战略更有效地执行。

战略选择的不同会在两个层次上影响组织结构：一是不同的战略要求不同的业务活动，从而影响管理职务的设计；二是战略重点的改变会引起组织的工作重点的改变，从而引起各部门与职务在组织中重要程度的改变，进而要求各管理职务以及各部门之间的关系作相应的调整。

3. 技 术

技术是组织把相关资源转变为最终产品或服务的能力和方式的综合。任何一个组织的活动都需要利用一定的技术和反映一定技术水平的物质手段来进行。

技术及其变化对企业组织设计的影响主要表现在：①生产技术与组织结构及管理特征有着系统的联系；②信息技术对组织结构的发展趋势、集权化和分权化的问题可能带来影响。

4. 企业发展阶段

组织发展有其阶段性。在不同的发展阶段，组织设计的要求有所不同。美国学者 J. Thomas Cannon 提出了组织发展五阶段的理论，并指出在发展的不同阶段，要求有与之相适应的组织结构形态。

(1)创业阶段。在这个阶段，决策主要由高层管理者个人作出，组织结构相当不正规，对协调只有最低限度的要求，组织内部的信息沟通主要建立在非正式的基础上。

(2)职能发展阶段。这时决策越来越多地由其他管理者作出，而最高管理者亲自决策的数量越来越少，组织结构建立在职能专业化的基础之上，各职能间的协调需要增加，信息沟通变得更重要，也更困难。

(3)分权阶段。组织采用分权的方法对付职能结构引起的种种问题，组织结构以产品或地区事业部为基础来建立，目的是在企业内建立"小企业"，使后者按创业阶段的特点来管理。但随之而来出现了新的问题，各"小企业"成了内部的不同利益集团，组织资源转移用于开发新产品的相关活动减少，总公司与"小企业"的许多重复性劳动使费用增加，高层管理者感到对各"小企业"失去了控制。

(4)参谋激增阶段。为了加强对各"小企业"的控制，公司一级的行政主管增加了许多参谋助手，而参谋的增加又会导致他们与直线管理系统的矛盾，影响组织中的命令统一。

(5)再集权阶段。分权与参谋激增阶段所产生的问题可能导致公司高层主管再度高度集中决策权利，同时信息处理的计算机化也使再集权成为可能。

二、组织设计的基本内容

组织设计就是根据组织目标及工作的需要确定各个部门及其成员的职责范围，明确组织结构，其目的就是要通过创构柔性灵活的组织，动态地反映外在环境变化的要求，并且能够在组织演化成长的过程中，有效积聚新的组织资源要素，同时协调好组织中部门间的人员与任务的关系，使员工明确自己在组织中应有的权利和应负的责任，有效地保证组织活动的开展，最终保证组织目标的实现。组织设计的基本任务是分析和设计组织内各部门的职能和职权，设计清晰的组织结构，确定组织中职能职权、参谋职权、直线职权的活动范围，并建立相应的整合协调机制。根据组织设计要达到的目的，组织设计的基本内容包括工作设计、部门设计和层次设计 3 个方面。

（一）工作设计

工作设计就是规定组织内各个成员的工作范围，明确其工作内容和工作责权，以使其了解组织对他们工作的具体要求。工作设计可以通过编制职务说明书的具体形式来实现。职务说明书用文字或者表格具体说明每一个工作职务的工作任务、职责与权限，尤其是与其他部门、其他职务的关系。其基本内容包括工作描述和任职说明。工作描述一般用来表达工作内容、任务、职责、环境等；任职说明则用来表达任职者所需的资格要求，如技能、学历、训练、经验、体能等。

随着组织规模的不断扩大，工作专门化成为工作设计的一个主要趋势，这就意味着原来由一个人完成的工作，可能细分为由多个人分工完成其中的一部分。工作专业化由于易提高人们的工作熟练程度、减少变更工作所需的准备调整时间和便于使用专业化的装备，其直接结果是大幅度地提高了劳动生产率；与此同时，过细的工作专业化也使人逐渐减少工作热情，进而产生厌烦情绪。因此，工作设计在考虑工作专业化时必须适度，既能发挥专业分工的优势，又尽可能避免其不足。在实践中，通常通过定期轮换工作岗位、扩大工作范围、丰富工作内容和增强工作特色等方法，来不断提高工作专门化程度。

（二）部门设计

在选择和设计好整个组织活动过程的各种工作岗位的基础上，就需要将这些工作岗位构成相应的工作单位和部门。部门设计就是根据组织职能相似、活动相似和关系紧密的原则，按各个工作岗位的特征对它们进行分类，然后将相应职务的人员聚集在一个部门内，从而构成组织的各个内部机构，以便进行有效管理。这个过程也称之为组织的部门化。

部门是指组织中主管人员为完成规定的任务有权管辖的一个特殊的领域。部门设计主要是解决组织的横向结构问题，目的在于确定组织中各项任务的分配与责任的归属，以求分工合理、职责分明，有效地达到组织的目标。

1. 部门设计的具体原则

（1）力求维持最少。组织结构要求精简，部门必须力求最少，但这是以有效地实现目标为前提的。

（2）组织结构应具有弹性。组织中的部门应随业务的需要而增减。可设立临时部门或工作组来解决临时出现的问题。

（3）确保目标的实现。必要的职能均应确保目标的实现，组织的主要职能都必须有相应的部门。当某一职能与两个以上的部门有关系时，应明确规定每一部门的责任。各职能部门的指派应达到平衡，避免忙闲不均。

(4)检查部门与业务部门分设。考核、检查业务部门的人员不应隶属于受其检查评价的部门，这样才能真正发挥检查部门的作用。

2.部门设计的基本方式

(1)产品部门化。产品部门化是按照产品或服务的要求对企业的活动进行分组，如图4-1所示。其优点在于：①目标单一，力量集中，可使产品质量和生产效益和效率不断提高；②分工明确，易于协调和采用机械化；③单位独立，管理便利，易于绩效评估。

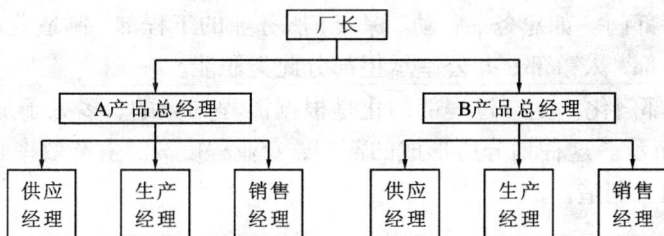

图4-1 产品部门化示意图

(2)顾客部门化。顾客部门化就是根据目标顾客的不同利益需求来划分组织的业务活动，如图4-2所示。这种划分虽是能使产品或服务更切合顾客实际需要的业务活动，但同时却也牺牲了技术专业化的效果。

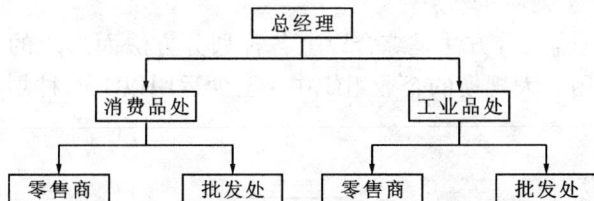

图4-2 顾客部门化示意图

(3)地理位置部门化。地理位置部门化就是按照地理位置的分散程度划分企业的业务活动，继而设置管理部门管理其业务活动，如图4-3所示。这种划分最大的优点是对所负责地区有充分的了解，各项具体业务的开展更切合当地的实际需要。但是容易产生各自为政的弊病，忽视了公司的整体目标。

(4)职能部门化。职能部门是一种传统而基本的组织形式。它是以同类性质业务为划分基础的，在组织中广为采用，如图4-4所示。此种划分优点在于责权统一，便于专业化。但往往会因责权过分集中，而出现决定迟缓和本位主义现象。

按部门职能专业化的原则，通常可把部门划分为3种类别：

第一类是生产部门。商业和服务业领域通常分为营业部、服务部、客房部、餐厅部等；制造业通常分为车间、技术部、营销部等。

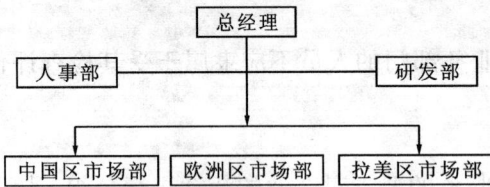

图4-3 地理位置部门化示意图

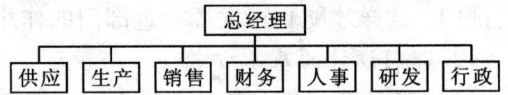

图4-4 职能部门化示意图

第二类是控制部门。如办公室、人事部、财务部等。

第三类是支持部门。如总务、后勤、保安、服务业的工程部、制造业的维修部等，也有一些组织中的财务部、人事部、办公室承担部分此类职能。

（5）生产过程部门化。生产过程部门化是根据流程划分的，多见于加工流程型的生产组织，如图4-5所示。这种划分所形成的部门，专业程度高，生产效率也高，常用于组织大量大批产品的加工制造。

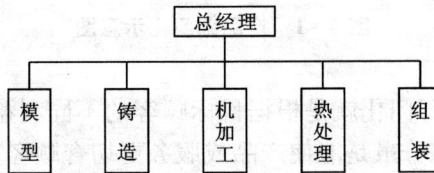

图4-5 生产过程部门化示意图

（6）混合划分。混合划分方法是综合以上各种划分方法而形成的一种划分方法，如图4-6所示。它一般被用于大规模的企业组织中，至少运用以上两种划分方法，有的则运用以上全部的划分方法。

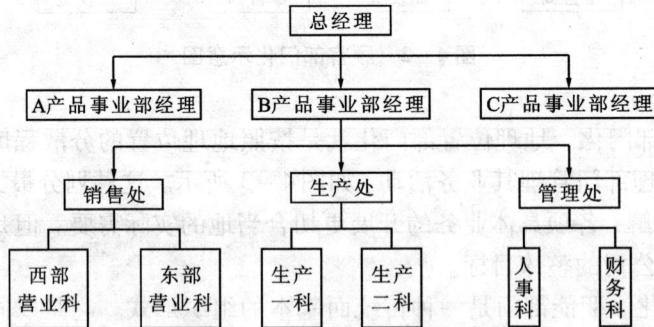

图4-6 混合划分示意图

3.部门设计的发展趋势

目前，部门设计适应组织发展出现两个趋势。

一是为了在市场竞争中占据有利位置，组织在进行部门划分时，对消费者的需要变化考虑得越来越多。因此，直接为消费者提供产品或服务的组织越来越趋向于按用户的特点来设计部门。

二是由于组织面临的任务越来越繁重，所对应的环境越来越复杂，管理人员越来越多地以工作团队的形式取代传统的部门化工作机构。工作机构团队化成为一些组织部门设计的一种新趋向。

（三）层次设计

在岗位设计和部门划分的基础上，必须根据组织内外部能够获取的人力资源状况，对各个职务和部门进行综合平衡，同时要根据每项工作的性质和内容，确定管理层次和管理幅度，使组织形成一个严密有序的系统。

1. 管理层次

管理层次是指一个组织设立的行政等级数目。一个组织集中着众多的员工，作为组织主管，不可能面对每一个员工直接进行指挥和管理，这就需要设置管理层次，逐级地进行指挥和管理。

（1）管理层次的划分。一个组织中，其管理层次的多少，一般是根据组织工作量的大小和组织规模的大小来确定的。工作量较大且组织规模较大的组织，其管理层次可多些，反之，管理层次就比较少。一般来说，管理层次可分为上层、中层和下层三个层次。对于上层来讲，其主要职能是从整体利益出发，对组织实行统一指挥和综合管理，制定组织目标、大政方针和实施目标的计划。中层的主要职能是为达到组织总的目标，制定并实施各部门具体的管理目标，拟定和选择计划的实施方案、步骤和程序，按部门分配资源，协调各部门之间的关系，评价生产经营成果和制定纠正偏离目标的措施等。下层的主要职能是按照规定的计划和程序，协调基层组织的各项工作和实施生产作业。

（2）管理层次的确定。管理层次的多少与管理幅度密切相关。管理幅度、管理层次与组织规模存在着相互制约的关系：

$$管理幅度 \times 管理层次 = 组织规模$$

也就是说，当组织规模一定时，管理幅度与管理层次成反比关系。管理幅度越宽，层次越少，其管理组织结构的形式呈扁平形。相反，管理幅度越窄，管理层次就越多，其管理组织结构的形式呈高耸形，如图4-7所示。

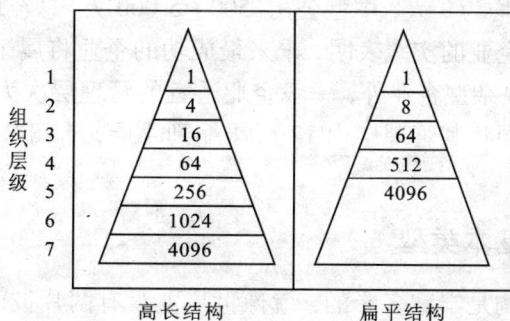

图4-7 高耸结构与扁平结构对比图

在一般情况下，扁平形组织结构，由于上下联系渠道缩短，可以减少管理人员和管理费用；有利于信息沟通，并可减少信息误传，有利于提高管理指挥效率；由于扩大下级管理权限，有利于调动下级人员的积极性、主动性和提高下级人员的管理能力。但管理幅度加大，会增加横向协调的难度，使组织领导者易陷入复杂的日常事务当中，无时间和精力搞好有关组织长远发展的、事关全局的战略管理。高耸形组织结构易于克服扁平形组织结构的某些不足，利于领导者控制和监督，以及搞好战略管理，等等。但由于拉长了上下级联系的渠道，会增加管理费用；管理层次增加，会使协调工作量增加，相互扯皮的事情会层出不穷；管理层次的增加，会使上下级意见交流受阻，不利于贯彻最高主管规定的目标和政策，等等。至于组织究竟是采取扁平形结构还是高耸形结构，这主要取决于组织规模的大小和组织领导者的有效管理幅度等因素。因为在管理幅度不变时，组织规模与管理层次成正比。规模大，层次多，应呈高耸形结构；反之，规模小，层次少，应呈扁平形结构。

2. 管理幅度

管理幅度也称管理宽度，是指主管人员有效地监督、管理其直接下属的人数。确定管理幅度最有效的方法是因地制宜，即依据所处的条件而定。

通常影响管理幅度的因素有很多，除了与企业的规模、产品本身的复杂性及特点有关外，还包括下列一些因素：

（1）人的因素。如员工的知识结构、技能、经验、培训等情况，管理人员的知识面越广，能力越强，相应管理幅度可以增加。

（2）管理技术的应用。传统的沟通方式及工作处理方式造成管理幅度不能太大，当应用了管理技术，如信息技术(IT)后，通过改变信息传递的方式从而促使管理幅度改变。

（3）内部管理体系。组织是否有明确的目标、职责计划及相应的运作程序对管理幅度也会产生影响，当内部有一个良好运作的管理体系时，员工按所要求的明确的规则完成工作从而减少管理人员，提高管理幅度。

（4）职权的授予。上级给下级授权越多，越能减少上下级交往的频率及时间，管理幅度可以增加。

近年来，随着组织内员工素质的不断提高，以及内部管理体系的不断完善，特别是信息技术的普遍运用，组织的管理层次越来越少，组织越来越精简，越来越扁平化，如美国管理协会对100家公司所做的一项调查研究显示，大型公司(超过5 000人)总经理管理幅度为1至14人不等，平均为9人，中型公司(500~5 000人)总经理管理幅度为3~17人，平均为7人。现代西方企业的实践表明，未来最成功的企业将属于扁平型组织，管理幅度将加大，除特大型和超复杂型企业外，一般企业适宜的管理层次为3~5级。如拥有14万员工的伊斯曼—柯达公司将其管理层由12层压缩到4层，丰田公司从主席到一线主管之间只有5层。

三、组织结构的基本类型

现代企业组织的结构是丰富多彩的，就像世界上没有两片彼此完全相同的树叶一样，世界上也没有两个完全相同的企业组织结构。对任何一个特定的企业而言，它采用何种结构完全取决于企业的实际情况，只要能有效地实现其目标，运行顺利，这个企业的组织结构就是成功的。

（一）直线制组织结构

直线制结构有时也称做军队式结构，其结构形式如图4-8所示。直线制组织结构是最早使用也是最为简单的一种结构，是一种集权式的组织结构形式。这种结构的特点是：①组织中每一位主管人员执行全部管理职能（不设职能机构）；②自上而下执行单一命令原则；③主管人员通晓必需的各种专业知识，亲自处理各种业务。

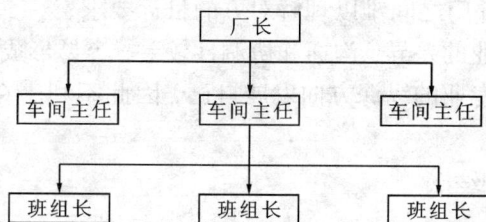

图4-8　直线制组织结构

直线制结构的主要优点：①组织结构设置简单、权责分明、信息沟通快；②便于统一指挥、集中管理；③管理费用低。

直线制结构的主要缺点：①缺乏横向的协调关系，适应性差；②没有职能机构当领导的助手，领导负担重，容易产生忙乱现象。

由此可见，直线制结构适用于企业规模小、人员较少、生产技术简单，而且管理者具备生产经营所需要的全部知识和经验的企业。

（二）职能制组织结构

职能制结构特点是采用按职能实行专业化的管理办法，即上层主管下面设立职能机构和人员，把相应的管理职责和权力交给这些机构，下级既要服从上级主管人员的指挥，也要听从上级各职能部门的指挥。其结构如图4-9所示。现代企业中许多业务活动都需要有专门的知识和能力，通过将专业技能紧密联系的业务活动归类组合至每个单位内部，可以更有效地开发和使用技能，提高工作的效率。职能制组织结构设计有利于最高管理者作出统一的决策，通常在只有单一类型产品或少数几类产品且面临相对稳定的市场环境的企业中采用。

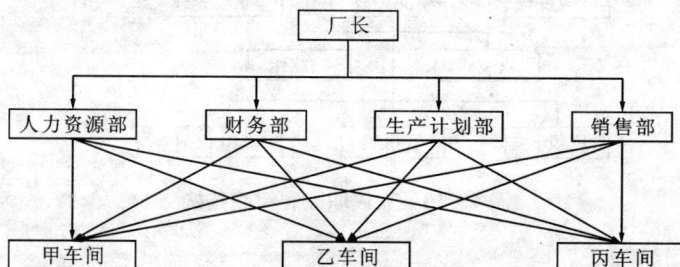

图4-9　职能制组织结构

职能制组织结构的优点：

(1)职能部门分工细密，任务明确且专业化，可以避免人力和物力资源的重复配置；

(2)便于发挥职能专长，激发职能人员发挥专长的动力；

(3)因为各项职能的规模经济效益，可减少管理费用。

职能制组织结构的主要不足：

(1)缺乏全局观念，不利于企业满足迅速变化的顾客需要；

(2)缺乏信息交流，部门之间难以理解对方的目标要求；

(3)职能部门之间专业的差异，沟通和协调性较差，容易形成本位主义；

(4)每个人都力图向专业的纵深方向发展自己，因此不利于在企业内部培养熟悉全面情况的管理人才。

（三）直线职能制组织结构

直线职能制组织结构是在吸收及摒弃了直线制和职能制的优缺点的基础上形成的，它的产生使组织管理大大前进了一步。现在各国的企业中采用这种组织形式较为普遍，而且采用的时间也较长。目前我国大多数企业，都采用这种结构形式。这种结构的特点是：以直线为基础，在各级行政负责人之下设置相应的职能部门，分别从事专业管理，作为该级领导者的参谋，实行主管统一指挥与职能部门参谋、指导相结合的组织结构形式。职能部门拟定的计划、方案，以及有关的指令，统一由直线领导者批准下达，职能部门无权直接下达命令或进行指挥，只起业务指导作用，各级行政领导人实行逐级负责，实行高度集权，如图4-10所示。

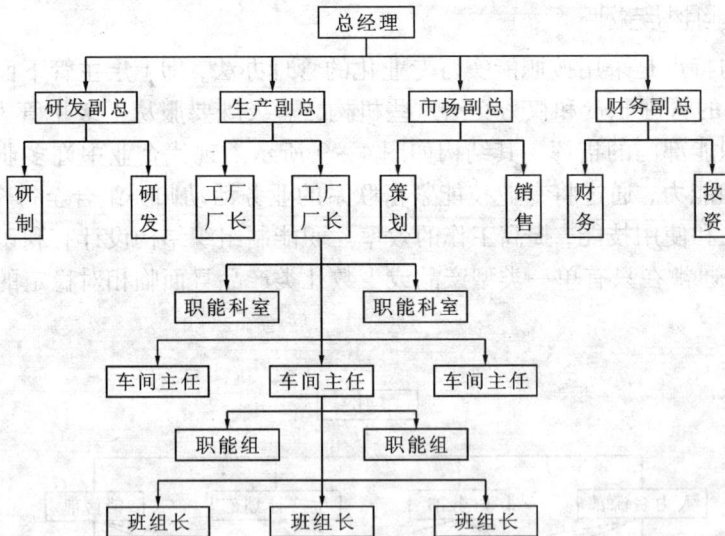

图4-10 直线职能制组织结构

直线职能制优点：

（1）分工细密，任务明确，且各个部门的职责具有明显的界限；

（2）这种结构既保持了直线制的集中统一指挥的优点，又吸取了职能制发挥专业管理的长处，从而提高了管理工作效率；

（3）该结构稳定性较高，外部环境变化不大的情况下，容易发挥集体效率。

直线职能制在管理实践中的不足：

（1）权力集中于最高管理层，下级缺乏必要的自主权；

（2）各职能部门之间的横向联系较差，容易产生脱节矛盾；

（3）各参谋部门与指挥部门之间的目标不统一，容易产生矛盾；

（4）信息传递路线较长，反馈较慢，适应环境变化较难，实际上是典型的"集权式"管理组织结构。

（四）事业部制组织结构

事业部结构就是在一个企业内对于具有独立的产品和市场、独立的责任和利益的部门实行分权管理的一种组织形态。它是由美国企业管理专家小斯隆在20世纪20年代初担任美国通用汽车公司副总经理时研究和设计出来的，是西方经济从自由资本主义过渡到垄断资本主义以后，在企业规模大型化、企业经营多样化、市场竞争激烈的条件下，出现的一种分权式的组织形式。事业部制的主要特点是"集中决策，分散经营"，即在集权领导下，实行分权管理。这种组织结构形式是在总公司的领导下，按产品或地区分别设立若干事业部，每个事业部都是独立核算单位，在经营管理上拥有很大的自主权，如图 4 - 11 所示。总公司只保留资金分配决策权、人事任免权和重大问题的决策权力，只运用利润等指标对事业部进行控制。因此事业部制组织一般适于在具有较复杂的产品类别或较广泛的地区分布的大企业中采用。

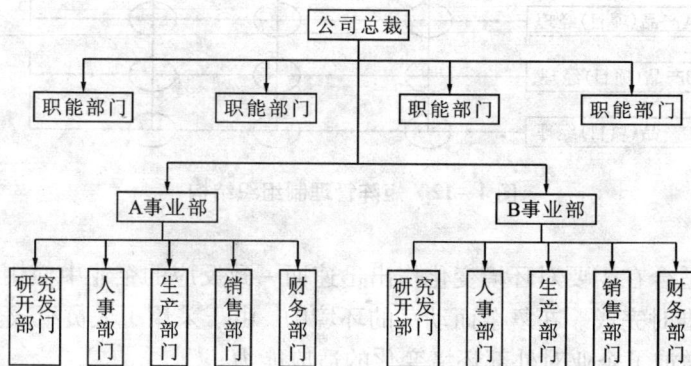

图 4 - 11　事业部制组织结构

事业部制组织结构的主要优点是：

（1）提高了管理的灵活性和适应性。由于各事业部单独核算、自成体系，在生产经营上具有较大的自主权，这样既有利于调动各事业部的积极性和主动性，有利于培养和训练高级管理人才，又便于各事业部之间开展竞争，从而有利于增强企业对环境条件变化的适应能力。

(2)有利于高层管理者摆脱日常行政事务,从而集中精力做好有关企业大政方针的决策。

(3)便于组织专业化生产,便于采用流水作业和自动线等先进的生产组织形式,有利于提高生产效率,保证产品质量,降低产品成本。

事业部制组织结构的主要缺点是:

(1)增加了管理层次(各事业部的职能部门),造成机构重叠,管理人员和管理费用增加。

(2)由于各事业部独立经营,因而各事业部之间人员互换困难,相互支援较差。

(3)各事业部经常从本部门利益出发,容易产生不顾公司整体利益的本位主义和分散主义倾向。

(五)矩阵管理制组织结构

矩阵管理制组织结构是由纵、横两套管理系统组成的。也就是既有按职能划分的垂直领导系统,又有按项目划分的横向领导系统的结构。因为企业往往同时有几个项目需要完成,每个项目要求配备不同专长的技术人员或其他资源,因此在直线制职能结构的纵向领导系统的基础上,又出现了一种横向项目系统,形成纵横交错的矩阵结构。其中,工作小组或项目小组一般是由不同背景、不同技能、不同知识、分别选自不同部门的人员所组成的。组成工作小组后,大家为某一个特定的项目共同工作,如图4-12所示。

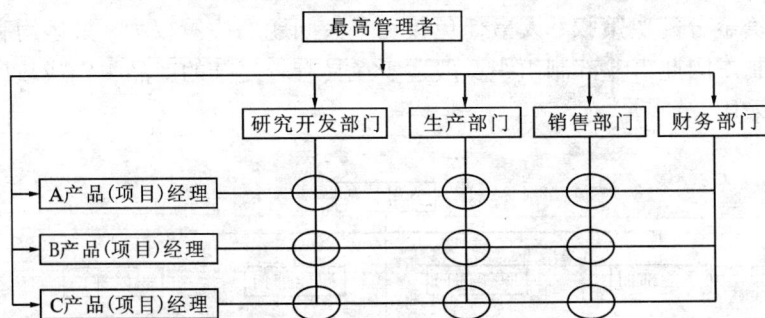

图 4 - 12　矩阵管理制组织结构

矩阵制组织适合在需要对环境变化作出迅速而一致反应的企业中使用,从而确保每个项目按计划要求准时完成。在复杂而动荡的环境中,由于采用了人员组成灵活的产品管理小组形式,大大增加了企业对外部环境变化的适应能力。

矩阵管理制组织结构的优势是:

(1)将组织的纵向联系和横向联系很好地结合起来,有利于加强各职能部门之间的协作和配合,能及时解决问题。

(2)它具有较强的机动性,对外界压力作出灵活反应,能根据特定需要和环境活动的变化,保持高度民主的适应性。

(3)把不同部门、具有不同专长的专业人员组织在一起,有利于互相启发,集思广益,有利于集中调动资源并以较高效率完成某些项目。

矩阵管理制组织结构主要的不足之处：

（1）在资源管理方面存在复杂性。

（2）稳定性差。由于小组成员是由各职能部门临时抽调的，任务完成以后，还要回到原职能部门工作，因而容易使小组成员产生临时观念，不安心工作，从而对工作产生一定影响。

（3）双重领导可能使执行人员无所适从，领导责任不清、决策延误，从而造成管理秩序混乱，使组织工作过程容易丧失效率性。

第三节　组织运行

为了实现组织目标，就必须要求组织的全体成员能和谐一致地进行工作。在组织运作中，处理好组织不同层次之间的权利关系、直线主管与参谋之间的关系以及做好协调沟通工作，是保证组织正常运行的关键。

一、职权分配

职权是构成组织结构的核心要素，对于组织的合理构建与有效运行起着关键性作用。

（一）职权的涵义及职权类型

职权是指由于占据组织中的职位而拥有的权力。与职权相对应的是职责，职责是指担当组织职位而必须履行的责任。职权是履行职责的必要条件与手段，职责是行使职权所要达到的目的。

在组织中，管理者的职权有 3 种类型：直线职权、参谋职权与职能职权。

1. 直线职权

直线职权是指直线人员所拥有的决策指挥权，如下达命令、指挥下级等。由于组织的最高管理者受到管理幅度的限制，需要委托若干副手来分担管理的职能，各副手出于同样的原因也需要委托若干部门经理或车间主任分担职能，以此类推，直至组织中最基层的管理者。这种管理层次之间的关系就形成了直线关系，即上级指挥下级的命令关系。直线关系是组织中管理人员的主要关系，在这种关系中，低层管理人员必须接受高层管理者的指挥和命令。这种命令自上而下，从组织的最高层到最基层，形成一条等级链，链中每一个环节的管理者都必须接受上级的指挥，同时又具有指挥下级工作的权力。

2. 参谋职权

参谋职权是指参谋人员所拥有的咨询权和专业指导权，如为管理者提供咨询、建议，以及在本专业领域内的指导权等。随着组织规模的不断扩大，组织活动越来越复杂，管理者尤其是高层管理者越来越感到专业知识的缺乏。人们常常通过设置一些助手协助其工作，利用不同助手的专业知识来补偿直线主管知识的不足。这些助手称为参谋人员，他们的主要职责是同层次直线主管的助手，其主要任务是提供某些专门服务，进行某些专项研究，并向直线管理者提出建议。

3. 职能职权

职能职权是指参谋人员所拥有的、由直线主管人员授予的决策与指挥权。组织中的高层管理者，通常将部分原本属于自己的指挥和命令直线下属的权力授予有关的参谋部门或参谋人员行使，从而使这些部门或人员不仅具有研究、咨询和服务的责任，而且在某种职能范围内具有一定的决策、监督和控制权，以便更好地发挥参谋部门和参谋人员的作用。

（二）正确处理职权关系

组织中的管理者通常是以直线主管或参谋人员两类不同身份来从事管理工作的，他们在组织中的职责、权限以及工作的目的是不同的：直线人员需要作决策，安排所管辖部门的活动，并对活动的结果负责；而参谋人员则是在直线主管的决策过程中，进行分析研究，提出建议，指明不同的方案可能得到的结果，以供直线主管在运用决策权力时参考。两者对完成组织目标都是必要的。然而在现实中，直线人员与参谋人员常常产生矛盾，导致组织效率低下。因此，正确处理直线与参谋之间的关系，是使组织有效运行的一个重要内容。

1. 建立明确的职权结构

要处理好职权关系，使各管理部门、管理人员职权关系协调，工作配合默契，就必须建立明确的职权结构，也就是必须通过组织、体系、制度对职权进行划分与规范。

（1）建立清晰的等级链。通过建立清晰的等级链，从最高层到最基层实行层级管理，自上而下层层命令，由下至上层层报告，领导隶属关系清楚，命令——报告渠道畅通，从而保证职权关系的有序维系。

（2）明确划分权责界限。组织应明确规定各管理部门或人员的职责范围、职权类型、权力界限、适用条件、行使期限等，防止职权系统的根本性混乱。

（3）制定并严格执行政策、程序和规范。职权必须在政策、程序和规范允许的范围内运用；否则，便是职权的滥用或越权。建立健全有关职权运用的规范，并严格遵循规范用权，是维系正常职权关系的重要保证。

2. 协调职权关系

管理者在运用职权履行职责的过程中，要善于协调职权关系，使科学的规范体系与灵活有效的能动行为有机结合，完善组织的职权系统。

（1）要相互尊重职权。上级要尊重下级，应大胆授权，将应交给下级的权力真正交给下级；尊重下级的职权，充分信任他们，放手使用，使下级真正有职有权，能够按自己的意愿，独立自主地进行决策或指挥；不可越级指挥；面对下级权力运用不当，应在勇于为下级承担责任的同时给予下级鼓励与批评。下级也要尊重上级的职权与权威，对于上级的指示应认真执行，不可越权、擅权。

（2）加强沟通与配合。上下级之间、同级部门之间应加强沟通与配合，使职权关系协调。上级应实行民主管理，积极鼓励下级参与管理，广泛收集群众意见；下级应将情况及时向上级请示与汇报。

二、组织的集权与分权

组织的职权是授予人们利用其判断做出决策和发布指示的一种自由处置权。在一个组织中，如果没有对管理者正确地授予职权，就无法顺利地进行协调工作保证最终组织目标的实现。

（一）集权与分权的涵义

集权与分权是指职权在不同管理层之间的分配与授予。其中，集权是指决策权在组织系统中较高层次的一定程度的集中；与此相对应，分权是指决策权在组织系统中较低管理层次的一定程度的分散。

（二）集权与分权的相对性

集权与分权是任何组织正常运行所必需的必然现象。在组织中，集权与分权是相对的，没有绝对的集权，也没有绝对的分权，只是程度的不同。因为绝对的集权意味着组织中的全部权力集中在一个主管手中，组织活动的所有决策均由主管作出，主管直接面对所有的实施执行者，没有任何中间管理人员，没有任何中层管理机构。这在现代社会经济组织中显然是不可能的。而绝对的分权则意味着全部权力分散在各个管理部门，甚至分散在各个执行、操作者手中，没有任何集中的权力，因此主管的职位显然是多余的，一个统一的组织也不复存在。所以，在现实社会的组织中，有可能是集权的成分多一点，也可能是分权的成分多一点。我们需要研究的，不是应该集权还是分权，而是哪些权力宜于集中，哪些权力宜于分散，在什么样的情况下集权的成分应多一点，何时又需要较多的分权。

（三）集权与分权的优缺点

1. 集权的优缺点

集权的优点主要反映在：它具有对组织的绝对控制权，可以使整个组织统一认识，有利于组织实现统一指挥、协调工作和更有效的控制，以确保坚持既定政策，防止政出多门，互相矛盾。

集权的缺点主要反映在：加重上层领导者的负担，从而影响重要决策的制定质量；控制可能会变为独裁式的，不利于调动下级的积极性与主动性；缺乏灵活性，降低组织对外部环境的适应能力。

2. 分权的优缺点

分权的优点主要反映在：由于权力的下放，允许职工参与决策而达到激励职工的作用，有利于提高下级管理者和员工们的工作积极性和工作满足感；由于控制权分散到各处，能够很好地满足局部不断变化的需求；分权可以使低层管理者得到良好的培训机会；分权可以使最高层管理者摆脱繁杂的日常事务性工作，把精力集中在重大的长远的战略问题上；等等。

分权制的缺点主要反映在：由于权力的分散，总部控制较困难；分权制可能比集权制需要进行更多的汇报或视察性工作；分权后的部门可能会以狭隘的目光和短线的观点来看待整个组织，从而导致与其他部门的关系紧张。

（四）影响集权与分权的主要因素

1. 分权的标志

要研究和指导组织的分权，首先要确定判别组织是否实行了分权以及分权程度的标志。评价分权程度的标志主要有4个：

（1）决策的频度。组织中较低管理层次制定决策的频度或数目越大，则分权程度越高。

（2）决策的幅度。组织中较低层次决策的范围越广，涉及的职能越多，则分权程度越高。

（3）决策重要性。决策的重要性可以从两个方面来衡量：一是决策的影响程度；二是决策涉及的费用。如果组织中较低层次的决策只影响该部门的日常管理，而不影响部门的今后发展，从而决策对整个组织的影响程度较小，则组织的分权程度较低；反之，则高。类似地，低层次管理部门决策涉及的费用越大，说明其分权程度越高。

（4）对决策的控制程度。如果高层次对较低层次的决策没有任何控制，则分权程度极高；如果低层次在决策后要向高一级管理部门报告备案，则分权程度次之；如果低层次在决策前要征询上级部门的意见，向其"咨询"，则分权程度更低。

2. 分权的影响因素

影响集权与分权的因素是多方面的，其中最主要的因素如下：

（1）组织因素。包括：①组织的规模。组织规模的不断扩大导致分权化。②活动的分散性。组织活动分散在不同地方，则往往需要分权。③培训管理人员的需要。分权使低层次管理人员有更多实践权力的机会，有利于培养统御全局的人才。④政策的一致性要求。主张集权有利于达到组织的统一性，分权则导致组织统一性的破坏。⑤管理控制技术发展程度。有了更为科学的现代控制手段，可以更多地将权力下放。

（2）环境因素。包括：①外部环境。外部环境复杂多变，则应分权以快速适应环境变化；如果环境中出现极为复杂的政治形势时，则应集权以便整体协调。②内部环境。如一个组织的历史传统、组织文化等都会影响到集权与分权程度。

（3）人员因素。包括：①管理者。管理者的管理哲学、性格、爱好、能力的不同，集权或分权的程度都会不同。②被管理者。对于具有较高素质，并对分权有浓厚兴趣的被管理者应授予更多的权力。

三、授权

实现权力分散的途径主要有两个：一是制度分权，即组织设计中的权力分配；二是授权，即管理者在工作中的权力下放。制度分权与授权的结果虽然相同，都是使较低层次的管理人员行使较多的决策权，即权力的分散化，然而实际上，这两者是有重要区别的。

制度分权，是在组织设计时，考虑到组织规模和组织活动的特征，在工作分析、岗位形成和部门设计的基础上，根据各管理岗位工作任务的要求，规定必要的职责和权限。授权则是担任一定管理职务的领导者在实际工作中，为充分利用专门人才的知识和技能，或出现新增业务的情况下，将部分解决问题、处理新增业务的权力委任给某个或某些下属。

（一）授权的原则

授权是分权的一种重要形式，同时也是领导者在管理工作中的一种领导艺术，一种调动下属积极性、充分发挥下属作用的方法。授权是否得当，对能否进行有效管理影响很大。有效的授权应遵循以下原则：

（1）目标结合原则。授权是为了保证组织目标的有效实现，所以，必须根据实现目标和工作任务的需要，将相应类型与程度的权力授给下级，以保证其有效地开展工作。

（2）适度授权原则。授权应防止授权不足，也要防止授权过度，授权的程度应根据实际情况、工作性质以及下级的情况来决定。

（3）责、权、利相当原则。在授权中要注意职务、权力、职责与利益之间的对等与平衡，要真正使受权者有职、有权、有责、有利。

（4）有效监控原则。为有效实现组织目标，授权的同时应采取必要的监督控制手段，使所授的权力不失控，确保组织目标的实现。

（5）职责绝对性原则。领导者将职权授予下级，但最终责任不应下放，领导者应对活动的最终结果负责。

（二）授权的步骤

授权可以划分为以下几个步骤：

（1）选择授权对象。授权首先应选择好授权对象，被授权者应具有正确行使权力的能力，并能有效地完成工作任务。

（2）下达任务和授予权力。领导者对授权对象下达明确任务，规定所要实现的目标标准，并同时授予保证任务完成的权力，要做到权责对等，并给予下级充分的信任和支持。

（3）监控和考核。在下级运用权力推进工作的过程中，要以适当的方式与手段，进行必要的监督与控制，以保证权力的正确运用与组织目标的实现。在工作任务完成后，还应对授权效果、工作实绩进行考核与评价。

第四节　组织变革

组织变革是组织为适应内外环境及条件的变化，对组织的目标、结构及组成要素等进行的各种调整和修正。

任何一个组织经过合理的设计并运作一段时间以后，往往要随着外部环境和内部条件的变化进行调整和变革，以更好地适应组织生存和发展的需要。组织变革的根本目的是为了提高组织的效能，特别是在动荡不定的环境条件下，要想使组织顺利地成长和发展，就必须自觉地研究组织变革的内容、阻力及其一般规律，研究有效管理变革的具体措施和方法。

一、组织变革的动力

（一）组织变革的内在动力

从组织内部看，引起组织变革的基本动力可以归结为以下几个方面：

1. 组织目标的选择和修正

组织机构的设置必须与组织的阶段性战略目标相一致。组织目标的选择和修正决定着组织变革的方向，也影响着组织变革的范围。

2. 技术的变革

技术系统是组织变革的重大推动力，它不仅影响组织活动的效果和效率，而且会对组织的职务设置与部门划分、部门间的关系，以及组织结构的形式和总体特征等产生相当程度的影响。

3. 组织规模与成长阶段的变化

组织变革伴随着组织规模的变化及成长的各个时期，不同的成长阶段要求不同的组织模式与之相适应。例如，组织在成长早期，组织结构常常是简单、灵活而集权的。随着员工的增多和组织规模的扩大，组织原有的松散结构应转变为正规、集权的职能型结构。

4. 其他因素的影响

组织内部的其他因素也会成为组织变革的动力。如领导者的领导作风、组织的价值观、组织的制度、组织的战略等的变化都会导致组织变革。

（二）组织变革的外在动力

引起组织变革的外在动力最主要是环境因素，现代组织所面临的环境复杂多变，当组织所面临的环境发生重大的变化时，组织不得不根据这些变化而进行组织的重大变革。这些环境因素变化包括：

1. 市场的变化

市场变化如顾客的收入、价值观念、消费偏好发生变化；竞争者推出新产品或产品增添了新功能、加强广告宣传、降低价格等，基于全球化的市场竞争越来越激烈，竞争方式也会多种多样。市场日益动荡不定，组织对销售和市场部门的依赖日益加重。

2. 科学技术的进步

知识经济社会，科技的发展日新月异，新产品、新工艺、新技术、新方法层出不穷，对组织的固有运行机制构成了强有力的挑战。

3. 政治经济环境的变化

政治、经济政策的调整，经济体制的改变，人们的消费观念的变化等，都会引起组织内部深层次的调整和变革。

组织环境的变化，使传统的组织结构和管理方式难以适应新的要求。因此，组织要不断地变革组织结构和管理方式，以适应组织环境中不断出现的新变化。组织结构的变革，可以增加组织对外部环境的适应能力，提高组织自身的生存和发展能力。

二、组织变革的征兆

管理心理学家席斯克（N. L. Sisk）认为，当一个组织面临以下情况之一时，就表示到了非进行改革不可的地步。

第一，决策形成过于缓慢。决策过于迟缓或失误过多，决策执行拖拉或反馈不及时，致使企业坐失良机。

第二，出现不良的意见沟通。各部门主管与其所属员工之间往往会因意见沟通不良而造成许多严重的后果，诸如相互关系不顺，工作不协调，推诿扯皮严重，矛盾冲突迭起等。

第三，组织的主要机能已无效能或不能发挥其真正作用。组织机构臃肿，人浮于事，效率低下，组织经营业绩下降。

第四，缺少创新。组织在产品发展上没有推出新观念，实际上表示组织发展的停滞；组织面对环境的变化不能做出灵活的、富有创造性的反应。

三、组织变革的阻力及消除对策

对于组织变革的结果，在通常情况下，人们是憧憬的、欢迎的，人们总希望通过变革使自己所从事的工作或自己所属的组织的工作顺利开展。但人的习惯势力很大，要使人们放弃原有的态度和习惯而适应新的环境，需要一个适应的过程。即使人们感到环境条件已发生新的变化，仍会以各种方式来抵制变革，以免因变革而伤害既得利益和改变原有的生活方式和习惯。因此，在进行变革时，应了解组织变革的阻力有哪些，并积极防止和消除这些阻力，保证组织变革的顺利实施。

（一）组织变革的阻力

组织变革的阻力来自个体、群体和领导者三个方面。

1．个体阻力

（1）职业认同。当组织成员在某一岗位上工作了一段时间后，就会逐渐形成一种稳定的工作模式，他们按自己惯常的工作方式去面对熟悉的任务，对工作有感情，这是一种职业认同。当组织要进行变革时，人们已习惯了的工作模式通常会被打破，需要他们面对新的任务去摸索新的工作模式，也即需要放弃原有的职业认同感，建立新的职业认同感。而人天性对新的事物有抗拒性，愿意固守旧的事物，尤其当人觉得自己对新的事物缺乏必要的控制时，抗拒就表现得更为明显。原来的职业认同感越强，对变革的抵制就越大。

（2）不安全感。人们常有求稳怕乱的心理惰性，总习惯安于现状，习惯于原有的一切制度、一切作业方式。任何变革都将会威胁到原有的安全与内心的平衡，这种担心变革会造成将来的不稳定的心理，会对变革产生某种恐惧感，自觉不自觉地对变革进行抵制。

（3）经济原因。当变革措施可能触及到切身利益时，即降低自己的收入或地位时，人们往往对于组织的变革抱有抵制的心理。

2．群体阻力

群体阻力主要体现在维护原有的群体规范不被触犯，如反对强化纪律、提高定额、优化组合等。

3．领导者的阻力

领导者方面的阻力主要集中在对改革后果不确定性的担心以及由此带来的权力与利益的调整。有些时候，人们反对变革是出于对主持变革者反感、不信任，从而产生对变革的抵制。

（二）克服组织变革阻力的措施

为防止和消除对变革的心理阻力，可采取以下几种具体措施：

1．激励改革者

采取各种方法激励改革者，包括对改革者实行物质或精神奖励，这不仅对于改革者是一种激励、支持，使改革者产生克服困难的信心和勇气，同时对阻碍变革者的心理也是一种冲击，它可能对持有保守心理、习惯守旧心理、嫉妒心理的人产生社会心理压力，逐步消除其对改革的心理阻力。

2．职工积极参与

让职工参与变革，既可以吸收其智慧，增强责任感，又可以减少其思想阻力，有利于变革的顺利进行。

3．加强员工的归属感

在变革过程中，要培养员工对组织的强烈归属感，使他们把自己的切身利益与组织的命运密切联系在一起，增强他们参与改革的积极性。

4．提高领导者、改革者的威信。

领导者或主持变革者在群众中的威信对消除变革的阻力有很大作用。领导者办事大公无私，身体力行，群众威信高，其领导的变革行为也会容易为群众所接受。

5．加强意见沟通

当人们对改革的目的、措施与结果不了解时往往容易产生观望、怀疑、抵触的心理。

为了阻止和消除人们对改革的心理阻力，领导者、改革者要使员工了解改革的目的与意义，并及时把改革的进展情况，包括取得的成绩与存在的问题告诉员工。这不仅有助于加强意见沟通，增强员工对改革的责任心，并且有助于激发员工的创造精神。

6.合理安排改革的时间与进度

领导者、改革者在改革过程中要稳步前进，合理安排改革的时间与进度，不可操之过急，否则容易引起人们的心理不适应而产生心理抵触。

四、组织变革的实施

组织变革是一项复杂的系统工程，为使组织变革能获得最大的成效，变革的实施必须慎重考虑，应遵循一定的阶段和步骤，有计划地进行。

（一）准备和计划阶段

准备和计划阶段的主要任务是通过调查现状，分析材料，界定问题，确定目标；采取措施增强变革的驱动力，营造危机感，塑造出改革乃是大势所趋的气氛，减弱对改革的阻力；形成待实施的比较完善的组织变革方案。

（二）试验和推广阶段

试验和推广阶段的任务是按照所拟订变革方案的要求开展具体的组织变革运动或行动，以使组织从现有结构模式向目标模式转变。在实施过程中，应边改革边评价，防止出现偏差。这个阶段是变革的实质性阶段，通常可分为试验与推广两个步骤。组织变革方案在全面实施之前一般要先选择适宜的试验地点进行一定范围内的典型试验，在试验取得初步成效后再进入大规模的全面实施阶段。通过试验，一方面可以总结经验，及时调整、修正和完善变革方案；另一方面可以使人们在试验阶段便能及早感觉到组织变革的潜在效益，从而有利于争取更多组织成员在思想和行动上支持所要进行的组织变革。

（三）评价和巩固阶段

在变革结束后，管理者必须对变革的结果进行总结和评价，及时反馈新的信息。对于没有取得理想效果的变革措施，应给予必要的分析和评价，然后再做取舍。对于已经取得的变革成效，应采取必要的强化方法巩固，使其持久化。

五、组织变革的趋势

（一）组织结构的扁平化、柔性化和网络化

从总体来看，组织结构的变革趋势将是扁平化、柔性化和网络化。

1.扁平化

传统的层级制组织结构模式是按照亚当·斯密的劳动分工理论将全部经营活动和生产过程分解为若干经营阶段和若干道工序的管理思想建立起来的，层次越多，信息传递链就越长，面对激烈市场竞争的应变能力就越弱。这正如德鲁克曾经说过的"组织的一条基本原则就是使得组织的层次尽可能地少，指挥路线尽可能地短。每增加一个层次，就会使得保持共同方向和互相理解更困难一些。每增加一个层次，就会使目标歪曲而注意力分散"。因此，减少管理层次、扩大管理幅度、使组织结构扁平化是当今组织结构变革的一大趋势。

现代信息技术的发展为组织结构扁平化提供了物质技术基础和手段。现代信息通讯技术的巨大进步，能够在极短时间内以最低廉的费用和最准确的结果去处理和传递大量繁杂的、不受限制的各种各样的信息，使得原有在组织结构中从事信息处理和传递的中间层控制部门和人员无事可干，成为被裁减的首要对象；此外，网络技术的日益完善，能够将整个组织内部的各个部门、各个岗位的工作信息通过网络连接起来，使基层员工通过网络系统能够获得组织内与自身业务有关的任何信息，高层管理者也不必通过中间环节即可直接与基层员工进行沟通。

对"人性"的重新认识促使组织结构扁平化。层级制组织模式中管理者与基层员工之间的关系是"命令—支配"型，基层员工被假定为缺乏自主性的、没有责任心的和不具备任何管理能力的劳动者，在组织中的地位和作用如同机器一样，每天重复基本上固定不变的日常工作。而现代组织将人作为最重要的生产要素和资源，重新审视人的地位和作用，认为充分发挥人的积极性、主动性和创造性是现在乃至今后组织管理领域所要研究的永恒主题。现代组织处于知识经济时代，面临多变的环境，必须提高市场应变能力，才能提高市场竞争能力。因而，现代组织只有减少中间层次，对员工充分授权，激发员工工作动力，培养员工自主工作与协调能力，由此管理者也不再充当发号施令的角色，而是与基层及基层员工之间建立起一种新型的服务关系。面向基层决策权的下放，削弱了中层管理者的权力，使得组织结构更加扁平化。

2. 柔性化

不断变化的外部因素要求组织有充分的柔性化，以适应千变万化的环境。柔性化的组织可以根据某一业务单元的具体需要，把原本在不同领域工作的各类专业人员集中起来组成一个临时活动团体，这些人分担责任同时也分享权力、信息、知识和报酬，项目完成后再各自回到原来的岗位。这种动态的组织因项目的需要而存在，又因项目的完成而解散，极具弹性。

组织柔性化具体可分为员工柔性化、结构柔性化和组织间柔性化。

（1）员工柔性化。在现代组织中，一个柔性化员工队伍与具有柔性化机器一样，可以减少大量库存，应付各种随机现象，有效地取代了专业化、重复性和陈旧性。日本制造业的成功表明，员工柔性化是帮助企业对环境迅速做出反应的重要因素。员工柔性化，即要求操作员工完成以前需由计划员工、操作员工、维修员工等分别完成的工作，因而工作范围和部门间的界限变得模糊，他们更多地以项目小组形式工作，形成人人参与决策、共同协商解决问题的局面，使得工作效率大幅度提高。

（2）结构柔性化。不少管理学家提出，横向网络组织结构比层次结构更具有柔性化。一个具有结构柔性化的组织可以取代其他组织形式，如组织柔性化能取代业务处理过程专门化、任务专业化等。同时，结构柔性化还有助于提高决策合理性，减少传统结构中存在的多界面之间的相互干扰。

（3）组织间柔性化。在知识经济时代，以知识创新和不断学习为本质特征的组织面对瞬息万变的市场机会必须有灵活的适应机制，这就要求组织必须有足够的柔性并与供应商、合伙人、顾客通过共同的价值链，在市场的作用下，基于良好的信任合作关系结成"动态联盟"。组织与外界机构的关系柔性化，能够使组织更好地适应外部条件的变化。

3. 网络化

随着经济全球化进程的加快，许多企业纷纷寻找跨企业、跨行业、跨国界的组织之间的兼并与联合。纵观企业的兼并历史，20世纪90年代之前的企业购并多为强企业兼并或收购弱企业；20世纪90年代之后，企业之间的兼并呈现出"强强联合"态势，即集中双方的资源优势、人才优势、技术优势，达到信息、技术、市场、管理、人才的优化配置，取长补短，以此来降低生产经营成本，扩大销售网络和市场份额，使兼并或联合后的企业更具国际竞争力。这种通过联合和兼并等途径所形成的组织结构变革模式的大量出现，使组织结构呈现出明显的以横向一体化为特征的网络化趋势。

组织结构的网络化表现为以某一核心企业为主体，运用经济手段和网络信息系统，把若干相关组织连接起来，形成一个合作性的企业群体，在群体内各个组织是相互独立的契约关系。这样就使企业与企业之间打破了地区之间、国家之间的边界限制，将触角伸向世界的各个角落，在自发的市场机制的作用下，在全球范围内寻找伙伴，共同开发新的市场、新的产品、新的业务项目，其目的不仅仅是为了扩大企业规模或寻找较为低廉的生产用地，而主要是为了利用共享的生产要素，在联合企业内实现资源的优化配置，以取得所有单个企业所不能取得的联合经济效益。

网络化组织结构将各个在技术上相同或相关的不同企业联结在一起，其基本组成单位是联结在一起的各个不同企业，即各个独立的经营单位。因此，企业之间的关系并非一般的市场关系，而是一种全方位的市场、技术、人才、研发、生产等的合作关系。

(二)组织规模的集团化和微型化

从企业组织发展来看，现代企业组织一个明显的变化趋势是从常规企业向集团型或微型方向发展。究其原因，主要是市场竞争的结果。企业为了分散和减少风险，不得不联合起来，或干脆"倚小卖小"，以充分发挥大企业和小企业的经营优势。

组织规模向集团化方向发展的优势在于：可以获得规模经济效益；可以充分发挥专业化管理的作用；可以实行多元化经营，将业务扩展到市场经济生活的各个领域，以增强实力，分散风险。

组织规模集团化主要通过联合、兼并和收购等方式来实现。

组织规模微型化的主要优势为：①人员少而精，办事效率高；②经营灵活，"船小调头快"，适应能力强；③专业化程度高，有利于提高质量。

微型化组织主要有以下几种类型：

(1)科技型。即用自己的资金和设备进行产品的研究和开发，并进行新产品的研究和开发以及新产品经营，故也叫研究开发型小企业。一般说来，这类企业规模小，经营者既是股东又是研究人员，有专门的知识和技术，从事某一领域或某一方面的研究开发，他们一般年纪较轻，目标明确，有旺盛的企业家精神，全力以赴，为达到目的敢于冒险。这类企业往往发展速度很快，是新科技革命的开拓者。

(2)智力型。即指那些从事智力劳动，把为别人提供知识产品和知识服务作为主要经营内容的小企业。这类企业主要特点是人员少，智力高，资金少，产品中技术含量高。

(3)物质产品型。即指那些以生产和经营某些零部件为主的微型企业。这类企业在现代微型组织中所占比重较大，它们拥有固定的生产场所和专用设备，专业化程度非常高，其产品主要是为集团型大企业服务，因而它们对大企业有很大的依附性，但工艺先进，经营灵活，产品更新速度快，对市场有很好的适应性。

(4)服务型。即指那些为物质生产部门和人们的物质、文化生活提供专门的劳务和产品，进行定向服务，满足某一方面特定要求的微型企业。现代社会对服务的要求越来越多样化，需要千千万万个企业提供多种多样的劳务和产品。这种服务型小企业集中在第三产业，它们是整个小型企业群体中的主要组成部分，经营范围十分广阔，企业形式也是形形色色、五花八门，为社会提供了非常广泛的就业机会。

（5）个体型。如果称之为企业，即是最小的微型企业。他们利用各种可以利用的时间和机会，以单个或几个人的形式，进行个体劳动，劳动场所可能就是自己的家。这类企业的业主主要是一些大学生、工程师、教师，还有退休人员，他们主要从事一些咨询、中介、计算机的软件开发和新产品研究等以脑力劳动为主的活动。

（三）企业再造

20世纪70年代以来，信息技术革命使企业的经营环境和运行方式发生很大变化，而西方国家经济的长期低增长又使得市场竞争日益激烈，企业面临着严峻挑战。首先，买卖双方关系中的主导权转到了顾客一方。竞争使顾客对商品有了更大的选择余地；随着生活水平的不断提高，顾客对各种产品和服务也有更高的要求。其次，技术进步使竞争的方式和手段不断发展，发生了根本性的变化。越来越多的跨国公司越出国界，在逐渐走向一体化的全球市场上展开各种形式的竞争。再次，市场需求日益多变，产品寿命周期的单位已由"年"趋于"月"。技术进步使企业的生产、服务系统经常变化，这种变化已经成为持续不断的事情。因此，在大量生产、大量消费的环境下发展起来的企业经营管理模式已无法适应快速变化的市场。

面对这些挑战，企业只有在更高水平上进行一场根本性的改革与创新，才能在低速增长时代增强自身的竞争力。在这种背景下，结合美国企业为挑战日本、欧洲的威胁而展开的实际探索，1993年美国麻省理工学院教授迈克·哈默与詹姆斯·钱皮提出了再造企业的观点。他们认为，为了能够适应新的世界竞争环境，企业必须摒弃已成惯例的运营模式和工作方法，以工作流程为中心，重新设计企业的经营、管理及运营方式，要"改变原来的工作流程，以使企业更适应未来的发展空间"。企业再造就是为了飞越性地改善成本、质量、服务、速度等重大的现代企业的经营基准，对工作流程进行根本性重新思考并彻底改革，即"从头改变，重新设计"。

企业再造通过对企业原来生产经营过程的各个方面各个环节进行全面的调查研究和细致分析，对其中不合理、不必要的环节进行彻底的变革。其具体过程包括：

1. 对原有流程进行全面的功能和效率分析，发现其存在的问题

根据企业现行的作业程序，深入现场，具体观测、分析现存作业流程的功能、制约因素以及表现的关键问题，从功能障碍、重要性、可行性三方面分析现行作业流程的问题。

2. 设计新的流程改进方案，并进行评估

为了设计更加科学、合理的作业流程，必须群策群力、集思广益、鼓励创新。在设计新的流程改进方案时，重点考虑的问题包括：①将现在的数项业务或工作组合，合并为一；②工作流程的各个步骤按其自然顺序进行；③给予职工参与决策的权力；④为同一种工作流程设置若干种进行方式；⑤工作应当超越组织的界限，在最适当的场所进行；⑥尽量减少检查、控制、调整等管理工作；⑦设置项目负责人。对于提出的多个流程改进方案，还要从成本、效益、技术条件和风险程度等方面进行评估，选取可行性强的方案。

制定与流程改进方案相配套的组织结构、人力资源配置和业务规范等方面的改进规

划，形成系统的企业再造方案。企业业务流程的实施，是以相应组织结构、人力资源配置方式、业务规范、沟通渠道甚至企业文化作为保证的，所以，只有以流程改进为核心形成系统的企业再造方案，才能达到预期的目的。

3. 组织实施与持续改善

实施企业再造方案，必然会触及原有的利益格局。因此，必须精心组织，谨慎推进。既要态度坚定，克服阻力，又要积极宣传，形成共识，以保证企业再造顺利进行。

企业再造方案的实施并不意味着企业再造的终结。在社会发展日益加快的时代，企业总是不断面临新的挑战，这就需要对企业再造方案不断地进行改进，以适应新形势的需要。

企业再造理论在实际运用过程中，由于在流程再造中通常不考虑企业的总体经营战略思想和流程的设计与管理流程的相互关系，加之忽略作业流程之间的联结作用，使其运用效果受到一定的影响。但总体来说，企业再造理论顺应了通过变革创造企业新活力的需要，这使越来越多的学者加入到流程再造的研究中来。有些管理学者通过大量研究流程重建的实例，针对再造工程的理论缺陷，发展出一种被称为 MTP（Manage Through Process）即流程管理的新方法。其内容是以流程为基本的控制单元，按照企业经营战略的要求，对流程的规划、设计、构造、运转及调控等所有环节实行系统管理，全面考虑各种作业流程之间的相互配置关系，以及与管理流程的适应问题。可以说，MTP 是再造工程的扩展和深化，它使企业经营活动的所有流程实行统一指挥，综合协调。因此，作为一个新的管理理论和方法，企业再造仍在继续发展。

管理案例

微软公司的小组工作方式

微软公司是世界上最具有盈利能力的软件公司，创建者比尔·盖茨自己也成为世界上最富有的人。微软公司的成功与其采用的小组和团队组织方式紧密相关。

在微软公司，程序员以 5~6 人的小组方式工作，不同的小组负责特定的软件应用，多个小组往往在一个项目经理负责的大型项目的不同方面工作。例如，在开发 Windows 98 操作系统时，共有 300 多人以小组的形式共同参与该产品的开发工作。产品小组的运用使员工能把他们拥有的技能和资源协调起来，推动小组成员间的深度互动，而这种深度互动又往往容易产生突破，从而有助于公司迅速开发出新产品。此外，小组成员还能够相互学习和了解对方的行动。

在组织层次上，盖茨尽可能使组织扁平化，以使他和小组之间的距离保持最近。同时，公司围绕着这些小组来设计组织结构，并且把职权分散到各小组，授权各小组进行一些重要决策，扩大其自主性和自由度，以使其保持创造性和敢于冒风险。

（资料来源：赵丽芬·管理理论与实务.清华大学出版社，2004：129）

管理技能

1. 构成微软公司组织结构的要素是什么？

2. 微软公司的产品小组有何特点？你认为随着微软公司的成长，在未来可能出现何种组织问题？

本章小结

作为一个实体,静态的组织是指人们按照一定目的、任务和形式编制起来的有一定结构和功能的社会团体,是为了达成一定目标而有意识地建立起来的人群体系。作为一个过程,动态的组织主要指人们为了达到目标而创造组织结构,为适应环境的变化而维持和变革组织结构,并使组织结构发挥作用的过程。

组织设计应遵循目标导向、分工协作、管理幅度、权责对等、统一指挥、精干高效、因事设职与因人设职相结合、稳定性与适应性相结合的原则。根据组织设计要达到的目的,组织设计的基本内容包括工作设计、部门设计及层次设计3个方面。管理幅度与管理层次有着反比例的数量关系,由于不同的管理幅度与管理层次的组合,形成了高耸结构和扁平结构两种组织形态。组织结构的本质是成员间的责、权、利的分配关系,组织结构的基本类型有:直线制、职能制、直线职能制、事业部制及矩阵制。

组织职权包括直线职权、职能职权和参谋职权。正确处理职权关系,包括建立明晰的职权结构和有效协调职权关系。集权与分权是任何组织正常运行所必需的必然现象。集权与分权是指职权在不同管理层之间的分配与授予。在组织中,集权与分权是相对的,必须充分考虑组织内外各种因素来确定集权程度和分权方式。授权是分权的重要实现形式,授权应遵循正确的原则和步骤。要适应组织目标及内外环境的变化,进行组织变革。为了更好地推进变革,应了解变革动力并消除变革阻力,并按照科学的程序实施变革。

练习题

一、填空题

1. 根据组织满足其成员心理需求来分类,可将组织分为(   )和(   )。

2. 根据组织设计要达到的目的,组织设计的基本内容包括(   )、(   )和(   )三个方面。

3. (   )是指由于占据组织中的职位而拥有的权力。

4. (   )是指担当组织职位而必须履行的责任。

5. 组织职权包括(   )、职能职权和(   )。

二、选择题

1. 组织规模一定时,组织层次和管理幅度成(   )关系。

A. 正比   B. 反比   C. 指数   D. 相关

2. 采用"集中决策,分散经营"的组织结构是(   )。

A. 职能制结构   B. 事业部制结构   C. 扁平结构   D. 矩阵结构

3. 职能制组织结构的最大缺点是(   )

A. 横向协调性差   B. 多头领导

C. 不利于培养上层领导   D. 实用性差

4. 通常主管人员面对的问题越复杂,其直接领导的人数(　　　　　)

A. 不宜过多　　　　　　　　　　　B. 不宜过少

C. 多少无影响　　　　　　　　　　D. 根据实际情况而定

5. 扁平结构的优点是(　　　　　)

A. 缩短了上下级关系　　　　　　　B. 信息纵向流通快

C. 严密监督下级　　　　　　　　　D. 易于横向协调

E. 管理费用低

三、简答题

1. 简述组织的含义及类型。

2. 简述组织设计的原则及影响组织设计的因素。

3. 组织结构的基本类型有哪些? 各有怎样的优缺点?

4. 组织变革的阻力有哪些? 怎样克服这些阻力?

第五章 决策

本章学习目标

1. 了解决策的定义、原则
2. 熟悉决策的类型和特点
3. 了解决策的基本理论，掌握决策的过程和决策方法
4. 能够熟练拟定和评估备选方案
5. 能够熟练掌握和运用各种决策方法

案例导入

安娜该如何决策

安娜从一所不太著名的大学计算机学院毕业后，10年来一直在某发展中的大城市里的一家中等规模的电脑公司当程序员。现在，她的年薪为 50 000 美元。她工作的这家公司，每年要增加 4－6 个部门。这样扩大下去，公司的前景还是很好的，也增加了很多新的管理职位。其中有些职位，包括优厚的年终分红在内，公司每年要付给 90 000 美元。有时，还提升程序员为分公司的经理。虽然，过去没有让妇女担任过这样的管理职位，但安娜小姐相信，凭她的工作资历和这一行业女性的不断增加，在不久的将来她会得到这样的机会。

安娜的父亲雷森先生自己开了一家电脑维修公司，主要是维修计算机硬件，并为一些大的电脑公司做售后服务，同时也销售一些计算机配件。最近由于健康和年龄的原因，雷森先生不得不退休。他雇佣了一位大学毕业生来临时经营电脑维修公司，店里的其他部门继续由安娜的母亲经营。雷森想让女儿回来经营她最终要继承的电脑维修公司。而且，由于近年来购买电脑的个人不断增加，电脑维修行业的前景是十分看好的。雷森先生在前几年的经营过程中，建立了良好的信誉，不断有大的电脑公司委托其做该城市的售后维修中心。因此，维修公司发展和扩大的可能性是很大的。

安娜和双亲讨论后，得知维修公司现在一年的营业额大约为 400 000 美元，而毛利润差不多是 170 000 美元。由于雷森先生的退休，他和他太太要提支工资 80 000 美元，加上每年 60 000 美元的经营费用，交税前的净利润为每年 30 000 美元。自雷森先生退休以来，从维修公司得到的利润基本上和从前相同。目前，他付给他新雇佣的大学毕业生的薪金为每年 36 000 美元，雷森夫人得到的薪金为每年 35 000 美元，雷森先生自己不再从维修公司支取薪金了。

如果安娜决定担任起维修公司的管理工作，雷森先生打算也按他退休前的工资数付给安娜 50 000 美元的年薪。他还打算，开始时，把维修公司经营所得到利润的 25% 作为安娜

的分红；两年后增加到 50%。因为雷森夫人将不再在该公司任职，就必须再雇一个非全日制的办事员帮助安娜经营维修公司，他估计这笔费用大约需要 16 000 美元。

雷森先生已知有人试图出 600 000 美元买他的维修公司。这笔款项的大部分，安娜在不久的将来是要继承的。对雷森夫妇来说，他们的经济状况并不需要过多地去用这笔资产来养老送终。

安娜该如何进行决策？是留在现在的公司还是继承父亲的公司？

对安娜来说，有什么行动方案可供选择？有哪些备选方案？安娜的个人价值观会对她作出的决策有何影响？

管理启示

安娜的决策将决定她今后事业的发展。每个人都像安娜一样要做决策。无论从事什么职业，无论是在工作、学习还是生活中，都会遇到各种问题，因此需要进行选择、做出决策。而决策正确与否，其结果将对今后产生重大影响。所以，如何才能做出正确的决策？有哪些决策的方法？这些是人们普遍关心的问题。

人们在日常生活中需要决策，企业在其生产、经营的各项活动中也需要决策。企业的管理职能：计划、组织、领导、控制等活动中都需要决策。管理就是决策，管理的关键在于决策。因此，作为企业管理学原理的教材，本章主要是从企业决策的角度来探讨决策的基本原理和方法，着重介绍决策的特征、类型，决策的程序和常用的决策方法等内容。

第一节　决策与决策类型

一、决策的定义与原则

(一)决策的定义

每个人都会遇到许多问题，或者想实现一定的目标。要解决这些问题或者实现这些目标可能有很多方法和措施。而用哪种方法和措施来解决问题才是最好的，这就需要进行选择、抉择。

同样，每个组织都有一定的目标，为了实现这些目标，组织的管理者就要利用和调配组织的各种资源的支持，采取各种活动、方法、措施来实现这些目标。

可见，从狭义上说，决策就是从两个或者两个以上的方法措施中选择一个最好的(或者是最满意的)方法措施的过程。

从广义上说，决策就是为达到一定的目标而制定各种方案并择优决定的过程。其方案包括方向、内容和方法。

本书定义是：决策是决策者(组织或个人)为达到某种预定目标或解决某一问题，运用科学的理论、方法和手段，制定出若干行动方案，然后对方案进行评价，做出一种具有判断性的选择，选出最合理的方案，并予以实施，直到目标实现或问题解决。

这个概念表明，决策的主体既可以是组织，也可以是组织中的个人；决策要解决的问题或实现的目标，既可以是组织或个人活动方向和内容的选择、调整，又可以是在特定方向下从事某种活动的方式、方法的选择。

对决策定义的理解：

（1）决策是一个过程，是一个确定目标、制定行动方案以及评估、选择方案的一个完整的过程；

（2）决策是对未来行动的方向、内容、方法的一种选择，决策要有可供选择的可行性方案；

（3）决策的主体可以是组织或个人；

（4）决策的目的是为了解决问题或实现预定目标。

（二）决策的特征

从决策的定义可以看出，决策具有如下特征：

1. 目标性

决策是为了解决一定的问题或达到一定的目标。在制定行动方案及对行动方案作出选择前，首先要有明确的目的。如果没有目的或目的性不明，决策就没有方向，往往会导致决策无效甚至失误。

因此，任何组织或个人决策都必须首先确定活动目标。目标是组织或个人在未来特定时限内完成任务或解决问题程度的标志。没有目标，人们就难以拟定未来的活动方案，评价和比较这些方案就没有了标准，对未来活动效果的检查也就失去了依据。

2. 可行性

决策的目的是为了指导组织未来的活动，而组织的任何活动都需要利用一定的人力、财力、物力等资源的支持。因此，决策方案的拟定和选择，不仅要考察采取某种行动的必要性，而且要注意实施这些行动在人、财、物等资源上是否是可行的。只有有充足的人、财、物等资源的支持，在方式、方法上又是合理的，这样的行动方案才是可行的。

3. 选择性

决策的实质是选择，没有选择就没有决策。而要能有所选择，就必须提供可以相互替代的多种方案。事实上，为了实现相同的目标，组织总是可以从事多种不同的活动。这些活动在资源要求、可能结果以及风险程度等方面均有所不同。因此，决策必须有两个以上的方案可供选择，如果不存在两个以上方案，或无法制订方案或只有一个可行方案，也就不存在着选择，那就无所谓决策。

4. 过程性

对一些小的、非重大事件的决策可能在很短的时间内就拍板了。但是，大多数决策，特别是重大事件的决策是一个多阶段、多步骤的分析判断过程，而不是一个"瞬间"作出的决定。因为决策是一个提出问题、分析问题和解决问题的系统分析判断过程。在进行决策时，决策者首先需要做大量的调查分析和预测工作，然后确定行动目标，找出可行方案，并进行判断、权衡、选择，最后综合起来组成一个完整的决策程序过程。

决策是一个过程，而非瞬间行动，这可以从两个方面去考察。

（1）组织决策是一系列相关决策的综合。进行决策时，组织不仅要选择业务活动的内容和方向，还要决定如何组织业务活动的具体展开，同时要决定资源如何筹措、结构如何调整、人事如何安排等。只有当这一系列的具体决策已经制定，相互协调，并与组织目标相一致时，才能认为组织的决策已经形成。

（2）这一系列的决策本身就是一个过程，从活动目标的确定，到活动方案的拟定、评价和选择，这本身就是一个包含了许多相互联系的工作、由众多相关人员参与的过程。

5. 动态性

决策不仅是一个过程，而且是一个不断推进、不断反馈、不断循环的过程。在这个反馈、循环的过程中，决策是动态的，没有真正的起点，也没有真正的终点。因为决策是为了实现组织预定目标，而组织的目标是随着内外部环境的变化而不断调整变化的，因此决策也要不断调整变化，从而显示出动态性。

（三）决策的原则

1. 信息原则

信息是决策的基础。决策者在决策前必须掌握与组织活动有关的大量信息，这样才能系统地对信息进行归纳整理、比较、选择和加工，才能去伪存真、由表及里地对各种资料进行分析，从而为决策提供准确、全面、系统、可靠的信息。

可见，决策时不仅离不开信息，而且信息的数量和质量将直接影响决策水平，这要求决策者在决策之前以及决策过程中尽可能地通过多种渠道收集信息。但是，收集各方面的信息是需要成本的，因此，决策者在决定收集什么样的信息、收集多少信息以及从何处收集信息等问题时，要进行成本—收益分析。只有在收集的信息所带来的收益（因决策水平提高而给组织带来的利益）超过因此而付出的成本时，才应该收集信息。由此可见，适量的信息是决策的基础和依据，信息量过大固然有助于决策水平的提高，但对组织而言可能不经济，而信息量过少则使决策者无从决策或导致决策的效果不佳。

2. 预测原则

预测是根据过去和现在估计未来，根据已知推测未知的活动。决策的正确与否，取决于对未来后果所作判断的正确程度，不了解未来的实施后果，常常会造成决策失误。预测原则是指通过科学的预测，对未来事件的发展趋势和状况进行描述和分析，作出有根据的假设和判断，为决策提供科学依据和准则。

3. 系统原则

决策时采用系统决策技术是科学决策的重要特点，也是科学决策的重要保证。系统决策技术是指把决策对象看作一个系统，并以此系统的整体目标为核心，追求整体优化目的的决策。任何系统都具有 3 个特征：

（1）集合性：系统均由若干子系统组成；

（2）相关性：各子系统按一定结合方式组成系统；

（3）目的性：系统具有特定的功能和目标。

各子系统的特征并不完全一致，但系统原则强调，决策时应将各子系统的特性放到系统的整体中去权衡，用整体系统的特征和总目标去协调各子系统的目标，形成整体优化。所以，决策者要从战略的高度去决策。

4. 整体满意原则

满意原则是针对最优化决策而提出来的。对决策者来说，要想使决策达到最优，必须做到：决策者了解与组织活动有关的全部信息；决策者能正确地辨识全部信息的有用性，了解其价值，并能据此制定出没有疏漏的、所有可能的行动方案；决策者能够准确地计算每个方案在未来的执行结果。

但在现实中，上述这些条件往往得不到满足。这是因为：①组织内外存在着一切对组织的现在和未来都会直接或间接地产生某种程度影响因素，但决策者很难收集到反映这一切情况的所有信息；②对于收集到的有限信息，决策者的利用能力也是有限的，这双重限制决定了决策者只能制定数量有限的方案；③任何方案都需要在未来实施，而人们对未来的认识能力和影响能力是有限的，目前预测的未来状况与未来的实际状况可能有着非常重要的差别。因此，根据目前的认识确定未来的行动总是有一定风险的，也就是说，各行动方案对未来的实施结果产生的影响通常是不确定的。在方案的数量有限、执行结果不确定的条件下，人们难以作出最优选择，只能根据已知的全部条件，加上人们的主观判断，作出相对满意的选择。

决策不仅是满意原则，而且是整体满意原则。因为决策的系统原则要求决策者从战略高度去决策，用整体系统的特征和总目标去协调各子系统的目标，形成整体优化。因此，决策者在作决策时，应在充分考虑局部利益的基础上，把提高整体效用放在首位，实现决策方案的整体满意。

5. 反馈原则

由于事物的发展和客观条件变化，或因原来决策考虑不周，可能使实施结果偏高或低于预定目标。反馈原则是指根据变化了的情况和实践结果，对初始决策作出相应的调整或改变，使决策趋于合理的原则。反馈原则是实现动态平衡，是提高决策质量及实现决策科学化的保证。

6. 层级原则

组织的决策非常复杂，高层管理者难以全部胜任，必须按其难度和重要程度分层次决策，把部分重复的、程序化的决策权下放给下属。

此外，决策既不能事事都由集体来决策，又不能事事都由个人来决策，而应根据决策的轻重缓急，对带有战略性、非程序化的、非确定性的事关组织全局的决策，实行集体决策。

二、决策的类型

（一）按影响时间的长短，分为长期决策与短期决策

（1）长期决策是指有关组织今后发展方向的长远性、全局性的重大决策，又称长期战略决策。如投资项目的选择、资金的使用、人力资源的开发和使用、组织发展的规划等。

（2）短期决策则是实现长期战略目标所采取的短期策略手段，又称短期战术决策，如企业的日常营销、物资流动储备等问题的决策都属于短期决策。

（二）按决策的重要性，分为战略决策、管理决策和业务决策

1. 战略性决策

战略性决策指与发展方向和远景规划等有关的、全局性的、长期性的、作用大和影响深远的决策。例如企业长期发展战略、企业营销战略、产品开发战略、技术改造和引进、组织机构改革等。

战略决策对组织而言是最重要的，通常包括组织目标和方针的确定、组织机构的调

整、企业产品的更新换代、技术改造等，这些决策牵扯组织中的方方面面，具有长期性和方向性。

战略性决策的特点是：影响的时间长，范围广，较多地注意外部环境的影响。如国家有关的政策法令，科学技术的发展，物资供应及市场销售条件等。

2. 管理性决策

管理性决策，又称战术决策，指在组织内贯彻的决策，属于战略决策执行过程中的具体决策。管理性决策旨在实现组织中各环节的高度协调和资源的合理使用，如企业生产计划和销售计划的制定、设备的更新、新产品的定价以及资金的筹措等都属于管理性决策的范畴。它是执行战略性决策时，在组织和管理上合理选择和使用人力、物力、财力等方面的决策。

管理性决策的特点是：执行性的、影响的时间段短、范围小，较多注意内部环境各因素间的关系。如：生产过程的合理选择、设备的合理配置、劳动力的平衡、资源和能源的合理使用等。

3. 业务决策

业务决策，又称执行性决策，指日常活动中有关提高效率和效益的决策，牵涉范围比较窄，只对组织产生局部影响，一般由中、下层管理人员作出。例如工作任务的日常分配和检查、工作进度的安排和监督、岗位责任制的制定和执行、库存的控制以及材料的采购等。

（三）按决策的起点，分为初始决策与追踪决策

初始决策是指组织对从事某种活动或从事该种活动的方案所进行的初次选择；追踪决策则是在初始决策的基础上对组织活动方向、内容或方式的重新调整。如果说，初始决策是在对内外环境的某种认识的基础上作出的话，追踪决策则是由于这种环境发生了变化，或者是由于组织对环境特点的认识发生了变化而引起的。显然，组织中的大部分决策属于追踪型决策。

初始决策是零起点决策，它是在有关活动尚未进行，环境未受到影响的情况下进行的。随着初始决策的实施，组织环境发生变化，这种情况下所进行的决策就是追踪决策。因此，追踪决策是非零起点决策。

（四）按决策所涉及的问题及决策问题出现的频率，分为程序化决策与非程序化决策

组织中的问题可分为两类：一类是例行问题，另一类是例外问题。例行问题是指那些重复出现的、日常的管理问题，如管理者日常遇到的产品质量、设备故障、现金短缺、供货单位未按时履行合同等问题；例外问题则是指那些偶然发生的、新颖的、性质和结果不明的、具有重大影响的问题，如组织结构变化、重大投资、开发新产品或开拓新市场、长期存在的产品质量隐患、重要的人事任免以及重大政策的制定等问题。

（1）程序化决策是按原来规定的程序、处理方法和标准去解决管理中经常出现的问题，又称常规决策、重复性决策、例行决策。这类决策问题比较明确，且经常出现，有一套固定的程序来处理，可凭一套现成的标准惯例或经验进行的决策。在管理工作中，约有80%的决策属于程序化决策。程序化决策涉及的是例行问题。

（2）非程序化决策是解决以往无先例可循的新问题，具有极大的偶然性和随机性，很

少发生重复，又称非常规决策、例外决策。其决策步骤和方法难以程序化、标准化，不能重复使用，是没有现成的标准、经验可供借鉴的决策。非程序化决策涉及的是例外问题。

（五）按决策的条件，分为确定型决策、风险型决策和不确定型决策

（1）确定型的决策是指决策所面临的条件和因素是确定的，每一个方案只有一种确定的结果，即对决策问题所处的条件全知的情况下所作的决策。在确定型决策中，决策者确切知道自然状态的发生，且每个方案只有一个确定的结果，最终选择哪个方案取决于对各个方案结果的直接比较。

（2）风险型决策也称随机决策，即决策方案未来的自然状态不能预先肯定，可能有几种状态，但每种自然状态发生的概率是可以客观估计的。风险型决策是在对决策问题所处的条件知道较多，但不全面和不肯定的情况下所作的决策。在这类决策中，自然状态不止一种，决策者不能知道哪种自然状态会发生，但能知道有多少种自然状态以及每种自然状态发生的概率。

（3）不确定型决策所面临的条件和因素不确定，每一种行动方案的结果是不可知的，也无法确定其发生概率，即对决策问题所处的条件知之甚少，主要依赖决策者的经验和主观判断进行的决策。在这类决策中，决策者不可能知道有多少种自然状态会发生，即使知道，也不能知道每种自然状态发生的概率。

（六）按决策的主体，分为个人决策与集体决策

1. 个人决策

个人决策是指决策过程中，最终方案的选择仅仅由一个人决定，即决策的主体是一个人，也称作独裁决策。在独裁决策中，常常要运用直觉决策，即从经验中提取精华的无意识过程。在独裁决策中，决策者运用专业知识和过去已习得的与情境相关的经验，在信息非常有限的条件下迅速作出决策选择。

在下述几种情况下，决策者最有可能使用独裁决策的方法：（1）时间有限，但又有压力要作出正确决策时；（2）不确定性水平很高时；（3）几乎没有先例存在时；（4）难以科学地预测变量时；（5）事实有限，不足以明确指明前进道路时；（6）分析性资料用途不大时；（7）当需要从几个可行方案中选择一个，而每一个方案的评价都不错时。

2. 集体决策

集体（群体）决策是由一个或几个群体来完成的决策。由于决策是一件非常复杂的工作，大部分的决策都是由一个或几个群体来完成的。

（1）集体决策的优点：①提供更完整的信息。"两人的智慧胜于一人"是一句常用的格言。一个群体将带来个人单独行动所不具备的多种经验和不同的决策观点。②产生更多的方案。因为群体拥有更多数量和种类的信息，他们能比个人制定出更多的方案。当群体成员来自于不同专业领域时这一点就更为明显。例如，一个由工程、会计、生产、营销和人事代表组成的群体，将制定出反映他们不同背景的方案。故多样化的"世界观"常产生更多的方案。③增加对某个解决方案的接受性。许多决策在作出最终选择后却以失败告终，这是因为人们没有接受解决方案。但是如果让受到决策的影响或实施决策的人们参与了决策制定，他们将更可能接受决策，并更可能鼓励他人也接受它。群体成员不愿违背他们自己参与制定的决策。④提高合法性。群体决策制定过程是与民主思想相一致的，因此人们觉

得群体制定的决策比个人制定的决策更合法。拥有全权的个体决策者不与他人磋商，这会使人感到决策是出自于独裁和武断。

（2）集体决策的缺点：①消耗时间。组成一个群体显然要花时间。此外，一旦群体形成，其成员之间的相互影响常导致低效，结果造成群体决策总要比个人决策花更多的时间。②少数人统治。一个群体的成员永远不会是完全平等的。他们可能会因组织职位、经验、有关问题的知识、易受他人影响的程度、语言技巧、自信心等因素而不同。这就为单个或少数成员创造了发挥其优势、驾驭群体中其他人的机会。支配群体的少数人，经常对最终的决策有过分的影响。③屈从压力。在群体中要屈从社会压力，从而导致所谓的群体思维。这是一种屈从的形式，它抑制不同观点、少数派和标新立异以取得表面的一致。群体思维削弱了群体中的批判精神，损害了最后决策的质量。④责任不清。群体成员分担责任，但实际上谁对最后的结果负责却不清楚。在个人决策中，谁负责任是明确具体的。而在群体决策中，任何一个成员的责任都相对被冲淡了。

第二节　决策的理论

一、古典决策理论

古典决策理论又称规范决策理论，是基于"经济人"假设提出来的，主要盛行于20世纪50年代以前。古典决策理论假设：作为决策者的管理者是完全理性的，决策环境条件的稳定与否是可以被改变的，在决策者充分了解有关信息情报的情况下，是完全可以做出完成组织目标的最佳决策的。古典决策理论认为，应该从经济的角度来看待决策问题，即决策的目的在于为组织获取最大的经济利益。

古典决策理论忽视了非经济因素在决策中的作用，这种理论不一定能指导实际的决策活动，从而逐渐被更为全面的行为决策理论代替。

（一）古典决策理论的基础

（1）组织要实现的目标是明确的、组织一致同意的。问题可以识别并精确地陈述。

（2）决策者可以收集完全信息，从而使决策状态成为确定性的。所有可行性方案和可能的结果都是可以量化和评估的。

（3）方案评估标准是明确的或可以确定的。决策者选择能够使组织利益最大化的方案。

（4）决策者是理性的。他合乎逻辑地评估每一方案，并做出使组织利益最大化的决策。

（二）古典决策理论的主要内容

（1）决策者必须全面掌握有关决策环境的信息情报；

（2）决策者要充分了解有关备选方案的情况；

（3）决策者应建立一个合理的自上而下的执行命令的组织体系；

（4）决策者进行决策的目的始终都是在于使本组织获取最大的经济利益。

（三）古典决策理论的意义

古典模型描述了决策者应该怎样做出决策，但不能告诉我们管理者实际上是如何制定决策的。古典模型的价值在于它促使管理者在制定决策时具有理性。例如，过去许多高级管理人员仅仅依靠个人的知觉和偏好来制定决策。近年来，由于定量决策技术的发展，古典模型得到了广泛应用。

古典模型代表一种理想的决策模型。在程序化决策、确定性决策与风险性决策中，古典模型具有很强的应用价值。

二、行为决策理论

行为决策理论的起步始于阿莱斯悖论和爱德华兹悖论的提出，是针对理性决策理论难以解决的问题另辟蹊径发展起来的。行为决策理论的一般研究范式为：提出有关人们决策行为特征的假设——证实或证伪所提出的假设——得出结论。这就决定了行为决策理论的发展与决策行为的研究及其研究方法应该存在着一些密切的联系。

（一）行为决策理论的发展及研究方法

行为决策理论研究始于对理性决策理论中的不足和弊端所进行的探索，至今的发展历程可以分为 3 个阶段。在这 3 个阶段中，决策行为实证研究一直贯穿于其中，而决策行为的实证研究方法在很大程度上对行为决策理论的发展起着推动或限制的作用，可以说，决策行为实证研究方法的发展对行为决策理论的发展起着关键的作用。

1. 行为决策理论的萌芽期及其主要研究方法

行为决策理论发展的第一个阶段是行为决策理论的萌芽阶段，时间跨度大致为 20 世纪 50 年代至 70 年代中期。之所以将这个阶段称为行为决策理论的萌芽期，是因为这个阶段的研究主要还是集中探索理性决策理论的不足和弊端上，其研究处在规范性研究的先行阶段，没有划分出独立的研究领域。

行为决策理论在此阶段的主要研究对象可分为"判断"和"抉择"两大类。"判断"在研究中的含义是"人们在估计某一事物发生概率的时候，整个决策过程是如何进行的"（爱德华兹悖论讨论的就是这个问题）；"抉择"在研究中的含义是"人们在面对多个可选事物的情况下，是如何做挑选的"（阿莱斯悖论讨论的就是这个问题）。研究框架基于认知心理学，认为人的判断和抉择过程实际是信息处理过程，该过程有 4 个环节——信息获取、信息处理、信息输出、信息反馈。主要研究内容是探索和描述人们在"判断"和"抉择"中是如何具体进行每一个环节的。

行为决策理论在这个阶段主要的研究方法是心理学实验方法，通过心理学实验探索人们在进行判断和抉择背后的心理因素，然后再就这些心理因素对决策行为中的判断和抉择的影响进行理论探讨，进而探索和描述人们在"判断"和"抉择"中是如何具体进行每一个环节的。应该说行为决策理论在这个阶段还是解释许多理性决策理论无法解释的经济现象。但是，受到研究方法的限制，行为决策理论在这个阶段对决策行为的研究显得比较单薄，加上理性决策理论正处在发展的高潮期，行为决策理论在学术界并没有得到重视。

2. 行为决策理论的兴起期及其主要研究方法

行为决策理论研究发展的第二个阶段从 20 世纪 70 年代中期开始，持续到 80 年代中后期。行为决策在这个阶段已经成为一门独立的研究学科，应用开始在经济、金融和管理等领域扩大。在这段时期，行为决策理论的研究对象扩大到决策过程的所有环节，即情报阶段、设计阶段（包含判断）、抉择阶段和实施阶段，对决策行为各个阶段中人们是如何具体的完成这一阶段进行了深入的探索，并取得丰富的研究成果。可以说，行为决策理论中讨论的偏离传统最优行为的"决策偏差"绝大部分是在这个时期研究发现的。值得注意的是，行为决策理论在这个阶段已经开始建立基于人们实际决策行为的描述行为决策模型，Kahneman 和 Tversky 于 1979 年提出的"前景理论"中，提出的描述性决策框架就是一个具有代表性的模型，这一模型与传统的决策模型已经发生了很大的变化。结合这个模型，Kahneman 和 Tversky 运用心理学对传统经济学进行大胆创新，修正了传统经济学的基本假设，开创了行为经济学研究的新领域。经过大量实验研究，他们总结发现了许多偏离传统最优行为的决策偏差。如不确定性效应、反射效应、锚定效应、后悔理论、过度自信等现象，在总结实验成果的基础上提出了充分展示人类决策行为复杂性和不确定性的前景理论。Kahneman 也由于在该领域杰出的贡献而获得 2002 年诺贝尔经济学奖。

行为决策理论研究在这个阶段的主要研究方法涵盖了观察法、调查法（主要是问卷调查法、访谈调查法）和实验法（心理学实验和经济学实验），而且随实验经济学的逐渐成熟，行为决策研究的方法有逐渐向经济学实验方法靠拢的趋势。多种实证研究方法的应用，尤其是经济学实验方法的逐渐成熟和应用，使得人们对实际决策行为的规律有了一个比较全面的认识，为行为决策理论后来的蓬勃发展尤其在经济、金融、管理等领域的广泛应用奠定了扎实的基础。

3. 行为决策理论的蓬勃发展期及研究方法

行为决策理论发展的第三个阶段从 20 世纪 80 年代中后期开始至今。这个阶段研究的主流不再是对传统理论的挑战，而是概括行为特征，提炼行为变量，然后将其运用到理性决策的分析框架之中。这种向传统理论领域的渗透与第一阶段的混淆完全不同——改善和替代后的决策模型不仅考虑客观的备选方案以及环境对它们的影响，而且包含了决策者认知局限性、主观心理因素以及环境对决策者的心理影响等因素，这样得到的模型普适性更强。可以说，这种渗透正是行为决策理论逐步走向成熟的一个标志。行为决策理论在这个阶段最具影响力的研究应属其应用于金融领域的研究，具有代表性的研究至少包括 BSV 模型、DHS 模型、HS 模型、BHS 模型等 4 个投资者心态模型和行为资产定价模型、行为组合模型等。投资者心态模型较好地对金融市场中价格对信息的过度反应和反应不足现象进行了解释，而行为资产定价模型和行为组合模型更是对传统资本资产定价模型进行了普适性更强的修正。

在第三阶段，行为决策理论的主流研究范式为：首先，识别具体领域的传统决策模型及其假设；第二步，揭示理论和实际不一致现象，而这种不一致现象是由于人的认知能力、心理因素所导致的；第三步，归纳行为特征，增加行为变量或用考虑行为因素后的变量替代原模型中的变量，得到新的决策模型；第四步，对新模型进行实证检验，寻找该模型的新推论，并论证其对谬与否。

从研究范式可以看出，行为决策理论研究在第三阶段以演绎法为特征的理论研究开始增多，但实证研究方法还是主要的研究方法，只是实证分析的对象已经不是决策行为，而是基于决策行为规律提出的经济、金融、管理等领域中的一些命题假设。需要重点指出的是，虽然这个阶段的研究开始转向行为决策模型的构建和检验，但模型的构建和检验均建立在对人们实际决策行为的实证分析基础上，在文化背景研究逐渐融入和复杂系统研究方法不断引入的情况下，对实际决策行为进行描述的精确度要求越来越高，对其研究方法的要求自然也就越来越高。

在行为决策理论的发展过程中，对人们实际决策行为进行描述性研究的研究方法起着十分重要的作用。在行为决策的萌芽阶段，由于人们实际决策行为的实证分析方法局限于心理学实验，行为决策研究的对象无法涵盖决策的整个过程，也无法与理性决策研究的领域脱钩。在行为决策理论发展的第二阶段，由于观察法、调查法和实验法的引入，尤其是经济学实验法的日渐成熟，行为决策理论开始兴起并成为一个独立的研究学科。到了第三阶段，由于经济学实验法的广泛应用和对其他实证研究方法的不断吸收，行为决策理论取得了长足的发展，并逐渐在现代决策理论中占据重要的地位。因此，可以认为，对人类实际决策行为进行描述性研究的方法在很大程度上决定了行为决策理论发展的进程。

（二）行为决策理论的特点

（1）出发点是决策者的决策行为；

（2）研究集中在决策者的认知和主观心理过程，关注决策行为背后的心理解释，而不是对决策正误的评价；

（3）从认知心理学的角度，研究决策者在判断和选择中信息的处理机制及其所受的内外部环境的影响，进而提炼出理性决策理论所没有考虑到的行为变量，修正和完善理性决策模型。

（三）行为决策理论的主要内容

（1）人的理性介于完全理性和非理性之间。即人是有限理性的，这是因为在高度不确定和极其复杂的现实决策环境中，人的知识、想象力和计算力是有限的。

（2）决策者在识别和发现问题时容易受知觉上的偏差的影响，而在对未来的状况作出判断时，直觉的运用往往多于逻辑分析方法的运用。所谓知觉上的偏差，是指由于认知能力的有限，决策者仅把问题的部分信息当作认知对象。

（3）由于受决策时间和可利用资源的限制，决策者即使充分了解了和掌握有关决策环境的信息情报，也只能做到尽量了解各种备选方案的情况，而不可能做到全部了解，决策者选择的理性是相对的。

（4）在风险型决策中，与经济利益的考虑相比，决策者对待风险的态度起着更为重要的作用。决策者往往厌恶风险，倾向于接受风险较小的方案，尽管风险较大的方案可能带来较为可观的收益。

（5）决策者在决策中往往只求满意的结果，而不愿费力寻求最佳方案。导致这一现象的原因有多种：①决策者不注意发挥自己和别人继续进行研究的积极性，只满足于在现有的可行方案中进行选择。②决策者本身缺乏有关能力，在有些情况下，决策者出于个人某些因素的考虑而作出自己的选择。③评估所有的方案并选择其中的最佳方案，需要花费大量的时间和金钱，这可能得不偿失。

行为决策理论抨击了把决策视为定量方法和固定步骤的片面性，主张把决策视为一种文化现象。例如，威廉·大内在其对美日两国企业在决策方面的差异所进行的比较研究中发现，东西方文化的差异是导致这种决策差异的一种不容忽视的原因，从而开创了决策的跨文化比较研究。

三、当代决策理论

当代决策理论的核心内容是：决策贯穿于整个管理过程，是古典决策理论与行为决策理论的综合，决策程序就是整个管理过程。

组织是由作为决策者的个人及其下属、同事组成的系统。整个决策过程从研究组织的内外环境开始，继而确定组织目标，设计可达到该目标的各种可行方案，比较和评估这些方案进而进行方案选择（即作出择优决策），最后实施决策方案，并进行追踪检查和控制，以确保预定目标的实现。这种决策理论对决策的过程、决策的原则、程序化决策和非程序化决策、组织机构的建立同决策过程的联系等作了精辟的论述。

对当今的决策者来说，在决策过程中应广泛应用现代化的手段和规范化的程序，应以系统理论、运筹学和电子计算机为工具，并辅之以行为科学的有关理论。这就是说，当代决策理论把古典决策理论和行为决策理论有机地结合起来，它所概括的一套科学行为准则和工作程序，既重视科学的理论、方法和手段的应用，又重视人的积极作用。

当代决策理论主要包括的：智能管理、质量管理、组织管理等。

第三节　决策的过程

决策的过程（程序）可用图 5－1 表示，共分为 7 个步骤。

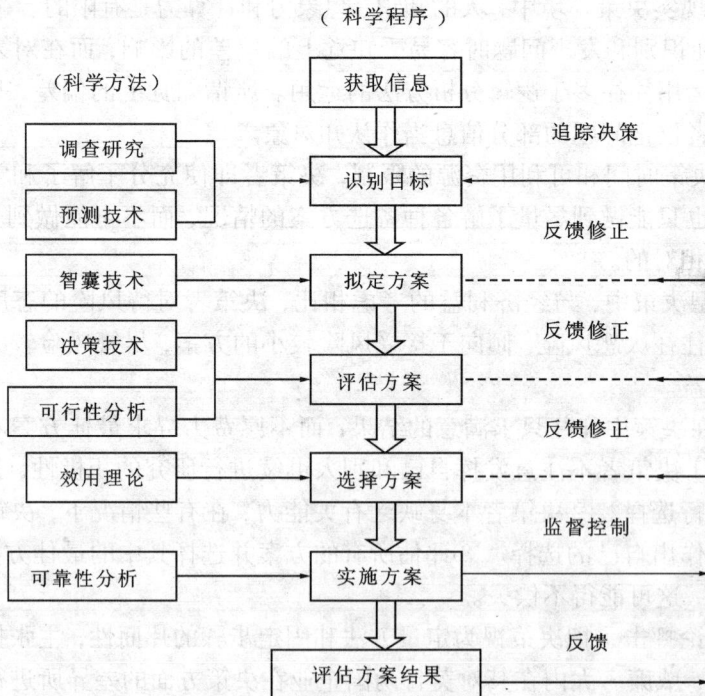

图 5－1　科学决策程序框图

一、获取信息，发现问题

这是决策的起点，作为决策者应积极地调查研究，及时地收集整理有关情报和信息，准确地发现和提出问题，掌握决策的主动权。

决策是为了解决一定问题而制定的，决策的目的是为了实现组织内部活动及其目标与外部环境的动态平衡。因此，制定决策，首先要分析不平衡是否已经存在，是何种性质的不平衡，它对组织的不利影响是否已产生了改变组织活动的必要。研究组织活动中存在的不平衡，要解决以下问题：

(1)组织在何时何地已经或将要发生何种不平衡？这种不平衡可能产生何种影响？

(2)不平衡的原因是什么？其主要根源是什么？

(3)确定不平衡的性质，指出是否有必要改变或调整组织活动的方向与内容。

分析组织活动中的问题，确定不平衡的性质，把不平衡作为决策的起点，是组织高层管理人员的职责。这不仅因为他们要对组织的活动效果负责，而且由于他们在组织中的地位使他们能统观全局，易于找出不平衡的关键所在。

在收集和分析有关的信息时，应尽可能把注意力集中在相关和重要的信息上。虽然信息越多越能够了解问题的各个方面，但太多的信息可能分散决策者的注意力，并且在搜集和处理信息时费时费力。

决策者通常密切关注与其责任范围有关的数据，这些数据包括外部的信息和报告以及组织内的信息。实际状况和所期望状况的偏差提醒决策者潜在机会或问题的存在。识别机会和问题并不总是简单的，因为要考虑组织中人的行为。有些时候，问题可能根植于个人的过去经验、组织的复杂结构或个人和组织因素的某种混合。因此，决策者必须特别注意要尽可能精确地评估问题和机会。另一些时候，问题可能简单明了，只要稍加观察就能识别出来。

评估机会和问题的精确程度有赖于信息的精确程度，所以决策者要尽力获取精确的、可信赖的信息。低质量的或不精确的信息使时间白白浪费掉，并使决策者无从发现导致某种情况出现的潜在原因。

即使收集到的信息是高质量的，在解释的过程中，也可能发生扭曲。有时，随着信息持续地被误解或有问题的事件一直未被发现，信息的扭曲程度会加重。大多数重大灾难或事故都有一个较长的潜伏期，在这一时期，有关征兆被错误地理解或不被重视，从而未能及时采取行动，导致灾难或事故的发生。

更糟的是，即使决策者拥有精确的信息并正确地解释它，处在他们控制之外的因素也会对机会和问题的识别产生影响。但是，决策者只要坚持获取高质量的信息并仔细地解释它，就会提高作出正确决策的可能性。

二、识别目标

在分析了改变组织活动的必要性以后，还要研究针对不平衡将要采取的措施应符合哪些要求，必须达到哪些效果，也就是说，要明确决策的目标。明确决策目标，不仅为方案的制定和选择提供了依据，而且为决策的实施和控制、为组织资源的分配和各种力量的协调提供了标准。

具体来说，明确决策目标，具有下述作用：

（1）保证组织内部各种目标的一致性；

（2）为动员组织各种资源提供依据；

（3）为分配资源提供依据；

（4）形成一种普遍的思想状态或组织气氛，如促成一种井井有条的工作秩序；

（5）为那些能够和组织目标保持一致的人形成一个工作核心，同时为阻止那些不能与之保持一致的人进一步参与组织活动提供一种解释；

（6）促成把组织总目标和不同阶段目标转化为一种分工结构，包括在组织内部把任务分配到各个责任点上；

（7）用一种能够对组织各项活动的成本、时间和成效等参数加以确定和控制的方式，提供一份关于组织目的和把这种目的转化为分阶段目标的详细说明。

明确组织目标，要完成以下几项工作：

（1）提出目标。包括明确组织改变活动方向和内容至少应该达到的状况和水平（必须实现的最低要求）以及希望实现的理想目标。

（2）明确多元目标之间的相互关系。

（3）限定目标。

不论是组织必须达到的最低目标，还是希望实现的理想目标，不论是组织的总体目标，还是各职能部门的分目标，都必须符合3个特征：可以计量；可以规定其期限；可以确定其责任者。

目标体现的是组织想要获得的结果，要把结果的数量和质量明确下来，因为目标的这两个方面都最终指导决策者选择合适的行动路线。

目标的衡量方法有很多种，如我们通常用货币单位来衡量利润或成本目标，用每人每小时的产出数量来衡量生产率目标，用次品率或废品率来衡量质量目标。

根据时间的长短，可把目标分为长期目标、中期目标和短期目标。长期目标通常用来指导组织的战略决策，中期目标通常用来指导组织的战术决策，短期目标通常用来指导组织的业务决策。无论时间的长短，目标总指导着随后的决策过程。

三、拟定备选方案

一旦机会或问题被正确地识别出来，决策者就要提出达到目标和解决问题的各种方案。这一步骤需要创造力和想象力，在提出备选方案时，决策者必须把其试图达到的目标牢记在心，而且要提出尽可能多的方案。因为决策的本质是选择，而要进行正确的选择，就必须提供多种备选方案。因此，在决策过程中，拟定可替代的方案要比从既定方案中选择重要得多。

可供选择的方案数量越多，被选方案的相对满意程度就越高，决策就越有可能完善。因此，在方案制定阶段，一方面需要决策者有丰富的想象力、创造力和完善的技术知识；另一方面，可广泛运用智囊技术，如"头脑风暴法"、"哥顿法"、"名义小组技术"、"德尔菲技术"等激发人的创造性、相互启发、集思广益的方法。要广泛发动群众，充分利用组织内外的专家，通过他们献计献策，产生尽可能多的设想，制定尽可能多的可行方案。

备选方案可以是标准的和明显的，也可以是独特的和富有创造性的。标准方案通常是指组织以前采用过的方案,而通过头脑风暴法、名义组织技术和德尔菲技术等,可以提出富有创造性的方案。

四、评估备选方案

决策过程的第四步是确定所拟定的各种方案的价值或恰当性,即评价每种方案的价值或相对优势/劣势。评价和比较的主要内容有以下几个方面:

(1)方案实施所需的条件能否具备,筹集和利用这些条件需要付出何种成本;

(2)方案实施能够给组织带来何种长期和短期利益;

(3)方案实施中可能遇到风险、从而造成活动失败的可能性。

根据上述比较,就能找出各方案的差异,分出各方案的优劣。在此基础上进行的选择,不仅要确定能够产生综合优势的实施方案,而且要准备好环境发生预料到的变化时可以启用的备用方案。确定备用方案的目的是对可预测到的未来变化准备充分的必要措施,以避免临时应变可能造成的混乱。

在评估过程中,要使用预定的决策标准(如想要的质量)以及每种方案的预期成本、收益、不确定性和风险,最后对各种方案进行排序。例如,管理者会提出以下的问题:该方案会有助于我们质量目标的实现吗? 该方案的预期成本是多少? 与该方案有关的不确定性和风险有多大?

五、选择方案

在决策过程中,决策者通常要做出最后选择。但作出决定仅是决策过程中的一个步骤。尽管选择一个方案看起来简单——只需考虑全部可行方案并从中挑选一个能最好的解决问题的方案,但实际上,作出选择是很困难的。由于最好的决定通常建立在仔细判断的基础上,所以决策者要想做出一个好的决定,必须仔细考察全部事实,确定是否可以获取足够的信息并最终选择最优方案。

六、实施方案

方案的实施是决策过程中至关重要的一步,在方案选定以后,决策者就要制定实施方案的具体措施和步骤。实施过程中通常要注意做好以下工作:

(1)制定相应的具体措施,保证方案的正确实施;

(2)确保与方案有关的各种指令能被所有有关人员充分接受和彻底了解;

(3)应用目标管理方法把决策目标层层分解,落实到每一个执行单位和个人;

(4)建立重要的工作报告制度,以便及时了解方案进展情况,及时进行调整。

七、方案实施的监督和评估

一个方案可能涉及较长的时间,在这段时间,由于组织内部条件和外部环境的不断变化,原来的形势可能发生了变化。因此,决策者要不断对方案进行修改和完善,以减少或消除不确定性,定义新的情况,建立新的分析程序,以适应变化了的形势。

具体来说,职能部门应对各层次、各岗位履行职责情况进行检查和监督,及时掌握执行进度,检查有无偏离目标,及时将信息反馈给决策者。决策者则根据职能部门反馈的信息，及时追踪方案实施情况，对与既定目标发生部分偏离的，应采取有效措施，以确保既定目标的顺利实现；对客观情况发生重大变化，导致原先目标无法实现的，则要重新寻找问题或机会，确定新的目标，重新拟定可行的方案，并进行评估、选择和实施。

管理故事

二次决策的重要性

暴雨袭来，不久洪水就淹没了森林的大部分，大小动物拼命向最高处奔去。待大家聚到高处，洪水还在暴涨，于是大家推选最聪明的猿猴主持召开会议，大家为如何脱险议论纷纷，一时不知所措。

猿猴说：看谁能游泳？大家很快推选出青蛙、水蛇等四大水手。猿猴灵机一动说："不行！只会游泳，跑得不快，不能迅速报信求救。"大家一致赞成，但谁是水陆都行的能手呢？猿猴脑子快，瞥了一眼看到了蜈蚣。它会水，腿又多，一定跑得快。猿猴自鸣得意地断然作出决定：马上让蜈蚣出发。大家也心情坦然地继续开会。当天已到漆黑散会时，大家发现蜈蚣还没有走，因为脚太多，穿鞋成了最费时间的事。大家对猿猴的错误决策十分愤慨，群起而攻之。

管理启示

这个故事告诉我们什么？一是决策不能想当然，也不能就事论事简单了事。而是要像张瑞敏提出的"要有二次决策"。即针对决策之后的负效应再做一次决策，以保证决策的顺利。二是要有反向思维，即在决策取得一致意见的过程中，要想到与其相反的决策。只有能正反双渠道思考的决策者，才表现出决策者的成熟、能力与水平。

第四节　决策的方法

一、集体决策方法

（一）头脑风暴法

头脑风暴法或称奥斯本法（Brain storming），是由亚历克斯·奥斯本为了帮助一家广告公司产生创意或灵感而制定的。这是用小型会议的形式，将对解决某一问题的有兴趣的人集合在一起，在完全不受约束的条件下，启发大家畅所欲言，敞开思路，充分发挥创造性，经过相互启发，产生连锁反应，然后集思广益，提出多种可供选择方案的办法。这种方法需要创造一种有助于观点自由交流的气氛，开始只注重提出可能多的设想，并且不过多地考虑其现实性，某些人提出一些想法后，鼓励其他人以此为基础或利用这些想法提出自由的设想。通过这种方法找到新的或异想天开的解决问题的办法。

头脑风暴法的创始人英国心理学家奥斯本为该决策方法的实施提出了4项原则：①对别人的建议不作任何评价，将相互讨论限制在最低限度内；②建议越多越好，在这个阶段，参与者不要考虑自己建议的质量，想到什么就应该说出来；③鼓励每个人独立思考，广开思路,想法越新颖、奇异越好;④可以补充和完善已有的建议,以使它更具有说服力。

头脑风暴法成功的关键有:一是选择好会议参加者;二是要有高明、机敏的主持人;三是创造一个良好的环境,任何人提出的任何意见都要受到尊重,不得指责或批评,更不能阻挠发言。

头脑风暴法的目的在于创造一种畅所欲言、自由思考的氛围,诱发创造性思维的共振和连锁反应,产生更多的创造性思维。这种方法的时间安排应在 1~2 小时,参加者应在 5~6 人以上为宜。

(二)德尔菲技术

德尔菲法是由美国兰德公司提出的,采用定量和定性相结合的方法进行决策,它已成为一种非常普及的技术预测方法。它既可以由群体成员来完成,也可以由分散的成员来完成。这种方法是就某一个问题或事项运用函询的方法征求专家的意见,其过程如下:

(1)邀请一群专家,以某一问题为主,请他们就将来可能发生的重大结果提出各自的想法或意见,分别用不记名的方式进行预测。

(2)由调查人员整理上述专家意见。

(3)把整理的结果反馈给各成员,再次征求他们的意见,并以这种方式反复几个回合。通常是用逐次逼近法来集中对问题的解决方法和取得一致的意见,然后决策者利用这些预测资料来进行决策。

这种方法的最大的优点是能充分发挥专家作用,不论其地位如何,避免了从众行为。

应用这种方法时,首先要设法取得有关专家的合作,把要解决的关键问题分别告诉专家们,请他们单独发表自己的意见。然后收集并综合各位专家意见,再把综合后的意见反馈给各位专家,让他们再次进行分析并发表意见。如此反复,最终形成代表专家组意见的方案。

(三)名义小组技术

在集体决策中,如对问题的性质不完全了解且意见分歧严重,则可采用名义小组技术。在这种技术下,小组的成员互不通气,也不在一起讨论协商,所以小组只是名义上的。这种名义上的小组可以有效地激发个人的创造力和想象力。

在这种技术下,决策者先召集一些有知识的人,把要解决的问题的关键内容告诉他们,并请他们独立思考,要求每个人尽可能地把自己的备选方案和意见写下来。然后再按次序让他们一个接一个地陈述自己的方案和意见。在此基础上,由小组成员对提出的全部备选方案进行投票,根据投票结果,赞成人数最多的备选方案即为所要的方案。当然,决策者最后仍有权决定接收还是拒绝这一方案。

(四)电子会议技术

最新的群体决策方法是将名义群体法与尖端的计算机技术相结合的电子会议。这种技术中,50 多人围坐在一张大型桌子旁,每个人面前摆放着一台计算机终端,用来将问题显示给此决策参与者,而参与者们则把他们自己的回答用键盘输入计算机显示屏,再投影到会议室内的屏幕上。

电子会议的主要优点是匿名、诚实和快速。决策参与者能不透露姓名地打出自己所要表达的任何信息,一敲键盘即显示在屏幕上,使所有人都能看到。它还使人们充分地表达他们的想法而不会受到惩罚；它消除了闲聊和讨论偏题，且不必担心打断别人的讲话。

专家们声称电子会议比传统的面对面会议的效率快一半以上。但是电子会议也有缺点。那些打字快的人使得那些口才虽好但打字慢的人相形见绌；再有，这一过程缺乏面对面的口头交流所传递的丰富信息。不过，由于此项技术仍处于起步阶段，可以预计，未来的群体决策很可能会广泛地使用电子会议技术。

二、有关活动方向的决策方法

这类方法可以帮助企业根据自己和市场的特点，选择企业或某个部门的活动方向，主要有经营单位组合分析法、政策指导矩阵等。

（一）经营单位组合分析法（四象限法）

这种方法是由美国波士顿咨询公司提出的。它认为，大部分公司都有两个以上的经营单位，每个经营单位都有相互区别的产品，公司应该为每个经营单位分别确定经营方向。

这种分析方法主张在确定各个经营单位的活动方向时，应考虑到企业（或该经营单位）在市场上的相对竞争地位和业务增长情况。相对竞争地位往往反映为企业的市场占有率，它决定了企业获取现金的能力和速度，因为较高的市场占有率可以带来较高的销售量和销售利润，从而能使企业得到较多的现金流量。而业务增长率对经营方向选择的影响是双重的，表现如下：

（1）它有利于市场占有率的扩大，因为在稳定的行业中，企业产品销售量的增加往往来自竞争对手市场份额的缩小；

（2）它决定着投资机会的大小，因为业务增长迅速可以使企业迅速收回投资，并为取得投资报酬提供了有利机会。

如图5-2所示。企业应根据各种类型的不同特征，选择相应的经营方向和活动方案。

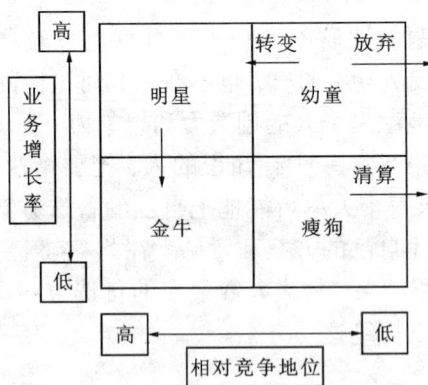

图5-2　企业经营单位组合图

在利用经营单位组合分析法确定经营方向时，应采取以下步骤：①把公司分成不同的经营单位；②计算每一单位的市场占有率和业务增长率；③根据在企业中占有资产的多少来衡量各经营单位的相对规模；④绘制公司的整体经营组合图；⑤根据每一单位在图中的位置，确定应选择的经营方向。

利用经营单位组合分析法进行决策是以"企业的目标是追求增长和利润"这一基本假设为前提的。拥有多个经营单位的企业具有这样的优势：它可以将获利较高而潜在增长率不高的经营单位所创造的利润投向那些增长率和潜在利润都很高的经营单位，从而使资金在企业内部得到最有效的利用。表5-1列出了各类经营单位可以采取的决策及其相应要求。

表5-1　不同经营单位的决策选择

单位类型	对策选择	利润率	需要投资	现金流
明星	维持或提高市场占有率	高	高	零或略小于零
金牛	增加市场份额	高	低	为正且大
幼童	提高市场占有率	零或负	非常高	为负且大
瘦狗	收获/放弃/清算	低或负	不需投资	正数

(二)政策指导矩阵

这种方法由荷兰皇家—壳牌公司创立，它用矩阵形式，根据市场前景和相对竞争地位来确定企业不同经营单位的现状和特征。市场前景由盈利能力、市场增长率、市场质量和法规限制等因素决定，分为吸引力强、中等和吸引力弱3种；相对竞争能力受到企业在市场上的地位、生产能力、产品研究和开发等因素的影响，分为强、中、弱3类。这两种标准、3个等级的组合，可把企业的经营单位分成9种不同类型，如图5-3所示。

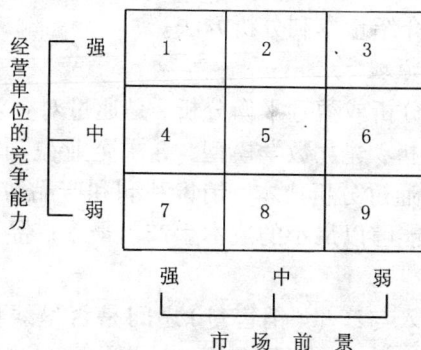

图5-3　政策指导矩阵

根据经营单位所处的不同位置，应选择不同的活动方向。

处于区域1和4的经营单位竞争能力较强，也有足够理想的市场前景，都应优先发展，保证这些经营单位所需的一切资源，以维持它们有利的市场地位。

区域2的经营单位，虽然市场前景很好，但企业未能充分利用；竞争实力已有一定基础，但还不够充分。因此应不断强化，努力通过分配更多的资源以加强其竞争能力。

处于区域3的经营单位可以采取两种不同的决策。由于企业在一定时期内的资金能力有限，只能选择少数最有前途的产品加速发展，而对其余产品则逐步放弃。

位于区域 5 的经营单位一般在市场上有 2 至 4 个强有力的竞争对手，因此没有一个公司处于领先地位，可行决策是分配足资源，使之能随着市场的发展而发展。

区域 6 和 8 的经营单位，由于市场吸引力不大，且竞争能力较弱，或虽有一定的竞争实力(标志着已为此投资并形成了一定的生产能力)，但市场吸引力很小，因此应缓慢地从这些经营领域退出，以收回尽可能多的资金，投入到盈利更大的经营部门。

区域 7 的经营单位可利用自己较强的竞争实力，去充分开发有限的市场，为其他快速发展的部门提供资金来源，但该部门本身不能继续发展。

区域 9 的经营单位因市场前景暗淡，企业本身实力又很小，所以应尽快放弃，抽出资金转移到更有利的经营部门。

三、有关活动方案的决策方法

确定了活动方向和目标以后，还应对可以朝着同一方向迈进的不同活动方案进行选择。选择是以比较为前提的，比较不同方案的一个重要标准是它们能够带来的经济效果。由于任何方案都需在未来实施，而人们对未来的认识程度不尽相同，因此方案在未来实施的经济效果的确定程度、人们评价这些经济效果的方法也不相同。根据这个标准，可以把评价方法分为确定型、风险型、非确定型 3 类。

(一)确定型评价方法

运用这种方法评价不同方案的经济效果时，人们对未来的认识比较充分，了解未来市场可能呈现某种状况，能够比较准确地估计未来的市场需求情况，从而可以比较有把握地计算各方案在未来的经济效果，并据此作出选择。

未来确定条件下的评价方法也很多，比如量本利分析法、内部投资回收率法、价值分析法，等等。我们下面主要介绍量本利分析方法。

1. 量本利分析法的基本原理

量本利分析，也叫保本分析或盈亏平衡分析，是通过对企业生产的产品的产量、成本、利润三者之间数量关系的分析，建立数学模型，寻求企业盈利或亏损的分界点，以期对企业进行有效的经营决策。即通过分析成本、销售利润和产品数量这三者的关系，掌握盈亏变化的规律，指导企业选择能够以最小的成本生产出最多产品并可使企业获得最大利润的经营方案。

根据生产成本、销售收入与产量(销售量)之间是否呈线性关系，盈亏平衡分析可分为：线性盈亏平衡分析和非线性盈亏平衡分析。这里主要讨论线性盈亏平衡分析。

假设：

(1)产量等于销售量，销售量变化，销售单价不变，销售收入与产量呈线性关系，管理者不会通过降低价格增加销售量。

(2)假设产品正常生产年份的总成本可划分为固定和可变成本两部分，其中固定成本不随产量变动而变化，可变成本总额随产量变动呈比例变化，单位产品可变成本为一常数，总可变成本是产量的线性函数。

(3)假定企业在分析期内，产品市场价格、生产工艺、技术装备、生产方法、管理水平等均无变化。

(4)假定企业只生产一种产品,或当生产多种产品时,产品结构不变,且都可以换算为单一产品计算。

该产品的生产销售活动不会明显地影响市场供求状况,假定其他市场条件不变,产品价格不会随该项目的销售量的变化而变化,可以看作一个常数。这样,销售收入与销售量呈线性关系,即:

$$B = PQ$$

式中:B——销售收入;

   P——单位产品价格;

   Q——产品销售量。

产品的生产成本可以分为固定成本与变动成本两部分。固定成本指在一定的生产规模限度内不随产量的变动而变动的费用,变动成本指随产品产量的变动而变动的费用。总成本是固定成本与变动成本之和,它与产品产量的关系也可以近似地认为是线性关系,即:

$$C = C_f + C_v Q$$

式中:C——总生产成本;

   C_f——固定成本;

   C_v——单位产品变动成本。

在同一坐标图上表示出来,可以构成线性量－本－利分析图,见图5－4。

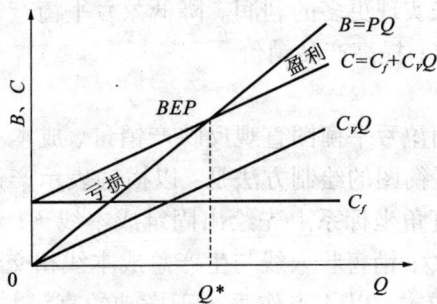

图5－4 量－本－利分析图

图中纵坐标表示销售收入与产品成本,横坐标表示产品产量。销售收入线 B 与总成本线 C 的交点称盈亏平衡点(简称 BEP),也就是产品盈利与亏损的临界点。在 BEP 的左边,总成本大于销售收入,产品亏损,在 BEP 的右边,销售收入大于总成本,产品盈利,在 BEP 点上,产品不亏不盈。盈亏平衡点越低,说明产品盈利的可能性越大,亏损的可能性越小,因而产品有较大的抗经营风险能力。

在销售收入及总成本都与产量呈线性关系的情况下,可以很方便地用解析方法求出以产品产量、生产能力利用率、产品销售价格、单位产品变动成本等表示的盈亏平衡点。在盈亏平衡点,销售收入 B 等于总成本 C,设对应于盈亏平衡点的产量为 Q^*,则有:$PQ^* = C_f + C_v Q^*$

盈亏平衡产量:$Q^* = \dfrac{C_f}{P - C_v}$

若企业产品的设计生产能力为 Q_c，则盈亏平衡时生产能力利用率是：

$$E^* = \frac{Q^*}{Q_c} \times 100\% = \frac{C_f}{(P - C_v)Q_c} \times 100\%$$

若按产品设计能力进行生产和销售，则盈亏平衡时销售价格是：

$$P^* = \frac{B}{Q_c} = \frac{C}{Q_c} = C_v + \frac{C_f}{Q_c}$$

2. 盈亏平衡点的确定方法

量本利分析的首要问题是找出盈亏平衡点，有两种方法：公式法和图解法。

（1）公式法

公式法是利用数学方程式来反映产销量、成本和利润之间关系，确定盈亏平衡点的一种分析方法。

产销量、成本、利润三者之间关系的基本方程式为：$R = PQ - C_f - C_v Q$。其中：R 是利润，P 是销售价格，Q 是销售量，C_f 是固定成本，C_v 是单位变动成本。

当处于盈亏平衡点时，有 $R = 0$，求得盈亏平衡产销量 Q^*，即：$Q^* = \dfrac{C_f}{P - C_v}$

由上式可知，当实际产销量大于盈亏平衡产销量时，可盈利，当实际产销量小于盈亏平衡产量时，则会发生亏损。因此，管理者应努力提高经营管理水平，采用适宜的营销策略，扩大产品的销售，以实现更多的利润，同时，在产品实际产销量的一定条件下，也可以通过降低盈亏平衡产销量来实现更多的利润。降低盈亏平衡产销量的主要途径是：降低固定成本总额或单位变动成本；提高产品销价。

（2）图解法

图解法是一种通过绘制盈亏平衡图直观反映产销量、成本和盈利间的关系，确定盈亏平衡点的分析方法。盈亏平衡图的绘制方法是：以横轴表示产销量 Q，以纵轴表示销售收入 TR 和生产成本 TC，在直角坐标系上先绘出固定成本线 F，再绘出销售收入线 $TR = PQ$ 和生产总成本线 $TC = F + VQ$；销售收入线与生产总成本线相交于 A 点，即盈亏平衡点，在此点销售收入等于生产总成本；以 A 点作垂直于横轴的直线并与之相交于 Q^* 点，此点即为以产销量表示的盈亏平衡点，见图 5 - 5。

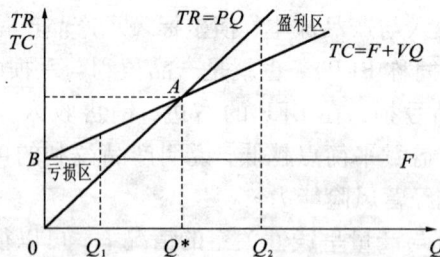

图 5 - 5　确定盈亏平衡点的图解法

3. 企业经营安全状况分析

（1）成本结构与经营风险的关系

销售量、产品价格及单位产品变动成本等不确定因素发生变动所引起的产品盈利额的波动称为产品的经营风险。由销售量及成本变动引起的经营风险的大小与产品固定成本占总成本的比例有关。

设对应于预期的年销售量 Q_c 和预期的年总成本 C_c，固定成本占总成本的比例为 S，则

固定成本：$C_f = C_c \times S$

单位产品变动成本：
$$C_v = \frac{C_c(1-S)}{Q_c}$$

当产品价格为 P 时，盈亏平衡产量：
$$Q^* = \frac{C_c S}{P - \dfrac{C_c(1-S)}{Q}} = \frac{Q_c C_c}{\dfrac{1}{S}(PQ_c - C_c) + C_c}$$

盈亏平衡单位产品变动成本：$C_v^* = P - \dfrac{C_c S}{Q_c}$

可以看出，固定成本占总成本的比例越大，盈亏平衡产量越高，盈亏平衡单位产品变动成本越低。高的盈亏平衡产量和低的盈亏平衡单位产品变动成本会导致产品项目在面临不确定因素的变动时发生亏损的可能性增大。

固定成本占总成本的比例取决于产品生产的技术要求及工艺设备的选择。一般来说，资金密集型的产品项目固定成本占总成本的比例比较高，因而经营风险也比较大。

（2）判断企业的经营安全状况

可以用经营安全率（H）来衡量企业的经营安全状况的好坏。
$$H = \frac{Q - Q_0}{Q} \times 100\% = \left(1 - \frac{Q_0}{Q}\right) \times 100\%$$

上式中，$(Q - Q_0)$ 为安全余额，即实际销售量与盈亏平衡点产量之差。安全余额越大，企业盈利水平越高。用此公式计算出经营安全率指标后，可以参照表 5-2 的评判标准来判断企业经营是否安全、安全的程度有多大。一般来说，经营安全率介于 0~1 之间，越接近于 1 越安全，盈利的可能性越大，反之越不安全。

表 5-2　企业经营安全状况分析表

经营安全率	30%以上	25%~30%	15%~25%	10%~15%	10%以下
经营安全状况	安全	较安全	不太好	要警惕	危险

4. 盈亏平衡分析法的优缺点

盈亏平衡点反映了产品项目对市场变化的适应能力和抗风险能力。盈亏平衡点越低，达到此点的盈亏平衡产销量就越少，产品项目投产后的盈利的可能性越大，适应市场变化的能力越强，抗风险能力也越强。但是，盈亏平衡分析不能揭示产生项目风险的根源。

盈亏平衡分析法把十分复杂的企业经济活动作了理想化的处理，突出了主要矛盾，使问题变得非常简单明了。虽然理想化的东西脱离了现实，但由于它抓住了事物的本质，用

于作总产量计划,粗略地估计利润数量还是十分有用的。对于多品种企业来说,问题显得复杂一些,如何使用盈亏平衡分析,要做技术性处理。如果每个品种的生产系统基本独立,那么只要把企业管理费合理地分摊到每个品种,就可以对每个品种分别作盈亏平衡分析。要注意的是,企业管理费分摊到每个品种的份额随产量而变,所以分摊的方法一定要科学合理。

5. 盈亏平衡分析法的应用

例:设某项目生产某产品的年设计生产能力为 10 000 台,每件产品销售价格 6000 元,该项目投产后年固定成本总额为 700 万元,单位产品变动成本为 2500 元,试求:(1)该项目的盈亏平衡产销量;(2)盈亏平衡销售收入;(3)盈亏平衡生产能力利用率;(4)盈亏平衡销售价格;(5)判断该项目的计划销量为 1800 台时能否盈利。

解:已知 $Q_c = 10\ 000$ 台,$P = 6000$ 元,$C_f = 700$ 万元,$C_v = 2500$ 元,则有:

(1)盈亏平衡产销量:$Q^* = \dfrac{C_f}{P - C_v} = \dfrac{7000\ 000}{6000 - 2500} = 2000$ 台

(2)盈亏平衡销售收入:$TR^* = P \times Q^* = 2000 \times 6000 = 12\ 000\ 000$ 元

(3)盈亏平衡生产能力利用率:$E^* = \dfrac{Q^*}{Q_c} \times 100\% = \dfrac{2000}{10\ 000} = 20\%$

(4)盈亏平衡销售价格:$P^* = C_V + \dfrac{C_f}{Q_c} = 2500 + \dfrac{7000000}{10000} = 3200$ 元

计算结果表明,该项目只要达到产量 2 000 台,销售净收入 1 200 万元,生产能力利用率 20%,产品销售单价 3 200 元,该项目即可实现不亏不赢。

(5)因为计划销量是 1 800 台,小于盈亏平衡点产量 2 000 台,所以企业在计划销量时亏损。

(二)风险型决策方法

风险型决策方法主要用于人们对未来有一定认识程度、但又不能肯定的情况。这时,实施方案在未来可能会遇到好几种不同的情况(自然状态)。每种自然状态均有出现的可能,人们目前无法确知,但是可以根据以前的资料来推断各种自然状态出现的概率。在这些条件下,人们计算的各方案在未来的经济效果只能是考虑到各自然状态出现的概率的期望收益,与未来的实际收益不会完全相等。因此,据此制定的经营决策具有一定风险。

风险型决策的评价方法也很多,我们下面主要介绍决策树法。

1. 决策树法的原理结构

决策树法是一种用树型图来描述各方案在未来收益的计算、比较以及选择的方法。

决策树的基本结构如图 5 - 6 所示。

图中,□表示决策结点,决策点后引出若干条分枝,表示可能的行动方案数目,称方案枝;○表示状态结点,其上方的数字表示该方案的损益期望值,从它引出的分枝为概率枝,每条概率枝的上面要注明自然状态及其出现的概率值;△表示结果结点,在概率枝的末梢,表示每一方案的收益值或损益值。

绘制决策树图的步骤:

(1)从左至右,绘制决策树;

(2)从右至左,逆向计算期望值,如有投资额,应减去;

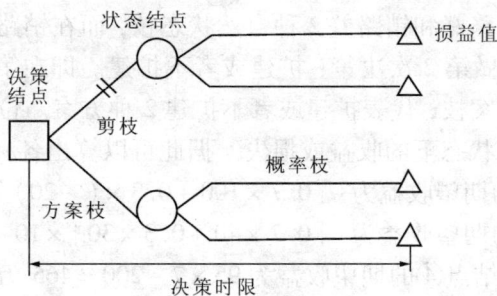

图 5 – 6　决策树结构图

(3)对比各方案的期望值大小，进行修枝选优，在去掉的方案枝上用记号"//"隔断。

决策树在多阶段决策中效果显著，它具有思路清晰、一目了然的优点。

2. 决策树法的应用

例题：某企业为了扩大某产品的生产，拟建设新厂。据市场预测，产品销路好的概率为 0.7，销路差的概率为 0.3。有三种方案可供企业选择：

方案一、新建大厂，需投资 300 万元。据初步估计，销路好时，每年可获利 100 万元；销路差时，每年亏损 20 万元。服务期为 10 年。

方案二、新建小厂，需投资 140 万元。销路好时，每年可获利 40 万元；销路差时，每年仍可获利 30 万元。服务期为 10 年。

方案三、先建小厂，3 年后销路好时再扩建，需追加投资 200 万元，服务期为 7 年，估计每年获利 95 万元。

哪种方案最好？

解：画出该问题的决策树，如图 5 – 7 所示。

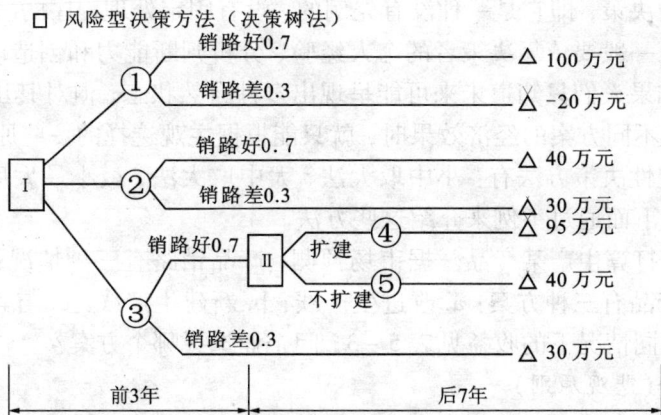

图 5 – 7 决策树形图

图中最左边的矩形结点是第 Ⅰ 决策点，从第 Ⅰ 决策点引出 3 个方案枝①、②、③，代表三个方案。从第 1 和第 2 个圆形状态结点后分别引出 2 种自然状态枝，分别表示销路好和销路差两种自然状态，各自然状态后面的数字表示该种自然状态出现的概率。从第 3 个圆形状态结点后引出销路好和销路差 2 种自然状态枝，而在销路好的自然状态枝后又引出第 Ⅱ 个矩形决策结点，做第 2 次决策：扩建或者不扩建。即在第 Ⅱ 个矩形决策结点后分别引出第 4 和第 5 两个方案枝，代表扩建或者不扩建 2 种方案。位于所有自然状态枝末端的是各种方案在不同自然状态下的收益或损失。据此可以算出各种方案的期望收益如下：

方案一（结点①）的期望收益为：$[0.7 \times 100 + 0.3 \times (-20)] \times 10 - 300 = 340$（万元）

方案二（结点②）的期望收益为：$[0.7 \times 40 + 0.3 \times 30] \times 10 - 140 = 230$（万元）

至于方案三，由于结点④的期望收益为 $95 \times 7 - 200 = 465$ 万元大于结点⑤的期望收益 $40 \times 7 = 280$ 万元，所以销路好时，扩建比不扩建好。所以，结点③的期望收益为：$(0.7 \times 40 \times 3 + 0.7 \times 465 + 0.3 \times 30 \times 10) - 140 = 359.5$（万元）。

根据上述计算结果可以知道，应该选择"先建小厂，销路好后再扩建。"

需要说明的是，在上面的计算过程中，我们没有考虑货币的时间价值，这是为了使问题简化，但在实际中，多阶段决策通常要考虑货币的时间价值。

3. 决策树法的步骤

用决策树法来比较和评价不同方案的经济效果时，需要进行以下几个步骤的工作：

（1）根据可替换方案的数目和对未来市场状况的了解，绘出决策树形图。

（2）计算各方案的期望值，包括：①计算各概率分枝的期望值——用方案在各自然状态下的收益值去分别乘以各自然状态出现的概率；②将各概率分枝的期望收益值相加，并将数字记在相应的自然状态点上。

（3）考虑到各方案所需的投资，比较不同方案的期望收益值。

（4）剪去期望收益值较小的方案分枝，将保留下来的方案作为被选实施的方案。

如果是多阶段或多级决策，则需重复（2）、（3）、（4）各项工作。

（三）非确定型决策方法

非确定型决策是指未来事件的自然状态是否发生不能肯定，而且未来事件发生的概率也是未知情况下的决策，即它是一种没有先例的、没有固定处理程序的决策。

非确定型决策一般要依靠决策者的个人经验、分析判断能力和创造能力，借助于经验方法进行决策。如果人们只知道未来可能呈现出多种自然状态，但对其出现的概率却全然不知，那么在比较不同方案的经济效果时，就只能根据主观选择的一些原则来进行。

常用的非确定性决策方法有：小中取大法、大中取大法、最小最大后悔值法、等可能法、折衷原则等。下面通过举例来介绍这些方法。

例题：某企业打算生产某产品。据市场预测，产品销路有三种情况：销路好、销路一般和销路差。该产品有三种方案：a. 改进生产线；b. 新建生产线；c. 与其他企业协作。据估计，各方案在不同情况下的收益见表 5-3，问企业选择哪个方案？

1. 小中取大法（悲观原则）

决策者对未来比较悲观，认为未来会出现最差的自然状态，因此企业不论采取何种方案，均只能取得该方案的最小收益值。所以在决策时首先计算和找出各方案在各自然状态下的最小收益值，即与最差自然状态相应的收益值，然后进行比较，选择在最差自然状态下仍能带来"最大收益"（或最小损失）的方案作为实施方案。

表 5 – 3　各方案的损益值

自然状态　　收益 方案	销路好	销路一般	销路差
a.改进生产线	180	120	– 40
b.新建生产线	240（大，大）	100	– 60
c.与其他企业协作	100	70	16（小，大）

在本例中，a 方案的最小收益为 – 40 万元，b 方案的最小收益为 – 60 万元，c 方案的最小收益为 16 万元。经过比较，c 方案的最小收益最大，所以选择 c 方案。

2. 大中取大法(乐观原则)

如果决策者比较乐观，认为未来会出现最好的自然状态，所以不论采用何种方案均可能取得该方案的最好效果，那么决策时就可以首先找出各方案在各种自然状态下的最大收益值，即在最好自然状态下的收益值，然后进行比较，找出在最好自然状态下能够带来最大收益的方案作为决策实施方案。

在本例中，a 方案的最大收益为 180 万元，b 方案的最大收益为 240 万元，c 方案的最大收益为 100 万元。经过比较，b 方案的最大收益最大，所以选择 b 方案。

3. 最小最大后悔值法

决策者在选定方案并组织实施后，如果遇到的自然状态表明采用另外的方案会取得更好的收益，企业在无形中遭受了机会损失，那么决策者将为此而感到后悔。最小最大后悔值法就是一种力求使后悔值尽量小的原则。根据这个原则，采用这种方法进行决策时，首先计算各方案在各自然状态下的后悔值(某方案在某自然状态下的后悔值 = 该自然状态下的最大收益 — 该方案在该自然状态下的收益)，并找出各方案的最大后悔值，然后进行比较，选择最大后悔值最小的方案作为所要的方案。

本例中，在"销路好"这一自然状态下，b 方案(新建生产线)的收益最大，为 240 万元。在将来发生的自然状态是销路好的情况下，如果决策者恰好选择了这一方案，他就不会后悔，即后悔值为 0。如果他选择的不是 b 方案，而是其他方案，他就会后悔(后悔没有选择 b 方案)。比如，他选择的是 c 方案(与其他企业协作)，该方案在销路好时带来的收益是 100 万元，比选择 b 方案少带来 140 万元的收益，即后悔值为 140 万元。如此，可以得到各个后悔值的计算结果，如表 5 – 4。

从表 5 – 4 看出，a 方案的最大后悔值为 60 万元，b 方案的最大后悔值为 76 万元，c 方案的最大后悔值为 140 万元。经过比较，a 方案的最大后悔值最小，所以选择 a 方案。

4. 等可能性法

这种方法假定各种自然状态发生的可能性是相同的(即各自然状态发生的概率相等)，若各方案的自然状态有 N 个，则每个状态发生的概率均为1/N。因此相同的概率分别乘以每个方案下的损益值，即可得到各个方案的期望损益值，通过比较每个方案的损益值的平均值来进行方案的选择。在利润最大化目标下选择平均利润最大的方案；而在成本最小化目标下，选择平均成本最小的方案。

表 5 - 4　各方案的后悔值

自然状态 后悔值 方案	销路好	销路一般	销路差
a、改进生产线	60 (240 - 180 = 60)	0 (120 - 120 = 0)	56 [16 - (-40) = 56]
b、新建生产线	0 (240 - 240 = 0)	20 (120 - 100 = 20)	76 [16 - (-60) = 76]
c、与其他企业协作	140 (240 - 100 = 140)	50 (120 - 70 = 50)	0 (16 - 16 = 0)

在本例中，用等可能性法则进行决策如下：

假设三种自然状态发生的概率相等，均为 1/3。

计算各方案期望损益值：

$E(a) = (180 + 120 + (-40)) \times 1/3 = 86.7$

$E(b) = (240 + 100 + (-60)) \times 1/3 = 93.3$

$E(c) = (100 + 70 + 16) \times 1/3 = 62$

因为目标是收益最大化，所以选择期望损益值最大者，即选择 b 方案。

5. 折衷原则

这种方法认为应在两种极端中求得平衡。决策时，既不能把未来想象得如何光明，也不能描绘得如何黑暗。最好和最差的自然状态均有出现的可能。因此，可以根据决策者的判断，给最好自然状态以一个乐观系数，给最差自然状态以一个悲观系数，两者之和为1，然后用各方案在最好自然状态下的收益值与乐观系数相乘所得的积，加上各方案在最差自然状态下的收益值与悲观系数的乘积，得出各方案的期望收益值，然后据此比较各方案的经济效果，作出选择。

操作过程如下：先根据历史数据或经验估计出一个乐观系数 $\alpha(0 \leqslant \alpha \leqslant 1)$，再分别计算各方案的折衷损益值，然后选取最大值对应的方案就是最优方案。

折衷损益值的计算公式为：某方案的折衷损益值 = 该方案的最大损益值 $\times \alpha$ + 该方案的最小损益值 $\times (1 - \alpha)$。

在本例中，假设 $\alpha = 0.4$，$1 - \alpha = 0.6$，用折衷法则进行决策如下：

方案 a 的折衷损益值 $= 180 \times 0.4 + (-40) \times 0.6 = 48$

方案 b 的折衷损益值 $= 240 \times 0.4 + (-60) \times 0.6 = 60$

方案 c 的折衷损益值 $= 100 \times 0.4 + 16 \times 0.6 = 49.6$

由于 b 方案的折衷损益值最大，所以应选择 b 方案。

管理案例

正确决策使企业立于不败之地

在棋界有句话："一着不慎，满盘皆输；一着占先，全盘皆活"。它喻示一个道理，无论做什么事情，成功与失败取决于决策的正确与否。科学的经营决策能使企业充满活力，兴旺发达，而错误的经营决策会使企业陷入被动，濒临险境。纵观世界各国，经营决策失败的有之，当然，也不乏成功的案例。从以下的案例中我们会得到许多有益的启示。

案例一

1985 年，由马来西亚国营重工业公司和日本"三菱"汽车公司合资 2.8 亿美元生产的新款汽车"沙格型"隆重推出市场。马来西亚政府视之为马来西亚工业的"光荣产品"，产品在推出后，销售量很快跌至低潮。经济学家们经过研究，认为"沙格型"汽车的一切配件都从日本运来，由于日元升值，使它的生产成本急涨，再加上马来西亚本身的经济不景气，所以汽车的销售量很少。此外，最重要的因素是政府在决定引进这种车型时，主要考虑到满足国内的需要。因此，技术上未达到先进国家的标准，无法出口。由于在目标市场决策中出现失误，"沙格型"汽车为马来西亚工业带来的好梦，只是昙花一现而已。

管理启示

科学经营决策的前提是确定决策目标。它作为评价和监测整个决策行动的准则，不断地影响、调整和控制着决策活动的过程，一旦目标错了，就会导致决策失败。

案例二

1962 年，英法航空公司开始合作研制"协和"式超音速民航客机，其特点是快速、豪华、舒适。经过十多年的研制，耗资上亿英镑，终于在 1975 年研制成功。随着十几年时间的流逝，情况发生了很大变化。能源危机、生态危机威胁着西方世界，乘客和许多航空公司都因此而改变了对在航客机的要求。乘客的要求是票价不要太贵，航空公司的要求是节省能源，多载乘客，噪音小。但"协和"式飞机却不能满足消费者的这些要求。首先是噪音大，飞行时会产生极大的声响，有时甚至会震碎建筑物上的玻璃。再就是由于燃料价格增长快，运行费用也相应大大提高。这些情况表明，消费者对这种飞机需求量不会很大。因此，不应大批量投入生产。但是，由于公司没有决策运行控制计划，也没有重新进行评审，而且，飞机是由两国合作研制的，雇佣了大量人员参加这项工作，如果中途下马，就要大量解雇人员。上述情况使得飞机的研制生产决策不易中断，后来两国对是否要继续协作研制生产这种飞机发生了争论，但由于缺乏决策运行控制机制，只能勉强将决策继续实施下去。结果，飞机生产出来后卖不出去，原来的宠儿变成了弃儿。

管理启示

企业决策运行控制与企业的命运息息相关。一项决策在确定后，能否最后取得成功，除了决策本身性质的优劣外，还要依靠对决策运行的控制与调整，包括在决策执行过程中的控制，以及在决策确定过程中各阶段的控制。

案例三

美国国际商用机器公司为了从规模上占领市场，大胆决策购买股权。1982 年用 2、5 亿美元从美国英特尔公司手中买下了 12% 的股权，从而足以对付国内外电脑界的挑战；另一次是 1983 年，又以 2.28 亿美元收购了美国一家专门生产电讯设备的企业罗姆公司 15% 的股权，从而维持了办公室自动化设备方面的"霸王"地位。又如，早在 1965 年，美国的一家公司发明了盒式电视录像装置。可是美国公司只用它来生产一种非常昂贵的广播电台专用设备。而日本索尼的经营者通过分析论证，看到了电视录像装置一旦形成大批量生产，其价格势必降低，许多家庭可以购买得起此种录像装置。这样一来，家用电子产品这个市场就会扩大，如果马上开发研究家用电视录像装置，肯定会获得很好的经济效益和社会效益。由于这一决策的成功，家用电视录像装置的市场一度被日本占去了 90% 多，而美国则长期处于劣势。

管理启示

经营决策正确，可以使企业在风雨变幻的市场上独居领先地位，并可保持企业立于不败之地。

本章小结

决策是决策者(组织或个人)为达到某种预定目标或解决某一问题，运用科学的理论、方法和手段，制定出若干行动方案，然后对方案进行评价，做出一种具有判断性的选择，选出最合理的方案，并予以实施，直到目标实现或问题解决。

决策的原则有：信息原则、预测原则、系统原则、整体满意原则、反馈原则、层级原则，等等。

按照不同的标准或者变量可以把决策分为不同的类型，如：战略性、管理性、业务性决策；程序化与非程序化决策；确定型、风险型和不确定型决策，等等。

决策理论有：古典决策理论、行为决策理论、当代决策理论。古典决策理论认为，应该从经济的角度来看待决策问题，即决策的目的在于为组织获取最大的经济利益。行为决策理论认为影响决策者进行决策的不仅有经济因素，还有其个人的行为表现，如态度、情感、经验和动机等。当代决策理论把古典决策理论和行为决策理论有机地结合起来，它所概括的一套科学行为准则和工作程序，既重视科学的理论、方法和手段的应用，又重视人的积极作用。

决策的程序过程包括：获取信息、识别目标、拟订方案、评估方案、选择方案、实施方案、监督和评估 7 个步骤。

决策的方法有：集体决策方法(头脑风暴法、德尔菲技术、名义小组技术、电子会议技术)；有关活动方向的决策方法(经营单位组合分析法、政策指导矩阵)；有关活动方案的决策方法(确定型评价方法、风险型决策方法、非确定型决策方法)。

练习题

一、填空题

1. 决策是决策者为达到某种(   )目标，运用科学的 、(   )和(   )，制定出若干行动方案，对此做出一种具有判断性的选择，予以实施，直到目标实现。

2.战略性决策是指与(　　　　)和(　　　　)等有关的决策。

3.按决策问题出现的频率,可把决策分为(　　　　)、(　　　　)与(　　　　)。

4.明星经营单位的(　　　　)和(　　　　)都较高,因而所需要和所产生的现金数量都很大。

5.盈亏平衡点越低,说明产品盈利的可能性(　　　　),亏损的可能性(　　　　),因而产品有较大的抗经营风险能力。

6.古典决策理论是基于(　　　　)人的假设提出来的。

二、单选题

1.非确定型决策问题的主要特点在于 (　　　　)

A.各方案所面临的自然状态未知

B.各自然状态发生的概率未知

C.各方案在各自然状态下的损益值未知

D.各自然状态发生的概率已知

2.乐观决策原则的理论基础是 (　　　　)

A.假定未来状态中的最有利情况必然发生

B.假定未来状态中的最不利情况必然发生

C.假定未来状态中的最有利情况肯定不发生

D.假定未来状态中的各种情况以同等可能发生

3.在下面的描述中,哪一种对决策的描述最为准确 (　　　　)

A.决策是适应外部环境的一项工作

B.决策是 SWOT 分析

C.决策是组织外部环境、内部条件、决策人自我目标之间的动态平衡的过程

D.决策是"运筹于帷幄之中,决战于千里之外"的工作

4.相对于个人决策而言,群体决策既有其优点,也存在着比较明显的缺点。因此,必须根据所做决策的具体情况,决定采用相应的决策方式。以下几种情况中,哪一种通常不宜采取群体决策方式 (　　　　)

A.确定长期投资于哪一种股票

B.决定一个重要副手的工作安排

C.选择某种新产品的上市时机

D.签署一项产品销售合同

5.对于企业一些重要经营项目的决策一定要进行可行性分析,这是基本的要求。在对可行性分析的工作思路上,张经理认为可行性分析要从项目的不可行性分析入手;王经理则认为可行性分析的大部分工作就是分析其可行性,在可行性分析的初期阶段千万不能引导大家思考项目的不可行性。你认为以下四种判断中哪一种判断是正确的 (　　　　)

A.张经理主持分析论证的项目在实施过程中风险一定会更小些

B.张经理和王经理的工作思路存在着差异,但不存在本质性的差异

C.对重大决策应采用张经理的工作思路,对一般性决策则应采用王经理的工作思路

D.王经理的工作思路不符合科学的决策过程要求

6. 你正面临是否购买某种奖券的决策。你知道每张奖券的售价以及该期共发行奖券的总数、奖项和相应的奖金额。在这样的情况下，该决策的类型是什么？加入何种信息以后该决策将变成一个风险型决策（　　　　）？

A. 确定性决策；各类奖项的数量

B. 风险性决策；不需要加其他信息

C. 不确定性决策；各类奖项的数量

D. 不确定性决策；可能购买该奖券的人数

7. 四海家政服务公司是 N 市一家新成立的面向城市居民家庭服务的企业。对于下面所列的各类信息，你认为哪一类最有利于该公司决策层从中确定公司的使命（　　　　）

A. 一份关于 N 市历史演变的报告

B. 一份关于 N 市居民日常生活状况的调查报告

C. 一份关于 N 市产业结构的总结报告

D. 一份市领导关于 N 市建设规划的讲话稿

8. 在管理决策中，许多管理人员认为只要选取满意的方案即可，而无须刻意追求最优的方案。对于这种观点，你认为以下哪种解释最有说服力（　　　　）

A. 现实中不存在所谓的最优方案，所以选中的都只是满意方案

B. 现实管理决策中常常由于时间太紧而来不及寻找最优方案

C. 由于管理者对什么是最优决策无法达成共识，只有退而求其次

D. 刻意追求最优方案，常常会由于代价太高而最终得不偿失

三、简答题

1. 如何理解决策的含义。

2. 解释决策的整体满意原则。

3. 决策的程序是怎样的？你认为在决策制定过程中哪一步最重要？说明理由。

4. 解释当代决策理论。

5. 什么情况下建议采用群体决策？

6. 如何区别确定型决策、风险型决策和不确定型决策？

四、计算题

A 公司某项目生产某产品的年设计生产能力为 20 000 件，固定成本是 3 万元，单位产品变动成本是 10 元，每件产品销售单价是 15 元，计划销量为 10 000 件。试求：（1）该项目的盈亏平衡产销量；（2）盈亏平衡销售收入；（3）盈亏平衡生产能力利用率；（4）盈亏平衡销售价格；（5）判断该项目在计划销量时能否盈利？若能够盈利，目标利润是多少？

五、案例分析题

阿迪达斯的不良决策

如果你是一位长跑者，那么在 20 世纪 60 年代或 70 年代初，你只有一种合适的鞋可供选择：阿迪达斯（Adidas）。阿迪达斯是德国的一家公司，是为竞技运动员生产轻型跑鞋的先驱。在 1976 年的蒙特利尔奥运会上，田径赛中有 82% 的获奖者穿的是阿迪达斯的运

动鞋。

阿迪达斯的优势在于试用新的材料和技术来生产更结实和更轻便的鞋，采用袋鼠皮绷紧鞋边，四钉跑鞋和径赛采用的是尼龙鞋底和可更换鞋钉。高质量、创新性和产品多样化，使阿迪达斯在20世纪70年代中支配了这一领域的国际竞争。

20世纪70年代，蓬勃兴起的健康运动使阿迪达斯公司感到吃惊。一瞬间成千上百万以前不好运动的人们对体育产生了兴趣，成长最快的健康运动细分市场是慢跑。据估计，到1980年有2 500万－3 000万美国人加入了慢跑运动，还有1 000万人是为休闲而穿跑鞋。尽管如此，为了保护其在竞技市场中的统治地位，阿迪达斯并没有大规模地进入慢跑市场。

20世纪70年代出现了一大批竞争者，如美洲狮（Puma）、布鲁克斯（Brooks）、新布兰斯（New Balance）和虎牌（Tiger）。但有一家公司更富有进取性和创新性，那就是由前俄勒冈大学的一位长跑运动员创办的耐克（Nike），在1972年举行的奥林匹克选拔赛中首次亮相，穿着新耐克鞋的马拉松运动员获得了第四至第七名，而穿阿迪达斯鞋的参赛者在那次比赛中占据了前三名。

耐克的大突破出自1975年的"夹心饼干鞋底"方案，它的鞋底上的橡胶钉使之比市场上出售的其他鞋更富有弹性，夹心饼干鞋底的流行及旅游鞋市场的快速膨胀，使耐克公司1976年的销售额达到1 400万美元，而在1972年仅为200万美元，自此耐克公司的销售额飞速上升。今天，耐克公司的年销售额超过了35亿美元，并成为了行业的领导者，占有运动鞋市场26%的份额。

耐克公司的成功源于两点：(1)研究和技术改进；(2)风格式样的多样化。公司有将近100名雇员从事研究和开发工作，包括人体运动调整摄影分析，对300个运动员进行的试穿测验，以及对改进的鞋和材料的不断的试验和研究。

耐克公司为消费者提供了最大范围的选择，吸引了各种各样的运动员，并向消费者传递出最完美的旅游鞋制造商形象。

到20世纪80年代初慢跑运动达到高峰时，阿迪达斯已成了市场中的"荣誉称号"。竞争对手推出了更多的创新产品，更多的品种，并且成功地扩展到了其他运动市场。例如，耐克公司的产品已经统治了篮球和年轻人市场，运动鞋已进入了时装时代。到20世纪90年代初，阿迪达斯的市场份额降到了可怜的4%。

问题：

1.到20世纪90年代初，阿迪达斯的不良决策如何导致了市场份额的极大减少？不确定性在其中扮演了什么角色？

2.在20世纪70年代，阿迪达斯的决策制定并不是围绕群体组成的，对于阿迪达斯来说，委员会结构会导致不同的结果吗？

3.耐克公司的管理者制定了什么决策使它成功？

4.你认为阿迪达斯的管理者今天能采取什么措施纠正它以前的错误？

第六章　领 导

本章学习目标

1. 理解领导和领导者的定义
2. 了解领导方式的类型及相关理论
3. 掌握领导的艺术方法

案例导入

　　B 公司的李老板从某大企业挖来了精明强干的刘先生担任公司的总经理,并将公司的大小事务均交由刘先生全权处理。由于得到授权,刘先生便结合公司的特点和实际情况,对公司的经营模式和管理体制进行了大胆的变革,将公司原先的品牌经营模式转变为OEM(贴牌生产)服务模式,并提出了颇具创新意识的 OEM 改进方式,变被动的 OEM 服务为主动的 OEM 服务,得到众多客户的认同与支持。然而,当刘先生意欲更深入地推动企业的变革时,他发现,其实自己手中的权力十分有限,虽然李老板总是客客气气地对其进行鼓励,但刘先生的内心却非常地困惑,久而久之,刘先生的变革锐气便渐渐地消失了。

管理技能

　　李老板在授权上出现问题的原因是什么? 如何更好解决?

第一节　领导职能概述

　　领导职能是组织领导一个企业或部门的人、财、物资源以及调动一切积极因素的关键。当管理者把组织的决策与组织工作做好了,也不一定能保证组织目标的实现,组织目标的实现过程则是领导者的领导过程。有了领导,组织才能作为能动的主体去完成自己的目标。在完成目标的过程中,需要领导者去指导组织成员的行为,沟通成员之间的信息,增强相互的理解,统一组织成员的思想和行为,激励每个成员自觉地为实现组织目标共同努力。管理的领导职能是一门非常奥妙的艺术,它存在于整个管理活动中。因此,研究领导职能是管理学的一个很重要的课题。

一、领导

（一）领导的涵义

一个组织绩效的高低,与领导工作有很大关系,因此,对领导工作的研究是管理学的重要内容。有关领导的含义，各国专家、学者都有不同的看法和表述。

美国管理学家哈罗德·孔茨认为，领导是影响人们使之跟随去完成某一目标，促使下属充满信心，满怀热情地完成他们的任务的艺术。

本尼斯(1959年)认为，领导是促使下属按照所需要求的方式活动的过程。

特瑞(1960年)认为，领导是影响人们完成群体目标而自动努力的行为。

阿吉里斯(1976年)认为，领导就是有效的影响。

杜布林(1985年)认为，领导是在不使用强力和压制的情况下，影响他人达到一定目的的过程。

管理心理学家杨淑贞认为，领导乃是组织赋予某一个人的权力，以统御其部属完成组织的目标。

由此可认为，领导是在一定的社会组织或群体内，为实现组织预定目标，运用其法定权力和自身影响力影响被领导者的行为，并将其导向组织目标的过程。

领导是一种多层次、多领域的立体现象，可以从不同视角进行不同的分类。按领导的权威基础分类，有正式组织与非正式组织；按领导活动的层次分类，有高层领导、中层领导和基层领导；按领导活动领域分类，可以把领导分为政治领导、行政领导和业务领导。

1. 领导是一个社会组织系统

这个系统由三个要素构成——领导者、被领导者、环境。领导者就是在一定的组织体系当中，处在组织、决策、指挥、协调和控制地位的个人和集体。在领导活动中，他们处于主导的重要地位。被领导者就是按照领导者的决策和意图，为实现领导目标，从事具体实践活动的个人和集团。它构成领导活动的主体，是实现预期目标的基本力量。一般来说，领导者与被领导者的关系，就是权威和服从的关系。环境是指独立于领导之外的客观存在，是对领导活动产生影响的各种因素的总和。领导者只有正确认识环境、适应环境、利用和改造环境才能正确实现自己的预定目标。

2. 领导是一种活动过程

领导的三个要素构成两对基本矛盾：一是领导者与被领导者的矛盾，二是领导活动的主体(被领导者与领导者的统一体)与领导活动的客体(客观对象)的矛盾。领导者的决策，要通过被领导者的行为产生结果。领导活动的主体作用于客观环境的过程，表现为客观环境由"自在之物"不断地转化"为我之物"的个体过程。

3. 领导是高层次的管理

整个组织管理的层次有高层、中层和基层之分。基层管理是微观管理，直接管理具体的人、物、事，它一般按常规办事，执行上级决定的具体任务；中层管理是中观管理，担负承上启下的组织工作；高层管理是宏观管理，主要处理带有方针性和原则性的重大问题，独立性较大，现在一般把上层的管理称为领导。

4. 权威性

大凡领导都意味着权威，二者有着不解之缘。权威是有威望的权力。权威表现于领导者与被领导者的关系上，它反映领导者的权力和威望，也反映被领导者对这种权力和威望的认可和服从。

(二)领导的职能作用

领导是任何组织都不可缺少的，领导贯穿于组织管理活动的全过程。其职能如下：

（1）沟通职能。它使组织内部上情下达，下情上达，保持组织内部信息通畅，并同时与外界保持良好的信息沟通，使组织成为一个开放式的信息系统。此外，领导者还要注意与员工的情感沟通。

（2）决策职能。在人们的组织活动中，需要有头脑清晰、胸怀全局的领导者去善于发现问题，集思广益，拟订方案，分析评估，捕捉时机，当机立断。做到"运筹帷幄，决胜千里"。

（3）规划职能。领导者是规划和落实组织目标的唯一主体。它规划组织的长、中、短期目标，细分目标，确立重点，制定方针，设置步骤，引导组织努力实现目标。

（4）组织职能。组织机构是组织运行的基础条件。只有领导者才有人事权。筹划设立组织机构，制定岗位规范，知人善任，分工授权是领导的活动。

（5）表率职能。领导者身体力行，遵守各项规章制度；遇到困难，身先士卒，用榜样的力量来带动下属。

（6）指挥职能。领导者通过影响和号召其下属，使组织各部门各个人共同行动，相互协调，共同实现组织目标。领导者只有站在群众的前面，用自己的行动指引和影响人们为实现组织目标而努力。

（7）监督职能。领导的监督职能作用体现在监督评估组织目标的实施进程，它提供反馈信息，并督促和建议改进工作。

（8）开创职能。许多获得事业成功的领导者的诀窍就在于创新。由于科学技术迅猛发展，社会经济活动空前活跃，市场需求瞬息万变，组织处于动态的外部环境之中，每天都会遇到新问题、新情况。这就要求领导者在动态基础上，不断谋划变革，敢于走新的路，开辟新天地，适应外界环境变化，提高组织的竞争力和生存力。

（9）激励职能。激励是人的需要和动机得到强化的心理状态，其作用在于激发和调动人的积极性，从而使人们能以最大的努力和主动性投入工作并取得最大成效。领导者利用激励职能激发下属的内在心理需求，调动下属的积极性，使人们充满热情，满怀信心，并通过科学有效的奖惩制度，提高工作绩效。

（10）协调职能。组织是由人、财、物、技术、信息等要素共同构成的，要使组织的一切工作都能配合适当，就需要领导者来协调组织内外各种人际关系和活动，协调部门之间的资金、人力、设备等资源，使其优化组合，发挥最大效能。

（三）领导与管理的区别

领导与管理在某种意义上说，它们有共同性，即都是通过指挥他人行为来有效实现组织目标的活动。但是它们的区别在于，管理仅仅是建立在合法的、有报酬的和强制性权力基础上对下属命令的行为；而领导则不同，领导可建立在合法的、有报酬的和强制性的权力基础上，也可能更多的是建立在个人影响权和专长权以及模范作用的基础上，且两者所担负的工作内容不同。

（四）领导的权力

每一个组织的领导者，都具有一定的权力，领导者的权力包括：职权和权威。

一是来自于职位的权力，即职权。这种权力是由领导者在组织中所处的职位所决定的。它是由上级和组织赋予的，并由法律、制度明文规定的，属于正式的权力。这样的权力随职务变动而变动。在职就有权,不在职就无权。职权的基本内容包括对组织活动的合法权、对组织成员的奖励权和惩罚权。人们往往出于压力和习惯不得不服从这种权力。合法权,它来自下级传统的习惯观念,即认为领导者处于组织机构中的特定地位,而具有合法的权力影响他,他必须接受领导者的影响。奖赏权,它来自下级追求满足的欲望,即下级感到领导者有能力奖赏他,使他觉得愉快或满足某些需求。惩罚权,它来自下级的恐惧感,即下级感到领导者有能力惩罚他,使他产生痛苦,不能满足某些需求。职权与个人因素(学历、能力、资历、人际关系等)无关。

二是来自于领导者个人的权力,即权威。这种权威不是由领导者在组织中的位置所决定的,而是由其自身的某些特殊条件和才能所决定的。例如,领导者具有高尚的品德,丰富的经验,卓越的工作能力,良好的人际关系;领导者善于体贴关心他人,令人感到可亲、可信、可敬,不仅能完成组织目标,而且善于创造一个激励的工作环境,以满足群众的需要等等。这种权威不随职位的消失而消失,而且这种权威对人的影响是发自内心的。权威可以包括:模范权和专长权。模范权,它来自下级对上级的信任,即下级相信领导者具有他所需要的智慧和品质,具有共同的愿望和利益,从而对他钦佩,愿意模仿和跟从他。专长权,它来自下级的尊敬,即下级感到领导者具有某种专门的知识、技能和专长,能帮助他,为他指明方向,排除障碍,达到组织目标和个人目标。领导者的权威是由四种因素构成的,即品格、知识、才能和情感:

(1)品格因素。领导者应廉洁奉公,不以权谋私;作风正派,行为端正以身作则,平易近人;诚实坦率,言而有信。

(2)知识因素。领导者必须有广博的知识。一个知识贫乏、事事外行的领导者是不会有威信的。

(3)才能因素。领导者不仅要具有渊博的知识,还要有较强的工作能力。主要包括:较强的分析判断能力,准确的决策能力,有效的组织控制能力,良好的协调沟通能力,知人善任的用人能力,不断进取的创新能力。

(4)情感因素。良好的人际关系是形成领导者影响力的基础条件,而感情交流是通往良好人际关系的桥梁。领导者只有具备了情感,"以情感人"才能博得下属的敬重。

(五)权力的分配

1.集权与分权

集权意味着将职权集中到较高的管理层次,分权则表示职权分散到整个组织中,不过,集权与分权都是相对概念,并不是绝对的。集权与分权的程度可根据各管理层次所拥有的决策权的情况来衡量。

按照集权与分权的程度不同,可形成两种领导方式:集权制与分权制。集权制指管理权限较多地集中在组织最高层。集权制的特点是:①经营决策权较多地集中于上层主管,中下层只有日常业务的决策权。②对下级的控制较多,下级的决策前后都要经过上级的审核。③统一经营。④统一核算。分权就是把管理权限适当分散在组织中下层,分权制的特点是:①中下层有较多的决策权。②上级的控制较少,往往以完成规定的目标为限。③在统一规划下可独立经营。④实行独立核算,有一定的财务支配权。

集权和分权的程度要依据下列条件的变化而变化。因此影响集权或分权的因素有:①决策的代价。它既包括经济标准,又包括诸如信誉、士气一类的无形标准。②政策的一致性要求。组织内部执行同一政策,集权的程度较高。③规模问题。规模大宜于分权,规模小宜于集权。④组织形成的历史。组织由从小到大发展而来,集权程度较高;组织由联合或合并而来,分权程度较高。⑤公司文化与管理哲学。⑥主管人员的数量与管理水平。如主管人员数量充足,管理能力较强,则可较多地分权;反之趋向于集权。⑦控制技术和手段的完备程度。如各种控制技术较高则可以适当分权。⑧以往分散化的绩效。以前权利分散化后的绩效如何,将会影响职权的分散程度。⑨组织的动态特性及职权的稳定性。组织处于迅速的发展中,要求分权。组织较完善或比较稳定的时候则要求集权。

2.授权

授权是分权的重要实现形式。授权有利于组织目标的实现,有利于让领导从日常事物中解脱出来,集中精力处理重要的决策问题,有利于激励、培养、锻炼下级。根据授权受制约的程度,可以将授权的程度分成5种方式,见图6-1所示。

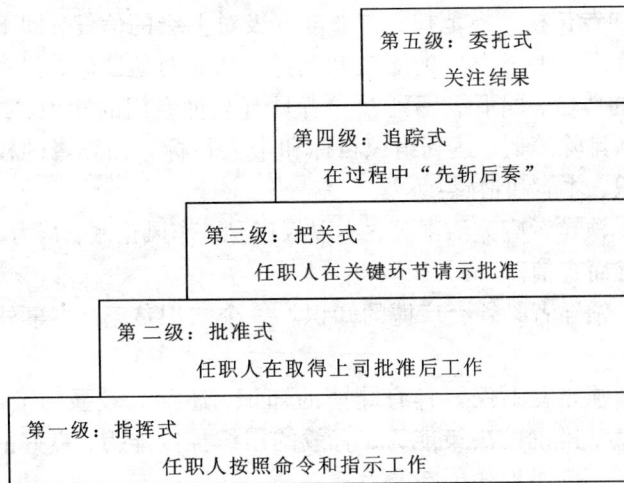

图6-1 授权的五个级别

(1)指挥式。授权最低的一个级别,上司以命令和指示的方式控制下属的工作行为,下属除非得到命令和指示,不能擅自行动。例如,没有得到人力资源部经理的指示,招聘主管就不去做招聘工作。

(2)批准式。下属自己提出或拟定行动计划和工作方法,但在行动之前都必须得到上司的批准。未得到批准的想法和计划不得实施,凡得到批准的,可以在批准的范围之内实施。例如,招聘主管必须在招聘的每一步行动之前,向经理请示,如什么时候登报招聘广告,什么时候开始安排面试等。取得经理批准后,招聘主管再去实施。

(3)把关式。大部分工作由下属做出决定,上司只对整个过程的某几个关键环节把关,也就是在关键环节下属必须请示上司获得批准后方可行动。例如,在为新组建的6个部门招聘部门经理的工作中,经理要求招聘主管在选取招聘方式、猎头公司的选取和面试官人选3个关键环节上必须取得他的同意后方可行动。招聘的其他环节由招聘主管自己决定(经费问题早已解决)。

(4)追踪式。也就是"先斩后奏"之权。所有的权力,包括人事权、财务权等全部授权给下属，下属完全可以自主决定，但是在关键环节和过程中必须及时向上司汇报，上司根据工作进展状况判断授权是否适度，是否需要采用其他授权方式。特别要注意的是被授权的下属必须在上司指定的环节和步骤中及时向上司汇报。这种授权方式一般是在上司十分重视工作进展的情况下采取的授权方式。例如，招聘主管在选取猎头方式并定下猎头公司后，立即向经理汇报工作进展情况。

（5）委托式。上司给下属授予开展工作所需要的全部权力，让下属充分发挥主动性和创造性，按照自己的方式行动。上司只对目标是否按时达成感兴趣，而不会在工作过程中干涉。例如，经理授权招聘主管招聘新组建的 6 个部门的经理后，只要求招聘主管达成目标，也就是在公司要求的期限以前招聘到这 6 名经理，对招聘过程不作任何评价和介入。

授权的几个比较低的级别，都是通过对过程的关注和控制，从而防止下属把事情做坏。最高的级别，委托式是关注结果，不关心整个过程。在日常工作中，可以根据工作的性质按 5 个级别进行授权：无法或不想控制过程，只想要结果的工作，更多采用追踪式授权；对于过程可以有比较多的了解，但是结果谁都不清楚的工作，可以通过对过程的把关、批准、跟踪来对风险进行控制，这时可以采用第二、第三、第四种的授权方式。因此，要根据具体的工作情况和特点来选择授权方式，并不是每一项工作都要采取 5 种形式。

二、领导者

领导的特质理论，又称品质理论。从 20 世纪 30 年代至 80 年代，大量的心理学家、管理学家、社会学家对这一理论进行了大量的研究，以期从一定的个人品质特性预测最佳领导人选，为选拔、培养领导人提供理论依据。

（一）传统领导特质理论

传统领导特质理论认为领导者的特性是天生的，其研究重点是发现领导者独具的个人特质。其主要内容有：

（1）身体要素。它包括领导者的年龄、身高、体重、体格、外貌。

（2）能力要素。它包括领导者的一般智力、判断力、创造力、表达能力、机敏性。

（3）业绩要素。它包括领导者的学历、知识、运动技能。

（4）责任要素。它包括领导者的可靠性、主动性、持久性、果敢性、自信心、顽强精神。

（5）参与要素。它包括领导者的能动性、社交性、协调性、适应性、幽默感。

（6）性格要素。它包括领导者的自信、适应、支配性、指向性、保守性。

经过几十年的研究和实践，众多学者发现，领导者与被领导者、成功领导者与不成功领导者的特质之间并无质的差别，许多具有所谓天才领导特性的人并没有当领导。这些问题使研究者们渐渐认识到从先天、遗传角度寻找领导特质是唯心的，而应从实践的动态过程中去研究。

（二）现代领导特质理论

现代特质理论研究表明，领导是一种动态过程，领导特质和品质并非与生俱来，而是在领导实践中形成的，因而也是可以通过训练、培养加以造就的。训练和培养必然涉及标准、培养方向和考核指标的问题，它们仍然可归结为领导者应具备什么品质特性的问题。

1974 年斯托格迪尔在《领导手册》一书中，进一步提出了领导者应该具备的 10 项特质，他认为领导者应该具有的共同品质为：①才智；②强烈的责任感和完成任务的内驱力；③坚持追求目标的性格；④大胆主动的独创精神；⑤自信心；⑥合作性；⑦愿意承担决策和行动后果；⑧忍受挫折力；⑨社交和影响他人行为的能力；⑩处理事务的能力。

1971 年心理学家爱德温·吉斯利在《管理才能探索》一书中，指出领导特质可以分成 3 大类、13 个因子：

第一类：能力，包括管理能力、智力、创造力。

第二类：个性品质，包括自我督导、决策、成熟性、工作理论联系实际的亲和力、男性的刚强或女性的温柔。

第三类：激励，包括职业成就需要、自我实现需要、行使权力需要、高度金钱奖励需要、工作安全需要。

吉斯利进一步用因素分析法研究，发现 13 个因子的重要性不同。如果用 100 来衡量各个因子的重要性，则管理能力为 100，职业成就为 85，智力、自我实现为 75，自我督导、决策为 60，创造性为 35，高度金钱奖励为 20，行使权力需要为 10，成熟性为 5，男女性别差异为 0。

齐赛利提出了有效领导者的 8 种个性品质和 5 种激励品质。个性品质有：①才智（语言、文辞才能）；②首创精神（开拓新方向的能力）；③监督能力（指导他人的能力）；④自信心（自我评价较高）；⑤与工人关系密切；⑥决断能力；⑦男子气、女子气；⑧成熟程度。激励品质有：①对工作的稳定需求；②对金钱奖励的需求；③对指挥他人权力的需求；④对自我实现的需求；⑤对事业成就的需求。

根据上述领导者特质研究的情况来综合分析，作为一名成功的领导者我们认为应该具有以下的特质和能力：(1)成功领导者应具有的特质：①对环境的适应；②对社会环境的应变力；③雄心和成就动机；④决断力和合作精神；⑤自信和对压力的承受力；⑥深思熟虑；⑦依赖性；⑧对他人的影响力；⑨活力；⑩忍耐力和勇于承担责任。

(2)成功领导者应具有的能力：①智力；②构思力；③创造力；④机智老练；⑤语言表达能力；⑥关于任务的知识；⑦组织能力；⑧说服能力；⑨社会活动能力。

（三）领导集体的构成

作为领导者的个体应具有领导特质，然而统率具有一定结构、一定层次的领导集体。领导效率不仅取决于单个领导的素质，还取决于领导班子的构成是否合理。现代管理十分注重优化领导集体素质结构，领导集体的素质是由集体领导中各个体素质构成的，只有每个领导者都具备了较高的素质，领导集体的素质结构才有坚实的基础。根据系统原理我们知道，系统中每个要素的功能强大并不一定必然导致系统整体功能强大，而只有各构成要素的结构合理时系统的整体功能才强大。领导集体本身就是一个系统，构成其系统要素的成员结构是否合理是影响领导集体效率的重要因素。合理的领导班子的构成包括：年龄结构、知识结构、能力结构、专业结构。

(1)年龄结构。不同年龄的人既有不同的智力，也有不同的职能，各自所拥有的优势和劣势是很不相同的。领导群体的年龄结构以老中青结合而成的梯形结构为好。老中青结合的优势在于：

第一，老年人有丰富阅历和深邃的观察力，可以起舵手的作用；中年人年富力强，是集体的中流砥柱，可以发挥核心作用；青年人思想敏锐，竞争心强，可以发挥先锋作用。这样的结合，彼此取长补短，发挥各自的特长，可以实现群体结构的最优效果。第二，老中青相结合，可以保持领导的连续性和继承性。第三，老中青相结合，中青年在领导群体中占优势，领导集体富有生机和活力，能担当艰巨繁重的领导任务。

（2）知识结构。知识结构是指领导班子中不同成员的知识水平构成。知识，既包括书本理论知识，也包括实践经验。领导班子成员都应具有较高的知识水平，没有较高的知识素养就不能胜任现代化的管理工作。在领导集体中，合理的知识结构，必须是立体形式的，由不同的知识水平的人按照一定的比例排列组合而成，并随着经济科技和社会的发展不断地予以调整，使具有不同知识水平的人互相配合，构成一个优化的有机整体。

（3）能力结构。领导的效能不仅与领导者的知识有关，而且与他运用知识的能力有密切的关系。领导者应当具备较强的思维能力、决策能力、组织指挥能力、人际关系能力、用人能力和创新能力。这些能力都是履行领导职能所必需的。但是，每一个人的能力是不相同的。有的人善于思考分析问题，提出好的建议与意见，属于"思想型"领导；有的人工作踏实、遇事果断，属于"实干型"领导；有的人人际沟通能力和用人能力较突出，有利于处理人事关系、协调矛盾、保持领导班子团结，属于"组织型"领导。在领导班子中应包括不同能力类型的人才才能形成最优化的能力结构，既要有思想家，又要有实干家，还要有组织家。

（4）专业结构。专业结构是指领导集体中各类专业成员的配合比例，也是领导群体中各类专长的成员的配比组合。领导群体的专业结构，不只是包括自然科学方面各类学科的知识、技能，还包括社会科学方面各种专业知识。管理科学知识也是其中重要的组成部分。因此在领导集体中各位成员的配备应由各种专门的人才组成，形成一个合理的专业结构。

第二节 领导方式及领导理论

一、领导方式的基本类型

领导方式是指领导者与被领导者之间发生影响和作用的方式。以从不同的视角作分类分析。

（1）按领导的倾向，可以分为重人式、重事式与人事并重式领导方式

重人式领导认为，只有部属是愉快的工作者，才会产生最高的效率、最好的效果。因此，领导者应致力于建立和谐的人际关系和宽松的工作环境，尊重部属人格，不滥施惩罚，注意给予部属合理的物质待遇，以人为中心进行领导活动。

重事式的领导者以工作为中心，注重组织的目标、任务的完成和效率的提高，以工作的数量与质量及达成目标的程度作为评价成绩的指标，以事为中心进行领导活动。

人事并重式的领导者认为，既要重视人，也要重视工作，两者不可偏废，做到关心人与关心事的辩证统一。关心人，才能调动人的积极性；关心事，才能使每个人都有明确的责任和奋斗目标。显然，人事并重式的领导方式是应该提倡的。

（2）按决策能力大小，可以分为专断型、民主型、自由型的领导方式

专断型领导方式是指领导者个人决定一切，把决策权集于一人手中，以权力推行工作；在决策错误或客观条件发生变化，贯彻执行发生困难时，不查明原因，就把一切责任推给下级；对下级奖惩缺乏客观标准，只是按领导者的好恶决定。

民主型领导方式是指领导者同部属互相尊重、彼此信任。领导者通过交谈、会议等方式同部属共同交流、共同商量、集思广益、商讨决策，并注意按职授权，上下融洽，合作一致地工作。

自由型领导方式是指领导者有意分散领导权，下属愿意怎样做就怎样做，有极大的自由度，领导只检查工作成果，不主动作指导，除非下属主动要求。

（3）按日常工作方式，可分为强制式、说服式、示范式的领导方式

强制式的领导方式是领导行为中通常有的现象。作为领导者为了使本组织成员遵守组织的规章制度，领导者需要以发出指令来约束或引导下属的言行，而领导指令具有明显的强制色彩。这种强制，又直接以惩罚为外在特征，一个领导者，要善于运用指令来指挥领导活动过程的参与者，保证他们不违反领导指令，保证他们服从自己的权威。

说服式领导方式。强制总是有限度的，而且容易引起逆反心理，作为领导者应采用说服式。说服，包括劝告、诱导、启发、劝谕、商量、建议等方式，沟通的意义是明显的，有利于贯彻领导者的领导方略，从而借助沟通获得上下级的共识、上下级的共同情感、上下级协同的工作愿望，优化人力因素。

示范式领导方式。领导者是一个组织的象征，他们的精神面貌、行为方式、工作方式、工作动机、价值观念、乃至个人趣味，对本组织的人员都会产生明显的或潜移默化的影响。因此，良好的领导方式，当然包括领导者本人对领导形象的塑造，如身体力行，身先士卒。一个领导者能够吃苦在前，享受在后，那本身就是对下属以高昂热情投入工作的无声号召。同时，一个领导者足智多谋，果断坚韧，也可以提供给下属致力于解决工作难题的多种思路和工作风格，工作效率自然也就上去了。

上述几种领导方式类型，各有特点，也各有其所适应的不同环境。现代企业的管理，不是简单的某一种领导方式的运用，而是多种领导方式为不同的组织所使用。领导者应该根据自身所处的环境和工作性质以及下属的具体情况，在不同的时机针对不同的下属选择合适合理的领导方式。

二、领导方式理论

按理论的时间和逻辑顺序，现有的领导理论可以分为 3 大类：特性理论（传统的特性理论和现代特性理论）；行为理论；权变（情境）理论。

（一）领导特性理论

从 20 世纪初到 30 年代，领导理论的研究，主要侧重于研究领导人的性格、素质方面的特征。这种理论首先是从心理学家开始研究的，他们的出发点是，根据领导效果的好坏，找出好的领导人与差的领导人在个人品质或特性方面有哪些差异，由此确定优秀的领导人应具备哪些特征。研究者认为，只要找出成功领导人应具备的特点，再考察每个组织中的领导者是否具备这些特点，就能断定他是不是一个优秀的领导人。这种归纳分析法成了研究领导特性理论的基本方法。

特性理论侧重研究领导者的性格、品质方面的特征，作为描述和预测其领导成效的标

准。研究的目的是通过研究，区分领导者与一般人的不同特点，以此来解释他们成为领导者的原因，并以此作为选拔领导者和预测其领导有效性的依据。实际上就是研究怎样的人才能成为良好的、有效的领导者。西方学者研究归纳领导特性为以下几类：身体特征、背景特征(教育、经历、社会关系等)、智力特征(智商、分析判断力)、个性特征、与工作有关的特征(责任心、首创性、毅力、事业心等)、社会特征(指挥能力、合作、声誉、人际关系、老练)，如表6－1所示。

表6－1　齐赛利的个性研究表

重要性	个性特征
非常重要	督察能力、事业、成就，才智、自我实现、自信、决断能力
中等重要	对工作稳定的需求、适应性、对金钱奖励的需求、成熟程度
最不重要	性别

(二)领导行为理论

领导者的领导才能和领导艺术都是以领导方式为基础，领导者个人的特性难以说明与领导有效性之间的联系，所以后来许多学者在研究领导艺术时，从研究领导者的内在特征转移到外在行为上，即对领导者的各种领导行为进行研究，以找出何种领导行为、领导方式最为有效，这就是领导者的行为理论。领导行为研究的理论模式很多，归纳起来，大致分为两类：

(1)按不同作风，以权力定位为基本变量分：专制型、民主型、放任型3种基本类型。

此分类的代表人物是美国心理学家勒温。勒温通过大量的实验研究得出：放任型工作效率最低，工作中只达到社交的目标，而没有达到工作目标。民主型的领导效果最令人满意。专制型虽通过严格管理达到工作目标，但成员的消极抵抗情绪在不断增长。

中国的企业家一般采取的是民主式和放任式的领导艺术。民主式为企业中的主要政策和发展方针由组织中的成员集体讨论决定，领导者采取鼓励与协助的态度，其他成员对工作的全貌有所认识，在所设计的完成工作的途径和范围内，下属人员对于进行工作的步骤和所采用的技术，有一定的选择机会。放任式为企业中组织成员或群体有完全的决策权，领导者只管给组织成员提供工作所需的资料条件和咨询，而本身则尽量不直接参与其间的活动，也不干涉，所有工作的进行几乎完全依赖组织成员自己的工作——大家负责，大家都不负责。

在西方国家，企业历史较长，比较成熟，且注重个体、崇拜权威，重视企业家阶层的作用，因此采用的相对为权威式的领导方式。

(2)按生产导向和员工导向两个纬度来划分：代表性的是领导行为四分图、二维构面理论和管理方格理论。

①领导行为四分图

领导行为理论始于俄亥俄州立大学20世纪50年代早期的研究。该校的研究者首先拟出了一千多种领导行为特征，后经不断提炼概括、归纳为"关心人(consideration)"与"抓组织(initiating structure)"两大方面。由于每一方面都有高低之别，因而两方面联系起来便构成四种情况，即领导行为四分图，如图6-2所示。

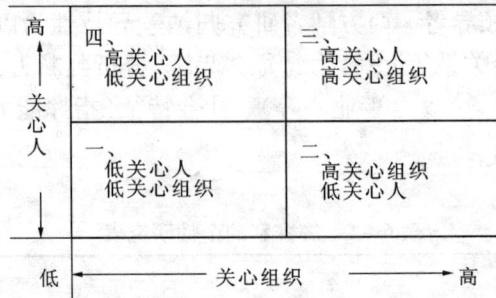

图6-2 领导行为四分图

由于领导者在"关心人"与"抓组织"方面的投入不一样，因此在工作成就与协调人际关系，稳定人们的情绪方面效果也大不一样。

继俄亥俄州大学之后，密执安大学的管理心理学家们也提出了领导行为的两大方面：面向职工与面向生产。面向职工的领导者，重视人与人之间的关系，重视下级的需要，并承认成员的个别差异。而面向生产的领导者，往往重视工作的技术，重视任务，他们主要关心的是完成任务，组织内的成员则被视为达成目标的工具。此外，面向职工的领导者倾向于较高程度的集体生产和给职工较大的满足，而面向生产的领导者则倾向于较低程度的集体生产和给职工较少的满足。

②二维构面理论

美国俄亥俄州立大学的研究者弗莱西曼和他的同事从1945年起，对领导问题进行了广泛的研究，研究结果将领导方式分为关怀纬度、定规纬度两个纬度或构面加以描述。

A. 关怀纬度——指一位领导者对其下属所给予的尊重、信任以及相互了解的程度，从高度关怀到低度关怀，中间可以有无数不同程度的关怀。

B. 定规纬度——指领导者对于下属的地位、角色、工作方式等是否都制订有规章或工作程序，有高度民主的定规和低度的定规。

研究结论：根据两个纬度，领导者类型可以分成四个基本类型即高关怀—高定规、高关怀—低定规、低关怀—高定规、低关怀—低定规。高—高型的领导者一般更能使下属达到高绩效和高满意度，但高—高型风格并不总是产生积极效果。在生产部门内，工作绩效评定结果往往与定规程度呈正相关，与关怀程度呈负相关，而在非生产部门，则相反。其他3种类型的领导行为普遍与较多的缺勤、事故、抱怨及离职有关系。

一般来说，中国企业的领导者采取的是高关怀、低定规的领导方式；而西方国家的领导者采取的是一种高关怀、高定规的领导方式。

③管理方格理论

利克特和弗莱西曼的研究成果发表后，引起了理论界对理想的领导方式的广泛讨论。理论界普遍认为理想的方式既要是绩效型又要是关怀型。美国德克萨斯大学的布莱克和莫顿对理想的领导方式加以分析综合，于1964年设计了一个巧妙的管理方格图，令人醒目地表示主管人员对生产关心程度和对人的关心程度。

管理方格理论使用一张纵轴和横轴各 9 等分的方格图，纵轴和横轴分别表示企业领导者对人和对生产的关心程度。第 1 格表示关心程度最小，第 9 格表示关心程度最大。全图总共 81 个小方格，分别表示"对生产的关心"和"对人的关心"这两个基本因素以不同比例结合的领导方式，如图 6 – 3 所示。

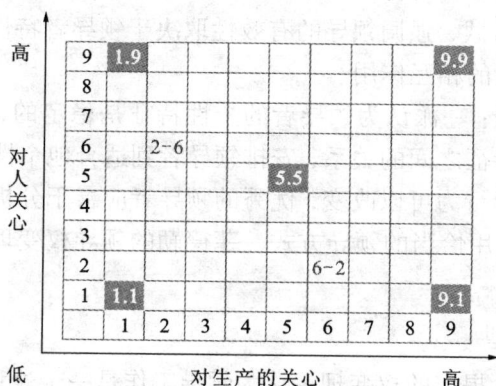

图 6 – 3　管理方格图

对生产的关心表示企业领导者对各种事务所持的态度如政策决定的质量、程序与过程；研究的创造性；职能人员的服务质量、工作效率及产品产量等。对人的关心则主要表现在个人对实现目标所承担的责任，保持对职工的自尊，建立在信任而非顺从基础上的职责，保持良好的工作环境以及只有满意感的人际关系等。

在管理方格图中，1.1 定向表示贫乏的管理，对生产和人的关心程度都很小；9.1 定向表示任务管理，重点抓生产任务，不大注意人的因素；1.9 定向表示所谓俱乐部式管理，重点在于关心人，企业充满轻松友好气氛，不大关心生产任务；5.5 定向表示中间式管理，既不偏重于关心生产，也不偏重于关心人，完成任务不突出；9.9 定向表示理想型管理，对生产和对人都很关心，能使组织的目标和个人的需求最理想最有效地结合起来。

布莱克和莫顿认为，9.9 管理方格表明，在对生产的关心和对人的关心这两个因素之间，并没有必然的冲突。他们通常认为，9.9 定向方格最有利于企业的绩效。所以，企业领导者应该客观地分析企业内外的各种情况，把自己的领导方式改造成为 9.9 理想型管理方式，以达到最高的效率。

1.1 型（贫乏型管理）——只做一些维持自己职务的最低限度的工作，庸庸碌碌，只要不出差错，多一事不如少一事。

9.1 型（独裁的，重任务型管理）——强调有效地控制下属，努力完成各项任务——世界上一些大型的跨国公司的总裁。

1.9 型（乡村俱乐部型管理）——内部一团和气，太平无事，但忙忙碌碌，却效益很差——中国大多数国有企业的管理者。

5.5 型（中庸之道型管理）——既对工作的数量和质量有一定的要求，又强调通过引导和激励去使下属完成任务——领导往往缺乏进取心，乐意维持现状——中国的传统管理者。

　　9.9 型(战斗集体型管理)——日本企业家吸收西方管理技巧和中国传统的管理理念,创造日本奇迹。

三、领导权变理论

　　权变理论是在考察领导者的特性、行为之后,进一步增加一个环境因素,认为不存在一种"普遍适用"的领导方式,强调领导的有效性取决于领导者特性、被领导者特性及二者所处的特定环境 3 个因素的相互作用。

　　目前国外有两大流派:一派认为领导者的个性特征是稳定的,要提高效率,必须探索领导者个性特征与情景特征之间的关系,安排领导者到适合他个性的环境中。另一派认为领导者的领导作风和领导行为可以改变,优秀的领导者应善于分析下级个性特点和环境因素,并据具体条件选择运用恰当的领导方式。菲德勒的领导权变理论是比较有代表性的一种权变理论。

　　(一)菲德勒权变模型

　　美国管理学家菲德勒提出的权变理论认为领导工作是一个过程。在这个过程中,领导者施加影响的能力取决于群体的工作环境、领导者的风格和个性及领导方法对群体的适合程度。用公式表示为:

$$S = f(L, F, E)$$

其中,S 为领导方式,L 为领导者特征,F 为被领导者特征,E 为环境特征。

　　菲德勒提出,对一个领导者的工作最起影响作用的 3 个基本因素是职位权力、任务结构和上下级关系。

　　(1)职位权力是与领导人职位相关联的正式职权以及领导者从上级和整个组织各个方面取得的支持的程度。

　　(2)任务结构是指任务的明确程度和部下对这些任务的负责程度。

　　(3)领导者与下级的关系是指下级乐于追随的程度。

　　(1)、(2)、(3)均具备,则为有效的领导行为提供了有利条件,反之,则为不利条件。

　　菲德勒认为,不能武断地说哪个领导者是好的或哪个是不好的;只能是某种风格的领导在其适合的、特定的环境下才能发挥作用,才能有效。因而,菲德勒提出了通过改造领导环境来适应不同风格的领导的观点。上述影响领导成效的 3 个环境因素的改造方法如下:

　　(1)领导者与下属之间的关系。更换领导者的下属,使之在经历、文化水平、技术水平等方面与领导者相适应。

　　(2)工作任务明确不明确。在明确与不明确两方面作改进,以适应不同下属的需要。例如,有的员工喜欢任务明确,规定具体,工作稳定,有的则相反。

　　(3)领导权力。改变领导权力的方式有:①组织赋予领导者更大的权力或收回某些权力;②职位的提升或下降,以适应领导者能力的需要。

　　(二)路径—目标理论

　　这是美国管理学者罗伯特·豪斯发展的一种领导权变理论。该理论认为领导者的工作是帮助下属达到他们的目标,并提供必要的指导和支持,以确保各自的目标与群体或组织的总目标一致。"路径—目标"指有效的领导者能够以明确地指明实现工作目标的方式来帮助下属，并为他们清除各种障碍和危险，从而使下属的相关工作容易进行。这一理论可描述如下：

（1）领导者对绩效予以更有吸引力的奖酬，就可以改善对下属的激励，领导者对人们的表扬、提拔和赏识，就可以提高下属对实现目标的效价。

（2）如果下属的任务规定得不明确，领导者可以通过有益的指导、培训和解释目标等途径，来使任务得到明确，从而加强对下属的激励，减少工作的模棱两可，使下属更易于达到目标，这样期望值就会增大。

（3）如果下属的工作已经很明确，领导者就不应该在使工作明确方面想办法，领导者就需要把更多的时间花在关心下属的个人需要上，包括关注、表扬和支持他们，而不是为工作操心。

（三）领导参与模型

领导参与模型是由美国心理学家弗鲁姆和耶顿在 1973 年提出的一种最新的权变模型。该理论把领导行为与参与决策联系起来，指出有效的领导应该根据不同的情况，让职工不同程度地参与决策，并指出在进行决策时的情况，可以有 5 种不同的领导方式：

（1）领导者运用手头现有的资料，自己解决问题，做出决定。

（2）领导者向下属获得必要的资料，然后自己做出决策，下属只提供必要的资料，并不提供或者评价解决问题的方案。

（3）采用个别接触方法，让下属知道情况，听取他们的意见和建议，领导者自行取舍，然后做出决策。

（4）让集体了解情况，提出意见和建议，然后由领导者自行取舍，最后做出决策。

（5）和下属集体研究问题，共同提出和评价可供选择的方案，争取获得解决问题的一致意见。

领导参与模型认为，在决策中可能遇到下列 8 种变化的情况：

（1）决策质量的重要性；

（2）领导者做出高质量决策所能掌握的资料和技能的程度；

（3）为了获得高质量的决策，作为下属组织，所应掌握资料的程度；

（4）问题的明确程度；

（5）下属接受决策后对贯彻执行决策的关注程度；

（6）领导者自行决策为下属接受的可能性；

（7）下属叙述问题时，对已确立的组织目标所表现的积极程度；

（8）准备采用的方案可能引起下属间发生矛盾的程度。

根据以上 8 种不同情况，领导者可以选择适当的领导方式。

第三节　领导艺术

一、领导艺术概述

（一）领导艺术的含义和特点

（1）领导艺术是为达到某一领导目标，在一定知识和实践基础上，在领导过程中表现出的一种非模式化，富有创造性的才能与技巧。其实质是事物的复杂性和可变性，要从实际出发，具体情况具体分析，是富有创造性的领导方法的体现。

（2）特点：非模式化、直觉性、随机性、创造性、情感性、模糊性、实践性、科学性。

（二）领导艺术分类

领导艺术分类主要包括：

（1）履行职能的艺术。主要包括沟通、激励和指导的艺术，以及决策艺术、用权艺术、授权艺术、用人艺术等。

（2）提高领导工作有效性的艺术。

（3）人际关系的协调艺术。

二、主要领导艺术

（一）用人、用权和授权艺术

（1）用人艺术。用人的方法和艺术在领导工作中占有特别重要的位置。1938 年毛泽东把领导者的职责归结为："出主意，用干部"，将领导的决策与用人放在同等重要的位置。领导者用人的艺术主要有：合理选择，知人善任；扬长避短、宽容待人；合理使用，积极培养；用人要正、激励人才。

（2）用权艺术。规范化用权，实效化用权，体制化用权。

（3）授权艺术。包括合理选择授权方式；授权留责（领导者将权力授予下级后，下级在工作中出问题，下级负责任，领导也应负领导责任，士卒犯罪，过及主帅）；视能授权（领导者向下级授权，授什么权，授多大权，应根据下级能力的高低而定）；明确责权（领导者向被授权者授权时，应明确所授工作任务的目标、责任和权力，不能含糊不清、模棱两可）；适度授权（领导者授权时应分清哪些权力可以下授，哪些权力应该保留）；监督控制（领导者授权后，对下属的工作要进行合理的即适度的监督控制，防止放任自流或过细的工作检查的两种极端现象）；逐级授权（领导者只能对自己的直接下级授权，不能越级授权）；防止反向授权。

（二）决策艺术

（1）决策艺术的特点：科学与经验的结合；综合性知识与创造性发挥。

（2）决策艺术的运用。①运筹艺术：统筹兼顾，把握关键；②决断艺术：指令明确、决断及时；③善于调动他人的积极性；④借用外脑。

（三）人际关系艺术

（1）人际沟通艺术：态度和蔼、平等待人；尊重别人、注意方法；简化语言，积极倾听抑制情绪，把握主动；创造互信环境。

（2）处理人际纠纷艺术：严己宽人；分寸得当、审时度势；讲究策略，把握主动。

（四）可资借鉴的某些准则

（1）要理解与人为善的艺术：善良是力量的特征。

（2）任何时候都不要伤害工作人员的自尊心。

（3）要永远放弃两面派行为：对下级一副面孔，对上级又是另一副面孔。

（4）永远要以"您"称呼下级，别忘记说"请"字。

（5）别惧怕新事物，如果做什么事都用 20 年前的老办法，那么这个事实本身就说明，你在某种程度上是个保守派。

（6）查处任何过失时，在采取某些措施之前，要尽量耐心地听取犯错误人的解释。

（7）请记住，不善于听取意见是受挫领导者的职业缺点。因此，要学会听取意见，甚至不要用诸如"简短些"这样刺激性的话打断话多的工作人员。

（8）请相信那些值得信任的人。如果一个人认真地完成受托的事情，不要用过多的提醒和指示使他难为情。请让他有机会安安静静地、不受"干扰"地工作。

（9）对干得好的，不要舍不得致谢。那些认为"催促"可起推动作用，表扬会使人头脑发昏，并导致自我安慰和骄傲自满的领导者是大错特错了。领导者的好话无论是过去还是现在仍然是刺激人们努力工作最有效的因素。

（10）如果由于差错而必须训斥谁的话，请你单独地找他面谈。绝大多数人都很忌讳在自己同事面前受到责备，完全不允许在工作人员的下级在场的情况下训斥他。

（11）无论如何不要断然把下级人员划分为"坏的"和"好的"。请你遵循这样一条原则：每个人身上的优良品质比不良品质总是多得多的，需要的只是善于激励前者，抑制后者。

（12）要及时地向下级通报自己的设想和计划。这会在集体中建立共同努力、信任的气氛，有助于集体高高兴兴地去实现你的设想。

本章小结

领导与领导者是两个不同概念。领导是一个社会组织系统。这个系统由领导者、被领导者、领导行为等共同构成其内容体系。领导者则是领导行为的主体，是指挥组织活动的能动的行为主体。领导者影响其下属的基础是权力。权力包括职权和权威力两方面，其中权力分配方式方法是体现领导能力的重要方法。领导者自身素质的优劣直接影响着组织目标的实现，一个组织一般由多个领导者、领导班子组成，这就对领导班子的整体素质提出了很高的要求。合理的领导班子要求有适当的年龄结构、知识结构、才能结构和情感结构。

领导方式是指领导者与被领导者之间发生影响和作用的方式。每个领导者由于其思想品德、文化知识及才能和性格特质等方面不同，决定了其实施领导的方法也不尽相同。按照不同标准可以将领导方式分为不同的类型：按领导的倾向，可以分为重人式、重事式与人事并重式的领导方式。按决策能力大小，可以分为专断型、民主型、自由型的领导方式。按日常工作方式，可分为强制式、说服式、示范式的领导方式。在领导实践发展和研究的过程中，产生了具有代表性的三大理论：特性理论；行为理论；权变理论。

领导这一活动过程，既是一门学问也是一门艺术，了解领导的用人用权授权艺术、决策艺术、人际艺术，把握领导艺术的相关准则，是领导在管理中需要掌握和探索的一门重要学问。

管理案例

财务部陈经理结算了一下上个月部门的招待费，发现有 1000 多元没有用完。按照惯例他会用这笔钱请手下员工吃一顿，于是他走到休息室叫员工小马，通知其他人晚上吃饭。快到休息室时，陈经理听到休息室里有人在交谈，他从门缝看过去，原来是小马和销售部员工小李两人在里面。"呃"，小李对小马说，"你们部陈经理对你们很关心嘛，我看见他经常用招待费请你们吃饭。""得了吧"，小马不屑地说到，"他就这么点本事来笼络人心，遇到我们真正需要他关心、帮助的事情，他没一件办成的。你拿上次公司办培训班的事来说吧，谁都知道如果能上这个培训班，工作能力会得到很大提高，升职的机会也会大大增加。我们部几个人都很想去，但陈经理却一点都没察觉到，也没积极为我们争取，结果让别的部门抢了先。我真的怀疑他有没有真正关心过我们。""别不高兴了，"小李说，"走，吃饭去吧。"陈经理只好满腹委屈地躲进自己的办公室。

管理技能

1. 你认为陈经理是哪一类领导者？为什么？
2. 你认为这件事是谁之过错？陈经理该如何处理好这件事？

练习题

一、填空题

1. 领导者的权力主要分为两类，分别是（　　　　）和（　　　　）。
2. 下级相信领导者具有他所需要的智慧和品质，具有共同的愿望和利益，从而对他钦佩，愿意模仿和跟从他，这属于权力中的（　　　　）权。
3. 合理的领导班子的构成包括：年龄结构、（　　　　）、（　　　　）、（.　　　　）。
4. 按领导的倾向分类看，（　　　　）式的领导者以工作为中心，注重组织的目标、任务的完成和效率的提高，以工作的数量与质量及达成目标的程度作为评价成绩的指标，以事为中心进行领导活动。
5. 在管理学领域，现有的领导理论主要有三大类型：（　　　　）、（　　　　）、（　　　　）。
6. 菲德勒提出的权变理论认为领导者施加影响的能力取决于群体的工作环境、（　　　　）、个性及领导方法对群体的适合程度。

二、选择题

1. 构成领导者职权影响力的因素，主要包括几个方面：（　　　　）。
A. 品格因素　　　　B. 知识因素　　　　C. 才能因素　　　　D. 感情因素

2.布莱克和莫顿提出的领导理论是( )。

A.领导行为连续统一体理论　　　　　B.管理系统理论

C.管理方格理论　　　　　　　　　　D.情境领导理论

3.管理方格理论提出了五种最具代表性的领导类型,( )领导方式对生产和工作的完成情况很关心,却很少关心人的情绪,属于任务式领导。

A.1.1型　　　　　B.9.1型　　　　　C.1.9型　　　　　D.5.5型

4.领导者有意分散领导权,给部属以极大的自由度,只是检查工作成果,不主动做指导,除非部属有要求,这种领导类型属于( )。

A.专断型领导　　　B.民主型领导　　　C.自由型领导　　　D.放任型领导

5.刘邦在打败项羽的庆功宴上兴奋地说:"运筹帷幄,我不如张良;决胜于千里之外,我不如韩信;筹集粮草银饷,我不如萧何。而他们却都被我所用,这就是我得天下的原因。"从管理学角度看,以下哪种说法更准确( )

A.知人善任,是领导者成功的一个关键因素。

B.一个领导者各方面的才能并不一定都要高于下属。

C.领导者不需要具备专业技能。

D.领导者要实现组织目标,必须把各方面能人吸引到自己的组织中来。

6.你的部门因预算的限制,有必要进行整编。你请了本部门中一位经验丰富的人负责这项工作。他在你部门的每个领域都工作过,你觉得他有能力完成这一任务,可他却似乎对这项任务的重要性反应漠然。此时,你应当采取哪种领导方式( )。

A.高任务、高关系　　　　　　　　　B.高任务、低关系

C.低任务、高关系　　　　　　　　　D.低任务、低关系

三、简答题

1.领导和管理有什么区别?

2.领导行为理论模式有哪几种类型? 其各自的理论特点是什么?

3.如何理解领导艺术? 领导艺术有哪些?

第七章 沟 通

本章学习目标

1. 掌握沟通的必要性、理解沟通的作用
2. 掌握沟通过程的八要素模型
3. 理解正式沟通与非正式沟通的作用
4. 掌握双向沟通的重要性
5. 理解自我沟通、人际沟通和群体沟通的特征

案例导入

房地产公司汪总的一天

上午：

7：00 起床、洗漱完毕，早餐过程中看《信息时报》，了解最新时事。

8：00 出门前顺便查看手机上的新闻，了解更加实时的时事信息。

8：15 司机小龙在楼下等候。上车后，跟进昨天在建委召开的黄村拆迁户的协调会议的后续资料，给市建委开发处范处长打了个电话，承诺今天送达所需资料，交代小龙上午从档案室复印一份拆迁档案送建委范处长。

8：23 尚未到达办公室，接到在华南大学读 MBA 的天地公司胡总的电话。胡总说，听了他在大学兼职讲授的《管理沟通》这门课后，非常受启发，并邀请汪总到天地公司讲授同样的课程。汪总请他将邀请函及企业简略情况和培训目标学员的基本情况介绍发到他的电子信箱，并许诺根据自己的时间安排给予答复。

8：30 抵达办公室。打开电脑，通过 Outlook 收取公司内部邮件。首先查阅了公司财务部提交的每周现金流量统计表，之后审阅了 4 月份管理费用预算执行情况表。对于个别费用预算超支问题，打电话要求财务经理上来解释，并强调费用控制的原则。

9：00 通过 Foxmail 查收 Sohu、163 等多个邮箱的邮件。汪总发现广告与垃圾邮件居多，尤其是经常购书的卓越网发了三封邮件，其中两封是新书广告、一封要求他对一个月前购买的多本书进行点评。他暗想，看来网络营销越来越人性化了。好久没有联系的本科同学王彤从加拿大发来了邮件。他在中国人同学网上看到了大学毕业班级主页后，给每位能够联系的同学发送了邮件，照例是对大学时代的怀旧情结的点滴回忆，过了 40 岁之后，人越来越怀旧了，并感慨明年正好是毕业 20 周年，该搞一次同学聚会了。另外一份邮件是确定在华南大学 MBA 秋季学期授课的课表，他们还希望汪总兼职上两个班。可惜精力跟不上啊，教学要求又不能合班上课。汪总回邮件只同意接一个班，并要求在周末上课。

9：30 按照周一例会确定的日程，应与公司法律顾问讨论羊城项目拆迁纠纷案件的诉

讼问题。拆迁户维权意识越来越强了，开发商也变成了弱势群体。

10：30 到羊城项目工地主持召开现场会议，与项目经理讨论项目基坑出土不顺畅等工程问题，并强调了合同中工期计划的严肃性。言下之意是拖延了工期，只能按照合同违约条款处理。

12：30 安排了与项目销售营销代理公司的工作餐。汪总向代理公司了解了当前房地产的营销市场状况，并督促他们尽快给出一份营销定位与代理合作方案。他决定从市场上最强的三家代理公司中选取一家作为最后代理商。现在市场工作细分越来越严格了，专业的东西最好还是外包。

下午：

2：00 短短30分钟午休后，刚刚坐下喝了口茶，就接到了儿子班主任的短信，邀请他在下次家长会上给各位家长介绍一下育儿经验。实际上儿子不算优秀，但最近学习进步较大。其他讲座可以推，这个不行，某种程度上班主任的面子比单位领导都重要。

2：30 按计划召集综合部经理以及各位副总召开了一次协调会，主要讨论个别人员的薪酬调整问题。经济形势不好，但为了体现对团队精英的照顾，对个别突出的人员还得加薪，这样才能体现管理的激励精神。

4：00 与事先约好的工程部经理进行面谈，讨论他在工作过程中出现的情绪问题。

5：00 预约集团公司陈董事长汇报房产公司最近经营情况。首先报告了最近羊城项目拆迁出现的问题以及对策，其次汇报了目前房地产市场逐渐有下滑趋势的情况，并拟提请集团批准房产公司在好运项目中加大融资的力度，以加快项目封顶并尽快推向市场。董事长希望汪总尽快上报一份请示，然后提请集团领导班子讨论此事。

晚上：

6：30 在远洋大厦邀请了省会各大报社房地产专刊的主笔记者聚会。会上主要通报公司好运项目的情况，并听取大家对房地产形势的意见。推杯换盏之中，气氛非常热烈。

8：30 看着各位著名记者离去的身影，不觉有些疲惫了，但还不能回家，因为事先已经约好了建设银行王行长洽谈好运项目快速贷款事项。本公司财务部万经理晚上8：00就在楼下沐足养生馆恭候了。升腾的沐足水汽中，他们与王行长探讨了根据项目进展，按进度逐层涂押进行贷款的方式，然后让王行长在三天后给出融资计划书，以便房产公司报集团审批。

11：00 迈着疲惫的步伐，终于回到家中。洗漱完毕后、上床睡觉前，拿出计划行事录，检讨一遍当天的计划编排，再梳理一下明天的安排。

明天又是新的一天……

管理技能

如果把我们自己每一天的沟通事件列出来，可能发现比汪总的还要多。但是这些沟通是否达到了预定的目标呢？应该如何评价与改进呢？

第一节　沟通概述

一、沟通的基本概念

管理技能

沟通的误解

"沟通不是太难的事，我们不是每天都在进行沟通吗？"

"我告诉他了，所以我已和他沟通了。"

"我告诉他们了，但是他们没有搞清楚我的意思。"

"只有当我想要沟通的时候，才会有沟通。"

以上事实可能是很多人对沟通的认识，然而，沟通的含义却不能用以上事实来说明。其实沟通并不是一个永远有效的过程。我们对沟通有了清晰的认识才会体察出自身在沟通能力方面存在的缺陷。有效沟通，首先应了解沟通的含义、作用和意义。

沟通，源于拉丁文 communis，意义为共同化，英文表示为 communication，在《美国传统双解词典》中的解释为："交流、交换思想、消息或信息，如经由说话、信号、书写或行为"；《新编汉语词典》关于沟通之意的解释为"使两方能连通"；传播学者西蒙多·克莱文杰说：从学术或科学的角度对沟通下定义遇到困扰，这是因为一个事实，即动词的沟通（to communicate）作为普通词汇沿用已久，因此很难将其作为科学用语使用。本书综合古今中外学者的论述后，将沟通定义如下：

沟通（communication）是信息、思想与情感凭借一定符号载体，在个人或群体间从发送者到接受者进行传递，并获取理解达成协议的过程。

首先，沟通的传递要素包括了中性的信息、理性的思想与感性的情感，在本书后续的阐述过程中，用广义的信息来包含中性信息、理性思想与感性情感；其次是沟通具有相互性，一定是两个以上个体或群体之间的传递过程才能称之为完整的沟通；最后就是主体发出的沟通要素信息、思想与情感不仅要被传递到客体，还要被充分理解并达成协议，这个也是与日常所讲沟通的最大区别。总之，沟通是双方之间准确地理解传递反馈信息、思想与情感的过程。

从以上沟通的定义来看，其三大要素缺一不可。对于第一个传递要素而言，如果沟通过程仅仅包含了中性的信息，那么也只能称之为毫无感情的机器语言，试想想您对爱人传递爱的宣言过程中，用一个平调的机器语言传递会如何？对于第二个要素，一定要在个体或群体之间进行传递，否则只能是一个人的自言自语或者内在的思考反省过程。对于第三个要素而言，如果沟通的过程达不到理解并接受的程度，那么只能称之为日常的通知而已。

而对于一个企业的管理者而言，要时刻面对各种各样的沟通，沟通的对象包括了企业的众多利益相关者（或者称为干系人），外部包括了政府、企业所有者（股东）、融资银行、上游供应商、下游中介渠道商、广告商、媒体、社区团体、竞争对手与产品顾客；内部包括了上级管理者、同级管理者以及下级的雇员和雇员的家庭成员等。总之，从沟通角度来看，企业管理者就是一个不断调整自我角色的面对各种利益相关者的沟通者。所谓的利益相关者是指在企业发展过程中，对企业生产经营活动能够产生重大影响的团体或个人，利益相关者网络，如图7－1所示。

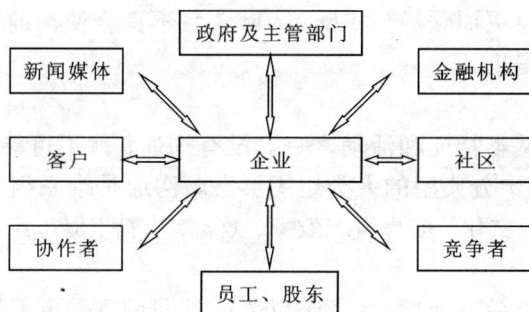

图7－1　企业利益相关者网络

二、沟通的作用与意义

资料链接

排球朋友

电影《荒岛余生》中汤姆·汉克斯扮演的男主人公被困在孤岛上，因为孤独，把一个排球作为最好的朋友和精神寄托。当他的排球朋友Wilson消失在大海中，他奋力去救但没办法救回来，大喊"I'm sorry"。这镜头感动得让人流泪。我们离不开别人，更离不开沟通。

1. 沟通的作用

为什么要沟通？这个问题乍听起来，好像问别人"为什么要吃饭"或"为什么要睡觉"一样愚蠢。吃饭是因为饥饿，睡觉是因为困倦。同样，对于我们来说，沟通是一种自然而然的、必需的、无所不在的活动。

通过沟通可以交流信息和获得感情与思想。在人们工作、娱乐、居家、买卖时，或者希望和一些人的关系更加稳固和持久时，都要通过交流、合作、达成协议来达到目的。

在沟通过程中，人们分享、披露、接收信息。根据沟通信息的内容，可以分为事实、情感、价值取向、意见观点。根据沟通的目的，可以分为交流、劝说、教授、谈判、命令等。

综上所述，沟通的主要作用有两个：

（1）传递和获得信息

信息的采集、传送、整理、交换，无一不是沟通的过程。通过沟通，交换有意义、有价值的各种信息，生活中的大小事务才能得以开展。

掌握低成本的沟通技巧、了解如何有效地传递信息能提高人的办事效率，而积极地获得信息更会提高人的竞争优势。好的沟通者可以一直保持注意力，随时抓住内容重点，找出所需要的重要信息。他们能更透彻了解信息的内容，拥有最佳的工作效率，并节省时间与精力，获得更高的生产力。

（2）改善人际关系

社会是由人们互相沟通所维持的关系组成的网，人们相互交流是因为需要同周围的社会环境相联系。

沟通与人际关系两者相互促进、相互影响。有效的沟通可以赢得和谐的人际关系，而和谐的人际关系又使沟通更加顺畅。相反，人际关系不良会使沟通难以开展，而不恰当的沟通又会使人际关系变得更坏。

2. 沟通的意义

沟通是人类组织的基本特征和活动之一。没有沟通，就不可能形成组织和人类社会。家庭、企业、国家，都是十分典型的人类组织形态。沟通是维系组织存在，保持和加强组织纽带，创造和维护组织文化，提高组织效率、效益，支持、促进组织不断进步发展的主要途径。

有效的沟通让我们高效率地把一件事情办好，让我们享受更美好的生活。善于沟通的人懂得如何维持和改善相互关系，更好地展示自我需要、发现他人需要，最终赢得更好的人际关系和成功的事业。

有效沟通的意义可以总结为以下几点：

（1）满足人们彼此交流的需要；

（2）使人们达成共识、更多的合作；

（3）降低工作的代理成本，提高办事效率；

（4）能获得有价值的信息，并使个人办事更加井井有条；

（5）使人进行清晰的思考，有效把握所做的事。

管理技能

"三分做事，七分做人"，是职场基本生存定律。这说明了什么？

第二节 沟通类型

资料链接

组织沟通是非常必要的

美国普林斯顿大学对一万份人事档案进行了分析，结果是：智慧、专业技术、经验只占成功因素的25%，其余75%决定于良好的人际沟通。

美国哈佛大学调查结果显示：在500名被解职的男女中，因人际沟通不良而导致工作不称职者占82%。

福特公司的董事长亨利·福特曾说："作为福特公司的董事长，我告诫自己，必须与各界确立和谐关系，不可在沟通上无能为力。"

（资料来源：陈企盛.金牌直销员的9堂训练课.北京：中国纺织出版社，2006）

一、沟通过程的八要素模型

沟通过程就是发送者将信息通过一定的渠道传递给接收者的过程。沟通过程离不开沟通主体(发送者)、沟通客体(接收者)、信息(包含中性信息、理性的思想与感性的情感)、信息沟通渠道等基本沟通要素。一个完整的沟通过程包括了主体/发送者、编码、渠道(媒介)、解码、客体/接受者、反馈、噪声与背景。任何简单或复杂的沟通都遵循这个沟通过程的八要素模型。

主体/发送者:即信息源与沟通发起者,这是沟通的起点。

编码:即组织信息,把信息、思想与情感等内容用相应的语言、文字、图形或其他非语言形式表达出来就构成了编码过程。

渠道:即媒介、信息的传递载体,除了语言面对面的交流外,还可借助电话、传真、电子邮件、手机短信等媒介传递信息。

解码:即译码,接收者对所获取的信息(包括了中性信息、思想与情感)的理解过程。

客体/接收者:即信息接收者、信息达到的客体、信息受众。

反馈:接收者获得信息后会有一系列的反应,即对信息的理解和态度,接收者向发送者传送回去的那部分反应即反馈。

噪声:上述六个环节在进行过程中,不可避免地会遇到各种各样的干扰,统称噪声,它存在于沟通过程的各个环节,并有可能造成信息损耗或失真。常见的噪声源来自以下八个方面:发送者的目的不明确、表达不清、渠道选择不当,接收者的选择性知觉、心理定势,发送者与接收者的思想差异、文化差异、忽视反馈。

背景:即沟通过程所处的背景环境,同样的一次沟通在不同的时空背景下导致的沟通效果是不一样的,正是因为沟通双方的人际关系是动态变化的,从而使得彼此之间的沟通效果也是动态变化的。

管理沟通的过程,如图7-2所示。

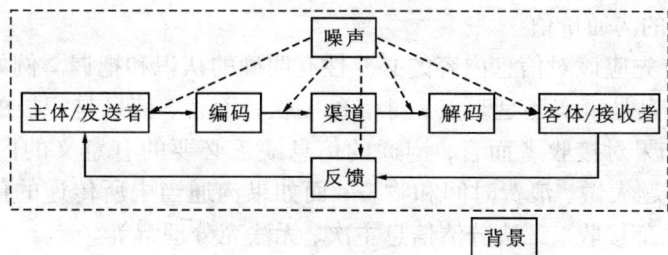

图7-2 管理沟通的过程(八要素模型)

发送者把意图编码成信息,通过媒介物——渠道传送至接收者;接收者对接收到的信息加以解码,并对发送者作出相应的反应,成为反馈;在沟通过程中不可避免地会存在各种噪声干扰,导致沟通效果缺憾,同时由于每次沟通都处于一定的环境背景当中,不同的时空背景下,沟通效果也会大相径庭。

根据管理沟通的要素分析,管理者要实现有效的沟通,应该从管理沟通的八要素入手，系统全面地考虑管理沟通的策略。针对上面沟通过程模型的八个要素，本书将分别介绍管理沟通主体策略、管理沟通客体策略、管理沟通的编码与解码策略、管理沟通的信息与渠道策略。

下面简述一下沟通各要素对沟通过程的影响。

1. 发送者、接收者

沟通的主体是人，任何形式的信息交流都需要有两个或两个以上的人参加。由于人与人之间的信息交流是一种双向的互动过程，所以，发送者与接收者只是相对而言，两者身份可能发生转换。在信息交流过程中，发送者的功能是产生、提供用于交流的信息，是沟通的初始者，处于主动地位。而接收者则被告知事实、观点或被迫改变自己的立场、行为等，处于被动地位。发送者和接收者这种地位对比的特点对于信息交流有着重要影响。

2. 编码与解码

编码就是发送者将信息转化成可传输的符号的过程。这些符号或信号可以是文字、数字、图画、声音或身体语言。评价发送者的编码能力有三个标准：一是认知，即"对不对"的问题；第二是逻辑，即"通不通"的问题；第三是修辞，即"美不美"的问题。

解码就是接收者将获得的信号翻译成某种含义。如果解码错误，信息将会被误解或曲解。沟通的目的就是希望接收者对发送者所发出的信息作出真实的反应及采取正确的行动，如果达不到这个目的，就说明沟通不灵，产生了沟通障碍。

编码和解码的两个过程是沟通成败的关键。最理想的沟通，应该是通过编码和解码两个过程后接收者形成的信息与发送者的意图完全吻合，也就是说，编码和解码完全"对称"。"对称"的前提条件是双方拥有类似的知识、经验、态度、情绪和感情等。如果双方对信息符号和内容缺乏共同经验，则容易缺乏共同的语言，那么无法达到共鸣，从而使双方在编码和解码过程中不可避免地出现误差和障碍。

3. 信息

本书范围内阐述的信息是广义范畴的信息，它包含了中性信息、理性思想与感性的情感，广义的信息应该从如下两方面进行理解。

(1) 信息内容的沟通价值

信息发送者首先应该对信息内容的必要性有明确的认识和把握。例如信息的内容是否对接收者重要、信息是事实还是观点、对信息接收者而言，信息是积极的还是消极的、信息量有多大等。如果对接收者而言，沟通的信息缺乏必要的有意义的内容或者信息量太小，则会使沟通小题大做、浪费时间和物资；而如果沟通当中所传递的信息量过大，则会使对方无法及时全部接收、无法分清信息主次、无法充分理解等。

(2) 信息符号系统

由于不同的人往往有着不同的"符号—信息"系统，因而接收者的理解可能与发送者的意图存在偏差。在一种认知体系中，符号(symbol)是指代一定意义的意象，可以是图形图像、文字组合，也可以是声音信号、建筑造型，甚至可以是一种思想文化、一个时事人物。所有的沟通信息都是由两种符号组成的：语言符号(verbal symbol)和非语言符号(nonverbal symbol)。

人类所面对的客观事物几乎是无限的，可人类只能用有限的词汇和抽象的概念工具来描述无限的事物。根据语言哲学理论，一个特定的句子去掉上下文后可以任意解释，每个人都是根据自己的阅历来对语言进行联想，赋以意义，所以对每个词的定义没有两个人是完全相同的，这便使这个世界上到处充满了误解。

4. 渠道

渠道是信息从发送者到达接收者所借助的媒介物。语言符号可以有口头和书面两种形式，每一种又可以通过多种多样的载体进行传递。口头语言可以通过面谈、演说、会议、电话、录音带、可视对话等多种渠道传递，而书面语言的载体又可以是信件、内部刊物、布告、文件、投影、电子邮件等。非语言符号通过人的眼神、表情、动作和空间距离等来进行人与人之间的信息交流。在申请一份工作时，要学会利用丰富的非语言渠道传递信息，例如有力的握手、职业装、敬重的语气等。

信息发送者要根据信息的性质选择合适的传递渠道。传达政府报告、员工绩效评估等正式、严肃和权威的事情，宜用书面形式。在各种通道中影响最大的仍是面对面的原始沟通方式，因为它可以最直接地发出及感受到彼此对信息的态度和情感。

5. 背景

背景是影响沟通的总体环境，可以是物质的环境，也可以是非物质环境。沟通的背景通常包括如下几个方面。

(1) 心理背景

心理背景是指内心的情绪和态度。它包括两方面的内容：一是沟通者的心情和情绪。沟通者处于兴奋、激动状态时与处于悲伤、焦虑状态时的沟通意愿和行为是截然不同的，后者往往思维处于抑制和混乱的状态，沟通意愿不强烈，编码和解码的过程也会受到干扰。二是沟通双方的关系。如果沟通双方彼此敌视或关系冷漠，其沟通常常由于存在偏见而出现误差，双方都较难理解对方的意思。

(2) 社会背景

社会背景是指沟通双方的社会角色及其相互关系。不同的社会角色，对应于不同的沟通期望和沟通模式。人们之间为了达成良好的沟通，在沟通时必须选择切合自己与对方的沟通方法与模式。

(3) 文化背景

文化背景是人们生活在一定的社会文化传统中所形成的价值取向、思维模式、心理结构的总和。文化背景影响着沟通的每一个环节。东西方文化背景不同，也会给他们之间的沟通造成或大或小的干扰和难度。

(4) 空间背景

空间背景指沟通发生的场所。特定的空间背景往往会造成特定的沟通气氛，在嘈杂的市场听到一则小道消息与接到一个特地告知你的电话，给你的感受也是截然不同的，前者显示出的是随意性，后者体现的是神秘性。环境中的声音、光线、布局等物理氛围会影响沟通效果，而且环境的选择与权力有一定关系，沟通双方对环境的熟悉程度也会影响沟通效果。

(5) 时间背景

时间背景是指沟通发生的时点。在不同的时间背景下，同样的沟通会产生截然不同的沟通效果。试想，一种情景是在某位公司职员刚与妻子吵架之后与其沟通工作绩效问题，另一种情景是在员工获得公司嘉奖之后与其沟通绩效问题，你觉得在哪种情况下沟通效果会比较好呢？当然是第二种。因此，选择合适的时间进行沟通是非常重要的。

6. 噪声

噪声是沟通过程中对信息传递和理解产生干扰的一切因素，存在于沟通过程的各个环节。根据噪声的来源，可以将噪声分为：内部噪声、外部噪声、语义噪声。

内部噪声来自沟通主体身上，比如注意力分散、存在某些信念和偏见等。态度、技能、知识和社会文化系统都会造成内部噪声。

外部噪声是指来源于环境的各种阻碍接受和理解信息的因素。常见的外部噪声是声音的骚扰，例如，和亲密的朋友推心置腹地交流时，周围突然有人大声喊叫。不过外部噪声不单指声音，还可能是光线、冷热等。教室的光线不好，会使学生不能看清黑板上的授课内容；在上课的时候，教室过分闷热同学们难以集中精力学习。还有一种是信息经过沟通渠道时出现的损失和破坏，如用电话沟通时，电话线路不好；又如用电子邮件进行沟通时，电子邮件设置出现问题，对方无法及时收到自己的电子邮件。

语义噪声，指的是沟通的信息符号系统差异所引发的沟通噪声。人们个体的差异往往会导致人们内在的信息符号代码系统不能完全一致，因此也就在客观上留有产生系统差异噪声的可能性。

7. 反馈

反馈是指接收者把收到并理解了的信息返送给发送者，以便发送者对接收者是否正确理解了信息进行核实。通过反馈，双方才能真正把握沟通的有效性，可以让沟通的参与者知道思想和情感是否按照他们计划的方式分享，有助于提高沟通的准确性，减少出现误差的概率。为了检验信息沟通的效果，反馈是必不可少和至关重要的。

与信息的传递一样，反馈的发生有时是无意的。如不自觉地流露出的表情等方式，会给发送者返回许多启示。面对面交谈的参与者可以获得最大的反馈机会，而且交流中包含的人越少，反馈的机会越大。获得反馈的方式可以是提问、观察面部表情以及肢体动作等。

二、沟通的种类

在沟通过程中，根据沟通符号的种类分别有语言沟通和非语言沟通，语言沟通又包括书面沟通与口头沟通；根据是否是结构性和系统性的，沟通分为正式沟通和非正式沟通；根据在群体或组织中沟通传递的方向分为自上而下沟通、自下而上沟通和平行沟通；根据沟通中的互动性分为单向沟通与双向沟通；从发送者和接收者的角度而言，包括自我沟通、人际沟通与群体沟通。

（一）语言沟通与非语言沟通

沟通包括语言沟通和非语言沟通，最有效的沟通是语言沟通和非语言沟通的结合。语言沟通包括书面沟通和口头沟通，非语言沟通包括声音语气（比如音乐）、停顿与肢体动作（比如手势、舞蹈、武术、体育运动等）。

1. 语言沟通

语言沟通是指以语词符号为载体实现的沟通，主要包括口头沟通、书面沟通和电子沟通等。

管理技能

林肯的幽默

一天晚上 12 点，有一个想投机取巧的政客给林肯打电话说："总统先生，我听说咱们的税务局长刚刚去世，我可不可以顶替他的位置？"

林肯说："如果殡仪馆同意的话，我没有意见！"

语言本身就是力量，语言技巧是我们最强有力的工具。就像"花言巧语"可以帮助一个人获得他人的感情；语言可能使你逃离灾祸，也可能使你陷入泥潭；一个敢于站起来说话的人可能成为领导者；语言也可能使人受到极大的鼓舞或者极大的侮辱。

语言可以帮助你去获得他人的理解，并使与他人的沟通变成可能。你对语言的驾驭使他人对你产生印象——你所处的状态和接受的教育。

资料链接

中西方语言与思维方式

西方人和中国人的思维方式有很大的不同，这与相互的语言系统可能有较大的关系。汉语是二维空间，比英语大一个量级，具有抽象的逻辑性。西方的拼音文字，比如英语，是一维线型的。如果西方人对你说，明天我请你吃饭，你基本就可以等他明天请你了。如果一个中国人说了同样的话，可能仅仅是客气的场面话。因为我们是二维空间的动物，在 X 轴上说"我请你吃饭"，同时在 Y 轴上说"No"。

2. 非语言沟通

美国加州大学洛杉矶分院（UCLA）的研究者发现，在面谈中，信息的 55% 来自于身体语言，38% 来自于语调，而仅有 7% 来自于真正的语言。一个人在影响他人时，本身也不断地从外界接收信息，接收信息的渠道有：眼神 83%，听觉 11%，味觉 1%，嗅觉 3.5%，触觉 1.5%，视觉是接收信息最多的渠道。

可见表达能力绝不只是你的口才，非语言表达方式和语言同样重要，有时作用甚至更加明显。正如德鲁克所说，人无法只靠一句话来沟通，总是得靠整个人来沟通。通过非语言沟通，人们可以更直观、更形象地判断你的为人、做事的能力，看出你的自信和热情，从而获得十分重要的第一印象。人们常说：耳朵听不见为失聪，眼睛看不见为失明。聪明就是耳聪目明，聪明的人能看出别人没有看出对方的方面，能听出对方的言外之意。人们控制要说的话比较容易，而控制身体语言却不容易，身体语言会将人的思想暴露无遗。

资料链接

无赖吃饭

一个人走进饭店要了酒菜，吃罢摸摸口袋发现忘了带钱，便对店老板说："店家，今日忘了带钱，改日送来。"店老板连声说"不碍事，不碍事"，并恭敬地把他送出了门。

这个过程被一个无赖给看到了，他也进饭店要了酒菜，吃完后摸了一下口袋，对店老板说："店家，今日忘了带钱，改日送来。"

谁知店老板脸色一变，揪住他，非剥他衣服不可。

无赖不服，说："为什么刚才那人可以赊账，我就不行？"

店家说："人家吃菜，筷子在桌子上找齐，喝酒一盅盅地筛，斯斯文文，吃罢掏出手绢揩嘴，是个有德行的人，岂能赖我几个钱？你呢？筷子往胸前找齐，狼吞虎咽，吃上瘾来，脚踏上条凳，端起酒壶直往嘴里灌，吃罢用袖子揩嘴，分明是个居无定室、食无定餐的无赖之徒，我岂能饶你？"

一席话说得无赖哑口无言，只得留下外衣，狼狈而去。

在现实生活中大量存在非语言沟通，如一个眼神、一个细小的动作、一个简单的身体姿态、一件衣服、一个特别的位置、一件物体等，都代表了特定的沟通含义。非语言沟通中最为人知的领域是身体语言和语调，包括人的仪表、举止、语气、声调和表情等。看到学生的眼神无精打采或者是有人在翻阅校报时，大学老师无须言语就可以知道，学生已经厌倦了；同样，当纸张沙沙作响，笔记本开始合上时，信息也十分明确，下课时间到了；一个人所用的办公室和办公桌的大小、一个人的穿着打扮都向别人传递着某种特定信息。

资料链接

沟通的结构与内涵框架图，如图 7-3 所示。

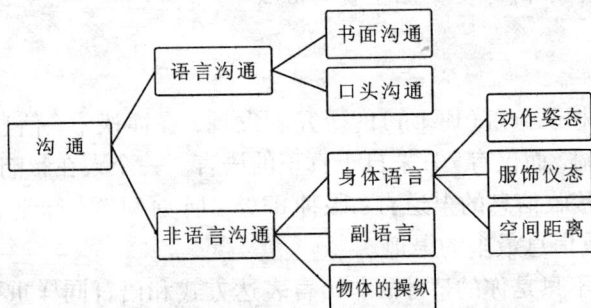

图 7-3　沟通的结构和内涵框架图

(二)口头沟通与书面沟通

正如上文所说，沟通分为语言沟通和非语言沟通。按照语言载体的不同，语言沟通又有口头沟通和书面沟通两种形式。

1.口头沟通

最常用的信息传递方式是口头沟通。在生活中可以通过面谈、小组讨论、演讲、电话、电话会议等方式与人进行口头沟通，也可以通过电视、电影、录像来获得信息。

口头沟通的优点在于快速传递和快速反馈。在这种方式下，信息可以在最短的时间中进行传送，并在最短的时间内得到对方的回复。如果接收者对信息不确定，迅速的反馈可以使发送者及时检查其中不够明确的地方，从而及早地发现错误，使信息准确传递。

尽管有"及时"的优势，但口头沟通失真的潜在可能性很大。当信息经过多人传送时，卷入的人越多，信息失真的潜在可能性就越大。正如"传话"的游戏，每个人都以自己的方式去解释模糊的信息，当信息达到终点时，它的内容常常与最初情况大相径庭。如果组织中的重要决策通过口头方式在权力金字塔中上下传递，则信息失真的可能性就相当大。

2. 书面沟通

书面沟通包括信函、各种出版物、传真、平面广告、浏览网页、电子邮件、即时通信、备忘录、报告和报表等任何传递书面文字或符号的手段。

选择书面沟通是因为它有形而且可以核实。书面沟通比较容易保存，使沟通的双方都拥有沟通记录，沟通的信息可以无限期地保存下去。如果对信息的内容有疑问，可以查询记录。对于复杂或长期的沟通来说，这一点尤为重要。

书面沟通还可使人更周密地思考。书面的形式往往会更为严谨、逻辑性强，而且条理清楚。一个新产品的市场推广策划可能需要好几个月的大量工作，书面记录下来，可以使计划的构思者在整个计划的发展过程中得以不断参考、修正。

资料链接

请养成书面沟通的习惯

ISO 9001—2000 的要求中第 4.2.4 条，关于"记录控制"的要求是应建立并保持记录，以提供符合要求和质量管理体系有效运行的证据。记录应保持清晰、易于识别和检索。应编制形成文件的程序，以规定记录的标识、储存、保护、检索、保存期限和处置所需的控制。ISO 内审员资格培训很重要的一句话是"没有记录等于没有发生"。这句话绝大部分有企业管理经验的人都知道，但是，真正在意这句话对于企业管理的影响的人却并不多。

一些成长型的企业中存在执行力不强的原因就是信息沟通不顺畅，而导致信息沟通不顺畅的原因就是没有养成书面语言沟通的习惯。

当然，书面沟通也有缺陷。书面沟通虽然更为精确，但是它耗费时间。同样是 1 小时的测验，通过面试交谈，你向考官传递的信息远比笔试要多。事实上，花费 1 个小时写出的东西只需 10 ~ 15 分钟就能说完。缺乏反馈是书面沟通的另一个缺陷。口头沟通能使解说者对于自己听到的信息及时回应，而书面沟通则不具备这种内在的反馈机制。

管理案例

一张备忘录

背景

收件人：张总

发件人：小王

日期：2007 年 6 月 15 日

主题：包装水果新方法

张总，您知道，对水果行业来说，如果能显著减少运输损耗、降低成本，意味着什么？意味着利润！

很幸运的是，我们又一次找到一种方法可以实现这两点。据我们估计，如果您能采用这种方法的话，公司可以减少运输损耗超过10%，减少总成本5%，由此利润可增加7%，同时客户会因为更加方便而满意！您还在犹豫什么呢？如果我是您的话，我会毫不犹豫地选择这种新的包装方式。

敬请张总考虑采纳我们的建议，同时因为涉及多个部门的合作，需您协调。

管理技能

上述备忘录中存在什么问题，应如何处理？

(三)正式沟通和非正式沟通

1.正式沟通

所谓正式沟通，就是按照组织结构所规定的路线和程序进行的信息传递和交流，如组织间的信函往来、组织内部的文件传达、汇报制度等。一般地将官方、有组织或书面的沟通视为正式沟通，它具有精确、内敛、技术性和逻辑性强、内容集中、有条理、信息量大、概括性强、果断、着重于行动、重点突出、力度大等特点。沟通越正式，对内容的精准性和对听众定位的准确性要求就越高。但是正式沟通往往比较刻板，沟通速度很慢，层层传递之后存在着信息失真或扭曲的可能。

2.非正式沟通

所谓非正式沟通，就是运用组织结构以外的渠道所进行的信息传递与交流，如员工私下交谈，朋友聚会时的议论以及小道消息等。一般地，随意、口头或即兴的沟通被视为非正式沟通。

非正式沟通具有迅速、交互性强、反馈直接、有创造力、开放、流动性强、较灵活等特点，可以提供正式沟通难以获得的"内幕新闻"。其缺点是沟通难以控制，传递信息不确切，容易失真，而且还有可能导致小集团、小圈子的滋生，影响组织的凝聚力和向心力。

资料链接

旁敲侧击

宋朝时，宋太祖对一个大臣说："鉴于你对国家做出的杰出贡献，我决定升你做司徒（古代官名）。"这个大臣等了好几个月也不见任命下来，可是又不能当面向皇帝询问，因为这会伤及皇帝的面子，但如果不问，升官的事情就可能告吹了，怎么办呢？

大臣有一天故意骑了一匹极瘦的马从宋太祖面前经过，并惊慌下马向皇帝请安。宋太祖就问："你的马为什么如此之瘦？"那个大臣回答："我答应给它一天三斗粮，可是实际我却没有给它吃这么多。"

宋太祖马上明白了这个大臣的意思，第二天就下旨任命这个大臣为司徒。

(四)向上沟通、向下沟通和平行沟通

沟通，按信息流动的方向来分，可以分为向上沟通、向下沟通和平行沟通。中国人的人际关系实际上是一种人伦关系，而人伦是有大有小、有上有下的，人们不能以大欺小，也不能以下犯上。对中国人来说，沟通方向因人伦关系这一因素而显得尤为重要。

1. 向上沟通

向上沟通是指居下者向居上者陈述实情、表达意见，即人们通常所说的下情上达，如臣对君、子对父、下属对上司等。在向上沟通中，"下"应是主体。积极的向上沟通可以提供员工参与管理的机会，减少员工因不能理解下达的信息而造成的失误，营造开放式氛围，提高企业的创新能力，缓解工作压力。

资料链接

中国文化下的向上沟通

中国文化下的向上沟通，应是尊重而不吹捧、请示而不依赖、主动而不越权。在向上沟通时，下属应该谨记"上下"观念，安守本分，小心自己的言行，让上司感受到尊重，不可以下犯上，当然也不必奴颜婢膝。

2. 向下沟通

向下沟通与向上沟通正好相反，是居上者向居下者传达意见、发号施令等，即通常所说的上情下达。向下沟通时，"上"应是主体。要想沟通顺畅，上司要降低自己的姿态，不要一副高高在上的样子，使下属畏惧，产生不愿意沟通的反感心理。

资料链接

中国文化下的向下沟通

中国人重视身份地位，所谓的"大人不计小人过"，就是"大人"不愿意放下身份去同"小人"斤斤计较。所以，越是位高权重的人，越会表现出平易近人的样子，同下属说话的时候就如同仁慈长者，多数是谆谆教导的口吻。凡是那些动不动就大发雷霆、咄咄逼人的上司，一般是火候没到，还不懂得中国人的"为官之道"。

3. 平行沟通

平行沟通是指同阶层人员的横向联系，如公司内部同级部门之间都需要平行沟通，以促进彼此的了解、加强合作，免得产生隔阂、影响团结。平行沟通的目的是交换意见，以求心意相通。

对上沟通、对下沟通，彼此之间都会保留三分的礼让空间，比较容易找到合理的平衡点。平级之间，大家一样大，很容易产生"谁怕谁"的心态，对沟通十分不利。在这种情况下，要想进行顺利的沟通，要先从自己做起，尊重对方，对方才会用同样的态度对待你。中国人是讲交互的，你敬我一尺，我敬你一丈，所以，你尊重对方，对方也自然会尊重你，这样才方便沟通。

（五）单向沟通与双向沟通

沟通按照是否进行反馈，可分为单向沟通和双向沟通，两者各有优缺点，应学会在不同的情况下选择合适的沟通方式。

1. 单向沟通与双向沟通（如图7-4所示）

单向沟通是指在沟通过程中，信息发送者负责发送信息，信息接收者负责接收信息，信息在全过程中单向传递。单向沟通没有反馈，如作报告、发指示、下命令等。

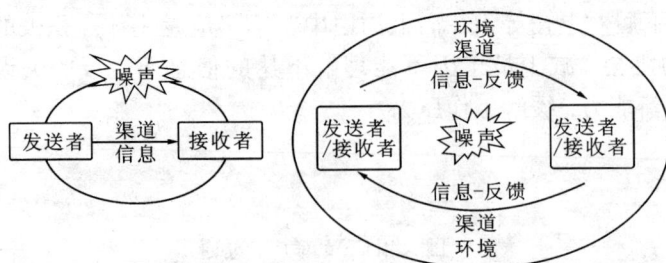

图7-4 单向沟通(左)、双向沟通(右)

资料链接

某手机的使用说明书之 Q&A——单向沟通在产品营销中的应用

(1)手机内建的 MSN Messenger 支持语音通话吗?

MSN Messenger 仅支持文字信息的传递。

(2)如何让手机具备 GPS 实时导航功能?

① 您必须拥有蓝牙 GPS 装置;

② 建立蓝牙 GPS 和手机间的蓝牙同步关系;

③ 设定蓝牙 GPS 装置对应的 com 端口;

④ 在您选购及安装 GPS 导航软件前,请务必确认您手机中的内存空间是否足够完成该程序的安装;

⑤ 由于导航程序一般状况下所占空间较大,建议安装至 micro sd 记忆卡。

(3)如何恢复默认值(hard reset)?

您可以使用恢复默认值公用程序或硬件按键,将手机恢复至出厂状态。一旦使用本功能手机内所有数据将被清除,请务必小心使用。

(4)如何联机至 d-service?

您可以联机至 d-service 网站获取定期更新服务。请于×××网站申请账号、密码。

(5)闹铃为什么关机不会响?

您必须将手机开机时才会响铃。如果您想要关闭电话功能,可以在通信管理员中关闭。

双向沟通是指信息发出者和接收者之间进行双向信息传递与交流。在沟通中双方位置不断变换,沟通双方往往既做发送者同时又是接收者。双向沟通中的发送者以协商和讨论的姿态面对接收者,信息发出以后还需及时听取反馈意见,必要时双方可进行多次重复商谈,直到双方共同明确和满意为止。

2. 单向沟通与双向沟通的比较(表7-1)

表7-1 双向沟通与单向沟通的比较

项 目	比较
时 间	双向沟通比单向沟通耗费更多的时间
信息准确度	双向沟通中,信息发送与接收的准确性大大提高
沟通者的自信度	双向沟通的接收者产生平等感和参与感,增加自信心和责任心,双方都比较相信自己对信息的理解
满意度	双向沟通的双方对沟通过的满意度一般更高
噪声	双向沟通中与主题无关的信息较易进入沟通过程,双向沟通的噪声比单向沟通要大得多

管理者应当学会在不同情景下合适地选择单向沟通与双向沟通。一个组织如果只重视工作的快速与成员的秩序,宜用单向沟通;大家熟悉的例行公事、低层的命令传达,可用单向沟通;如果要求工作的正确性高、重视成员的人际关系,则宜采用双向沟通;处理陌生的新问题、上层组织的决策会议,双向沟通的效果较佳。从领导者个人来讲,如果经验不足,无法当机立断,或者不愿下属指责自己无能,想保全权威,那么单向沟通对他有利。

(六)自我沟通、人际沟通与组织沟通

沟通包括逐渐递进的三个层次:其一,自我沟通,这是人类与生俱来的本能,和衣食住行一样是基本需求;其二,人际沟通,这是本能的、经验型的、以个性为基础的;其三,组织沟通,是具有科学性、有效性与理性的沟通。

1. 自我沟通

自我沟通是指人的思想、情感以及看待自己的方式。自己是唯一的发送者和接收者,信息由思想和情感构成,大脑是渠道,使所思所想时刻发生改变。在自我沟通中,自己不用直接与他人接触,自己的经验会觉得自己应该如何与自己"交谈"。

资料链接

求爱表白前的自我沟通

当小王爱上漂亮迷人的小李姑娘的时候,他在向她表白自己的爱意之前,必然在自己内心要进行一次自我沟通:首先评估自己的优势与劣势,然后分析小李旁边是否有强力的竞争对手,最后评估一下自己表白后的成功概率。在内心中得到一定成数成功评估结果的前提下,自己又要自我沟通表白的方式:当面表白还是书面表白;直接表白还是通过第三人间接表白等。

2. 人际沟通

人际沟通是指人和人之间所进行的信息和情感的传递与交流。它提供心理上、社会上和决策性的功能。心理上,人们为了满足社会性需求和维持自我感觉而沟通;人们也为了发展和维持关系而沟通;在决策中,人们为了分享资讯和影响他人而沟通。人际沟通在形成组织规范、协调人际关系、实现组织目标和加强组织领导方面是一个举足轻重的因素。

3．组织沟通

组织沟通指的是组织中两个或两个以上相互作用、相互依赖的个体，为了达到基于其各自目的的组织特定目标而组成的集合体，并在此集合体中进行交流的过程。

组织是两个或两个以上的人，为了达到共同的目标，以一定的方式联系在一起进行活动的群体。群体有其自身的特点：成员有共同的目标；成员对群体有认同感和归属感；群体内有结构、有共同的价值观等。群体具有生产性功能和维持性功能。群体的价值和力量在于其成员思想和行为上的一致性，而这种一致性取决于群体规范的特殊性和标准化的程度。群体规范具有维持群体、评价和导向成员思想和行为以及限制成员思想和行为的功能。

组织沟通，是一种动态的、多渠道过程，它包括特定组织内部和外部的沟通。组织沟通是组织为了顺利地经营并取得经营成功，为求得长期的生存发展，营造良好的经营环境，通过各种商务活动，凭借一定的渠道，将有关组织经营的各种信息发送给组织内外既定对象（接收者），并寻求反馈以求得组织内外的相互理解、支持与合作的过程。组织沟通是不同个体或组织，在经营活动中围绕各种信息所进行的传播、交换、理解和说服工作。

资料链接

5－15 报告

如果一个企业的人员在同一个地方工作，员工们总会在咖啡厅或饮水器前进行一些信息交流。然而，当同事散布在不同的地区，不能经常见面，这种交流机会也就荡然无存。那么在这种情况下，应该如何保证企业内部的群体沟通与联系呢？

麦克尼利斯集团行政总裁麦克尼利斯采用了一种叫做"5—15 报告"的工作程序。其方法是：每位职员每周须提交一份报告，报告必须能在 15 分钟内写完，能够让读报告的人在 5 分钟内读完。报告共分三个部分：

（1）简要叙述本人一周以来的工作情况；

（2）坦率地叙述本人的精神面貌及周围同事的士气；

（3）一条针对本人工作、本部门或公司的改进建议。

"在一个像我们这样人员分散的企业中，这个工作方法大有裨益。"麦克尼利斯说，"从我得到的信息反馈看，实施'5—15'报告程序后，我们的许多驻外人员都觉得和公司更加形同一体。对于全职人员，报告每周一份；对于兼职人员和咨询顾问，报告每月一份。报告不仅在内部传阅，还把它们抄送给了公司的主要业务单位、合资企业和重要客户，作为加强联系的一种办法。"

"5—15 报告"中主要汇报客户中出现的情况、正在起草中的提案、可圈可点的会议、出现的问题和新的计划等。这种报告为员工提供了一个论坛，可以在这里分享成功经验、对同事表示慰问、寻求帮助、提出建议、发泄愤怒或传递一些大家感兴趣的信息。

麦克尼利斯集团的内部报告中还包括员工的个人生活，诸如孩子出生、亲属去世、同仁结婚等。这种内容每周都有，而且人人均可读到。麦克尼利斯注意到这种报告常常能够促使员工进行深层次的个人交流。他补充道："我非常仔细地阅读了这些报告，尤其是有关精神面貌的部分。我经常会对报告中的某些内容作出批示，然后发还给报告提交人，这样就形成了一个快速高效的反馈循环。"

（Paul Hawken. Growing A Business（如何把企业做大）. Simon & Schuster Press，1998）

管理技能

俗话说"交浅不言深"、"看人说话、看菜吃饭、量体裁衣"，说明了什么道理？

第三节 突破沟通障碍

管理案例

刘先生有个外甥生在美国，读初中时，小姨子就把他接回来了，让他在中国台湾继续接受教育。有一次，刘太太去他家做客，两姐妹在厨房边聊天，边炒菜。

聊着聊着，外甥从书房出来，说道："妈，炒菜不要讲话。"说罢，又回去做他的功课去了。

刘太太说："不要讲话，什么意思？"炒菜为什么不要讲话？因为口水会掉在菜里，刘太太后来才知道是这个意思。刘太太说道："不要讲话？哪个不是吃我们口水长大的？不要讲话，你就别吃饭了。"

其实外甥没有意思要冒犯他的母亲。小姨子听了儿子的话后，就不讲话了。

管理启示

孩子有意见可以讲，没有什么对与错之分。在我们的生活中却不一样了，敢向家长提意见，还了得！这种想法导致从小我们的孩子被压制着没有意见，结果到了学校也没有意见，到了公司也没有意见。因此，作为一名管理者，应该注意这种组织氛围，不但要鼓励他们发生"冲突"，要容忍，而且还要承认这是一种人性的特征。

沟通是个人和组织日常生活中的基本方式，沟通就是把信息、观念和想法传递、交流给对方。沟通过程包括：信源、接收器、信息、渠道、反馈、编码和译码。它开始于发送者，把一个想法或观点进行编码，然后以口头、书面或其他形式将其发送给接收者，接收者对信息进行译码，从而获得对发送者想沟通的信息的理解。在一个组织内，信息可纵向流动和横向流动。在任何沟通过程中要达到预期效果，信息的传递能达到互相理解：①及时发现潜在的问题；②征求改进工作的意见；③保持共同目标的实现；④避免发生意外；⑤保证工作顺利进行。莫飞（通用汽车公司总裁）说："我始终都认为人的因素是一个企业的关键所在。因此，一个成功的管理者，必须具有了解别人的能力，能够和部属充分沟通，尤其要重视'沟通'这一渠道。"

一、沟通障碍

（1）空间距离因素。主管与下级之间的空间距离减少了他们面对面的沟通，会导致误解或不能理解所传递的信息，还会使得主管和下级之间的误解不易澄清。

（2）沟通的曲解。当一个人分不清实际材料和自己的观点、感觉、情绪等的界限时，就会发生曲解。主管和下级都倾向于根据自己的观点、价值观念、意见和背景来解释信息，而不对它做客观的解释，由于语言及媒介使用不当、接收者对信息发生误解而造成沟通的曲解。

古代先哲亚里士多德曾说过："问题不在情绪本身，而是情绪本身及其表现方法是否适当。"各式各样的困扰之源并不在情绪，关键在于你能明白妥善处理情绪的重要性。李世民之所以成为大唐盛世的君主，就是因为他很少受情绪的影响。

（3）语义上的障碍。沟通语言的结构导致了对事情本质的错误描述，信息中如果包含有多义词，则可能会导致误解。

（4）层次差异及知识经验水平的限制。主管和下级的层次之间存在着各种差异。主要表现在主管和下级的知识及专业技术层次差异，主管忽视了下级的知识层次，倾向于使用主管术语，或者是技术性的，或者是行政性的，下级对这些术语却一无所知，若发送者与接收者在知识水平上相差太大，在发送者看来很简单的内容，而接收者却由于知识水平太低理解不了，双方没有"共同的经验区"，接收者不能正确理解发送者的信息，则沟通就会出现障碍。

（5）缺乏信任。信任障碍主要与下级和主管相处的经历有关：一方面，如果下级觉得把坏消息报告给上级于自己无益，就会隐瞒这些消息或把不利信息过滤掉；另一方面，如果上级利用下级来为自己谋私利，为了提升职位、显示功劳以及树立良好的形象，这些都会损毁下级对上级的信任。

资料链接

魏征每次讲完话后，唐太宗都出去散步。有人问他："皇上，魏征为什么每次讲完话，你都出去散步？"唐太宗说得很简单："我怕我杀了他。"其实魏征是谏议大夫，你知道魏征以前是谁的人吗？魏征是唐太宗李世民的哥哥的人。唐太宗把自己的哥哥杀死以后，还能够继续用魏征，这一点就证明他很包容。但是魏征更了不起，他不因为他以前的主子是——唐太宗李世民的哥哥，就对李世民非常巴结，他照样批评李世民，李世民知道他讲的是对的，只好出去散步。

（6）态度、观点、信念等的不同，造成沟通过程中的障碍。例如，下级向上级反映情况往往有"打埋伏"的现象，报喜不报忧、夸大成绩、缩小缺点等。上级向下级传达指示，下级往往不是如实地理解这些指示，而是猜测这种指示的"言外之意"、"弦外之音"等。这都说明人们在传递和接收信息时，往往会把自己的主观态度掺杂进去。

资料链接

有一次，一位总经理要开除一个副厂长，因为他做了一件几乎不能原谅的事情。报告写好后，总经理知道自己的脾气不好，于是将它塞到抽屉里面，第二天上班的时候，如果还是这样的想法，只要一交代人事部门，那个副厂长一个礼拜之内就要离开。第二天，总经理将昨天的报告拿出来再看，感觉处罚得太严重了！于是悄悄地销毁了这份报告。全公司没有人知道这件事情。事情就这样过去了。其实这个副厂长是个不错的人，他的能力非常强，是公司里少有的优秀干部。

（7）不可接近性和心理因素的影响。有这样一些主管：下级没有机会与他们商谈、讨论，获得他们的指导。它会挫伤下级从上级那里寻求适当指导的积极性，从而更多地依赖自我尝试。不可接近并不一定非得是实体上的，它也可能是心理上的。由于主管采取严厉的态度，下级要弄明白他的观点，也许并不容易。可以看出，信息沟通中的很多障碍也是由心理因素引起的。个人的性格、气质、态度、情绪、兴趣等的差异，都可能造成信息沟通失败和障碍。

（8）职责不明确。当一个下级的职责不明确时，他们就会找替罪羊或者搪塞责任，导致职责和作用的含糊。

（9）知觉的选择性和个性不相容。人们在接收一个信息时，符合自己需要的又与自身利益有关的内容容易听进去，而对自己无利的则不容易听进去。这样就会在不经意中产生知觉的选择性，造成沟通障碍。主管和下级的个性常常发生冲突，并因此产生沟通障碍，不是客观地看待事情，相反，个性因素占了主导地位，问题也就被个性化了。

（10）拒绝倾听。表现在一些主管人员漫不经心，或者自高自大，拒绝倾听上级和下级的意见，或者源于"我知道所有事情"的优越情绪，或者源于"我一无是处"的自卑综合症。这些态度障碍了有效的沟通。

（11）沟通渠道的选择及媒介没有被恰当地利用。信息沟通有多种渠道，各种渠道又有各自的优缺点，如果不考虑本组织机构的实际情况和具体要求，随便选择沟通方式和渠道，也会造成信息沟通的障碍。组织在沟通中通常使用的媒体有：通知单、小册子、板报、信函、年度报告、通讯刊物、图表、工资单、标语、电话、闭路电视、建议书等。一些媒体对个人及其组织沟通都是适用的，然而对媒体的选择却是沟通的一个极其重要的方面。例如，一个管理人员设计了一个极好的方案，但是如果没能选择好合适的方式予以沟通，那么他的时间和精力就可能白费了。

（12）组织结构的影响和沟通缺口。合理的组织结构有利于信息沟通。如果组织机构过于庞杂，不仅容易使信息传递失真，还会影响信息传递的及时性，最终影响工作效率。沟通缺口指沟通的正式网络中所存在的缺陷或漏洞。正式沟通网络是沿着组织的权责路线建立的，随着组织的增长和扩大，这些网络便倾向于变得大而复杂，同时又没有很多的计划工作，在这种情况下，沟通"网络"便开始出现缺陷。过分依赖正式沟通而不利用其他来源和方法，导致沟通系统产生缺口。

（13）误导性迷失。信息内容缺乏导向可能会导致沟通障碍。有些信息有两部分内容：明显的意义和潜在的含义，在某些情况下，信息的外显意义被弄得过分吸引人，从而导致潜在含义的丢失。

（14）信息量过大和负载过重。信息并不是越多越好，重要的是要有用的、优质的信息。信息过量会造成沟通的障碍。当人们负载的信息过度时，他们就倾向于业绩完成得不好，其工作绩效比接收信息量少的员工的绩效还要低得多。

二、有效沟通的途径

沟通的有效性，主要看发送者转交接收者时的态度及其程度。沟通能否成功，取决于上级向下级人员提供的信息与下级人员理解的信息是否一致。

（1）组织成员必须具备沟通的理论知识、概念、操作性技艺。主要包括沟通的涵义、沟通的种类、沟通网络、沟通可利用的各种媒介、一些最新研究成果、最新观念等，并有能力把这些沟通原理运用到实践中去。

（2）正确运用语言文字。使用对方易懂的语言，表达要明确，条理要清楚，不能模棱两可；语言要精炼，针对性要强。有些沟通问题可以通过使用简单直接的语言加以解决。沟通过程中，轻松自如，且专心专意，才能明白对方说些什么。能倾听别人，别人才能倾听我们。倾听是一门艺术，它是满足人们自我表现意识的最好方法，倾听所带来的益处是在组织内激发更高的士气，并使组织关系更为融洽。例如，美国联邦快递公司采用开门政策，鼓励雇员直接与管理层交流意见，反映他们的问题以及对公司和行业的评论。公司不断重申公正对待每个快递邮送员，确保公司倾听雇员对公司的任何抱怨和意见。

资料链接

要想了解谈话对象真正的情感，你应该仔细观察他的脸部表情，因为，驾驭语言比控制面部表情容易多了。

——［英］查斯特·菲尔德

（3）沟通必要的信息。现代社会变化迅速，主管人员应从大量信息中实施选择，只把与下级人员的工作密切相关的信息提供给他们，避免他们信息负担过重。一般而言，如果普通员工所看的信息是30页，给经理、副经理看最好就是20页，给总经理、副总经理看最好就是10页，给董事长看最好就是5页。这并不表示信息不愿意完整地给董事长看，而是董事长没有时间什么都看。宝洁有这么一句名言："尽量用一张纸。"所以公司送董事长、总经理、厂长等的文件上面一定要有一个摘要，不管底下有多少页，摘要一定要把重要的事情讲完。

资料链接

1941年12月，日本偷袭了珍珠港，结果1942年，罗斯福总统在他的档案里面突然发现一件事情，说："哎呀，中国在去年4月就通知我们，日本人可能偷袭珍珠港。"第一个知道日本可能偷袭珍珠港的是中国情报部，根据情报日本人可能要发动太平洋战争，偷袭珍珠港，没有想到这么重要的一条信息却淹没在了一大堆的档案里面，等到罗斯福在第2年4月看到的时候，已经珍珠港是被偷袭完了后的5个月。

（4）有效沟通的具体渠道。①定期提交书面报告。②提出议题，引发沟通。这种方法能及时了解下级的期望和要求，倾听团队成员的意见和关注点。③随时随地自然沟通，在午饭和咖啡厅休息时间里，在超市或街道上，以非正式的方式自然进入话题。④在沟通中保持互动，对上级或下级提出的要求、意见和建议及时反馈、及时答复。

（5）明确沟通的目的。主管人员必须清楚，做这个沟通的目的是什么？要下级人员理解什么？确定了沟通的目标，沟通就容易规划了。上级能够更容易地给出合适的信息，也能够更容易地接收信息，并对信息做出适当的反应。

（6）表达要精确，要言行一致。要把上级人员的想法精确地表达出来，而且要使接收者充分理解。同时，以自己的行动支撑自己的说法，最有效的沟通是行重于言。

资料链接

海军训练有一个动作叫做操炮，就是一个水兵把一个炮弹递给另一个水兵，让他装进炮膛。海军规定，将炮弹送过去的水兵要说"好"，接炮弹的水兵也要说"好"，这样才可以把手松开。在海军操炮的时候，如果没有听到"好"、"好"两个字炮弹就上膛了，海军的士官长就会走上去，"啪啪"两个耳光打过去。因为在操炮时，士兵若保持沉默，炮弹一不小心砸到甲板，就有可能发生弹药爆炸的毁灭性危险。

海军对操炮过程的要求，其实是最简单的信息反馈。送炮弹的水兵说"好"，就是说我准备放手了，接炮弹的水兵说"好"，表示你可以放了。

（7）计划沟通内容时应与他人商议，这样既可以获得更深入的看法，也容易获得别人的支持。并且，沟通时不仅要着眼于现在，还应该着眼未来。大多数的沟通，要切合当前的实际需要，但又不能忽视长远目标的配合。

资料链接

纳科尔公司一度业绩非常糟糕，它只有一个部门在盈利，其他的部门都在花钱。在公司濒临破产的时候，其横梁分公司的总经理肯·埃弗逊被提拔上来组建了一支杰出的队伍，其中包括"世界上最好的财务经理"山姆·希格和"运营天才"大卫·埃柯克。

埃弗逊必须了解纳科尔的全部情况以及员工们的真实想法，于是他召开了多次总经理会议。埃弗逊知道，他必须通过会议了解情况，也必须通过会议让人们达成一致。显然，"绅士的交流"并不能达到这一目的，他知道自己必须营造一种"有效"的对话氛围。当时参加会议的经理们回忆道："会场乱糟糟，我们一连数小时在那里讨论问题，直到事情有了眉目……"他们说，有时候，大家叫喊着，在桌子旁边舞着手臂，脸涨得通红，几乎要大打出手。这样的情形在纳科尔公司持续了好几年。同事们常常走进埃弗逊的办公室，大叫大嚷，直到达成共识。就是通过这样的一次次的争吵和争论，纳科尔公司先是卖掉了原子能业务部，然后决定重点经营钢筋横梁，再后来，纳科尔公司开始自己炼钢，以后又投资了两家矿井。30年后，纳科尔公司成了世界四大钢铁厂之一。

（8）考虑沟通时的环境情况，包括沟通的背景、社会环境、人的环境以及过去沟通的状况等，以便使沟通的信息得以配合环境状况。

资料链接

爱因斯坦有一次参加一个晚会，有一位老太太跟他说："爱因斯坦先生，你真是不得了啊，得诺贝尔奖了。"爱因斯坦说："哪里，哪里。""爱因斯坦先生，我听说你得诺贝尔奖的那个论文叫做什么相对论，相对论是什么东西啊？"什么叫做相对论呢？问他这个话的是一个70多岁的老太太，爱因斯坦要怎么回答呢？能量等于质量乘以光速的平方，这种相对论的公式，你跟她讲她能听懂吗？爱因斯坦马上就用比喻的方法告诉她了：

"亲爱的太太，当晚上十二点钟，你的女儿还没有回家，你在家里面等她，十分钟久不久?"

"真是太久了。"

"那么亲爱的太太,如果你在纽约大都会歌剧院听歌剧卡门,十分钟快不快?

"真是太快了。"

"所以太太,你看两个都是十分钟,相对不同,这就叫做相对论。"

"哦。我明白了。"

(9)与他人建立和睦的关系是有效沟通的关键。例如,你不能强迫别人与你搞好关系,但你可以改善自己的态度,来使和睦的关系更容易建立。如果你的行为表现出对别人尊重和周到的考虑,你就会自然而然地发现自己与越来越多的人关系良好。建立和睦关系的回报是巨大的,巩固了进行其他方面沟通的基础,从而使你的工作会更加轻松和充满乐趣。

资料链接

记住人家的名字,而且很轻易地叫出来,等于给别人一个巧妙而有效的赞美。

——[美]卡耐基

(10)要进行信息的追踪与反馈。信息传递后必须设法取得积极的、建设性的反馈,以弄清下级是否已确切了解,是否愿意遵循,是否采取了相应的行动等。因此,用你认为有助于接收信息的方式去给出信息。利用反馈不单是指我们交代人家要求他回报,同样,人家交代我们也要问清楚。

资料链接

如果要求别人做事情,那么你必须要让他养成一个习惯——"回报"。这个"回报"不是指报答,是回头报告的意思。凡是你要求过的事情,不管是你的下属,还是你的平行单位,把你今天要求的事情统统写到一张纸上,然后摆到你的桌上。第二天早晨上班时,如果有人没有回报的习惯,这时可将他们一一叫过来,威严地说:"以后凡事要养成好习惯。我要求的事情你不要忘记!"

如果是平行部门,也有策略——故意反问他:"老韩,昨天下午我拜托你的事情有结果了吗?""啊,对不起,我忘了。""那老韩,今天中午以前能不能给我答案呢?""应该可以吧。"十一点半的时候再问他一遍:"老韩,现在离十二点钟还有三十分钟,那个答案不知道出来没有?""啊,对不起!我十二点钟前一定给你。"当大家都知道,你有紧盯到底的习惯时,他们就会按要求把事情做到最好,这就叫做让他人养成一个回报的习惯。

管理技能

管理学上有一个很有名的理论,叫做芝麻绿豆原理。请谈谈你的看法?

管理案例

一次难忘的订餐经历

2009 年 5 月 9 日，我们公司与当地房地产中介协会合作举办一次关于全国房地产中介发展的论坛，我受公司委派前往珠江大学。讲座计划是 10 日上午 9：00～11：40，在珠江大学科技楼讲学厅，讲座中间休息 20 分钟大家可以交流，供应茶点。在讲座结束后，我们会给听讲座的每人供应一份麦当劳套餐。

按照计划在 9 日下午布置好了学院的讲学厅。晚上我与协会的工作人员外出采购讲座必需品，以及去麦当劳餐厅商谈送餐事宜。讲学厅有 64 个座位，邀请了讲者和老师共 20 多位，但是学生的数量就不好估计了，我暂定订餐 70 份。考虑到送餐太早凉了不好吃，送晚了讲座已经结束会影响效果，觉得套餐应该在讲座结束前 10 分钟也就是 11：30 送到。

晚饭后我们去了市中心百欣广场，广场对面就有沃尔玛和麦当劳餐厅。这不是距离学校最近的麦当劳餐厅，考虑到送餐的便捷性，初始我并没有选择这家店。现在刚好要在沃尔玛购物，我决定去这家餐厅看看。进入餐厅我直接找了餐厅的经理，一位年轻的漂亮女生接待了我。她身上似乎还有着学生的气息，这让我觉得她应该是工作很细心的人。我直接表示：公司要筹办一次讲座，需要提供送餐业务，时间是明天上午，大约是 70 人。在听过我的简述后，这位漂亮的女经理表示送餐没问题。我接着强调了送餐时间也就是 11：30 送到，这是我认为最关键的因素。女经理表示时间也可以保证。关键的要素得到保证我也轻松了很多，我认为自己可以进入下一个商谈环节了。

我说明了讲座的地点——珠江大学，讲学厅在学院科技楼三楼，女经理听到我说完后，就表示自己已经清楚了。为了保险，我还是特意画了指示图，女经理看过表示完全明白，并表示送餐员是搭的士送餐，我心想自己在此地出差，每次上了出租车，司机都很清楚珠江大学的位置。时间和地址这两个最重要的问题明确后，女经理开始追问我送餐的具体数量，我清楚当时是没法确定数量的，我表示先预订 70 份。但是我要先选择四种套餐，在我看来套餐种类多了并不好，众口难调只会增加派发套餐的工作，所以只选择四种。按照预订数量我又向女经理争取了优惠，最后我们约定明天上午 10：00 前我给电话确定最后套餐的数量。在留了电话交付 200 元定金后，我满意地离开了。我对自己的谈判技巧很满意，知道什么因素对自己最重要。什么是可以让步的，哪些是一定要争取的，每个人所看重的都不同，所以沟通就显得很重要。

第二天早上讲座顺利开始，因为相同的主题讲座已经办了两场，合作方的主讲人也是个很有经验的专业人士。讲座受到了珠江大学师生的欢迎，在讲座开始 40 分钟我统计已经有 91 人了，还有不少学生是站着在夹道聆听的。9：55 的时候，照约定我给麦当劳餐厅电话，女经理接的电话，我订了 100 份套餐。考虑到后面应该还有听众来，套餐是要多预留几份的。我还嘱咐可乐和汉堡要单独分开放，以免热汉堡和冰可乐在一起传热，也防止汉堡被溅出的可乐打湿。

时间一分分过去，讲座的顺利进行让我很开心，就在这时合作方的另一位代表告诉我，讲座要结束了，套餐何时送来？我看表才 11：15，竟然比计划提早了 35 分钟。我首先想到就是为什么会提前结束呢？但这毕竟是合作方代表的做法，我只能去调整了。我马上打电话到麦当劳餐厅，得到的答复是送餐的同事已经出来了，"应该最多十分钟就到了。"

我心里计算着。我立刻又进入讲学厅想方设法先稳住听众，和合作方的代表商议临时来个抽奖问答。有了奖品马上调动了大家的情绪，我心中想着又能应付个十来分钟了。

抽奖结束了，大家很开心，可是送餐依然没有到，这时我有些着急了，马上再次电话给餐厅，得到的答复是已经出门十多分钟了。听到女经理这么说，我心里比较生气，昨晚她漂亮的形象也开始点点模糊了，出门打车十多分钟了怎么还会没到？我直接询问送餐员的电话，可是女经理说还是她联系吧，我感觉有些受骗，可是似乎无能为力，只是表示让她赶紧联系再回头给我电话，相对昨晚的甜言，听了她的话让我有些不寒而栗。此时的时间是多么难熬啊，一分一秒都很难过。好不容易让合作方的代表再和听众互动十分钟，我又给了餐厅电话，回答是快到了，我真不知该说些什么，女经理的形象已开始在我心中变质了。时钟指向 11:40 了，看着有几位听众要离开了，我再三挽留并表示有套餐送，可他们还是离开了。

没有办法，还是给餐厅打电话想直接联系到送餐员，经理没有给我电话只是说送餐员已经到了。我追问到哪里了，女经理只是说送餐员说到了，也没说到了哪里。听了真叫人生气，可是没空再与她争吵了，我说你不告诉我送餐员电话就叫他们联系我。女经理只是一个劲地道歉，我没有时间再听她的解释，她的话已经很难让我再相信了。我冲向科技楼楼下，没有看到送餐员的身影，也不知真的到没到，学院有几个大门也不知到了哪个门口。正在跑来跑去，电话响起，总算有了和送餐员直接的沟通。问清楚送餐员的位置，我跑到了学院西门，没时间生气训斥了，大家一起抬套餐到了讲学厅。我看了看表，11:50，于是赶快给大家发餐。由于时间的延误，已经有 20 余人离开了，看着大家拿着套餐离开我才松了一口气。

事情还没有结束，套餐剩余了 25 份，留 5 份自己还多余 20 份，肯定是不能接受的，唯一的办法是退回餐厅。可是我也没有十分的把握，打电话给餐厅女经理，先表达了我的意见，因为怕餐厅拒绝退餐，我表示因为送餐迟到 20 分钟导致 20 份套餐没有送出，餐厅要因为自己的送餐延误而承担这一结果。我明白这些套餐退回去也不能再卖了，但是还要据理力争，经过一番协商，15 份套餐退回，还有 10 份只能我们自己吃了。平时也算喜爱的麦当劳汉堡此时让我有些讨厌了。

讲座是结束了，突发事件也处理完成，可是我心里还是对那位麦当劳女经理有意见，虽然事后送餐员解释是出租车司机找不到路延误了时间，可是我认为这是女经理做事不细致，协调不力导致的。而我事先没有和讲座主讲人沟通清楚也造成了后来的仓促。沟通是可以解除很多误会的，可是沟通也是最容易让我们疏忽的。

（改编自中山大学 MBA 学生刘秀玲编制的案例作业《一次难忘的订餐经历》）

管理技能

针对《一次难忘的订餐经历》，就以下问题进行分析讨论：

（1）你认为这次订餐造成延误的主要负责人是谁？

（2）结合沟通障碍的因素，你认为本案例中涉及的沟通障碍体现在哪里？

（3）如果你是麦当劳经理，在接受订餐和送餐的过程中会考虑哪些问题以保证客户满意？

（4）如果你是本案例的主人公，在订餐过程中应如何避免责任事件的发生？

（5）请设计出沟通的过程，并指出沟通障碍的存在。

第四节 冲突管理

管理案例

亚通网络公司

亚通网络公司是一家专门从事通信产品生产和电脑网络服务的中日合资企业。公司自1991年7月成立以来发展迅速，销售额每年增长50%以上。与此同时，公司内部存在着不少冲突，影响着公司绩效的继续提高。

因为是合资企业，尽管日方管理人员带来了许多先进的管理方法。但是日本式的管理模式未必完全适合中国员工。例如，在日本，加班加点不仅司空见惯，而且没有报酬。亚通公司经常让中国员工长时间加班，引起了大家的不满，一些优秀员工还因此离开了亚通公司。

亚通公司的组织结构由于是直线职能制，部门之间的协调非常困难。例如，销售部经常抱怨研发部开发的产品偏离顾客的需求，生产部的效率太低，使自己错过了销售时机；生产部则抱怨研发部开发的产品不符合生产标准，销售部门的订单无法达到成本要求。

研发部胡经理虽然技术水平首屈一指，但是心胸狭窄，总怕他人超越自己。因此，常常压制其他工程师。这使得工程部人心涣散，士气低落。

管理技能

1. 亚通公司的冲突有哪些？原因是什么？
2. 如何解决亚通公司存在的冲突？

据美国管理学会进行的一项对中层和高层管理人员的调查，管理者平均要花费20%时间处理冲突；另据调查，大多数的成功企业家认为管理者的必备素质与技能中，冲突管理排在决策、领导、沟通技能之前。由此可见，冲突管理已成为现代企业管理中的一项不可忽视的重要内容，而冲突水平与绩效在企业的各种类型冲突中，高层管理团队的冲突尤为重要，它直接影响着企业的绩效。

一、冲突管理与高管团队

美国著名组织行为学家罗宾斯认为："冲突是一个过程，这种过程始于一方感觉到另一方对自己关心的事情产生消极影响或将要产生消极影响"。管理决策学派的代表人物西蒙把冲突定义为："组织的标准决策机制遭到破坏，导致个人和团体陷入难于选择的困难"。曾任国际冲突管理协会主席的乔斯沃德教授认为："冲突是指个体或组织由于互不相容的目标认知或情感而引起的相互作用的一种紧张状态"，他认为一个人的行为给他人造成了阻碍和干扰就会产生冲突，冲突和暴力、争吵是两码事。

随着管理学的发展，人们对冲突的认识也发生了变化，国外学者把冲突观念的演变分为传统的观点、人际关系观点和相互作用观点三个阶段。冲突的传统观点认为，冲突都是不良的、消极的，它常常作为暴乱、破坏、非理性的同义词。因此，应该避免冲突。人际关系观点认为，冲突是与生俱来的，是无法避免的，应接纳冲突，使它的存在合理化。冲突不可能被彻底消除，有时它还会对群体的工作绩效有益。相互作用观点认为，应鼓励冲突，并将其维持在较低水平，这能够使群体保持旺盛的生命力。

西方理论界对高层管理团队(TMT)的研究最早起源于 Hambrick 和 Mason(1984)，研究的目的是探讨在公司成长的发展中，是单个领导者(CEO)在发挥作用，还是高层管理团队在发挥作用。大量的研究和企业实践表明，高层管理者在作为制定发展战略、进行绩效管理、利益相关者管理和高级人才评估等一系列问题管理的阶层，站立于高瞻远瞩的地位，进行团队运作对于业绩提升有着重要的作用。

那么到底何为高层管理团队？目前理论界界定高层管理团队的构成有多个角度，主要有：高层管理团队是由公司的创建者组成的集体；高层管理团队是指至少掌握公司 10% 普通股权的一批人的集合；高层管理团队是由 CEO、总经理和职能部门经理组成的团队；高层管理团队就是积极参与问题讨论并做出决策的管理人员。在我国，高层管理团队一般是指负责企业日常生产经营决策的领导团队，包括总经理、董事长、副总经理等管理人员。

二、冲突的影响因素分析

对于冲突的影响因素，国外有较多专家已有阐述，如罗宾斯、乔斯沃德等，他们都认为引起冲突的原因主要有三类：沟通差异、结构差异、人格差异。归纳比较笼统和抽象。

冲突导向理论认为影响企业高层团队冲突的因素主要有 8 项，它们是信息获取能力差异、薪酬差异、价值观差异、集权度、技能互补性、沟通频率、团队规模和任职时间。

1. 信息获取能力差异

信息获取能力差异是指管理者通过各种渠道获取生产经营信息能力的大小，它能增加任务冲突和过程冲突发生的概率，价值观差异是成员对某种特定的行为方式或存在的终极状态的判断和选择的差异，可以从成员对组织的任务、宗旨、目标、用人政策等"应该是什么"的判断体现出来，既会增加与任务相关的冲突，也会增加关系冲突。

2. 薪酬差异

薪酬差异会导致团队成员之间的公平感和信任感，进而增加成员之间的关系冲突，公司高层管理团队存在薪资差异会使团队成员感觉到权力的差异，产生不公平心理，从而导致冲突。

3. 集权度

集权度是指企业高层权力分配的集中程度，也就是高层成员对企业控制程度的大小，它的反面就是分权。集权度大容易造成企业活力不足，集权度小，容易造成决策混乱。

4. 技能的互补性

知识技能的互补性是指合理的知识技能互补有利于企业高层合作，能高效完成组织的战略决策工作。如果高层管理团队是基于职位而不是真正的技能进行配置的，尽管一些团队成员具备了良好的专业技能和经验，但这个团队未必就是能有效解决问题。Tjosvold、Hui 等在 1998 年曾对南京、上海等地企业进行过调查。抽查了 191 名管理人员，就他们上班的相互依存性和企业绩效关系进行量化回答，整个模型测试结果显示，凡是互相依存性大（即各方面技能互补性强）的企业管理决策绩效要大。

5. 沟通频率

沟通频率也是高层管理团队产生冲突的主要原因之一，相互之间缺乏信任，缺少沟通，容易造成人际关系紧张，高层管理团队是由繁忙的经理们组成，他们交流互动一般时间较短，当然不会产生满意的效果，也不会做出有效决定，影响了高层管理团队的绩效。

6. 团队规模

团队规模是指企业高层管理团队组成人员的多少。企业高层规模过大，容易造成部门化管理严重，协调困难，企业高层管理团队规模过小，则不利于企业的精细管理，不利于专业化。

7. 任职时间

团队任职时间是指高层团队平均任职时间，一般而言，任职时间过长，冲突就小，相反时间短，就容易由于协调不好而产生冲突。

三、冲突影响因素的权量分析

在明确了影响冲突的主要影响因素后，有必要进一步分析这些影响因素中，哪些因素对冲突发挥更加重要的作用，哪些因素作用相对不是很重要。这样对冲突管理的有效运作将更有针对性。

首先，确定冲突度的概念，即冲突的大小。冲突度等于冲突幅度与冲突频率的乘积，用数学式表示为 $C = F \cdot S$，C 表示冲突度，F 表示冲突频率，S 表示冲突幅度。其次，进行冲突度和影响因素调查，即调查企业冲突度大小以及各影响因素目前的状况，并用里克特量表法进行量化，使数据等距。再次，进行统计分析，主要是运用 SPSS 软件进行相关分析和回归分析。

通过以上三步工作，得出如下结论：企业高层管理团队的薪酬差异及信息获取能力差异对冲突度影响不大，没有显著性。而其余各因素相关系数均不相同，可以初步说明各影响因素的影响程度。由于各影响因素之间可能也存在相关关系，为了能更精确地说明它们的影响程度大小，需要对这些因素进行回归分析。在回归分析中，通过控制其他变量得出的变量系数，可以说明因素的影响大小。且在回归分析中，经过标准化处理的回归系数反映了自变量的影响程度。从这些回归系数中，可以知道对冲突度影响最大的是价值观差异，最小的是沟通频率。此外，从回归系数还可以得到有的因素对冲突度起正面影响，如价值观差异、团队规模；而有的因素起相反作用，如集权度、技能互补性、沟通频率、任职时间等。因此，在处理冲突时，要从影响较大的因素入手，这样才能最大效率地进行冲突管理。

四、企业有效运作冲突管理的方法

对冲突进行管理就是要坚持权变的观点，正视高层管理团队冲突的客观存在，采取有效措施，防止冲突发展成情感冲突，使冲突的负面作用减少，最大限度地发挥冲突的积极作用。

1. 冲突管理预警机制的构建

高层管理团队冲突是客观存在的，如果冲突严重而不能解决，会引起高层管理危机，因此建立高层管理团队的冲突管理预警机制很有必要。构建该预警机制的原则是：

（1）对冲突变动情况进行监测和评价，以此明确冲突的安全状态及变动趋势；

（2）对冲突的内外环境进行监测，以此明确企业高层管理成员所处的环境以及由此对冲突产生的正面或负面的影响；

（3）建立冲突预警管理活动的评价指标体系，可分成二类指标，一类是评价指标，一类是预警指标。另外，必须构建预警部门。通过监测、识别、诊断、评价等步骤来分析企业面临的冲突状况，然后把分析结果反馈给决策部门，采取措施及时进行控制。

2．营造公开交流和团队协作的氛围

如果在决策过程中，仅仅是少数人发挥作用，那么企业高层管理团队的价值也就不复存在了。所以，一定要培养一种既能提高绩效又能促进成员积极参与、公开交流、团结协作的氛围，公开的交流可以使高层管理团队成员真诚参与决策，加强团队成员的共识。尽管这种公开、坦诚的交流可能导致一些争论甚至冲突，但是如果团队成员能够认识到冲突是以决策目标为导向的，是为了提高绩效，他们就能积极对待冲突，从而提高团队成员的决策满意度。

3．构建合理的权力结构

合理的权力结构往往能使得权力既不过于独裁又不过于平均。构建合理的权力结构，主要应做到：第一，变革组织结构。传统企业的组织结构，尤其是直线职能结构极易诱发破坏性冲突，因为传统职能结构的一大特点是同级之间的互逆协调性，也即同一层次人员彼此相互独立，无法协调，既不能相互指挥，又出现多头领导，很多事情都靠上级跨部门协调。因此企业应改变金字塔式的组织结构，变为扁平化、网络化的组织结构，减少管理层次，扩大管理幅度，广泛引入工作团队。第二，改变管理模式。过度集权所带来的信息代理成本和过度分权所带来的过高代理成本都会引起决策总成本的上升，从而降低效率。因此必须改变传统的管理模式，实行知识化管理。随着知识化管理的实施，企业信息将会实现低成本传播，这样就会对过去的集权产生制约。

4．确立目标导向机制

高层管理团队应共同参与企业共同愿景和目标任务的设计和确认。调查显示，高效的高层管理团队总是能把工作重点放在与核心问题有关的难题和事情上，高层管理团队如果缺乏共同目标就容易把彼此放在竞争的位置上，做出负面的决定。如果团队有共同目标，就会用更广的视野讨论企业的目标和怎样取得更高的绩效，虽然彼此在相关议题上有异议，但本质是建设性的。

本章小结

通过本章学习，我们了解到，所谓沟通是信息、思想与情感凭借一定符号载体，在个人或群体间从发送者到接受者进行传递，并获取理解达成协议的过程。

通过本章学习，我们了解到，沟通的作用和意义，明确了沟通过程的八要素模型，能区分沟通的不同种类。了解了沟通障碍产生的原因，并掌握了一定的有效沟通途径。

管理游戏

单双向沟通游戏

游戏目标:
1. 让学生体会到单向沟通的局限性;
2. 增强学生对双向沟通重要性的认识。

游戏程序:

人数	20 人	时间	15 分钟	场地	不限
用具	A4 废纸 40 张				

游戏步骤及详解

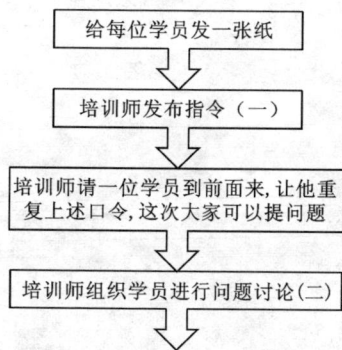

给每位学员发一张纸
↓
培训师发布指令(一)
↓
培训师请一位学员到前面来,让他重复上述口令,这次大家可以提问题
↓
培训师组织学员进行问题讨论(二)

一、游戏指令
　　大家闭上眼睛
　　全过程不许提问题
　　把纸对折
　　再对折
　　再对折
　　把右角撕下来, 转 180 度, 把左上角撕下来
　　睁开眼睛, 把纸打开, 比较一下大家撕出的图样是否相同
二、问题讨论
　　1. 两次折纸的结果有什么不同? 原因是什么?
　　2. 单向沟通的缺点是什么? 双向沟通相比单向沟通有什么优势?

练习题

一、填空题

1. 沟通的传递要素包括了(　　　　　)、理性的思想与感性的情感。
2. 沟通的主要作用有(　　　　　)和传递和获得信息。
3. 沟通包括语言沟通和非语言沟通, 最有效的沟通是(　　　　　)和非语言沟通的结合。
4. 沟通, 按信息流动的方向来分, 可以分为(　　　　　)、向下沟通和(　　　　　)。
5. 沟通过程包括: (　　　　　)、接收器、信息、(　　　　　)、反馈、编码和译码。

二、选择题

1. 最常用的信息传递方式是(　　　　　)。
   A. 书面沟通　　　　B. 语言沟通　　　　C. 非语言沟通　　　　D. 口头沟通
2. 所谓(　　　　　)就是按照组织结构所规定的路线和程序进行的信息传递和交流,

如组织间的信函往来、组织内部的文件传达、汇报制度等。

　　A. 正式沟通　　　　　　B. 非正式沟通　　　　C. 单向沟通　　　　　D. 双向沟通

　　3. 下面关于沟通障碍正确的是(　　　　)(　　　　)。

　　A. 空间距离因素　　　　　　　　　　　　B. 沟通的曲解

　　C. 语义上的障碍　　　　　　　　　　　　D. 层次差异及知识经验水平的限制

　　4. 管理者平均要花费(　　　　)时间处理冲突。

　　A. 20%　　　　　　　B. 25%　　　　　　　C. 15%　　　　　　　　D. 30%

　　5. 下面关于有效沟通的具体渠道错误的是(　　　　)。

　　A. 定期提交书面报告　　　　　　　　　　B. 提出议题，引发沟通

　　C. 择机沟通　　　　　　　　　　　　　　D. 在沟通中保持互动

三、简答题

　　1. 有效沟通的意义是什么?

　　2. 沟通障碍有哪些?

　　3. 有效沟通的途径有哪些?

　　4. 沟通过程的八要素模型包括哪些?

　　5. 冲突的影响因素有哪些?

第八章 控 制

本章学习目标

1. 了解控制的含义和特点
2. 了解控制的基本过程
3. 掌握控制的条件和作用
4. 掌握控制与计划的关系
5. 理解掌握控制的基本类型
6. 掌握控制的一般方法

案例导入

亡羊补牢

从前有一个牧民，养了50只羊，白天放牧，晚上赶进一个用柴草和木桩等物围起来的羊圈内。一天早晨，这个牧民去放羊，发现羊少了一只。原来羊圈破了个窟窿，夜间有狼从窟窿里钻了进来，把一只羊叼走了。

邻居劝告他说："赶快把羊圈修一修，堵上那个窟窿吧。"

他说："羊已经丢了，还去修羊圈干什么呢？"没有接受邻居的好心劝告。

第二天早上，他去放羊，发现又少了一只羊。原来狼又从窟窿里钻进羊圈，又叼走了一只羊。

这位牧民很后悔没有认真接受邻居的劝告，及时采取补救措施。于是，他赶紧堵上那个窟窿，又从整体进行加固，把羊圈修得牢牢实实的。

从此，这个牧民的羊就再也没有被野狼叼走过了。

牧民的故事告诉我们：犯了错误，遭到挫折，这是常见的现象。只要能认真吸取教训，及时采取补救措施，就可以避免继续犯错误，遭受更大的损失。

管理技能

牧民就是我们的管理者，羊群就是我们的被管理者。管理必须有检查、监督、补救措施，这三项加起来就是我们管理上的控制。那么到底什么是控制呢，又应该如何做呢？今天我们就来学习管理的最后一个职能——控制职能。

第一节　控制概述

一、控制的基本概念

（一）控制的含义

控制作为一个专门的术语，其概念来自于控制论，是由美国数学家、生物学家、通信工程师诺伯特·维纳在 1948 年创立的一门科学理论。

所谓控制就是指组织在动态变化的环境中，为确保实现既定目标而进行的检查、监督、纠偏等管理活动。控制既可以理解为一系列管理活动，也可以理解为实施检查、监督和纠偏的管理活动过程，即控制过程。

控制的概念主要包括如下三点内容：

（1）控制有很强的目的性，即控制是为了保证组织中的各项活动按计划进行。

（2）控制是通过监督和纠偏来实现的。

（3）控制是一个过程。

（二）控制工作职能与计划工作职能的关系

计划和控制是一个问题的两个方面。主管人员首先制订计划，然后计划又用于评定行动及其效果是否符合需要的标准。计划越明确、全面和完整，控制的效果也就越好。

这个基本观点在实际工作中有下列几种意义：

（1）一切有效的控制方法首先就是计划方法，例如预算、政策、程序和规则，这些控制方法同时也是计划方法或计划本身。

（2）如果不首先考虑计划以及计划的完善程度，就试图去设计控制系统的话，是不会有效果的。换句话说，之所以需要控制，就是因为要实现目标和计划。控制到什么程度、怎么控制都取决于计划的要求。

（3）控制职能绝不是仅限于衡量计划执行中出现的偏差，控制的目的在于通过采取纠正措施，把那些不符合要求的管理活动引回到正常的轨道上来，使管理系统稳步地实现预定目标。纠正的措施可能很简单，例如批评某位负有责任的主管人员。但是更多的情况下，纠正措施可能涉及需要重新拟订目标、修订计划、改变组织机构、调整人员配备并对指导或领导方式作出重大的改变等。这实际上是开始一个新的管理过程。从这个意义上说，控制工作不仅是实现计划的保证，而且可以积极地影响计划工作。

二、控制的构成要素

任何一项控制工作，都必须有以下三个基本构成要素：控制标准、偏差信息和矫正措施。

（一）控制标准

控制标准是控制工作得以开展的前提，是检查和衡量实际工作的依据和尺度。科学的控制标准，涉及到以下两点：一是根据管理组织所要达到的目标，选择一些有关键意义的项目,确定为控制点。这个目标,可以是管理组织的总目标,也可以是各部门以至各个个人的分目标。二是控制标准单位的确定。一个较好的控制标准体系,在内容上一般包括数量标准(实物数量和货币数量)、质量标准(实物质量和工作质量)、综合标准和时间标准等。确定控制标准单位,就使"标准"便于计量,提高控制的精确度和可行性。

控制标准在整体上应当符合如下要求:

(1)明确。应当达到的标准,可允许的偏差,都应该有明确不会产生歧义的说明。标准措词简练,人们容易理解。

(2)适应。标准可操作,可投入实际使用。

(3)科学。标准是平均先进的,使成员按照这样的标准工作既有压力又有信心。

(4)稳定。标准可有适当的调整,但不能频繁改动,要保持相对稳定。

(二)偏差信息

偏差信息是指实际情况和工作结果与控制标准之间产生偏离的信息。它一般涉及以下两个方面:

一是实际工作的测定。按照标准衡量实际成效,最理想的是在偏差出现之前就有所察觉,并采取措施加以避免。富有经验的管理者一般是这样做的。但是,对复杂的管理控制系统,光凭管理者的经验是远远不够的,必须凭借切实可行的控制标准和测定手段,才能客观实际测定预期的执行情况。一般而言,工作情况的测定方式主要有三点:

(1)管理者定期分析固定信息反馈形式,如统计表、业务报表;

(2)管理者听取执行者的口头或书面汇报;

(3)管理者抓住控制的关键环节,实地重点检查。

二是通过差异分析获取偏差信息。差异分析是以受控对象所表示的状态或输出的管理特征值,与原定控制标准进行对比分析。

在正常情况下,实际业绩与控制标准之间存在若干偏差信息在所难免,但是当前的偏差信息有严重的倾向时,就要及时分析研究,找出原因和问题症结。受控系统的偏差信息主要有两种:

(1)顺偏差信息,即输出的管理特征值(或状态)优于控制标准,表明受控系统取得良好绩效,应及时总结经验,肯定控制工作实绩。但是顺偏差信息太多也应引起注意,应对原控制目标和标准进行检查,看其是否合理,是否需要重新修订或提高。

(2)逆偏差信息,即输出的管理特征值(或状态)劣于控制标准,表明受控系统的成效不好,必须迅速、准确地查明原因。

在管理过程中,对待偏差信息的基本要求是:①冷静客观,全面公正,注意偏差信息的标准性;②抓住重点和关键,做到事半功倍;③主观和客观并举,使原因和责任明确;④实事求是,不匆忙下结论。

有了这样的偏差信息,才能提出和采取有效、得力、针对性强的纠偏措施。

(三)矫正措施

没有矫正措施,控制过程只能成为监察过程而不起到控制作用。采取矫正措施,是根据受控系统产生各种偏差信息的原因而确定的,并认真组织实施,以达到有效控制的目的。

三、控制的内容

组织的控制范围很广泛，主要可以分成三大块，即对组织目标计划的控制、对资源投入的控制和对组织运行活动的控制。

（一）对组织目标计划的控制

对组织目标计划的控制包括两个方面的内容：一是为了保证组织目标的实现，必须把总目标制定成各个层次的计划，只有当各层次的计划都完成了，组织的目标才能得以实现。组织目标计划控制就是要对各层次计划的执行过程进行监督，当出现偏差时及时采取措施进行纠正。二是当环境发生了变化时，要对计划进行相应的调整，以保证组织目标的实现。

（二）对资源投入的控制

对资源投入的控制主要包括：人员控制、信息控制、资金使用控制、设备和技术装备控制、物资消耗控制、库存控制等。

（1）人员控制。组织的目标是由人来实现的，员工应该按照管理者制订的计划去执行，为了做到这一点，就必须对员工进行控制。对人员控制最常用的方法是直接巡视，发现问题马上进行纠正；另一种有效的方法是对员工进行系统化的评估，通过评估，对绩效好的予以奖励，使其维持或加强良好的表现，对绩效差的要采取相应的措施，纠正其出现的行为偏差。

（2）信息控制。随着人类步入信息社会，信息在组织运行中的地位越来越高，不明确、不完整、不及时的信息会大大降低组织的效率。因此，在现代组织中对信息的控制显得尤为重要。对信息的控制就是要建立一个管理信息系统，使它能及时地为管理者提供充分、可靠的信息。

（3）资金使用控制。为了保证效率，维持组织正常运转，必须要进行资金使用控制。这主要包括审核各期的财务报表，以保证一定的现金存量，保证债务的负担不至于过重，保证各项资产都得到有效的利用。预算是最常用的资金控制衡量标准，是一种有效的控制工具。

（4）设备和技术装备控制。主要是为了保证在一定成本条件下使生产技术条件达到最佳、生产效率达到最高。主要工作内容为：选择与组织规模及其发展规划相适应的设备和技术、提高现有设备和技术装备的利用率、对设备和各种技术装备进行定期的维护、保养和修理，以保证生产的顺利进行等。

（5）物资消耗控制。即尽量在保证正常生产经营的情况下，减少物资消耗，从而达到降低成本提高产出率的目的。例如，可通过提高产品合格率而降低物资消耗，还可以通过对在制品的数量控制来降低物资的占用量。

（6）库存控制。库存控制的目的就是在保证生产正常运行、产品及时供货的情况下，使采购费用和仓库保管费用之和最低。

（三）对组织运行活动的控制

主要包括：组织绩效、生产作业控制以及公关行为控制。

（1）组织绩效控制。组织绩效是组织上层管理者的控制对象，组织目标的达成与否都从这里反映出来。无论是组织内部的人员，还是组织外部的人员，如潜在的投资者、贷款银行、供应商以及政府部门都十分关注组织的绩效。一个组织的整体效果很难用一个指标来衡量，生产率、产量、市场占有率、员工福利、组织的成本等都可能成为衡量指标，关键是看组织的目标取向，即要根据组织完成目标任务的实际情况并按照目标所设置的标准来衡量组织绩效。

（2）生产作业控制。所谓作业，就是指从劳动力、原材料等资源到最终产品和服务的转换过程。组织中的作业质量很大程度上决定了组织提供的产品或服务的质量，而作业控制就是通过对作业过程的控制，来评价并提高作业的效率和效果，从而提高组织提供的产品或服务的质量。

（3）公关行为控制。组织还通过公关手段搞好与有业务关系的其他组织的关系；与有影响力的竞争对手或技术领先者建立各种合作关系；通过各种方式促进主管单位、政府部门给予包括政策方面的各种支持。

四、控制的作用

在管理工作中，人们借助计划工作确立目标，借助组织工作来调整组建分工协作网络，借助领导和激励来指挥和激发员工的士气和工作积极性。但是，这些活动并非一定能够保证实际工作按计划进行和组织目标的真正实现。可见，控制尤为重要，可以说控制是管理职能链上的最终环节。

（一）控制可以使组织适应环境的变化

在组织管理中，管理者在制定目标之后到目标实现之前，总有一段时间。在这段时间内，组织内部和周围环境往往会发生变化：政府可能会制定新的法规或对原有政策进行修正，竞争对手可能会推出新产品和新的服务项目，新材料和新技术可能会出现，组织内部的人员可能会产生很大的变动等等。这些不仅会阻止目标的顺利实现，甚至可能要求对目标本身进行修改。因此，要构建有效的控制系统帮助管理者预测和确定这些变化，并对由此带来的机会和威胁做出反应。这种环境探测越有效、越正确、持续的时间越长，组织对外部环境的适应能力就越强，计划实现的可能性就越大，组织在激烈变化的环境中生存和发展的可能性也就越大。

（二）控制可以保障计划的顺利实施

由计划与控制关系我们已经知道，控制是计划顺利实施的保障，没有控制，就像汽车没有驾驶员一样，会偏离既定的轨道。控制通过纠偏，使计划执行中偏差得以及时防止或减少，从而确保计划的顺利实施；同时通过积极调整原定标准或重新制定新的标准，以确保计划运行的适应性。

（三）控制能促进创新

创新能促进企业在竞争中拥有更大的优势。控制的前提就是反馈，在具有良好反馈机制的控制系统中，通过反馈，管理者不仅可以及时掌握计划的执行情况，纠正所产生的偏差，还可以从反馈中受到启发，激发管理方法、手段的创新，从而促进组织管理各个环节的创新。

（四）控制可以提高效率

通过纠偏，有助于提高组织员工的工作责任心和工作能力，可以防止类似偏差再次发生，以降低其他成本；此外，通过反馈，有助于管理者增加经验，有助于提高管理者的决策能力水平，达到提高管理效率的良好效果。1979 年 12 月，学者洛伦兹在华盛顿召开的美国科学促进会的一次讲演中提出这样一个观点：一只蝴蝶在巴西扇动翅膀，有可能会在美国的德克萨斯州引起一场龙卷风。他的演讲和结论给人们留下了极其深刻的印象，从此以后，所谓"蝴蝶效应"的说法不胫而走。从科学的角度看，"蝴蝶效应"反映了混沌运动的重要特征——系统的长期行为对初始条件的敏感依赖性。在混沌系统中，初始条件的十分微小的变化经过不断放大，对未来的状态会造成极其巨大的影响。

美国的 Whistler 公司是一家制造雷达探测器的大型厂商，曾经由于需求日益旺盛而放松了质量控制。次品率由 4% 上升到 9%，再到 15%，直至 25%。终于，有一天该公司的管理者才意识到公司全部 250 名雇员中有 100 人被完全投入到了次品修理工作中，待修理的库存产品达到了 200 万美元。

工作中的偏差即工作失误一般是不可能完全避免的，但是偏差的幅度是可以改变的，关键是要能够及时地获取偏差信息，及时采取有效的矫正措施。20 世纪 90 年代出版的畅销著作《第五项修炼》始终强调管理中的两个关键点——寻找杠杆和减少时滞，这都要求有效的控制系统予以保证，从而可以较大幅度提高管理效率和效益。

（五）控制可以降低成本

从事经营管理工作的人，最熟悉的一个公式应该是：利润 = 收入 − 成本。成本领先是企业获得竞争优势的一个主要手段，它要求建立起达到有效规模的生产设施，强化成本控制，减少浪费。为了达到这些目标，有必要在管理方面对成本控制予以高度重视，通过有效的成本控制，降低成本，增加产出。

（六）控制有利于处理组织内部的复杂局面

企业的内部组织是复杂的，有设计、生产、销售、财务、人事，等等，如果一个企业只购买一种原材料，生产一种产品，组织设计简单，并且市场对其产品需求稳定，那么它的管理者只需一个非常基本和简单的系统就能保持对企业生产经营活动的控制。但这样的企业在现实中几乎没有，大多数企业要选用很多的原材料，制造多种产品，市场区域广阔，组织设计复杂并且竞争对手林立。他们需要复杂的系统来保证有效的控制。

面对组织内部的复杂局面，领导者授权很有必要，但是现实中许多管理者怕授权，原因是怕下属将他们负责的事情做错。然而，管理者一旦建立起有效的控制系统，由它给管理者提供有关下属工作绩效的信息，那么管理者对授权的担心就会减轻，从而使组织内的复杂局面变得井然有序。

五、控制的特点

管理工作中的控制，其控制的目的、过程以及原理与生物、经济方面的控制并无区别。例如：一国经济的控制，当一个国家经济持续高速发展，并引发物价上涨、货币贬值时，该国管理当局就会采取如提高法定准备金率、再贴现率、税率等措施加以控制，使经济运行回到正常的轨道上来。但是，管理中控制与经济的控制相比，又有其自身的特点：

（一）控制具有整体性

控制的整体性包含三层含义：一是控制的对象是组织的各个环节，确保组织各部门和单位彼此在工作上的均衡与协调是管理工作的一项重要任务，为此需了解、掌握各部门和单位的工作情况并予以控制；二是管理控制是组织全体成员共同的职责，完成计划是组织全体成员共同的责任；三是控制必须是一个系统，不能分割，否则就达不到预期的控制效果或会增加控制成本。

（二）控制具有动态性

管理工作中的控制不同于电冰箱的温度调控，后者的控制过程是高度程序化的，具有静态的特征。而组织不是静态的，其内部环境和外部环境都在不断地发生变化，因而控制标准和方法也就不同，管理控制也就应该具有动态的特征，这样不仅可以提高控制的适应性，也可以提高控制的有效性。

（三）控制的主体是人

管理控制是保证工作计划顺利实施并最终完成的条件。在这个过程中，人一直都是活动的主体。因此，管理控制首先是对人的控制；其次，管理控制者也是人，由人来执行控制。所以，人是控制的主体，控制要充分认识人的个性特点。

（四）控制是提高职员工作能力的重要手段

控制不仅仅是监督，更重要的是指导和帮助。管理者可以制定偏差矫正计划，但这种计划要靠职工去实施，只有员工认识到矫正偏差的必要性并具备矫正能力时，偏差才会真正被矫正。通过控制工作，管理者可帮助员工分析偏差产生原因，端正员工的工作态度，指导他们采取矫正措施。这样，既能达到控制目的，又能提高员工的工作质量和自我控制能力。

第二节 控制的类型

控制因管理对象、管理目标、系统状态和所运用的控制方式而不同。下面介绍五种分类。

一、按控制点的位置划分类型

控制活动可以按控制点处于事物发展进程的哪一阶段而划分为预先控制、现场控制和事后控制三种类型。

（一）预先控制

预先控制是指控制点处于事物发展的初始端，这个点即是整个活动过程的开始点，又是整个活动时间的开始点，从而使控制具有特殊意义。它可以防止组织使用不符合要求的资源，保证组织投入资源在数量上和质量上达到预定的标准，在整个活动开始之前剔除那些在事物发展进程中难以挽回的先天缺陷。

（二）现场控制

现场控制是指控制点处于事物发展进程的过程中，是对正在进行的活动给以指导与监督，以保证活动按规定的政策、程序和方法进行。

管理案例

　　某天上午，一辆面包车缓缓在武汉三镇行驶。车内坐的是分管城建的副市长、各城区区长及市各有关部门的一把手。副市长说，今天请各位局长现场管管长期不知由谁来管的市容"小问题"。他掏出几张上面密密麻麻记满了各种问题的纸条，环视了一下大家后说，我侦察了很长一段时间，今天就点兵点将了。

　　在江汉一桥，副市长径直来到琴台公交站，他指着站旁的一个破旧不堪的土围子说，这个墩子竖在这儿已经5年了，我们的工作到位了吗？一旁的市容办主任当即表态：3天内我搞掉它。

　　看着港湾车站凹凸不平的道路，副市长眉头紧蹙，他问市政局长，全市像港湾车站这样的道路有多少？市政局长回答，有很多。副市长又问，"十一"前能否全部解决？市政局长立军令状，保证完成。

　　公交车站的站牌上长了"牛皮癣"，副市长点将市公用局局长，公用局局长说，马上从公汽公司抽1000人对全市所有站牌全面清洗。

　　面包车缓缓驶过长江大桥汉阳桥头，突然，副市长高喊："停停"，指着被车撞缺的桥栏杆问，"这谁来管？"市政局长接榜："我来，我来。"随后，他拉着汉阳区区长的手来到桥边一堆渣滓前说，这堆渣滓在这里已呆了好几年，现在成了假山……话音未落，汉阳区副区长接过话来：交给我，马上铲除。

　　徐东路上，一排门面的招牌参差不齐。一家店铺，歪歪斜斜"补胎"二字，大煞风景，招牌上堆满了废弃的轮胎。副市长说，一个月内，所有脏乱差的遮阳棚、残破的广告牌统统去掉。

管理启示

　　控制是管理的一项重要职能，正确地理解控制的含义，采用合理的控制方法以及科学地实施控制对组织目标的实现有着重要的影响。本案例涉及控制的方法，可用于理解现场控制的特点、实施方式及效果。

（三）事后控制

　　事后控制是指控制点处于事物发展的结尾，这是历史最久的控制类型。事后控制的控制点位于活动过程的终点，把好最后一关以保证使错误的态势不再扩大。而这种控制缺点在于整个活动已告结束，活动中出现的偏差已在系统内造成无法补偿的损害。

管理案例

马力公司的成功秘密

　　马力公司是一家公开上市的汽车马达制造企业，目前拥有6 000名员工，年销售额达10亿元。多年来，其他公司都力求发现马力公司的秘密——为什么管理者能够发掘出员工的最大生产率和生产质量。马力公司采用多种多样的控制模式。任务被严格地界定，员工必须达到绩效标准。生产工人实行计件工资制度外加业绩奖金，还有依照公司财富发放的年终奖金，同时，他们也有员工持股计划。奖金与一系列因素相关，诸如生产率、质量、可靠性以及同其他员工的合作等。因此，员工年收入超过 10 万元，还有其他一些非实物的奖励，赏识、参与、贡献感、团队精神都是在公司盛行的内在激励方式。公司重视预测和解决客户问题，对销售代表进行技术培训以便使他们可以理解客户需求，帮助客户了解和使用公司产品和解决问题。对客户的重视还体现在对所有员工的生产率、质量和革新采用严格的标准和正式的衡量办法。此外还采用一个被称为"Route"的软件来规划生产过程中的物流。马力系统的成功在很大程度上还要归功于其组织文化，通过有效的组织文化的建设提高员工的工作积极性和自我控制能力。其组织文化建立在诚信、公开、自我管理、忠诚、可依赖和协作精神等价值基础之上。虽然公司中管理者和工人之间界限分明，但是管理者尊重生产工人的技能，重视他们对业务的贡献。公司倡导所有员工的公平的、面对面的交流。工人们被鼓励挑战管理者的权威，只要他们认为事实和报酬率不公平。大多数工人都是从专业学校直接雇佣的，经过岗位培训和交叉培训以完成不同的工作。其中一些人最终会晋升到管理岗位，因为公司更注重内部提升制，因此，大多数员工会在公司工作一辈子。由于公司文化价值、公开的沟通、规范的控制和奖励系统相互作用，将管理者、员工和组织的目标有机地结合在一起，所以员工在工作中的自我控制程度很高。

管理技能

1. 本案例描述的是什么类型的控制？预先、现场还是事后？请加以解释。
2. 基于材料，你认为公司成功的原因是什么？

二、按照控制源划分类型

按照控制源把控制分成正式组织控制、群体控制和自我控制三种类型。

（一）正式组织控制

正式组织控制是用管理人员设计和建立起来的一些结构或规定进行控制。像规划、预算和审计部门等都是正式组织控制的例子。组织可以通过规划指导组织成员的活动；通过预算来控制消费；通过审计来检查各部门或每个人是否按照规定进行活动，并提出更正措施。在大多数组织中，普遍实行的正式组织控制的内容有以下几个方面。

（1）实施标准化

依靠管理人员的设计和监督，制定出标准的工作程序或作业计划等。

（2）保护组织的财产不受侵犯

如防止偷盗、浪费或错误地使用组织的资源，包括设备使用记录、审计作业程序及责任的分派等。

（3）质量标准化

主要是采取措施对职工进行培训、工作检查、统计质量控制及激励系统等。

（4）防止滥用权力

这可以通过明确的权力和责任制度、工作说明、指导性政策、规划以及财务方面的要求来完成。

（5）对职工的工作进行指导和测量

这可以通过评价系统、产品报告、直接观察和指导等方式来完成。

正式组织控制可以确保组织获利和继续生存与发展。

（二）群体控制

群体控制是由非正式组织基于群众的价值观念和行为准则来加以维持的。非正式组织的行为规范，虽然没有明文规定，但非正式组织的成员都十分清楚它的内容，都知道自己遵循这些规范，就会得到奖励，获得其他成员的认可，可以强化自己在非组织中的地位。如果违反这些规范就可能遭到处罚，这种处罚可能是遭到排挤、讽刺，甚至是被驱逐出该组织。

（三）自我控制

自我控制是指个人有意识地去按某一行为规范进行活动。自我控制的能力取决于个人本身的素质。具有良好素质的人一般自我控制力较强，顾全大局的人比仅看重自己局部利益的人有较强的控制力，具有高层次需求的人比具有低层次需求的人有较强控制力。

以上三种控制有时是相互一致的，有时是相互抵触的。这取决于组织对其成员的教育和吸引力，或者说取决于企业文化。有效的管理控制系统应该综合利用这三种类型，并使他们尽可能和谐，防止它们发生冲突。

三、按照控制信息的性质划分类型

按照控制信息的性质可以把管理控制划分为反馈控制和前馈控制两种类型。

（一）反馈控制

反馈控制是根据反馈原理对系统进行调节的一种方式，是指施控系统根据信息反馈来调节受控系统的输入，以实现控制目标。

（二）前馈控制

前馈控制是指充分利用各方面的信息，来预测由于外部干扰和输入变量之间的相互作用对系统行为的影响，以及这种影响使系统在运行过程中可能产生的偏差，并据此对系统的输入作出相应的调整，以实现控制。

四、按逻辑发展划分类型

按照逻辑发展可以把管理控制划分为试探性控制、经验控制、推理控制和最优控制四种类型。

（一）试探性控制

试探性控制也叫随机控制，是一种最原始的控制类型，也是其他类型的基础。试探性控制是指完全建立在偶然机遇的基础上的，是"试试看"思想在控制活动中的体现。在人们对解决问题的必要条件不了解、对控制对象的性质不清楚的情况下所采取的唯一方法。

（二）经验控制

经验控制又称记忆控制，是一种广泛应用的控制类型。试探性控制所得到的直接成果就是经验，把由试探性控制得出的结果用于指导下一次控制，就是经验控制。单纯的试探性控制不强调记忆，只是一个个试下去，有时要花费较长的时间。经验控制是给试探性控制增加一个记忆装置，以便把不能达到目标状态的输入从下一个过程中排除出去。可见经验控制能够提高效率。

（三）推理控制

推理控制又叫逻辑控制，是试探性控制和经验控制相结合的产物，它通过中间起过渡作用的媒介来实现控制，因此又叫共轭控制。推理控制就是根据事物之间的相似性，用类比的方法将对一种事物的控制方法用于对另一种事物的控制。由于推理控制归根到底是使用别处的经验，所以也叫经验转移。

（四）最优控制

最优控制是控制类型发展的高级阶段，是在前三种控制类型的基础上，通过精确分析推导得出的，是"选优求好"的思想在控制活动中的具体体现，是人的主观能动性高度发挥的产物。最优控制是指符合最优标准的控制。

五、按控制手段划分类型

按控制的手段把控制划分为直接控制和预防性控制两种类型。

（一）直接控制

直接控制是指人们没有觉察到哪些将要出现问题，因而未能及时采取适当的纠正或预防措施，往往是根据计划和标准，对比和考核实际结果，追查出现偏差的原因和责任，然后才去进行纠正的控制过程。

（二）预防性控制

预防性控制是相对于直接控制而言的。它是通过主管人员的素质进行控制工作的。预防性控制是指以合格的主管人员差错最少为指导思想，所谓"合格"，就是指它们能熟练地运用管理概念、原理和技术，能以系统的观点来进行工作，这样的合格主管人员能觉察到正在形成的问题，能及时地采取纠正措施、实施控制。

在现实的企业经营活动中，常常不是单一地采用一种控制方式，而是多种控制方式同时进行，构成一个复合控制系统。掌握管理控制的不同分类方式有利于我们更好地了解各类控制的特征，搞好控制工作。

管理案例

好莱坞晚会上的停车问题

如果你在好莱坞或贝弗利山举办一个晚会，肯定会有这样一些名人来参加，如尼科尔森、麦当娜、克鲁斯、切尔、查克·皮克。"查克·皮克?""当然!"没有停车服务员你不可能开一个晚会，在南加州停车行业内响当当的名字就是查克·皮克。查克停车公司中的雇员有100多人，其中大部分是兼职的，每周他至少为几十个晚会办理停车业务。在一个最忙的周六晚上，可能要同时为6~7个晚会提供停车服务，每一个晚会可能需要3~15位服务员。

查克停车公司是一家小企业，但每年的营业额差不多有 100 万美元。其业务包含两项内容：一项是为晚会料理停车；另一项是不断地在一个乡村俱乐部办理停车经营特许权合同。这个乡村俱乐部要求有 2~3 个服务员，每周 7 天都是这样。但是查克的主要业务来自私人晚会。他每天的工作就是拜访那些富人或名人的家，评价道路和停车设施，并告诉他们需要多少个服务员来处理停车的问题。一个小型的晚会可能只要 3~4 个服务员，花费大约 400 美元。然而一个特别大型的晚会的停车费用可能高达 2000 美元。

尽管私人晚会和乡村俱乐部的合同都涉及停车业务，但它们为查克提供的收费方式却很不相同。私人晚会是以当时出价的方式进行的。查克首先估计大约需要多少服务员为晚会服务，然后按每人每小时多少钱给出一个总价格。如果顾客愿意"买"他的服务，查克就会在晚会结束后寄出一份账单。在乡村俱乐部，查克根据合同规定，每月要付给俱乐部一定数量的租金来换取停车场的经营权。他收入的唯一来源是服务员为顾客服务所获得的小费。因此，在私人晚会服务时，他绝对禁止服务员收取小费，而在俱乐部服务时小费是他唯一的收入来源。

管理技能

1. 你是否认为查克的控制问题在两种场合下是不同的？如查克确实如此，为什么？
2. 在预先、现场和事后控制三种类型中，查克应采取哪一种手段对乡村俱乐部业务进行控制？对私人晚会停车业务，又适宜采取何种控制手段？

第三节　控制工作的过程

一、控制工作的步骤

尽管控制类型多种多样，但控制的基本工作是相同的。控制工作分为三个步骤：确定控制标准；根据标准衡量执行情况；纠正实际执行中偏离标准或计划的误差。

（一）确定控制标准

这是控制过程的起点。由于计划是进行控制的依据，所以从逻辑上讲，控制过程的第一步是制订计划。但是计划内容详尽、环节复杂，各级管理人员在实际管理活动中，往往不便于掌握其中的每个细节，因而有必要建立起一整套的控制标准。

1. 控制标准与控制标准体系

控制标准就是计量实际或预期工作成果的尺度。这些是衡量工作的规范，是在一个完整计划中选出的计量工作成果的关键点。

控制标准体系是指多层次、多形式地围绕着管理组织及其内部各环节所要完成的目标体系，而制定的控制标准的总和。控制标准的确定，也就是选择关键控制点。选择关键控制点的能力乃是一项管理艺术，有效的控制就取决于这种能力。在实际管理工作中，要根据管理系统所要达到的目标来确定关键点。这个目标可以是系统的总目标，也可以是各个子系统以至各个人的分目标。由于人们在实现目标中所达成的最终成果是衡量计划完成情况的最好尺度，因而建立起一个可以考核的、完整的目标体系，也就获得了最好的控制体系。

2. 控制体系的内容

一个较好的控制体系，在内容上一般包括数量标准、质量标准、综合标准和时间标准等。并要求有较大的稳定性和较强的适应性，在文字表述上要明确具体，便于考核。

(1) 实物标准。这是一类非货币标准，一般适用于原材料、人员、提供劳务和产品的基本单位。

(2) 财务标准。它是一类货币标准，它同实物标准一样普遍适用于基层单位。它的内容具体包括：费用标准、资金标准和收入标准。

(3) 无形标准。这是一类既不能用实物也不能用货币来计量的标准。这类问题是很难确定为定量或定性的标准。

(4) 目标标准。即在各级管理机构中，建立一个可考核的完整目标网络，这样就可以使无形标准的作用逐渐减少。可考核的目标分为定量目标和定性目标两种，定量目标多半是可以准确考核的，而定性目标则难以准确考核。不过，定性目标可以用详细说明计划或其他具体目标的特征和完成日期的方法来提高可考核的程度。

有一个小和尚担任撞钟一职，半年下来，觉得无聊之极，"做一天和尚撞一天钟"而已。有一天，主持宣布调他到后院劈柴挑水，原因是他不能胜任撞钟一职。小和尚很不服气地问："我撞的钟难道不准时、不响亮？"老主持耐心地告诉他："你撞的钟虽然很准时，也很响亮，但钟声空泛、疲软，没有感召力。钟声是要唤醒沉迷的众生，因此，撞的钟声不仅要洪亮，而且要圆润、浑厚、深沉、悠远。"

本故事中的主持犯了一个常识性管理错误，"做一天和尚撞一天钟"是由于主持没有提前公布工作标准造成的。如果小和尚进入寺院的当天就明白撞钟的标准和重要性，我想他也不会因怠工而被撤职。工作标准是员工的行为指南和考核依据。缺乏工作标准，往往导致员工的努力方向与公司整体发展方向不统一，造成大量的人力和物力资源浪费。因为缺乏参照物，时间久了员工容易形成自满情绪，导致工作懈怠。制定工作标准应尽量做到数字化，要与考核联系起来，注意可操作性。

(二) 根据标准衡量执行情况

这是控制过程的第二个步骤，常常把这个步骤称之为控制过程的反馈。

1. 明确衡量的手段和方法，设置监测机构，落实衡量和检查人员

为准确地测定执行情况，必须凭借切实可行的测定手段，还要考虑测定的精度和频率。测定精度是指对执行情况的衡量结果能在多大程度上反映出被控制对象的变化。精度越高越能反映被控制对象的状态，但衡量工作就越复杂。因此，总的原则是衡量的精度要适度。测定频率是指对被控制对象多长时间进行一次测量和评定。频率越高越能掌握状态变化，但同时会增加机构的工作量，或有时根本做不到。因此，总的原则是测定频率要适当。

2. 通过衡量工作，获得大量信息

一方面，反映出计划的执行进程，使主管人员了解实际成效，以便对他们进行协调；另一方面，可使主管人员发现那些已经发生或预期将要发生的偏差。把实际与标准进行比较，对工作作出评价。

（三）纠正偏差

1. 发现偏差，找出产生偏差的原因是采取控制措施的基础

这一步是在衡量工作的基础上，针对被控制对象的状态相对于标准的偏离程度，及时找出产生偏差的原因。产生偏差的原因是多方面的，有的是执行部门或当事人的责任；有的是外部条件的突然变化造成的；有的甚至是计划预测阶段预测不准或决策失误所致等。

2. 采取控制措施

找出偏差的原因，还要采取措施予以纠正。而纠正偏差，往往要结合其他管理职能，可以把控制看成是整个管理系统的一个组成部分。这是因为管理系统只有不断发现并纠正执行中的偏差，才能实现目标。

上述控制过程的三个基本步骤构成了完整的控制体系，三个步骤完成一个控制周期。通过一次循环，使偏差不断缩小，保证管理活动向目标方向健康发展。

二、控制工作的要求

控制是管理的基本职能，为了使控制有成效，必须满足以下要求。

（一）控制的目的性

控制必须有明确的目的性。控制作为管理职能，它为组织目标服务。由于不同的组织具有不同的层次，不同的工作性质，不同对象，所以控制的目的也是不同的。无论什么性质的工作都能列举出许多目标，但总有一个或几个目标是最关键的。达到这些关键目标，其他目标就可能随之达到，即使有些次要目标不能达到也无碍大局。

（二）控制的及时性

控制的及时性是指及时发现偏差，并能及时采取措施加以纠正。由于信息滞后，往往会造成不可弥补的损失。时滞现象是反馈控制的一个难以克服的困难，较好的解决办法是采用前馈控制，使管理者尽早发现乃至预测到偏差的产生，采取预防性措施。为此，控制的及时性就要依靠现代化的信息管理系统，随时传递信息，随时掌握工作进度，才能尽早发现偏差，以便及时采取措施进行控制。

（三）控制的经济性

控制的经济性是指控制活动所需费用与控制所产生的结果进行比较，当通过控制获得的价值大于所需费用的时候，才实施控制。控制的费用是否经济是相对的，因为控制的效益随业务活动的重要性、业务规模的大小不同而有所不同。当费用成为控制系统的限制因素，会促使主管人员在他们认为重要的业务领域中，选择一些关键因素来加以控制。

（四）控制的客观性

控制的客观性是指管理者对绩效评价工作应客观公正，防止主观片面。实现客观控制，首先要尽量采用客观的计量方法，即尽量把绩效用定量的方法记录并评价，把定性的内容具体化；其次是管理者要从组织目标的角度来观察问题，应避免形而上学的观点。避免个人偏见和成见。

（五）控制的灵活性

控制的灵活性是指控制必须保证在发生了未能预测的事件时，包括环境突变、计划的

疏忽、计划变更等，控制工作仍然有效、不受影响。在某些特殊情况下，一个复杂的管理计划可能失常。控制系统应当有足够的灵活性，以便在失常情况下保持对运行过程的管理控制。这就要求在制订计划时，要考虑各种可能情况来拟定备选方案。一般来说，灵活的计划最有利于灵活的控制。应注意，这仅仅是应用于计划失常的情况，不适用于在正确计划指导下人们工作不当的情况。

（六）控制的适应性

控制的适应性是指所有的控制系统都应反映所制定的有待实施的计划；控制应该同组织结构、职位分工相适应。每项计划和每个方面的业务活动都有独特之处，主管人员必须针对不同的计划采取不同的控制措施。

（七）控制的关键点与例外情况

控制的关键点是指主管人员把有限的精力，投入到对计划的执行和完成具有举足轻重的关键问题上，尽可能选择计划的关键点作为控制标准，使控制工作更有效。

例外情况是指在一个职责分明的组织机构中，每个问题都应由相应的职能部门或主管人员去处理，最高主管处理各部门权限以外的问题。在实际工作中只有坚持例外原则，控制才能有效率。应注意到，在偏离标准的各种情况中，某些方面的微小偏离比其他方面的较大偏离情况影响更大。

资料链接

企业高精度管理——6 西格玛模式

企业运营千头万绪，管理与质量是永恒不变的真理。在全球化经济背景下，一项全新的管理模式在美国摩托罗拉和通用电气两大巨头中试行并取得立竿见影的效果后，逐渐引起了欧美各国企业的高度关注，这项管理便是6西格玛模式。

该模式由摩托罗拉公司于1993年率先开发，采取6西格玛模式管理后，该公司平均年提高生产率12.3%，由于质量缺陷造成的费用消耗减少了84%，运作过程中的失误率降低99.7%。该模式真正名声大振，是在20世纪90年代后期，通用电气全面实施6西格玛模式取得辉煌业绩之后。通用电气首席执行官杰克·韦尔奇指出："6西格玛已经彻底改变了通用电气，决定了公司经营的基因密码（DNA），它已经成为通用电气现行的最佳运作模式。"通用电气于1995年始引入6西格玛模式，此后6西格玛模式所产生的效益呈加速递增，1998年公司因此节省资金75亿美元，经营率增长4%，达到了16.7%的历史最高记录；1999年6西格玛模式继续为通用电气节省资金达150亿美元。

西格玛原文为希腊字母sigma，学过概率统计的人都知道其含义为"标准偏差"。6西格玛意为"6倍标准差"，在质量上表示每百万不合格品率少于3.4，但是，6西格玛模式的含义并不简单地是指上述这些内容，而是一整套系统的理论和实践方法。应用于生产流程，它着眼于揭示每百万个机会当中有多少缺陷或失误，这些缺陷和失误包括产品本身、产品生产的流程、包装、转运、交货延期、系统故障、不可抗力等。大多数企业运作在3－4西格玛的水平，这意味着每百万个机会中已经产生6 210至66 800个缺陷。这些缺陷将要求生产者耗费其销售额的15%~30%进行弥补。而从另一方面看，一个6西格玛模式的公司仅需耗费年销售额的5%来矫正失误。6西格玛模式的理念要求企业从上至下都必须改变"我一直都这样做,而且做得很好"的惯性思维。也许你确实已经做得很好,但是距6西格玛模式的目标却差得很远。

第四节 控制方法

一、预算

预算也是计划的一种形式,是用数字反映组织在未来某一时期的综合计划,并通过形式把计划数字化,并把这些计划分解落实到组织的各个层次和各个部门中去,达到实施管理控制的目的。所以,预算在组织中的作用主要表现在明确工作目标、协调部门关系、控制日常活动和考核业绩标准四个方面。

（一）预算的种类

按综合程度不同可将预算分为一般预算和全面预算。

（1）一般预算。一般预算是以货币及其他数量形式所反映的有关组织未来一段时间内局部经营活动各项目标的行动计划与相应措施的数量说明。

（2）全面预算。全面预算是以货币及其他数量形式所反映的有关组织未来一段时间内全部经营活动各项目标的行动计划与相应措施的数量说明。在现代管理实践中,全面预算处于承上启下的地位,即以经营决策的结果为依据,是决策的继续,同时又是控制的先导与考核业绩的前提条件。

按预算的内容,可将预算分为收支预算、产品预算、基本建设费用预算、现金预算及资产负债预算。

（1）收支预算。这是以货币来表示组织经营管理的收支计划。其中最基本的销售预算,它是表示销售预测的详细正式说明,也是预算控制的基础。

（2）产品预算。这是以实物单位来表示的预算,常用的实物预算单位有:直接工时数、台时数、原材料的数量、占用的面积、空间和生产量。

（3）基本建设费用预算。它主要用于投资厂房、机器设备等方面的费用支出。

（4）现金预算。这实际上是一种现金的收支预测,可用来衡量实际的现金使用情况。

（5）资产负债预算。它可用来预测将来某一特定时期的资产、负债和资本等账户的情况。

（二）预算编制方法

（1）固定预算与弹性预算。只依赖一种业务量编制预算的方法称为固定预算。弹性预算是为了克服固定预算的缺点而设计的,它是在成本动态分析的基础上,按一系列可能达到的预计业务量水平(如按一定百分比间隔)编制能适应多种情况的预算方法。由于它能规定不同业务量条件下的预算收支,适用面宽,机动性强,具有弹性,故称为弹性预算,也有人将其称为变动预算或滑动预算。

（2）增量预算与零基预算。增量预算一般是以现有成本费用水平为出发点,结合预算期的业务量水平及有关降低成本的措施,调整有关费用项目而编制预算的方法。这种预算往往不加分析地保留或接受原有成本项目，或按主观臆断平均削减，或只增不减，容易造成浪费，并使不必要的开支合理化。零基预算是区别于传统的增量预算而设计的一种编制费用预算的方法。它不是以现有费用为前提，而是一切从零做起，从实际需要和可能出发，逐项审议各种费用，进行综合平衡，从而确定预算成本的一种方法。

需要指出的是，预算是一种普遍使用的行之有效的计划和控制方法，但它也存在不足，即容易导致控制过细，从而出现预算过细过死的危险；容易导致本位主义；容易导致效能低下和缺乏灵活性。

二、作业控制

（一）成本控制

成本控制是指使用成本核算方法，通过制定成本、可比产品成本降低率以及相关责任等实现对组织活动有效控制的管理活动与过程。

进行成本控制最重要的是制定控制标准。一般组织可以采用预算成本或标准成本作为成本控制的标准。预算成本是指用财务核算方法为各部门或各项活动规定的在资金、劳动、材料、能源等方面支出的额度。标准成本则是根据组织一段时间内各成本项目的实际耗费情况来确定的。

在控制方法上，可以采用成本中心法控制成本。各部门、分厂或车间都可以被当作独立的成本中心，其主管人员对其产品的成本负责。加强成本控制，必须建立健全有关的基础性工作。主要是建立分级控制和归口控制的责任制度；建立费用审批制度；加强和完善流程管理工作以及组织发动员工开展各种降低成本的活动。

多年来，零售巨头沃尔玛一直在不停地削减成本。20 世纪 80 年代以前，沃尔玛控制成本的方法主要依赖于山姆·沃尔顿的个人节约意识。他规定采购人员进货时，费用必须低于采购成本的 1%，于是沃尔玛的许多高级经理住在最便宜的旅店，甚至在深夜或者凌晨与供货商见面，以便节约住宿费。即使到了 21 世纪的今天，改革后的沃尔玛，其差旅费的报销标准依然是两人同住一间客房，伙食标准是每天 15 美元。

到 20 世纪 70 年代，沃尔玛节约成本的理念已发展为利用信息技术实现流程管理的科学化。沃尔玛能实现低成本，关键在于沃尔玛强大的流程管理。沃尔玛在电脑数字管理系统、卫星通讯系统和物流运营控制上的投资已超过数 10 亿美元，它所采取的尖端信息技术也是为了更大地降低成本。从公司于 20 世纪 70 年代花费巨资安装完成了第一套覆盖整个公司的计算机终端网络系统后，沃尔玛对这一系统的改进从未停止过，这也为沃尔玛低成本目标的实现提供了坚实的基础。20 世纪 80 年代世界最大零售商之一的凯马特，其每 1 美元的销售额需要花费 5 美元的配货费用（这也是当时零售业的平均费用），而沃尔玛只有不到 2 美分。

（二）采购控制

物料成本是产品成本的重要部分，在一些产品中可达 70% 以上。因此，有效地控制物料成本自然就成了企业降低成本和增加利润的重要渠道。而组织对物料成本的控制很大程度上依赖于采购控制。

采购控制的主要内容是供应商交付的物料的性能、质量、数量和价格等，以及寻找、评价、决定能够提供最好产品或服务的供应商。采购控制的目标是确保原材料来源正当、质量可靠、价格合理，同时减少采购流程、降低成本。目前，国内一些企业采用"比价采购"的方法，对企业的采购工作进行价格控制以降低采购成本，多数都收到了比较好的效果。

沃尔玛将采购控制系统与其开发应用的客户管理系统紧密相连，客户管理系统主要是通过高智能的电子技术，系统地收集、存储和分析客户的有关知识信息，如顾客的购买特点及习惯、购买时间、一次性购买商品的种类等，由此得出货架的使用效率、畅销商品的类别、商品在不同地区的销售对比、经常光顾的顾客群等数据，将客户的需求不断细化、整合，实现距离较近的连锁店之间不同的售卖重点或是根据不同店面的销售差别进行货物调配。商品种类繁多，而且许多生鲜商品时效短，这就要求零售企业的系统能实时监控整个企业资源，并且能根据资源发出正确指令，沃尔玛完全实现了这一管理流程。

（三）质量控制

质量控制是指通过对作业系统运行全过程的监控，确保产品质量满足预先制定的标准。其主要注重，一是管理者应明确对产品是采用全数检测的方法还是采用抽样检测的方法。二是管理者应该确定何时、何地检测。在制造业中，检测主要用于 6 个方面：当供应商生产时在其厂检测；从供应商处收到货时进行检测；在高成本或不可逆转的工序之前检测；依次在生产工序、完工产品、装运之前检测。在有条件的地方，还应该尽量采用源头检测的方法，即在有可能产生缺陷之前检测。三是管理者还要考虑是采用计数值检测还是采用计量值检测。前者是将产品简单地分成合格品和不合格品，并不标出缺陷的程度。后者则需要设置一个可接受的偏差范围，然后衡量诸如重量、速度、尺寸或强度等指标，看是否落在可接受的范围内。

最有影响的质量管理方法被称为全面质量管理（Total Quality Management，TQM）。全面质量管理主要通过组织的战略承诺、员工参与、技术和物料、方法等步骤来实现，同时，也要注重使用一些特定的工具和技术来提高质量。比较常见的是增值分析、设立标杆、外包、缩短周转时间以及统计质量控制。

（四）库存控制

与企业物料采购相关的另一项需要控制的内容是库存，对库存的控制不仅可以提高准确的关于采购数量和采购时间等信息，更重要的是通过对库存的控制，可以减少库存、降低各种占用、提高经济效益。库存控制包括对原材料库存、在制品库存、制成品库存和在途库存的控制，但不同库存由于目的、用途和存储方式的差异，控制方法也不相同。

进行库存控制可以借助 ABC 分类法确定不同库存物资控制的重要程度。在库存物资的补充时间控制方面，常用的方法是订货点法和定期补充法。订货点法是指设置一个订货点，当有库存量降低到订货点时，就向供应商发出订货，每次的订货量均为固定值，如经济订购批量。而近年来比较流行的是准时制（Just In Time，JIT），它给库存管理带来了重大变化，不仅有效地降低了库存空间与投资，也实现了原材料在需要时的准时到达。

三、审计控制

审计是常用的一种控制方法，从审计内容分，包括财务审计和管理审计两大类。从审计主体分，有外部审计和内部审计。

（一）财务审计

财务审计是由专职机构和人员，依法对审计单位的财务、财政收入及有关经济活动的真实性、合法性、效益性进行审查，评价其经济责任，以达到维护财经法纪，改善经营管理，提高经济效益，促进宏观调控的独立性的经济监督活动。财务审计的主要方法有：

（1）审计检查法。审计检查法是指在审计项目实施过程中所采用的各种检验、查证方法。按检查的对象不同，可分为资料检查法和实物检查法。资料检查法亦称查账法，是对会计凭证、账簿、报表以及其他有关资料进行检查的方法。实物检查法是指收集书面以外的信息及其载体，证实书面资料及其反映的经济活动的真实性、合法性的一种方法。

（2）审计调查法。审计调查法是指审计人员通过调查，对被审计单位的会计资料和有关事实进行查证的一种方法。其具体方法包括审计查询法、观察法和专题调查法等。

（3）审计分析法。审计分析法是指审计人员利用各种分析技术对审计对象进行比较、分析和评价的一种方法。主要用来查找可疑事项的线索，验证和评价各种经济资料所反映经济活动的真实性、合法性和效益性。常用的方法有账户分析法、账龄分析法、逻辑推理分析法、经济活动分析法、经济技术分析法和数学分析法等。

（4）抽样审计法。它是先从被查总体中抽取一部分资料作为样本进行审查，然后根据审查结果来推断被查总体正确性和合法性的一种方法。常用的方法有任意抽样审计法、判断抽样审计法和统计抽样审计法。

（二）管理审计

管理审计是指以管理原理为评价准则，系统地考查、分析和评价一个组织的管理水平和管理成效，进而采取措施克服存在的缺点或问题。管理审计目标不是评价个别主管人员的工作质量和管理水平，而是从系统的观点出发来评价一个组织整个管理系统的管理质量。

应该把管理审计和经营审计区别开来，两者的差别类似于评价主管人员的管理能力及评价主管人员在制定和实现目标方面的能力。管理审计的方法与财务审计的一般方法基本一致，其中查明事实真相是管理审计工作的最基本任务。

（三）内部审计与外部审计

（1）内部审计

内部审计是指企业的经营审核。从广义上说，经营审核就是企业内部的审计人员对会计财务和其他业务经营活动所作的定期的和独立的评价。内部审计提供了检查现有控制程序和方法能否有效地达成既定目标和执行既定政策的手段，是对经营活动进行全面评价所采用的主要形式。

（2）外部审计

外部审计是由外部机构选派的审计人员和专家对组织财务报表及其反映的财务状况进行独立的评估。外部审计的主要目标是为股东、政府和其他感兴趣的团体证实组织的财务管理和报告以及文件的合法与恰当。法律规定，公众持股公司必须进行外部审计。

过程是细小的、平凡的，而卓越的终极成果恰恰出自过程。美国联邦航空局（FAA）在质量管理方面实行严格的"过程"控制是很有名的，他们认为好的质量和批量生产的稳定性，必须以有效的中间"过程"控制为保障。中美联合生产"麦道—82"大型客机时，申请生产"麦道"整机许可证的上海航空工业公司，就着实领教了 FAA 代表的严厉。例如铆接工序用的铆钉，工艺要求是淬火后放入冰箱保存，在规定时间内取出使用，在一次检查中，FAA 代表发现一枚铆钉被随意丢在一个盛水的碗里，而原始记录又表明：这批铆钉已全部用完。为此，FAA 毫不留情，毅然中断认证检查回国。其理由是这枚铆钉的不明不白和公然违反规程的放置，已经很难使人相信"上航"生产的、需要飞行 5 万小时的高级客机的质量。正是 FAA 这种一丝不苟的"过程"管理，才使上航在后来终成"正果"。

第五节 有效控制

管理故事

扁鹊论医术

魏文王问名医扁鹊说："你们家兄弟三人，都精于医术，到底哪一位最好呢？"扁鹊答："长兄最好，中兄次之，我最差。"文王再问："那么为什么你最出名呢？"扁鹊答："长兄治病，是治病于病情发作之前。由于一般人不知道他事先能铲除病因，所以他的名气无法传出去；中兄治病，是治病于病情初起时。一般人以为他只能治轻微的小病，所以他的名气只及本乡里。而我是治病于病情严重之时。一般人都看到我在经脉上穿针管放血、在皮肤上敷药等大手术，所以以为我的医术高明，名气因此响遍全国。"

管理启示

控制有事前控制、事中控制、事后控制。但事后控制不如事中控制，事中控制不如事前控制，这才是有效的控制。

控制的目的是保证企业活动符合计划的要求，以有效地实现预定目标。为此，有效的控制具有下述特征。

一、适时控制

企业经营活动中产生的偏差只有及时采取措施加以纠正，才能避免其扩大，或防止偏差对企业不利影响的扩散。及时纠偏，要求管理人员及时掌握能够反映偏差产生及其严重程度的信息。如果等到偏差已经非常明显，且对企业造成了不可挽回的影响后，反映偏差的信息才姗姗来迟，那么即使这种信息是非常系统、绝对客观、完全正确的，也不可能对纠正偏差带来任何指导作用。

纠正偏差的最理想方法应该是在偏差产生以前就注意到偏差产生的可能性，从而预先采取必要的防范措施，防止偏差的产生；或者企业由于某种无法抗拒的原因，偏差的出现不可避免，那么这种认识也可以指导企业预先采取措施，消除或遏制偏差产生后可能对企业造成的不利影响。

预测偏差的产生，虽然在实践中有许多困难，但在理论上是可行的，即可以通过建立企业经营状况的预警系统来实现。我们可以为需要控制的对象建立一条警戒线，反映经营状况的数据一旦超过这条警戒线，预警系统就会发出警报，提醒人们采取必要的措施防止偏差的产生和扩大。

经过长达15年的精心准备，耗资超过15亿美元的哈勃太空望远镜终于在1990年4月发射升空。但是，美国国家航空航天管理局仍然发现望远镜的主镜片存在缺陷。由于直径达94.5英寸的主镜片的中心过于平坦，导致成像模糊。因此望远镜对遥远的星体无法像预期的那样清晰地聚焦，结果造成一半以上的实验和许多观察项目无法进行。更让人觉得可悲的是，如果有更好的控制，这些是完全可以避免的。镜片的生产商珀金斯－埃尔默公司，使用了一个有缺陷的光学模板来生产如此精密的镜片，他们在镜片的生产过程中，进行检验的一种无反射校正装置没有设置好。校正装置上的1.3毫米的误差导致镜片研磨、抛光成了错误的形状。但是没人发现这个错误。

具有讽刺意味的是，与其他许多NASA项目所不同的是，这一次并没有时间上的压力，而是有足够充分的时间来发现望远镜上的错误。实际上，镜片的粗磨在1978年就开始了。直到1981年才抛光完毕，此后，由于挑战者号航天飞机的失事，完工后的望远镜又在地上待了两年。美国国家航空航天管理局中负责哈勃项目的官员，对制造过程中的细节根本就不关心。事后美国国家航空航天管理局中有一个由6人组成的调查委员会的负责人说："至少有三次有明显的证据说明问题的存在，但这三次机会都失去了。"

二、适度控制

适度控制是指控制的范围、程度和频度要恰到好处。这种恰到好处的控制要注意以下几个方面的问题。

(一)防止控制过多或控制不足

控制常常会给被控制者带来某种不愉快，但是缺乏控制又可能导致组织活动的混乱。有效的控制应该既能满足对组织活动监督和检查的需要，又能防止与组织成员发生强烈的冲突。适度的控制应能同时体现这两个方面的要求：一方面，要认识到，过多的控制会对组织中的人造成伤害，对组织成员行为的过多限制，会扼杀他们的积极性、主动性和创造性，会抑制他们的首创精神，从而影响个人能力的发展和工作热情的提高，最终会影响企业的效率；另一方面，也要认识到，过少的控制，将不能使组织活动有序地进行，就不能保证各部门活动进度成比例地协调，从而造成资源的浪费，过少的控制还可能使组织中的个人无视组织的要求，我行我素，不提供组织所需的贡献，甚至利用在组织中的便利谋取个人利益，最终导致组织的涣散和崩溃。

控制程度适当与否，受许多因素的影响。判断控制程度或额度是否适当的标准，通常要随活动性质、管理层次以及下属受培训的程度等因素而变化。一般来说，科研机构的控制程度应小于生产劳动组织；企业科室人员工作的控制要少于现场的生产作业；对受过严格训练、能力较强的管理人员的控制要低于那些缺乏必要训练的新任管理者或单纯的执行者。此外，企业环境的特点也会影响人们对控制严厉程度的判断：市场疲软时期，为了共度难关，部分职工会同意接受比较严格的行为限制；而在经济繁荣时期则希望工作中有较大的自由度。

（二）处理好全面控制与重点控制的关系

任何组织都不可能对每一个部门、每一个环节的每一个人在每一个时刻的工作情况进行全面的控制。由于存在对控制者的再控制的问题，这种全面控制甚至会造成组织中控制人员远远多于现场作业者的现象。全面系统的控制不仅代价极高，而且是不可能的，也是不必要的。适度的控制要求企业在建立控制系统时，利用 ABC 分析法和例外原则等工具，找出影响企业经营成果的关键环节和关键因素，并据此在相关环节上设立预警系统或控制点，进行重点控制。

（三）使花费一定费用的控制得到足够的控制收益

任何控制都需要一定的费用。衡量工作成绩，分析偏差产生的原因，以及为了纠正偏差而采取的措施，都需支付一定的费用；同时，任何控制，由于纠正组织活动中存在的偏差，都会带来一定的收益。一项控制，只有当它带来的收益超出其所付出成本时，才是值得的。控制费用与收益的比较分析，实际上是从经济角度去分析上面考察过的控制程度与控制范围的问题。

管理案例

戴尔公司与电脑显示屏供应商

戴尔公司创建于 1984 年，是美国一家以直销方式经销个人电脑的电子计算机制造商，经营规模已迅速发展到当前 120 多亿美元销售额的水平。戴尔公司是以网络型组织形式来运作的企业，它联结有许多为其供应计算机硬件和软件的厂商。其中有一家供应厂商，电脑显示屏做得非常好。戴尔公司先是花很大的力气和投资使这家供应商做到每百万件产品中只能有 1000 件瑕疵品，并通过绩效评估确信这家供应商达到要求的水准后，戴尔公司就完全放心地让他们的产品直接打上"Dell"商标，并取消了对这种供应品的验收、库存。类似的做法也发生在戴尔其他外购零部件的供应中。

通常情况下，供应商将供应的零部件运送到买方那里，经过开箱、触摸、重新包装，经验收合格后，产品组装商便将其存放在仓库中备用。为确保供货不出现脱节，公司往往要贮备未来一段时间内可能需要的各种零部件。这是一般的商业惯例。因此，当戴尔公司对这家电脑显示屏供应商说道，"这种显示屏我们今后会购买 400 万到 500 万台左右，贵公司为什么不干脆让我们的人随时需要、随时提货"的时候，商界人士无不感到惊讶，甚至以为戴尔公司疯了。戴尔公司的经理们则这样认为，开箱验货和库存零部件只是传统的做法，并不是现代企业运营所必要的步骤，遂将这些"多余的"环节给取消了。

戴尔公司的做法就是，当物流部门从电子数据库得知公司某日将从自己的组装厂提出某型号电脑××部时，便在早上向这家供应商发出配额多少数量显示屏的指令信息，这样等当天傍晚时分，一组组电脑便打包完毕分送到客户手中。如此，不但可以节省检验和库存成本，也加快了发货速度，提高了服务质量。

管理技能

1. 你认为，戴尔公司对电脑显示屏供应厂商是否完全放弃和取消了控制？如果是，戴尔公司的经营业绩来源于哪里？如果不是，那它所采取的控制方式与传统的方式有何切实的不同？

2.戴尔公司的做法对于中国的企业有适用性吗？为什么？

三、客观控制

控制的工作应该针对企业的实际状况，采取必要的纠正措施，或促进企业活动沿着原先的轨道继续前进。因此，有效的控制必须是客观的，符合企业实际的。客观的控制在于对企业经营活动状况及其变化的客观了解和评价。为此，控制过程中采用的检查、测量的技术与手段必须能正确地反映企业经营在时空上的变化程度与分布状况，准确地判断和评价企业各部门、各环节的工作与计划要求的相符或相背离程度，这种判断和评价的正确程度还取决于衡量工作成效的标准是否客观和恰当。为此，企业还必须定期检查过去规定的标准和计量规范，使之符合现实的要求。另外，由于管理工作带有许多主观评定，因此，对一名下属人员的工作是否符合计划要求，不应不切实际地加以主观评定，只要是凭主观来控制的地方，都会影响对业绩的判断。没有客观的标准和准确的检测手段，人们对企业的实际工作就不易有一个正确的认识，从而难以制定出正确的措施，进行客观的控制。

四、弹性控制

企业在生产经营过程中可能会经常遇到某种突发的、无力抗拒的变化，这些变化会使企业计划与现实条件严重背离。有效的控制系统应在这样的情况下仍能发挥作用，维持企业运营，也就是说，应该具有灵活性或弹性。

弹性控制通常与控制的标准有关。比如说，预算控制通常规定了企业各经营单位的主管人员在既定规模下能够用来购买原材料或生产设备的经营额度。这个额度如果规定得绝对化，那么一旦实际产量或销售量与预测数值存在差异，预算控制就可能失去意义：经营规模扩大，会使经营单位感到经费不足；而销售量低于预测水平，则可能使经费过于富绰，甚至造成浪费。有效的预算控制应能反映经营规模的变化，应该考虑到未来的企业经营可能呈现出的不同水平，从而为经营规模的参数值规定不同的经营额度，使预算在一定范围内是可以变化的。

通常，弹性控制要求企业制定弹性的计划和弹性的衡量标准。

除此以外，一个有效的控制系统还应该站在战略的高度，抓住影响整个企业行为或绩效的关键因素。有效的控制系统往往集中精力于例外发生的事情，即例外管理原则，凡已出现过的事情，皆可按规定的控制程序处理，第一次发生的事例，需投入较大的精力。

管理技能

你是如何通过目标的建立来控制自己行为的？作为一名学生，你是如何衡量、评价自己的学习、生活、工作表现的？

本章小结

通过本章学习，我们了解到所谓控制就是指组织在动态变化的环境中，为确保实现既定目标而进行的检查、监督、纠偏等管理活动。

通过本章学习，我们了解到控制的构成要素、控制内容、控制的作用和特点。掌握了控制的不同类型及控制工作步骤和要求，掌握了控制的方法以及如何进行有效控制。

练习题

一、填空题

1. 任何一项控制工作，都必须有以下三个基本构成要素：（   ）、（   ）和矫正措施。

2. 组织的控制范围很广泛，主要可以分成三大块，即对组织目标计划的控制、（   ）和对组织运行活动的控制。

3. 控制尤为重要，可以说控制是管理职能链上的（   ）。

4. 通过控制工作，管理者可帮助员工分析偏差产生原因端正员工的工作态度，指导他们（   ）。

5. 预先控制活动可以按（   ）处于事物发展进程的某一阶段，而划分为预先控制、现场控制和事后控制三种类型。

二、选择题

1. 按照控制源把控制划分为（   ）。

A. 正式组织控制　　　B. 群体控制　　　　　C. 小组控制　　　　　D. 自我控制

2. 控制工作的步骤包括（   ）。

A. 确定控制标准　　B. 根据标准衡量执行情况　　C. 重新制定标准　　D. 纠正偏差

3. 预算在组织中的作用主要表现（   ）。

A. 明确工作目标　　B. 协调部门关系　　C. 控制日常活动　　D. 考核业绩标准

4. 控制标准在整体上应当符合如下（   ）要求。

A. 标准可操作，可投入实际使用。

B. 标准是平均先进的，使成员按照这样的标准工作既有压力又有信心。

C. 应当达到的标准，可允许的偏差，都应该有明确不会产生歧义的说明。标准措词简练，人们容易理解。

D. 标准可根据需要随时调整。

5. 下面对于控制的特点的说法，错误的是（   ）。

A. 控制具有局部性　　　　　　　　　　B. 控制是提高职员工作能力的重要手段

C. 控制具有动态性　　　　　　　　　　D. 控制的主体是人

三、简答题

1. 什么是控制？它与计划、组织职能有何关系？

2. 管理控制过程的关键点是什么？

3. 控制标准和偏差信息应符合哪些基本要求？

4. 控制可以划分为哪些类型？各有什么特点？

5. 在当今管理活动中，前馈控制为什么显得更为重要些？

第九章 激 励

本章学习目标

1. 理解激励的概念。
2. 了解激励的过程、激励的构成要素。
3. 理解并掌握需要层次理论、双因素理论、期望理论、公平理论等。
4. 了解激励的其他理论。
5. 理解并学会运用激励的原则、手段与方法。

案例导入

是什么在激励你？又是什么推动着你每天早上从床上一跃而起，去迎接新的一天？是什么使你感觉情绪激昂并满腔热情地开始新的计划？又是什么使你心甘情愿地全力以赴于一个目标、一个计划或一个组织？

是挑战、认同，还是奖励？

答案可能会出乎你的意料：使员工受到激励并不总是需要采取这样的高姿态。下面的这个案例就能很好地说明这个问题。

有一天，查尔斯·史考勃手下的一位工厂主管向史考勃抱怨，他的员工一直无法完成分内的定额指标。"像你这样能干的人，怎么会无法使员工提高工作效率呢？"史考勃问。"我不知道，"那个主管说，"我对他们说尽了好话，又鼓励、又许愿，同时也曾威胁他们说如果完不成指标，就要把他们开除。但是毫无用处，他们照样达不到生产指标。""让我来试试吧。"史考勃说。当时白班已经结束，夜班正要开始。史考勃走进工厂。他手里拿着一支粉笔，对最靠近他的一位员工说："请问，你们这一班今天制造了几部暖气机？"员工答道："6部。"史考勃不再说一句话，他用粉笔在地板上写下了一个大大的阿拉伯数字"6"，然后默默地走开了。

夜班的员工看到了那个"6"字，不明白什么意思。那位白班员工说："刚才老板来过，他问我们制造了几部暖气机，我们说6部，他就把它写在地板上了。"第二天早上，史考勃又来到工厂。他看到夜班员工已把"6"字擦掉，写上了一个大大的"7"字。白班工人早上来上班时，当然看到了那个很大的"7"字。于是，他们抓紧干活。那天他们下班时，地板上留下了一个颇具威胁性的、特大的"10"字。显然，情况在逐渐地好转起来了。不久，这个产量一直落后的工厂终于有了很大的起色。超越他人的欲望、竞争的心理，带来生产率的不断上升。

管理启示

管理工作要想取得成效，使在群体工作中的人们能为组织目标共同努力，就必须掌握激励理论，善于运用各种手段和方法，充分发挥激励的功能。

（资料来源：刘志海. 向名企学习的 8 堂管理课. 北京：人民邮电出版社，2006）

第一节　激励概述

一、激励的含义

（一）激励的概念

"激励"一词，译自英文 Motivation，一般是指有机体在追求某些目标时的主观意愿程度，含有激发动机鼓励行为、形成动力的意义。在心理学来讲，激励指的是激发人的动机的心理过程。

将"激励"这一概念运用于管理，指的是通常所说的调动人的积极性的问题，即管理者运用各种管理手段，刺激被管理者的需要，激发其动机，使其朝向所期望的目标前进的心理过程。

可以从以下三个方面来理解激励这一概念：

（1）激励是一个过程。对人的行为的激励，实质上就是通过采用能满足人需要的诱因条件，引起行为动机，从而推动人采取相应的行为，以实现目标，然后再根据人们新的需要设置诱因，如此循环往复。

激励的具体过程表现为：在各种管理手段与环境因素的刺激（诱因）下，被管理者未被满足的需要（驱力）被强化；从而造成心理与生理紧张，寻找能满足需要的目标，并产生要实现这种目标的动机；由动机驱使，被管理者采取努力实现上述目标的行为；目标实现，需要满足，紧张心理消除，激励过程完结。当一种需要得到满足后，人们会随之产生新的需要，作为未被满足的需要，又开始了新的激励过程，这一过程如图 9－1 所示。

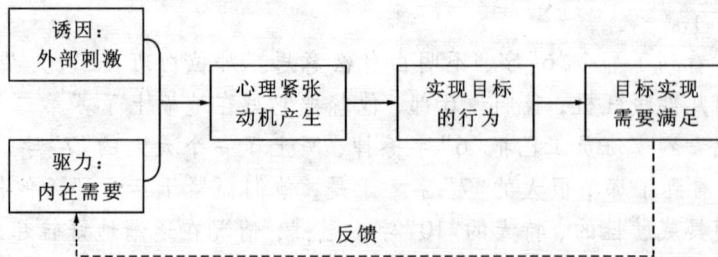

图 9－1　激励过程模式

（2）激励过程受内外因素的制约。各种管理措施，应与被激励者的需要、理想、价值观和责任感等内在的因素相吻合,才能产生较强的合力,从而激发和强化工作动机,否则不会产生激励作用。

(3)激励具有时效性。每一种激励手段的作用都有一定的时间限度,超过时限就会失效。因此,激励不能一劳永逸,需要持续进行。

(二)激励的对象

从激励的定义可以看出,激励是针对人的行为动机而进行的工作。因此,激励的对象主要是人,或者准确地说,是组织范围中的员工或领导对象。

(三)激励的本质

激励的本质是激发人的动机,而人的动机是由他所体验到的某种未满足的需求或未达到的目标引起的。当一个人被激励时,通常有以下表现:第一,十分努力地工作,工作效率提高;第二,长期坚持某种行为,如某个员工被评为优秀工作者后,长期保持认真负责的工作态度。

(四)激励的特点

激励作为一种领导手段,最显著的特点就是内在驱动性和自觉自愿性。由于激励是起源于人的需要,是被管理者追求个人需要满足的过程,因此,这种实现组织目标的过程,不带有强制性,而完全是靠被管理者内在动机驱使的、自觉自愿的过程。

(五)激励的作用

激励的主要作用在于激发、调动人的积极性,从而使人们能够更富有成效地努力工作,以取得最大的成效。具体地说激励的作用在于以下几个方面:

1. 挖掘人的内在潜力

激励就是创造满足员工需要的各种条件,激发员工的动机,使之产生实现组织目标的特定行为的过程。人的潜在能力与平时所表现出来的能力有时存在很大的差别,前者往往会大大超出后者。人的工作积极性越高,潜在能力就越容易发挥出来。所以,挖掘人的潜在能力,关键就在于有效的激励制度和激励方法。

2. 吸引和稳定组织人才

有效的激励制度不仅可以充分调动组织内现有的人力资源,而且还有助于吸引组织所需的人才,并保持组织人员的稳定。因为人人都愿意自己的才能得到充分的发挥,并得到公正的满足。有效激励的实质就是能够合理地满足人们的需要,这样的激励制度自然会吸引那些才能难以得到充分发挥的人才。许多组织通过各种有效的激励方法来吸引人才,如支付高额报酬、提供良好的工作环境和生活条件、给予继续学习提高的机会等。

同时,管理者有效地运用各种激励方法,也可以消除员工的不满情绪,增加员工的安全感、满意感,增强组织的吸引力,保持组织内人员的稳定性。例如,一位优秀的业务精英为公司成功地开拓了外省市场,但却未得到任何奖励,甚至连上司的一句赞赏之词都没有,结果这位业务精英跳槽去了竞争对手那里。员工的付出与回报如果不能平衡,就会丧失工作动力,更不用提激发员工的潜力了,只要竞争对手报出稍高一点的薪酬,企业就可能失去精英员工。

3. 形成良好的竞争环境

科学的激励制度包含一种竞争精神,它的运行能够形成一种良好的竞争机制,任何一个组织人员的表现都有好、中、差之分，在具有竞争性的环境中，组织成员都会受到环境的压力，这种压力将转变为努力工作的动力，可以使先进的人受到鼓励，继续保持其积极行为，也可以使表现一般和较差的人受到鞭策，认识到自己的不足，从而主动改变自己的行为。

4.使员工的个人目标与组织目标协调一致

激励的最大目的就是调动被激励者的积极性和创造性，从而使组织向既定目标前进。个人目标是由个人需要所决定的，它往往与组织的目标和要求不一致。运用激励方法进行目标管理，让员工参与自身目标和组织目标的制定，在设置组织目标的时候尽可能地考虑个人目标，并把组织目标分解为具体的个人目标，可以使个人目标和组织目标很好地结合起来。同时，还可以运用激励方法满足员工的合理需求，减弱或者消除不合理要求，也可以调节员工的行为，使其与组织目标协调一致，更好地实现组织目标。

二、激励的构成要素

构成激励的要素主要包括需要、外部刺激、动机和行为。

(一)需要

需要是激励的起点和基础。需要是人们对某种目标的渴求和欲望，是人的一种主观体验，是人们行为积极性的源泉。人的需要，既可以是生理或物质上的（如对食物、水分、空气等的需要），也可以是心理或精神上的（如追求社会地位或事业成就等）。

在现实生活中，人的需要往往不只有一种，而是同时存在多种需要。这些需要的强弱也不是一成不变的。在任何时候，一个人的行为动机总是由其全部需要结构中最重要、最强烈的需要所支配、决定的，这种最重要、最强烈的需要就叫优势需要。

(二)外部刺激

外部刺激是激励的条件。这是指在激励过程中，外部环境对人的需要的影响条件与因素。促使动机产生的原因是驱动力和诱因。驱动力是指人的内在需要，诱因是指外部环境，在外部环境的刺激下，人产生强烈的需要并导致动机的产生。

(三)动机

动机是构成激励的核心要素。当人们有了某种优势需要而又未能满足时，心理上便会产生一种紧张和不安，这种紧张和不安就成为一种内在的驱动力，促使个体采取某种行动，这就是动机。动机是由需要产生的，它引起行为、维持行为并指引行为去满足某种需要。

实际上，一个人会同时具有许多种动机，动机之间不仅有强弱之分，而且会有矛盾，一般来说，只有最强烈的动机才可以引发行为，这种动机称为优势动机。人的行为都是由动机驱使的，有什么样的动机，就会产生什么样的行为。激励的关键在于使被激励者产生所希望的动机，进而产生有助于组织目标实现的行为。

(四)行为

行为是激励的目的。行为是指个体在环境影响下所引起的内在心理和心理变化的外在反应。人的行为是人的内在因素和外在因素相互作用的结果。一般来说，内在因素是根本，起着决定作用；外在因素是条件，起着推动作用。

动机对于行为有着重要的功能，表现为三个方面：一是始发功能，即推动行为的原动力；二是选择功能，它决定个体的行为方向；三是维持和协调功能，行为目标达成时，相应的动机就会获得强化，使行为持续下去或产生更强烈的行为，趋向更高的目标，相反，则降低行为的积极性，或停止行为。激励要达到的目的就是要通过恰当的激励措施和手段，使被管理者的行为朝着实现组织目标的方向发展。

由上可知，人的任何动机与行为都是在需要的基础上产生的，没有需要，也就无所谓动机和行为。需要、外部刺激、动机、行为这几个因素相互组合与作用，构成了对人的激励。管理者实施激励，就是想方设法做好需要引导和目标引导，强化员工动机，刺激员工的行为，从而实现组织目标。

第二节　激励理论

激励理论是关于如何满足人的各种需要、调动人的积极性的原则和方法的概括总结。有关激励理论的研究比较多，根据对需求影响的不同方式，大致可以将其分为三大类：激励的内容理论、过程理论和强化理论。

一、激励的内容理论

激励的内容理论是研究需要的内容和结构以及它们推动人们行为的理论。这类理论是从静态的角度探讨激励问题。激励的内容理论主要包括：马斯洛的需要层次理论、赫茨伯格的双因素理论、麦克利兰的成就激励理论等。

（一）需要层次理论

需要层次理论是美国心理学家亚伯拉罕·马斯洛（Abraham Maslow，1908—1970）在1943 年出版的《人的动机理论》一书中提出的。马斯洛认为，人的一切行为都是由需要引起的，人类的需要是有等级层次的，从最低级的需要逐级向最高级的需要发展，当某级的需要得到满足后，这种需要便停止它的激励作用。

1. 基本内容

需要层次理论认为，人的需要按其发生的次序从低到高可以分为5 个层次：生理需要、安全需要、社交需要、尊重需要和自我实现需要。这5 种需要呈金字塔形分布，如图9 - 2 所示。

（1）生理需要。这是最基本的、最低级的需要，是维持人类自身生命的基本需要，如对衣、食、住、行等基本生活条件以及性、生育等延续后代的需要。在这些需要未得到满足之前，其他的需要都不能起到激励的作用。

（2）安全需要。这是指保护自己免受身体和情感伤害以及不受丧失职业、财务等威胁的需要。这种需要体现在社会生活中是多方面的，可归纳为两类：一类是现在的安全的需要，另一类是对未来的安全的需要。对现在的安全需要，就是要求自己现在的社会生活的各个方面均能有所保证，如社会生活中的生命安全、生产中的劳动安全、就业安全等；对未来的安全需要，就是希望未来生活能有保障，未来总是不确定的，而不确定的东西总是令人担忧的，所以人们都追求未来的安全，如病、老、伤、残和失业后的生活保障等。当一个人生活或工作在惊恐和不安之中时，其积极性是很难被调动起来的。

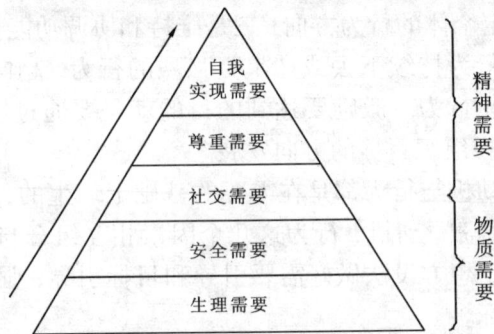

图9－2　需要层次理论

生理需要和安全需要从外部使人得到满足，是较低层次的需要，均属于物质需要。

（3）社交需要。这是指人们希望与人交往，避免孤独，与同事和睦相处、关系融洽的需要。包括友谊、爱情、归属、信任与被接纳的需要。社交的需要比生理需要和安全需要来得细致，需要的程度也因每个人的性格、经历、受教育程度不同而有异。这一层次的需要得不到满足，可能会影响人的精神上的健康。

（4）尊重需要。包括自尊和受人尊重两方面。自尊是指自己的自尊心，工作努力不甘落后，有充分的自信心，获得成就后的自豪感。受人尊重是指自己的工作成绩、社会地位得到他人的认可。这一层次的需要一旦得以满足，必然信心倍增，否则就会产生自卑感。

（5）自我实现需要。这是最高一级的需要，指个人成长与发展，发挥自身潜能、实现理想的需要。即人希望自己能够充分发挥自己的潜能，做他最适宜的工作。这一层次的需要是无止境的，一种自我实现需要满足以后，会产生更高的自我实现需要。

后三个层次的需要从内部使人得到满足，是较高层次的需要，属于精神需要。

2. 基本观点

马斯洛需要层次理论的基本观点可以归纳为：

（1）人的需要是分层次等级的，一般按照由低层次到高层次循序发展。生理需要是人最基本、最优先的需要，自我实现需要是最高层次的需要。不同层次的需要是同时存在的，但一般来说，人们首先追求满足较低层次的需要，然后才会进一步追求较高层次的需要。如，一个连生理需要都没有满足，肚子还没填饱的流浪汉，很难产生追求自我价值实现的需要。不仅如此，5个层次的需要在不同层次的人群中所呈现出的形状排列也不同，如图9－3所示。

（2）人在不同的时期、不同发展阶段，其需要结构不同，但总有一种需要占主导、支配地位，称之为优势需要。人的行为主要受优势需要驱使，激励状态取决于优势需要是否满足。因此，管理者必须注意当前对员工起主要作用的需要，以便有效地加以激励。

（3）任何一种满足了的低层次需要并不因为高层次需要的发展而消失，只是不再成为主要的激励力量。

（4）5种需要的等级循序并不是固定不变的，存在着倒置的现象。一种情况是，有些人的愿望可能永远保持着僵化或低下的状态。也就是说，有些人可能只谋求低层次的需要而

知识阶层　　　　　　贫困者　　　　　　青年人

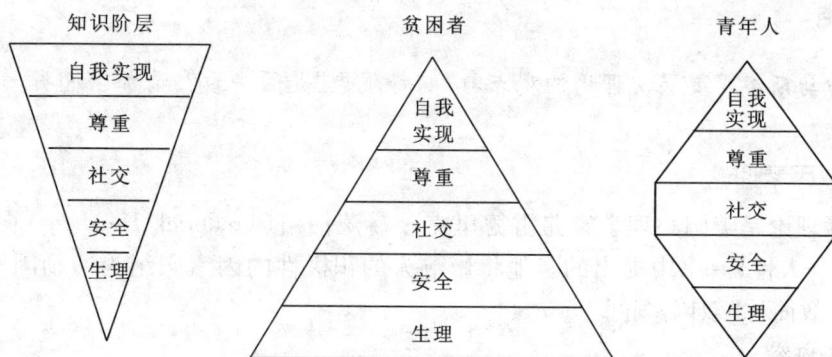

图9-3　不同层次的人需要的强度不同

不再追求高层次的需要。另一种情况是,有些人可能牺牲低层次的需要而谋求实现高层次的需要。那些具有崇高理想的人,即使低层次的需要尚未得到满足,仍会追求高层次需要。一般来说,人的各种需要的出现往往取决于本人的职业、年龄、性格、受教育程度、经历、社会背景,等等。

(5)各种需要的满足程度不同。实际上,绝大多数人的需要只有部分得到满足,而且随着需要层次的升高,满足的难度相对增大,满足的程度逐渐减小。

3.对管理实践的启示

(1)正确认识被管理者需要的多层次性。管理者应对下属的需要进行科学分析,并区别对待,防止片面性。

(2)要努力将本组织的管理手段、管理条件同被管理者的各层次需要联系起来,不失时机、最大限度地运用管理手段、管理条件满足被管理者的不同需要。

(3)在科学分析的基础上,找出受时代、环境及个人条件差异影响的优势需要,有针对性地采取激励措施,以收到"一把钥匙开一把锁"的预期激励效果。

根据需要层次理论,对管理措施的具体分析如表9-1所示。

表9-1　需要层次理论与管理措施相关表

需要的层次	一般激励因素	管理措施
生理需要	食物、住所等	基本的工作条件、住宅设施、福利设施
安全需要	职位的保障、意外的防止	安全的工作条件、雇佣保证、退休金制度、健康保险、意外保险
社交需要	友谊、爱、团体的接纳	和谐的工作小组、同事的友谊、团体活动制度、互助制度、娱乐制度、教育培训制度
尊重需要	地位、权力、责任、尊重、认可	考核制度、晋升制度、奖金制度
自我实现需要	成就、成长	挑战性和创造性的工作、工作成就、决策参与制度

管理技能

你认为马斯洛需要层次理论的观点与"雷锋现象"是否一致？请加以说明。

(二)双因素理论

双因素理论是美国心理学家弗雷德里克·赫茨伯格(Frederick Herzberg)在1959年出版的《工作与人性》一书中提出的。他将影响人的积极性的因素归结为激励因素与保健因素两大类，故简称"双因素论"。

1. 基本内容

弗雷德里克·赫茨伯格通过大量的关于人们在什么情况下对工作特别满意、在什么情况下对工作特别厌恶以及原因是什么的调查，结果发现，使他们感到满意的因素都是工作的性质和内容方面的，使他们感到不满意的因素都是工作环境或者工作关系方面的。在此基础上，赫茨伯格提出两大类影响人的工作积极性的因素：保健因素和激励因素。

(1)保健因素。又称维持因素，这属于和工作环境或条件相关的因素，包括：管理政策与制度、监督系统、工作条件、人际关系、薪金、福利待遇、职务地位、工作安全等因素。当这些因素得不到满足时，人们会产生不满情绪，从而影响工作；但当这些因素得到满足时，只是消除了不满，并不会调动人们的工作积极性，即起不到明显的激励作用。因此，他将这类因素称为保健因素。虽然保健因素不能直接起到激励员工的作用，但却带有保持人的积极性、维持工作现状、预防员工产生不满情绪的作用。

(2)激励因素。这属于和工作本身相关的因素，指那些能调动员工工作积极性、激发其工作热情、能从根本上激励员工的因素，包括：工作成就感、工作挑战性、工作中得到的认可与赞美、工作的发展前途、个人成才与晋升的机会等。当这些因素得不到满足时，工作缺乏积极性，但不会产生明显的不满情绪；当这些因素得到满足时，会对工作产生浓厚的兴趣，产生很大的工作积极性，起到明显的激励作用。因此，他将这类因素称为激励因素。

分析一下上述两类因素可以看到，激励因素是以工作为中心的，即以对工作本身是否满意，工作中个人是否有成就、是否得到重用和提升为中心；而保健因素则与工作的外部环境有关，属于保证工作完成的基本条件。研究中还发现，当员工受到很大激励时，他对外部环境的不利能产生很大的耐性；反之，就不可能有这种耐性。

进一步分析表明，保健因素之所以能导致人们的不满意，是因为人们具有避开痛苦的需要；激励因素之所以能导致人们的满意，是因为人们具有成长和自我实现的需要。但这两类性质不同的因素，是彼此独立而不同的。

双因素理论的核心在于强调保健因素与激励因素不可相互替代，各自的作用不同。赫茨伯格认为，传统观点把满意的对立面定为不满意是不确切的。他认为产生工作满意的因素和引起工作不满意的因素是有区别的。工作满意的对立面不是不满意，而是没有满意；工作不满意的对立面也不是满意，而是没有不满意。

保健因素是否具备、强度如何，对应着员工"没有不满意"和"不满意"，保健因素不能使员工对工作产生积极的满意感。激励因素是否具备、强度如何，对应着员工"满意"和

"没有满意"，激励因素能提供心理激励，给员工带来工作的满意感，促使员工努力去达成自我实现的需要。没有满意和没有不满意是激励的零状态，如图9-4所示。

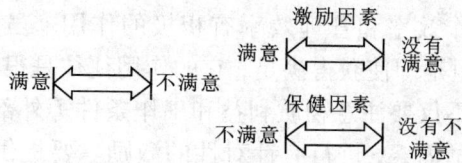

图9-4　传统观点和赫茨伯格观点的比较

自20世纪60年代以来，双因素理论在管理界越来越为人们所注意，因为它指出：激励人的积极性，更重要的是要提供能使人感到具有价值实现意义的工作，工作内容具有挑战性，应让人们承担更重要的责任。而不仅仅是把眼光局限于提高工资水平、办好福利事业上来。从这个意义上来说，赫茨伯格的双因素理论与马斯洛的需要层次理论是相通的。激励因素就是人的高层次的需要，与尊重和自我实现需要相对应；而保健因素只是人们在低层次上的需要，则对应于生理、安全、社交需要三个层次。双因素理论与需要层次理论两者的关系如图9-5所示。

图9-5　赫茨伯格的双因素理论和马斯洛的需要层次理论的关系

但赫茨伯格的双因素理论与马斯洛的需要层次理论又有区别，前者注重满足需要的具体对象的研究，而后者注意人的需要结构。

可以说，赫茨伯格对需要层次理论作了补充，他划分了激励因素和保健因素的界限，分析出各种激励因素主要来自工作本身，这就为激励工作指出了方向。

双因素理论在实际工作中得到了广泛的应用，最主要的形式就是工作丰富化。其中心思想就是通过增加工作中的激励因素来充分发挥员工的积极性和创造性。

但双因素理论也有一些不足之处，实际上，对于激励因素和保健因素，人们的反应是不一样的，对一个人起到激励作用的因素，对另一个人可能起到保健作用，反之亦然。因此，在实际工作中要根据个人的不同情况具体分析。

2.对管理实践的启示

(1)要善于区分和应用两类因素的作用。管理者要善于区分管理实践中的两类因素,对于保健因素要给予基本的满足,创造良好的工作外部环境和条件,以消除员工的不满意情绪和态度,这对提高工作效率和管理效率有积极的作用。虽然物质需要的满足是必要的,没有它会导致不满,但是即使获得满足,它的作用往往是很有限的,不能持久的。

要调动人的积极性,不仅要注意物质利益和工作条件等外部因素,更重要的是要在保健因素的基础上,抓住激励因素,进行有针对性的激励。要提供使员工感到具有价值、现实意义的工作,多安排有挑战意义、战略意义的关键性工作,给员工更多的主人翁感和承担更重要的责任,扩大工作范围,增强成就需要,让工作本身成为一种强有力的激励因素,以增加员工对工作的兴趣,提升员工在工作中的满意情绪和态度。

(2)要正确识别与挑选激励因素。赫茨伯格所说的保健因素和激励因素在实际的工作中有所交叉,也因管理对象的不同而存在差异。能够对员工产生激励的因素在实践中也不是绝对的,常常因人因地而不同,有时差别很大,因此,管理者要正确识别与挑选激励因素,必须在实际分析的基础上,灵活地加以确定。

管理案例

"空姐营业员"、"白领保姆"应者寥寥

最近,杭州报喜鸟专卖店提出按"空姐标准"(即身高1.68米以上,英语六级,形象良好,年薪5万)招收营业员。无独有偶,当地的不少家政公司也正在以月薪3000元、专为一些归国华侨和外商寻找能够英语会话,会接听国际长途,懂得护理、按摩的"白领保姆"。

广告刊出后引起各种议论,半个月后,只接到寥寥十几个报名电话。一位大学生在接受采访时说:"英语六级的人又有卖衣服的经验,怎么会屈就于一个售货员的职业?而'十项全能'的人才,更不可能安心做一个保姆,哪怕薪水再高。"

(资料来源:黄煜峰.管理学原理.大连:东北财经大学出版社,2005)

(三)成就激励理论

成就激励理论是美国哈佛大学的心理学家戴维·麦克利兰(David McClelland)经过大量调查研究提出来的。麦克利兰是当代研究动机的权威心理学家,他从20世纪四五十年代起就开始对人的需求和动机进行研究,从另一个角度提出了工作激励理论。麦克利兰注重研究人的高层次需要的社会性的动机,强调采用系统的、客观的、有效的方法进行研究。

1.基本内容

麦克利兰认为,人的生理需要满足以后,个体在工作情景中有三种重要的动机或需要:权力需要、友谊需要和成就需要。

(1)权力需要,即影响或控制他人且不受他人控制的需要。权力是管理成功的基本要素之一,权力需要的基本特点是希望影响他人,控制向下、向上的信息渠道,以便施加影响、掌握权力。

权力有个人化权力和社会化权力之分。

个人化权力的出发点以实现个人统治为核心，其主要特征是征服、侵犯他人，把被领导者常看成工具。自认为作为工具的人只能被动地遵守命令，这种统治只能给领导者带来肤浅的满足。个人化权力在不同阶段表现不同，个人化权力的发展有依赖他人→相信自己→控制他人→自我隐退等不同阶段。

社会化权力的出发点在于为他人着想，其主要特征是通过深切了解群众的需要和愿望，帮助群体确定共同的目标和意志，并主动提供达到目标的途径，让群体成员感到自己是强者，有能力实现目标。社会化权力能最大限度地调动被领导者的积极性，有益于整个社会。

权力需要往往对应着各种领导，因为领导者的首要任务是影响别人，对权力的需要显然是他们的主要性格特征之一。权力需要较高的人喜欢支配、影响他人，喜欢对别人"发号施令"，注重争取地位和影响力。他们喜欢具有竞争性和能体现较高地位的工作，他们追求出色的成绩是为了获得地位和权力或与自己已具有的权力和地位相称。

（2）友谊需要，即建立友好亲密的人际关系的需要。它是一种寻求被他人喜爱和接纳的一种愿望。这是保持社会交往和人际关系和谐的重要条件，负有全局责任的管理者把这种需要看得比权力还重要。

高友谊需要者渴望友谊，通常喜欢合作性而不是竞争性的工作环境，希望彼此之间的沟通与理解，享受亲密无间和相互谅解的乐趣，从充满友爱、情谊的社交中得到欢乐和满足。有时，友谊需要也表现为对失去某些亲密关系的恐惧和对人际冲突的回避。

（3）成就需要，即争取成功、希望做得最好的需要。麦克利兰认为，具有强烈的成就需要的人渴望将事情做得更为完满，提高工作效率，获得更大的成功，他们追求的是在争取成功的过程中克服困难、解决难题、努力奋斗的乐趣，对挑战性工作及事业成绩的追求所引发的快感，以及成功之后的个人成就感，他们并不看重成功所带来的物质奖励。个体的成就需要与他们所处的经济、文化、社会、政府的发展程度有关；社会风气也制约着人们的成就需要。

不同的人对这三种需求的排列层次和比例不同，个人行为主要决定于其中被环境激活的那些要素。具有高成就需要的人具有事业心强、比较实际、敢冒风险的特点，他们对企业和国家有重要作用，而高成就需要的人才可通过教育和培训来造就。

2. 对管理实践的启示

麦克利兰的成就需要理论在管理中很有应用价值。

（1）在人员的选拔和安置上，通过测量和评价，根据人员需要特征进行选拔和安置。

（2）由于具有不同需要的人需要不同的激励方式，了解员工的需要与动机有利于合理建立激励机制。

（3）动机是可以训练和激发的，如果某项工作要求高成就需要者，那么，管理者可以通过直接选拔的方式找到一名高成就需要者，或者通过培训的方式培养自己原有的下属。

二、激励的过程理论

激励的过程理论是着重研究如何由需要引起动机，由动机引起行为，并由行为导向目标的理论。此类理论是从动态的角度研究激励理论，主要是了解对行为起决定作用的关键因素，掌握这些因素之间的关系，以达到预测或控制人的行为的目的。激励的过程理论主要有弗鲁姆的"期望理论"、亚当斯的"公平理论"等。

（一）期望理论

期望理论是由美国心理学家维克多·弗鲁姆（Victor Vroom）1964 年最先提出来的，在他的《工作与激励》一书中，全面地论述了期望理论。这一理论是通过人们的努力行为与预期结果之间的因果关系来研究激励的过程。

1. 基本内容

期望理论认为，个人的行为方式由个人的需要和实现这种需要的可能性决定。个人需要可能产生行为的动机，而实现需要的条件却决定着动机是否能激发行为。因为个人需要如果得到满足，必须付出一定的努力。如果某人已经意识到某种需要，实现这种需要的客观条件又已经具备，他就会立刻采取行为，以实现需要。如果他觉得实现这种需要的客观条件不具备，或者要付出不值得付出的努力，那么他就可能抑制这种需要。

这样，我们说一个人在行为之前，会对某一种需要进行估计，即实现这种需要对自己具有多高的价值，值不值得去努力；其次，在现实条件下，自己要经过多大努力才能实现这一需要。所以，人们对某项工作积极性的高低，取决于他对这项工作能满足其需要的程度及实现可能性大小的评价。当他认为努力会带来良好的绩效评价时，他就会受到激励进而付出更大的努力。激励力量的大小，取决于受激励者对目标价值及实现可能性大小的评价。用公式表述为：

$$M = V \cdot E$$

其中：M——激励力，表示个人对某项活动的积极性程度，希望达到活动目标的欲望程度；

　　　V——效价，即活动结果对个人的价值大小；

　　　E——期望值，即个人对实现这一结果可能性的判断。

从公式中可以看出，促使人们做某种事的激励力依赖于效价和期望值这两个因素。激励作用的大小，与效价、期望值成正比，即效价和期望值越高，激励力就越大。反之，则越小。如果其中一项为零，激励力也自然为零。因此，要达到预期的激励效果，不仅要使激励手段的效价足够高，而且要使激励对象有足够的信心去获得这种满足。只要效价和期望值中有一项的值较低，都难以使激励对象在工作中表现出足够的积极性。

需要注意的是，效价的高低不是由管理者决定的，而是由被激励者的需要所左右。例如，一个在经济上拮据的人认为货币收入的价值较高，而一个富裕的人可能认为荣誉称号的价值较高。管理者的重要任务之一就是要准确地把握员工对需要的价值评价，采取合适的激励方式。同时，又要创造出较大的实现期望值的客观条件，使员工充满信心，发挥自己的积极性和创造性。

为了有效激发工作动机，弗鲁姆提出了人的期望模式。这种需要与目标之间的关系用过程模式表示即：

个人努力→个人成绩（绩效）→组织奖励（报酬）→个人需要

其中：个人努力指开始行为的强度；

个人成绩指个人预期达到的成绩或外界确定的成绩标准，他作为一级目标，是个体获取组织奖励的工具；

组织奖励包括内在奖励（如赋予重任、提供发展机会等）和外在奖励（如提薪、晋级等）两种，它作为二级目标，是组织满足个人需要的工具；

个人需要指个体尚未得到满足的优势需要，它是外在目标发挥激励作用的内在基础。

该模型说明，运用目标进行激励时，个体经历了两个层次的期望和效价的评估。在这个期望模式中的四个因素，需要兼顾三个方面的关系：

（1）努力——绩效的关系。个人认为通过一定努力会带来一定绩效的可能性。如果个人主观认为达到目标的概率很高，就会有信心，并激发出很强的工作力量；反之，如果他认为目标太高，通过努力也不会有很好的绩效时，就失去了内在的动力，导致工作消极。

（2）绩效——奖励的关系。个人相信一定水平的绩效会带来所希望的奖励结果的程度。人总是希望取得成绩后能够得到奖励，如果他认为确定绩效后能得到合理的奖励，就可能产生工作热情，否则就可能没有积极性。

（3）奖励——满足个人需要的关系。组织奖励满足个人目标或需要的程度以及这些潜在的奖励对个人的吸引力。人总是希望自己所获得的奖励能满足自己某方面的需要。由于个人的需要不同，对于不同的人，采用同一种奖励办法能满足的需要程度不同，能激发出的工作动力也就不同。

期望理论的关键是了解个人目标以及努力与绩效、绩效与奖励、奖励与个人目标满足之间的关系。作为一个权变模型，期望理论的最大特点是考虑到了个人的不同需求与激励之间的复杂关系，认识到了不存在一种普遍的原则能够解释所有人的激励机制，从而避免了需要层次理论和双因素理论中不区别各人情况，硬性规定激励因素的简单化缺点。但是，期望理论是一种以个人为中心的激励模式，而实际上产生激励作用的还有许多其他社会因素，如群体的力量等。

2. 对管理实践的启示

（1）激励手段的选择。管理者不要泛泛地抓各种激励措施，而应当抓多数组织成员认为效价最大的激励措施。选择员工普遍感兴趣、评价高的激励手段，这样才能产生较大的激励作用。如果不从实际出发，不考虑员工的实际需要，只从管理者的意志出发，推行对员工来说价值不高的项目，是不可能收到激励效果的。

（2）标准的确定。确定的标准不宜过高。凡能起到激励作用的工作项目，应是大多数人经过努力都能实现的，可以通过增大目标实现的概率来增强激励的作用。如果一个人通过努力有较大可能获得好成绩时，他就会信心十足地做好工作，如果工作太难或是目标定得太高，就会丧失信心。

（3）成绩与奖励挂钩。人们总希望在取得成绩后能够得到奖励，如果没有奖励，那他的工作干劲就很难保持下去。这种奖励是广义的，既包括提高工资、多发奖金等物质奖励，也包括表扬等精神奖励。奖励是维持和提高激励效果的重要手段。

管理启示

效价、期望值与激励力之间的关系——一个简单的例子

一位公司销售经理对他的一位销售员说：如果你今年完成 1 000 万元的销售额，公司将奖励你一套住房。这时，组织的目标是 1 000 万的销售额，个人的目标是一套住房，效价和期望值可能会这样影响这个销售员的激励力。

效价，销售员可能的反应如下：

A.“天哪！一套住房！哈哈，这正是我梦寐以求的，我一定努力争取！”

B."住房？我现在住的已经够好的了，没有必要再来一套，况且如果我一人拿了一套住房，同事们肯定会不满的，呃，这对我来说没有什么吸引力！"

期望值，他可能的反应如下。

A."1 000万元的销售额，照今年的行情，如果我比去年再努力一点，是能做到的。"

B."1 000万元？简直是天方夜谭，经理要么疯了，要么就是压根儿不想把住房给我，我才不会白花力气呢！"

激励力，他可能的反应如下。

A."只要销售到1 000万元就能得到一套住房，我一定好好努力！"

B."经理向来说话不算数，我打赌经理到时一定能找出10条理由说：'我也不想说话不算数，但我实在是无能为力'。"

管理启示

在该例子中，可以很明显地看到，效价和期望值越高（在所有A的情况下），则对人的激励力越强；而反之（在所有B的情况下），则对人的激励力越弱。从中至少可以得到以下两点启示。一是要有效地进行激励，就必须提高活动结果的效价，要提高效价，就必须使活动结果能满足个人最迫切的需要。二是要注意目标实现的期望值，即组织目标实现的概率不宜过低，以免让个人失去信心，当然也不宜过高，过高则会影响激励工作本身的意义。

（资料来源：张永良. 管理学基础. 北京：北京理工大学出版社，2010）

（二）公平理论

公平理论是美国心理学家斯达西·亚当斯（J. Stacey Adams）1965年首先提出来的，该理论侧重于研究个人作出的贡献与所得的报酬之间关系的比较对激励的影响。

1. 基本内容

公平理论认为，人的工作积极性不仅受绝对报酬的影响，更重要的是受相对报酬的影响。这种相对报酬是指个人付出劳动与所得报酬的比较值。人们都有一种将自己的投入和所得与他人的投入和所得相比较的倾向。其中，投入主要包括工龄、性别、所受的教育和训练、经验和技能、资历、对工作的态度等方面，而所得主要包括工资水平、机会、激励、表扬、提升、地位以及其他报酬等。

员工是否感到公平，所依据的就是付出与报酬之间比较出来的相对报酬，比较的结果将直接影响今后工作的积极性。具体来说，人们会进行以下两种方式的比较：

（1）横向比较，即在同一时间内将自己获得的"报酬"与自己的"投入"的比值与组织内其他人做比较，如下式所示：

$$\frac{个人所得的报酬}{个人的贡献} 同 \frac{另一个所得的报酬}{另一个的贡献} 相比较$$

上式的比较结果可能出现三种情况：

①报酬相当，感到公平，如下式所示：

$$\frac{个人所得的报酬}{个人的贡献} = \frac{另一个所得的报酬}{另一个的贡献}$$

在这种情况下，比值相等，表示报酬相等，双方都会感到公平，因此，双方都可以维持原有的积极性。

②报酬不足，感到不公平，如下式所示：

$$\frac{个人所得的报酬}{个人的贡献} < \frac{另一个所得的报酬}{另一个的贡献}$$

在这种情况下，表示报酬少于投入或他人，感到吃亏、委屈、气愤。于是，他可能要求增加自己的收入或减少自己以后的努力程度，以便使左方增大，使等式两边趋于相等；他也可能要求组织减少比较对象的收入或让其今后增大努力程度以便使右方减小，使等式两边趋于平等。此外，他还可能另找他人作为比较对象，以便达到心理上的平衡。

③报酬过高，感到不公平，如下式所示：

$$\frac{个人所得的报酬}{个人的贡献} > \frac{另一个所得的报酬}{另一个的贡献}$$

在这种情况下，表示报酬多于投入或他人，取酬过高，产生负疚感。此时，他一般不会要求减少自己的报酬，而很可能主动多做些工作，自觉地增加工作投入量，但久而久之，他会因重新估计自己的技术和工作情况而对高报酬心安理得，于是投入量又恢复如初。

(2)纵向比较，即把自己目前投入的努力与目前所获得报酬的比值，同自己过去投入的努力与过去所获得的报酬的比值进行比较。比较结果，如下列公式所示：

$$\frac{个人现在所得的报酬}{个人现在的贡献} 同 \frac{个人过去所得的报酬}{个人过去的贡献} 相比较$$

$$\frac{个人现在所得的报酬}{个人现在的贡献} = \frac{个人过去所得的报酬}{个人过去的贡献}$$

$$\frac{个人现在所得的报酬}{个人现在的贡献} > \frac{个人过去所得的报酬}{个人过去的贡献}$$

$$\frac{个人现在所得的报酬}{个人现在的贡献} < \frac{个人过去所得的报酬}{个人过去的贡献}$$

以上三种比较结果：①两者相等，他感到报酬公平，可能会因此而保持工作的积极性和努力程度不变；②前者大于后者，当出现这种情况时，人不会因此产生不公平的感觉，但也不会感觉自己多拿了报酬从而主动地多做些工作；③前者小于后者，人会因此有不公平的感觉，可能导致工作积极性下降。

公平与否源于个人的感觉。人们总是会在心理上自觉或不自觉地产生过高估计他人的利益、过低估计他人的工作绩效的倾向，而对自身则倾向于高估自己的投入，低估自己的报酬。由于这种感觉上的错误，人们往往会对自己所得的报酬产生不满，从而产生心理不平衡。若这种状况持续下去，就会对组织的绩效和人际关系产生破坏性的影响。管理者应有敏锐的洞察力来体察员工的心理，如果确实存在不公平，应及时加以调整；如果是员工存在个人主观的认识偏差，有必要进行说明解释，做好思想工作，使员工处于拥有公平感的心理状态。

需要强调的是，公平理论是客观存在的；但公平本身却是一个相当复杂的问题，如公平与个人的主观判断有关，与绩效的评定有关，与评定的人有关等。公平是相对的，不公平才是绝对的。

2.对管理实践的启示

(1)影响激励效果的不仅有报酬的绝对值，还有报酬的相对值。在管理中要高度重视相对报酬问题，员工对自己的报酬进行横比、纵比是必然现象，管理者如果不加以重视，很可能出现员工"增收"的同时亦"增怨"的现象。自古就有"不患寡而患不均"这种普遍的社会心理现象，管理者必须始终将相对报酬作为有效激励手段来加以运用。

（2）激励时应力求公平，使等式在客观上成立。尽管有主观判断的误差，管理者还是应尽可能实现相对报酬的公平性，不致造成严重的不公平感。

（3）在激励过程中应注意对被激励者公平心理的引导，使其树立正确的公平观，一是要认识到绝对的公平是不存在的，二是不要盲目攀比。

（4）为了避免员工产生不公平的感觉，企业应采取各种手段，在企业中营造一种公平合理的氛围，使员工产生一种主观上的公平感。

管理技能

你大学刚毕业就有人给你提供一份年薪 6 万元的工作，你可能会兴奋不已，有积极的工作热情，随时准备迎接各种工作任务，当然你对自己的收入也十分满意。可是，一个月后，你发现你的同事——另一位也是最近毕业、与你同龄、教育背景与工作经历都和你相当的同事，年薪却是 6.5 万元，你会做何反应？为什么？

三、激励的强化理论

强化理论属于行为主义学派，侧重于研究个体外在的行为表现，强调人的行为结果对其行为的反作用。通过研究人们发现，当行为的结果有利于个体时，这种行为就可能重复出现，反之则会消退和终止，这种状况称之为"强化"。

（一）基本内容

强化理论由美国心理学家斯金纳（B. F. Skinner）提出，又称为"行为修正理论"。该理论认为，人的行为受外部环境刺激而产生调节，当遇到正强化时，行为会重复发生，受到负强化时会趋于减少发生，因此，可以通过不断改变环境的刺激因素来达到改变某种行为的目的。

通常，强化的手段有以下三种类型。

1. 正强化

正强化，又称积极强化。当人们采取某种行为时，能从他人那里得到某种令其感到愉快的结果，这种结果反过来又成为推进人们趋向或重复此种行为的力量。例如，企业用某种具有吸引力的结果（如奖金、休假、晋级、认可、表扬等），以表示对员工努力进行安全生产行为的肯定，从而增强员工进一步遵守安全规程进行安全生产的行为。

在各种各样的管理活动中，正强化是最经常使用且易收到良好效果的强化方式。正强化的方法包括：奖金、对成绩的认可、表扬、改善工作条件和人际关系、提升、安排担任挑战性的工作、给予学习和成长的机会等。这些措施既能起到加强被强化者积极行为的作用，同时也能使其他人出现积极行为的可能性增大。

2. 负强化

负强化，又称消极强化。它是指通过某种不符合要求的行为所引起的不愉快的后果，对该行为予以否定。若员工能按所要求的方式行动，就可减少或消除令人不愉快的处境，从而也增大了员工符合要求的行为重复出现的可能性。例如，企业安全管理人员告知工人不遵守安全规程，就要受到批评，甚至得不到安全奖励，于是工人为了避免这种不期望的结果而认真按操作规程进行安全作业。

惩罚是负强化的一种典型方式，即在消极行为发生后，以某种带有强制性、威慑性的手段（如批评、行政处分、经济处罚等）给人带来不愉快的结果，或者取消现有的令人愉快和满意的条件，以表示对某种不符合要求的行为的否定。

负强化与正强化的目的是一致的，但两者所采取的手段则不同。负强化的方法包括：批评、处分、降级、罚款和开除等。

3. 自然消退

自然消退，又称衰减。它是指对原先可接受的某种行为强化的撤销。由于在一定时间内不予强化，此行为将自然而然下降并逐渐消退。例如，企业曾对员工加班加点完成生产定额给予奖励，后经研究认为这样不利于员工的身体健康和企业的长远利益，因此不再发给奖酬，从而使加班加点的员工逐渐减少。

（二）对管理实践的启示

1. 依照强化对象采取不同的强化措施

人们的职业、年龄、性别、学历、经历不同，需要就会不同，强化的方式也应不一样。物质奖励主要满足人的低层次需要，而精神奖励则主要满足人的高层次需要。实际中，有的人重视物质奖励，而有的人更重视精神奖励，就应区分不同情况，奖人所需，形式多样，采用不同的强化措施。

2. 坚持奖励与惩罚相结合

对正确的行为，给予适当的奖励，对不良的行为则要给予处罚，奖惩结合优于只奖不罚或只罚不奖。

3. 正强化比负强化更有效

正强化宜在大范围内进行，而负强化宜在小范围内实施。在强化手段的运用上应以正强化为主，采用负强化手段时要慎重，即要以奖励为主，以处罚为辅，因为，多运用奖励，少运用惩罚有利于调动积极性，也符合人们的"尊重需要"，防止过多地惩罚所带来的消极影响。

4. 及时而正确地强化

采用强化的时间对于强化的效果有较大的影响。要取得最好的激励效果，就应该在行为发生以后尽快采取适当的强化措施，迟延较长时间的强化会由于弱化而减弱强化的作用。一个人在实施了某种行为以后，即使是领导者表示"已注意到这种行为"这样简单的及时反馈，也能起到正强化的作用；但是如果领导者对这种行为不予注意，这种行为重复发生的可能性就会减少以至消失。

强化理论较多地强调外部因素或环境刺激对行为的影响，忽略了人的内在因素和主观能动性对环境的反作用，具有机械论的色彩。但是，强化理论有助于对人们行为的理解和引导。因此，强化理论已被广泛地应用在激励和人的行为的改造上。

管理故事

狡猾的老头

一日本老头从老板位置上退休后在家休养。偶尔一天下午的吵闹夹杂着刺耳声音打破了以往的宁静生活，烦恼的老头开窗看到院后的空场地上一群顽皮的孩子在把易拉罐当作足球踢，一连几日好不心烦。

狡猾的老头想出了一招，这天他把正要准备踢的几个大孩子叫住了，表示他愿意为他们出赞助费5日元/人，并鼓励他们使劲为自己踢，越激烈越好。孩子们更高兴了，他们越踢越疯狂，然而刚过了两天，老头叫住了大家，说由于养老保险发放不及时你们只能领到3日元/人，孩子们有些不高兴，不过他们还能继续卖力地踢，但积极性已不如原来高了，狡猾的老头又隔日把赞助费减少至2日元/人、1日元/人，当老头把赞助费减少至0.5日元/人时，孩子们都气呼呼地表示从此再也不为老头表演了，狡猾的老头心里偷偷笑开了。

（资料来源 http：//blog. sina. com. cn/s/blog_5c4897960100bki8. html）

第三节　激励手段和激励方法

管理既是科学也是艺术，领导工作是艺术，而激励是艺术的艺术。在管理中，激励是充分展示管理者管理艺术的管理活动。

不同的人需求是不一样的，同一个人在不同时期的需求也是不一样的。所以相同的激励措施对不同的人起到的作用是不同的。没有适用于一切人和一切环境的激励制度和激励方法。在管理过程中，激励必须因时、因人、因地而异，只有找到最佳的方法，才能得到最佳的结果。

一、激励的原则

前面指出，没有适用于一切人和一切环境的激励制度和激励方法，但这并不等于说激励就没有一定的规律可循。下面是一些关于激励的原则，如果我们在制定和实施激励政策时能够注意这些原则，可能会很大的提高激励的效果。

（一）差异化原则

激励的起点是满足员工的需要，由于员工的需要不同，相同的激励措施起到的激励效果也不尽相同。例如，年轻工作者比较重视拥有自主权和创新的工作环境，中年工作者比较重视工作与私生活的平衡及事业发展的机会，老年工作者则比较重视工作的稳定性及分享公司的利润。

即使是同一位员工，在不同的时期或环境下，也会有不同的需要。激励取决于内因，是员工的主观感受，激励要因人而异。

因此，在制定和实施激励措施时，首先要调查清楚每个员工真正需要的是什么，弄清楚员工需要层次和需要结构的变化趋势。将这些需要整理、归类，然后再制定相应的激励措施，有针对性地进行激励才能收到实效。例如，年龄较大、收入较高者，这类员工一般是公司里的老资格员工。老资格员工多是基层的小主管，生活相对比较舒适，需求往往是工作上的安全性、成就感和被下属尊重。相应的激励因素就是分配挑战性的工作，让其指导比这类人水平低的员工，或者参与更高一级经理的工作目标的设计，甚至参加一些高层的决策会议。

（二）公平性原则

公平性是员工管理中一个很重要的原则，任何不公的待遇都会影响员工的工作效率和工作情绪，从而影响激励效果。实践中，公平是一个复杂的系统性问题，需要我们注意以下几个方面：

第一，忌待遇不公。待遇不公极易引起员工的不满，造成员工对公司的不信任，并且这种情绪很容易在公司中扩散，造成整体工作积极性的低落及工作效率的低下。

第二，同等成绩应同等奖励。取得同等成绩的员工一定要获得同等层次的奖励；同理，犯了同等错误的员工也应当受到同等层次上的处罚，要做到一碗水端平。如果做不到这一点，管理者宁可不奖励或者不处罚。

管理者在处理员工问题时一定要有一种公平的心态，不应有任何的偏见和喜好。虽然某些员工可能让你喜欢，有些可能你不太喜欢，但在工作中，一定要一视同仁，不能有任何不公的言语和行为。

（三）适度性原则

激励的措施要适度，即要根据所实现目标本身的价值大小确定适当的激励量。

奖励过重会使员工产生骄傲和满足情绪，失去进一步提高自己的欲望，同时，过高的物质奖励和过度的表扬还可能会使受奖励的人心有不安，会造成被表扬的人太大的环境压力，尤其是在风气不是很理想的单位，别人可能会由开始时的疑惑，发展为对他采取敌意的态度或有意地孤立他。

奖励过轻会起不到激励效果，甚至还不如不奖励，因为会让员工产生不被重视的感觉。

惩罚过重会让员工感到不公，认为你是有意为难他，使他丧失改正缺点的信心，或者失去对组织的认同，甚至产生怠工或破坏的情绪，严重时还有可能造成双方情绪上的对立。

惩罚过轻会让员工轻视错误的严重性，轻视公司的规章制度，轻视领导者管理的威严性，从而可能还会犯同样的错误，起不到警戒的作用。

（四）时效性原则

时效性原则指激励必须及时，把握时机，不能拖延。一旦时过境迁，激励就会失去作用。"雪中送炭"和"雨后送伞"的效果是不一样的。人们作出一番努力取得成绩后，对于自身价值有一种期望得到社会承认的心理，尤其是在做出特殊贡献之后，最大的愿望莫过于得到及时的肯定。激励越及时，越有利于将人们的激情推向高潮，使其积极性得以保持，并持续有效地发挥其创造力。

要把握好激励的时效性是一种艺术，并非记住了这一原则就能做好的。一般来说，正激励多在行为一发生就给予表扬，以示支持。对错误的行为，先应及时制止，不让其延续下来或扩散开来，批评与其他的惩罚措施，就应根据不同的情形分别处理。因为在有些情况下，当场的严厉批评会使受批评的同志觉得面子上过不去，进而产生对立情绪，甚至矛盾冲突。在这种情况下，适当的冷处理或许是十分必要的。

（五）引导性原则

引导性原则是激励过程的内在要求。外激励措施只有转化为被激励者的自觉意愿，才能取得激励效果。因此，管理者必须引导员工的认知和提高员工的觉悟，使员工充分理解组织目标与其自身目标之间的统一性。

二、激励的手段与方法

要提高激励的有效性，必须通过适当的激励手段与方法来实现。任何的激励手段与方法，都是以形成一定量的诱因来对人的行为产生影响的。按照激励中诱因的内容和性质，可将激励的手段与方法大致划分为三类：物质利益激励、社会心理激励和工作激励。

（一）物质利益激励

物质利益激励是指以物质利益为诱因，通过调节被管理者物质利益来刺激其物质需要的手段与方法。物质利益激励是调动人的积极性的最基本动力。在消费水平低的条件下，需求大多数以物质利益为中心，绝大多数人对物质利益相当关心，物质利益对人行为的激发作用非常明显。物质利益激励的主要形式有薪酬激励、关怀激励和处罚。

1. 薪酬激励

薪酬激励包括工资、奖金、各种形式的津贴及实物奖励等。商品经济条件下，人们的消费是有支付能力的消费，薪酬对于绝大多数人来说是满足其物质消费的主要经济来源，是最重要、最根本的激励因素。因此，在薪酬激励过程中，要坚持按劳分配与责权利相结合的原则，把组织成员的收入与其贡献及组织的效益挂钩，掌握恰当的薪酬刺激量。薪酬的刺激量，一是表现为薪酬绝对量，即工资、奖金的数量大小；二是表现为薪酬的相对量，即工资、奖金同一时期不同人的差别以及同一个人不同时期的差别。薪酬激励作用主要取决于相对刺激量，即同一时期不同人之间的薪酬差别以及个人不同时期薪酬变化的幅度。这也正体现了公平理论的要求。在实际工作中，既要有选择地进行重奖，以期引起轰动和奖励效应，又要防止不适当地扩大刺激量，引发员工产生新的不公平心理。

2. 关怀激励

管理者通过对下属生活上的关心照顾来激励员工，也是激励的有效形式。关怀激励不仅可以使员工获得物质上的利益和帮助，而且能够获得受尊重和归属感上的满足，从而可以产生巨大的激励作用。管理者对员工的关怀，哪怕是微不足道却是出自真诚的关心，对于员工来说都是无穷的激励。

管理者对员工关怀的内容多种多样，既有物质上的，也有精神上的，如员工集体福利，帮助解决员工各种生活困难，以及关心和帮助解决员工各种思想、工作及其他方面的困难等。

管理案例

关怀激励

一天，在美国旧金山一家医院的一间隔离病房外，一位老人正在与护士死磨硬缠地要探望一名因痢疾住院治疗的女士。但是，护士却严守规章制度毫不退让。

这位老者就是通用电气公司总裁，一位曾被公认为世界电气业权威杂志——美国《电信》月刊选为"世界最佳经营家"的世界企业巨子斯通先生。这位斯通要探望的女士，并非他的家人，而是加利福尼亚州销售员哈桑的妻子。

哈桑知道这件事后感激不已，每天工作达 16 小时，为的是以此报答斯通的关怀，加州的销售业绩一度在全美各地区评比中名列前茅。

管理启示

领导对员工的关怀，是激励的有效形式。它能使员工获得受尊重和归属感的满足，因此，可以产生极大的激励作用。

（资料来源：张永良. 管理学基础. 北京：北京理工大学出版社，2010）

3. 处罚

处罚就是从经济上对员工进行惩罚，是一种管理上的负强化，属于一种特殊形式的激励。薪酬激励、关怀激励都是从正面来对员工的行为进行正强化，但有时对于员工出现违反组织规章制度、不听从管理者的指挥管理等行为也需要进行必要的处罚和经济制裁。运用这种方式时要注意：必须有可靠的事实根据和政策依据，处罚的方式与刺激量要适当，既要起到必要的教育与震慑作用，又不要激化矛盾。同时，还要做好思想转化和疏导工作，化消极为积极，真正起到激励作用。

（二）社会心理激励

社会心理激励，是指管理者运用各种社会心理学方法，刺激被管理者的社会心理需要，以激发其动机的手段与方法。这类激励方式以人的社会心理因素作为激励的诱因，主要包括以下一些具体的形式：

1. 目标激励

即通过设置振奋人心的经过努力可以实现的奋斗目标来激发集体和个人的积极性。就企业而言，实行目标激励就是把企业和国家的整体目标与个人目标相结合，形成目标链。这样，人们在生产和工作中就会把自己的行动同整体目标相联系起来。实行目标激励的好处是：第一，能使员工看到自己的价值和责任，一旦达到目标便会有满足感。第二，有利于上下左右之间沟通信息，减少达到目标的阻力。第三，能使员工的个人利益与组织的整体目标得到统一。

2. 行为激励

领导者用某些方面的有意行为来激发员工的激励方法就是行为激励。由于领导处于员工有目共睹的特殊地位，其一言一行都是众人关注的焦点，因此，在企业里领导亲自过问某事或采取某种行为，从而对员工产生深刻影响，也能获得很好的激励效果。

从管理心理学的角度来看，每个人都对他周围的人产生行为影响力。但由于权力、地位、资历、品德、才能和心理素质等情况不同，每个人对他周围的人产生的行为影响力的大小是不同的。正因为如此，领导只有加强自身修养，树立权威和表率，通过自己的模范行为和带头作用来调动下属的积极性，对下属的行为产生影响、激励作用。

管理案例

工程师的工资

一次，通用公司的机械工程师伯涅特在领工资时，发现少了30美元，这是他某一次加班应得的加班费。为此，他找到顶头上司，而上司却无能为力，于是他便给公司总裁斯通写信，"我们总是碰到令人头疼的报酬问题。这已使一大批优秀人才感到失望了。"斯通立即责成最高管理部门妥善处理此事。

三天之后，他们补发了伯涅特的工资，事情似乎可以结束了，但他们利用这件为职工补发工资的小事大做文章。第一是向伯涅特道歉；第二是在这件事情的推动下，了解那些"优秀人才"待遇较低的问题，调整了工资政策，提高了机械工程师的加班费；第三，向著名的《华尔街日报》披露这一事件的全过程，在美国企业界引起了不小轰动。

管理启示

领导对普通员工的问题亲自过问和处理能形成一定的影响力，激励员工的工作积极性。

（资料来源：张永良. 管理学基础. 北京：北京理工大学出版社，2010）

3. 榜样激励

榜样激励即通常所说的典型示范。榜样的力量是无穷的，它是一面旗帜，具有生动性和鲜明性特征，说服力强，容易引起人们感情上的共鸣。有了榜样，人学有方向，赶有目标。它的号召力大，是一种重要的激励方法。开展榜样激励，应注意：榜样来自群众，有广泛的群众基础；榜样的事迹要真实，能经得起检验和时间的考验。

4. 教育激励

教育激励即通过教育方式与手段，激发和调动下属的积极性即感性激励。教育激励最主要的是搞好政治教育与思想教育。这就要求领导者注重探索思想政治工作的规律性，提高思想政治工作的科学性。

5. 感情激励

以感情作为激励的诱因，调动人的积极性即感情激励。现代人对社会交往和感情的需要是强烈的，感情激励已成为现代管理中极为重要的调动人的积极性的手段。搞好感情激励就要求上下级之间建立融洽和谐的关系；促进上下级之间关系的协调与融合；营造健康、愉快的团体气氛，使组织成员有归属感。许多企业做了"三必访"、"五必访"等规定，当员工生病、结婚、过生日、生小孩、退休时，企业领导必须进行家庭访问。这些做法可以拉近领导与员工、干部与职工的感情距离，从而激发出更大的劳动积极性。

6. 尊重激励

随着人们需求层次的提高，人们渴求受到尊重、自尊的需要不断提升。领导者应利用各种机会信任、鼓励、支持下级，努力满足其被尊重的需要，以激励下属的积极性。这就要求领导者尊重下级的人格；尽力满足下属对成就感的需要；支持下属自我管理、自我控制。

尊重可以让员工认识到他们是在为自己工作。例如，有人问一位下岗后从普通餐厅跳槽到肯德基工作的女服务员，现在在肯德基工作的感觉，她说："我在原来餐厅工作时，工作前没有给我培训，我整天在恶劣的环境中弄得浑身脏兮兮的，老板有事没事地骂人。但在肯德基不同，就算从事的是保洁员的工作，工资还低了点，但他们至少给了我起码的尊重，还有一套整洁的制服和专业的工具。有时经理还称赞我干得好，每天看到的都是一张张笑脸，干起活来也有劲。"可见，尊重与赞扬有时比金钱更能激励员工。

广泛事实证明，充分尊重员工并给予适时的赞扬能使员工更有归属感，因为不管职位高低，人都喜欢听好话和被认可，这可以激励他们攀登另一个业绩的高峰。

管理案例

士为"赞赏"者"死"

韩国某大型公司的清洁工，本来是一个最被人忽视、最被人看不起的角色，但就是这样的一个人，却在一天晚上公司保险箱被窃时，与小偷进行了殊死搏斗。

事后，有人为他请功并问他的动机时，答案出人意料。他说，当公司的总经理从他身边经过时，总会不时地赞美他："你的地扫得真干净!"

这样简单的一句话，却使他受到了极大的激励，并愿意为公司奉献出自己宝贵的生命。由此可见，激励在调动员工积极性方面的重要作用。

管理启示

对管理者而言，赞赏的效果远大于严厉地要求与批评，有时，哪怕是最不经意的一句话，往往会对下属起到意想不到的激励作用。激励，是领导的手段，更是管理的艺术和技巧。

（资料来源：张永良. 管理学基础. 北京：北京理工大学出版社，2010）

7. 参与激励

以让下级参与管理为诱因，调动下级的积极性和创造性。让下级参与管理，有利于使决策民主化；使下级有受尊重心理的满足；有利于下级提高对上级决策的认同感，降低决策实施的阻力，保证决策的顺利实施。

8. 竞赛激励

利用人们争强好胜、不甘落后的心理，来激励人们的行为，这就是竞赛激励。这是由人们有追求自我实现的需要所决定的。领导者应结合组织的目标及任务，开展各种形式的竞赛，形成竞争的组织氛围，激发组织成员的热情、兴趣，将组织成员的积极性和行为最大限度地调动到实现组织目标轨道上来。要有效实现竞赛激励，作为领导者必须要设置恰当的能激发人们奋发向上的目标，形成公平的竞争环境，公正评价竞赛结果并根据该结果给予恰当的奖励。

（三）工作激励

赫茨伯格的双因素理论指出，对人最有效的激励因素来自于工作本身，即满意于自己的工作是最大的激励。因此，管理者必须善于调整和调动各种工作因素，搞好工作设计，使下属满意于自己的工作,"以事业留人",实现最有效的激励。工作激励可以通过以下途径来实现。

1.工作的适应性

工作的适用性包括两方面的内容:一是根据每个组织成员的专长与个性,将其安排到最能发挥他优势的工作岗位上,提高组织成员的工作兴趣与工作满意度;二是一项需要集体完成的团队工作,领导者应当把具有不同专长或优势、不同性格、不同素质的组织成员合理组织起来,形成一个团结、有战斗力、有凝聚力的团队,形成一个和谐的人际关系的团队,为完成团队工作打下组织基础。

2.工作的意义与挑战性

组织成员如何看待自己所从事的工作,直接关系到其对工作的兴趣与热情,进而决定其工作积极性的高低。人们愿意从事重要的工作,并愿意接受挑战性的工作,因为工作富有挑战性能使组织成员更快地成长与发展,这反映了人们追求实现自我价值、渴望获得别人尊重的需要。因此,领导者激励组织成员的重要手段就是向他们宣传工作的重要性、造就工作的挑战性,使组织成员充分重视和热爱本职工作。

3.工作的完整性

人们愿意在工作中承担完整的工作。从一项工作的开始到结束,都是由自己完成的,工作的成果就是自己努力与贡献的结晶,从而可获得一种强烈的成就感。领导者应根据工作的性质与需要,以及人员情况,尽可能将工作划分成为较为完整的单元分派给组织成员,使每个组织成员都能承担一份较为完整的工作,为他们创造获得完整工作成果的条件与机会。

4.工作的自主性

人们出于自尊和自我实现需要的心理,期望独立自主地完成工作,而自觉或不自觉地排斥外来干预,也就是不愿意在别人的指使或强制下被迫工作。这就要求领导者能尊重下属的这种心理,通过管理规章制度的健全、组织结构的合理设置、合理的授权与分权,目标管理等措施与手段,使下属能够独立自主地开展工作。

5.工作的扩大化

影响工作积极性最突出的原因是员工厌烦自己所从事的工作,而造成这种现象的基本原因之一就是工作的单调乏味或简单重复。工作扩大化是指从横的方面扩大工作范围、增加工作的种类,即在一些重复性劳动中,为了减少工人单调、乏味的工作而扩大某些工作内容。每个工人同时承担几项工作任务,以增加他们对工作的兴趣。工作扩大化的具体形式有:①兼职作业,即同时承担几种工作或几个工种的任务。②工作延伸,即前向、后向地接管其他环节的工作。③工作轮换,即在不同工种或工作岗位上进行轮换。这种工作扩大化,不仅能明显地提高员工的兴趣,而且赋了予员工更多的责任,激励其自我发挥、自我控制,有利于调动员工的积极性和创造性。

6.工作的丰富化

工作丰富化是指从纵向扩大工作范围、提高工作的层次,让人们的工作内容适当地向纵深发展,不仅参加一般生产,而且参加一部分管理工作,通过工作本身增加个人的责任感和成就感,使其渴望尊重与自我实现的需要得到满足,从而起到更大的激励作用。工作丰富化的具体形式包括:①将部分管理工作交给员工,使员工也成为管理者。②吸收员工参与决策和计划，提升其工作层次。③对员工进行业务培训，全面提高其技能。④让员工承担一些更高技术的工作，提高其工作的技术含量等。

7. 工作成果的及时反馈

人们对于工作周期长，长时间看不到或根本看不到工作成果的工作很难有大的兴趣。而对于只要有投入，立竿见影，很快就能看到产出的工作则兴趣较浓。这也是人们成就感的一种反映。管理者在工作过程中，应注意及时测量、评定员工的工作成就，及时反馈工作情况，使每个员工都能及时了解自己的工作成果，这就能有效地激发其工作积极性，促使其努力扩大工作成果。但在工作评定过程中，应设置科学的评价指标体系，采用科学的评价方法，使评价反馈的结果能真实反映员工的工作成就，以免产生负面效果。

本章小结

激励是管理中的一种重要手段，管理是以人为中心的管理，研究调动人的积极性和发挥员工的潜力的问题，离不开激励原理的理论指导。

通过本章学习，我们了解到，所谓激励就是指管理者运用各种管理手段，刺激被管理者的需要，激发其动机，使其朝向所期望的目标前进的心理过程。激励的基础是人存在着各种需要并渴求得到满足。

本章介绍了主要的激励理论：激励的内容理论、激励的过程理论和激励的强化理论。这些理论从不同角度阐述了激励的原理。激励的内容理论和过程理论侧重于人的需要、理解认识等心理因素，而强化理论则强调人的行为结果对其行为的作用，在管理实践中要结合起来使用。

在本章的最后，介绍了做好激励工作的原则，以及激励的各种方法。管理者进行激励活动时，应遵循一些原则，才能取得较好的激励效果。激励的方式主要有物质利益激励、社会心理激励和工作激励三大类。

练习题

一、填空题

1. 激励在管理中的核心作用是（　　　　），激励最显著的特点是（　　　　）和（　　　　）。
2. 双因素理论认为影响人的积极性的因素为：（　　　　）因素，属于和（　　　　）相关的因素；（　　　　）因素，这属于和（　　　　）相关的因素。
3. 期望理论是（　　　　）首先提出的。
4. 公平理论认为，人的工作积极性不仅受（　　　　）的影响，更重要的是受（　　　　）的影响。
5. 强化理论认为通常强化的手段有：（　　　　）、（　　　　）和（　　　　）。
6. 激励的方式与手段大致划分为三类：（　　　　）激励、（　　　　）激励和（　　　　）激励。

二、选择题

1. ( )是激励的起点与基础。

A. 动机   B. 需要   C. 行为   D. 满足

2. 需要层次理论是美国著名心理学家马斯洛提出来的一种激励理论，属于( )。

A. 内容型激励理论   B. 过程型激励理论

C. 强化理论   D. 成就激励理论

3. 赫茨伯格提出的双因素理论认为，( )不能直接起到激励的作用，但能防止人们产生不满情绪。

A. 保健因素   B. 激励因素   C. 成就因素   D. 需要因素

4. 双因素理论中的激励因素相当于( )。

A. 生理需要和安全需要   B. 自我实现和尊重需要

C. 社交需要和尊重需要   D. 生理需要、安全需要和社交需要

5. 期望理论认为激励水平取决于( )的乘积。

A. 期望值与效价   B. 期望值与需要

C. 效价和需要   D. 需要和动机

6. 公平理论认为人的工作积极性更主要的是受( )的影响。

A. 心理平衡程度   B. 报酬的绝对量

C. 贡献与报酬的关系   D. 相对报酬

三、简答题

1. 马斯洛需要层次理论的主要内容是什么？

2. 简述赫茨伯格的双因素理论。

3. 期望理论的基本内容是什么？

4. 期望理论提出在进行激励时要处理好哪些关系？

5. 激励的原则有哪些？有哪些激励方式？

第十章 人力资源管理

本章学习目标

1. 了解人力资源管理的含义和特点
2. 明确人力资源管理的功能和内容
3. 理解人力资源管理的原则
4. 明确人力资源规划内容和原则
5. 掌握人力资源规划的作用和步骤
6. 了解工作分析的定义和目的
7. 明确工作分析的内容和工作分析的一般方法
8. 了解职务设计的含义
9. 明确职务设计的内容和方法

案例导入

《三国演义》与人力资源管理

A 公司刘总刚从日本考察回国,对日本企业管理界研读中国《三国演义》感慨良多。旋即在公司高层管理者中推行这一做法,并且规定每季度要召开读书心得交流会,要求每次围绕一个主题,以一人做主题发言。大家参与讨论。一年过去了,刘总感到收效不明显。今晚照例轮由人力资源管理部吴经理做主题发言。吴经理清清嗓子开口道:"为了准备这次研讨,我去了趟广州,与我的导师讨论了有关《三国演义》与人力资源管理的有关问题……从人力资源管理部的角度看,我认为《三国演义》是部企业管理和人力资源管理方面发人深省的反面教材,是先人留给我们的一部警世之作。"此言一出,满座哗然。

吴经理继续说道,从人力资源管理的视角看,《三国演义》是一座取之不尽的富矿,只不过是人们长期以来忽视它而已。我的导师与我讨论了三国各自的战略意图与人力资源管理战略,各自的选人、育人、用人、留人策略及其成功与失当之处,并着重对曹操、孙权、刘备尤其是诸葛亮在人力资源管理方面的功过是非进行了深入的探讨,得出了许多与人们通常认识不一致的结论,使我既感到震撼又收益良多。

曹操之所以能够统一北方但又始终无法统一全国,最终导致三分天下的格局,与其在不同阶段的战略思维与用人战略是分不开的。孙权虽说是继承父兄基业,但在诸侯林立之中仍然稳据东南,与他在不同阶段根据形势需要使用关键人才是分不开的,起初是重用周瑜开疆劈土,再次是任用鲁肃整顿内务,继而使用吕蒙稳定局面,最后是大胆起用年轻的陆逊去抗拒老谋深算的刘备,创造了火烧连营七百里的战争佳话。刘备的起家则完全靠的是外貌忠厚内藏乾坤的雄才大略和一套叹为观止的人力资源策略。从刘关张桃园三结义莫定刘备集团的核心，到网罗卧龙凤雏形成其参谋咨询班底，再到吸引赵云、黄忠、马超、魏延等战将，从一个落魄之人到成就伟业之雄才，处处显示其卓著的人力资源管理才能。而反观诸葛亮，则是谋事能臣，用人庸才。刘备去世后，实际掌握蜀汉大权的诸葛亮的每一决策几乎都与人力资源管理理念背道而驰。其用人策略与其战略理念相违背，本应是东和孙吴，北拒曹魏，却安排与曹魏不清不楚而与孙吴不共戴天的关羽镇守荆州，由于不重视人才培养和使用导致蜀中无大将，廖化作先锋，由于不懂（舍）得授权，事必躬亲，致使年仅50余岁就英年早逝，空使英雄泪满襟。我们试想，如果诸葛亮投奔曹操且得到重用会怎么样？或者以诸葛亮之才，又懂得运用人力资源管理策略，也许历史将会重写。吴经理的话音刚落，会议室里陷入了长久的沉默。

大凡要成就一番事业者，仅凭个人的力量是有限的。一个组织实际上就是一群人的集合体，如何将这些人力资源整合成能够攻无不克、战无不胜的团队，正是人力资源管理所要研究的问题。要做好人力资源管理工作，首先要了解人力资源的特性及其必须遵循的基本规律。从战略理念、战略目标、工作任务、管理计划和具体执行等环节，将整个组织目标作为一个系统，将人力资源管理作为一个系统，才能谈得上提高管理效率和效益。不懂得人力资源管理或者说不愿意以人力资源管理统领工作，个人才华再出众也可能空叹时不予我。

管理者所要面临的主要难题是什么？一言以蔽之——有限的资源与相互竞争的多种目标的矛盾，这就是管理的基本矛盾。人力资源管理者所要面临的主要难题是什么？一言以蔽之——在已知的有效人力资源条件下如何在众多目标中达到整体效益最大化。本书力图从人力资本投资出发，分析如何通过有效的管理激励措施，促使人力资源增值，达到配置效益最大化。

第一节　人力资源管理概述

一、人力资源及人力资源管理的含义

什么是人力资源。在现代管理中，人被看做是组织最重要、最有活力、最能为组织带来效益的资源。首先，人是最宝贵的资源，它决定其他资源作用的发挥；其次组织的全体成员都属于人力资源，而不仅限于"人才"；再次，人力资源本身是可以被不断开发的；最后，人力资源在狭义上特指为实现组织目标服务并作出贡献的全体成员能力的总和。人力资源是指能够推动整个经济和社会发展的具有智力劳动和体力劳动能力的人们的总和。

人力资源管理，就是指运用现代化的科学方法，对与一定物力相结合的人力进行合理的培训、组织和调配，使人力、物力经常保持最佳比例，同时对人的思想、心理和行为进行恰当的诱导、控制和协调，充分发挥人的主观能动性，使人尽其才，事得其人，人事相宜，以实现组织目标。

根据定义，可以从两个方面来理解人力资源管理，即：

1. 对人力资源外在要素——量的管理

对人力资源进行量的管理，就是根据人力和物力及其变化，对人力进行恰当的培训、组织和协调，使二者经常保持最佳比例和有机的结合，使人和物都充分发挥出最佳效应。

2. 对人力资源内在要素——质的管理

主要是指采用现代化的科学方法，对人的思想、心理和行为进行有效的管理（包括对个体和群体的思想、心理和行为的协调、控制和管理），充分发挥人的主观能动性，以达到组织目标。

二、人力资源管理的特点

1. 人力资源的生物性

人首先是一种生物。人力资源存在于人体之中，是有生命的"活"资源，与人的自然生理特征相联系。人的最基本的生理需要带有某些生物性的特征。在管理中，首先要了解人的自然属性，根据人的自然属性与生理特征进行符合人性的管理。人力资源属于人类自身所特有，因此具有不可剥夺性。这是人力资源最根本的特性。

2. 人力资源的时限性

时限性是指人力资源的形成与作用效率要受其生命周期的限制。作为生物有机体的个人，其生命是有周期的，每个人都要经历幼年期、少年期、青年期、中年期和老年期。其中具有劳动能力的时间是生命周期中的一部分，其各个时期资源的可利用程度也不相同。无论哪类人，都有其才能发挥的最佳期、最佳年龄段。如果其才能未能在这一时期充分利用开发，就会导致人力资源的浪费。因此，人力资源的开发与管理必须尊重人力资源的时限性特点，做到适时开发、及时利用、讲究时效，最大限度地保证人力资源的产出，延长其发挥作用的时间。

3. 人力资源的再生性

经济资源分为可再生性资源和非再生性资源两大类。非再生性资源最典型的是矿藏，如煤矿、金矿、铁矿、石油等，每开发和使用一批，其总量就减少一批，决不能凭借自身的机制加以恢复。另一些资源，如森林，在开发和使用过后，只要保持必要的条件，可以再生，保持资源总体的数量。人力资源也具有再生性，它基于人口的再生产和劳动力的再生产，通过人口总体内个体的不断更替和"劳动力耗费——劳动力生产——劳动力再次耗费——劳动力再次生产"的过程得以实现。同时，人的知识与技能陈旧、老化也可以通过培训和再学习等手段得到更新。当然，人力资源的再生性不同于一般生物资源的再生性，除了遵守一般生物学规律之外，它还受人类意识的支配和人类活动的影响。从这个意义上来说，人力资源要实现自我补偿、自我更新、持续开发，这就要求人力资源的开发与管理注重终身教育，加强后期的培训与开发。

4. 人力资源在使用过程中的磨损性

人力资源在使用过程中会出现有形磨损和无形磨损，劳动者自身的疾病和衰老是有形磨损，劳动者知识和技能的老化是无形磨损。在现代社会，人力资源的这种磨损呈现以下特点：首先，与传统的农业社会和工业社会里较多地表现为有形磨损不同，现代社会更多地表现为无形磨损；其次，当今社会的一个重要特征是新技术不断取代原有技术，而且更新周期越来越短，致使员工的知识和技能老化加剧，人力资源的磨损速度越来越快；最后，人力资源补偿的难度加大，这是因为当今社会的人力资源磨损主要表现为无形磨损，而无形磨损的补偿比起有形磨损的补偿要困难得多；同时，由于人力资源磨损速度的加快，也使得补偿的费用越来越高。

5.人力资源的社会性

人处在一定的社会之中,人力资源的形成、配置、利用、开发是通过社会分工来完成的,是以社会的存在为前提条件的。人力资源的社会性,主要表现为人与人之间的交往及由此产生的千丝万缕的联系。人力资源开发的核心,在于提高个体的素质,因为每一个个体素质的提高,必将形成高水平的人力资源质量。但是,在现代社会中,在高度社会化大生产的条件下,个体要通过一定的群体来发挥作用,合理的群体组织结构有助于个体的成长及高效地发挥作用,不合理的群体组织结构则会对个体构成压抑。群体组织结构在很大程度上又取决于社会环境,社会环境构成了人力资源的大背景,它通过群体组织直接或间接地影响人力资源开发,这就给人力资源管理提出了要求:既要注重人与人、人与团体、人与社会的关系协调,又要注重组织中团队建设的重要性。

6.人力资源的能动性

能动性是人力资源区别于其他资源的本质所在。其他资源在被开发的过程中,完全处于被动的地位;人力资源则不同,它在被开发的过程中,有思维与情感,能对自身行为作出抉择,能够主动学习与自主地选择职业,更为重要的是人力资源能够发挥主观能动性,有目的、有意识地利用其他资源进行生产,推动社会和经济的发展。同时,人力资源具有创造性思维的潜能,能够在人类活动中发挥创造性的作用,既能创新观念、革新思想,又能创造新的生产工具、发明新的技术。

7.人力资源具有生产者和消费者的角色两重性

人力资源既是投资的结果,又能创造财富;或者说,它既是生产者,又是消费者,具有角色两重性。人力资源的投资来源于个人和社会两个方面,包括教育培训、卫生健康等。人力资源质量的高低,完全取决于投资的程度。人力资源投资是一种消费行为,并且这种消费行为是必需的、先于人力资本的收益。研究证明,人力资源的投资具有高增值性,无论从社会还是个人角度看,都远远大于对其他资源投资所产生的收益。

8.人力资源的增值性

人力资源不仅具有再生性的特点,而且其再生过程也是一种增值的过程。人力资源在开发和使用过程中,一方面可以创造财富;另一方面通过知识经验的积累、更新,提升自身的价值,从而使组织实现价值增值。

三、人力资源管理的职能

人力资源管理是组织的一项重要管理职能,其目的是有效地运用人力资源实现组织目标。人力资源管理的职能有 5 个方面:人力资源配备、人力资源开发、人力资源评价、人力资源保持和人力资源关系。

1.人力资源配备

组织为了实现其目标,在特定的场合和时间必须有能够胜任特定工作岗位的员工,因此需要进行人力资源配备。人力资源配备包括工作分析、人力资源规划、招聘和选择等内容。工作分析是人力资源管理的基础。组织是一个利用人力资源和调动协同能力,实现其特定的目标的集合体,需要设计为实现组织目标而相匹配的工作岗位,进而对每个岗位的工作进行分析。只有进行了岗位设计及其工作分析,人员配备才有可能建立在科学的基础之上。为此，人力资源配备人员应有计划地进行。

2. 人力资源开发

人力资源开发（HRD），是指一个企业或组织团体在组织团体现有的人力资源基础上，依据企业战略目标、组织结构变化，对人力资源进行调查、分析、规划、调整，提高组织或团体现有的人力资源管理水平，使人力资源管理效率更好，为团体（组织）创造更大的价值。HRD 是 20 世纪 80 年代兴起的旨在提升组织人力资源质量的管理战略和活动。

其实当某一组织开始运行，它的人力资源开发过程就随之开始了。人力资源开发可以使集体和组织的活动更有成效。人力资源开发包括员工培训、职业发展等。员工培训是人力资源开发的主要途径之一，是从组织的角度安排员工的发展，忽略员工的个人需求；员工职业发展则试图将组织的需求与员工的个人需求相结合，同时促进员工的发展，使组织的发展有一个合适的"蓄水池"，运作处于良性状态。

3. 人力资源评价

人力资源评价是一个反馈机制，是对员工的工作情况进行分析，作出实事求是的评价，其结果是作为对员工进行奖惩和确定下一步使用方案的前提。人力资源评价包括工作评价、绩效考核等内容。评价虽有控制功能，但基于人本原理强调以人为本，通过工作评价、绩效考核的方式，使管理者和员工都朝向进步的努力方向，针对性地激发每个员工自身的潜能。

4. 人力资源保持

保持员工的工作积极性，保持安全健康的工作环境，是组织实现既定目标的重要前提。人力资源保持要使员工的工作积极性得到有效保持，发挥自我才能，持续地为组织作贡献。人力资源保持包括制定公平合理的工资制度、福利计划，提供安全保障，让员工参与管理等内容。通过这些措施的实施达到使员工保持有效工作状态的目的。

5. 人力资源关系

人力资源关系包括人际关系管理、劳动关系管理等内容。协调好人与人之间关系的目的是为员工营造一个良好的精神环境，使每一个员工人际关系融洽、心情舒畅。

四、人力资源管理的内容

人力资源管理服务于企业的总体战略目标，是一系列管理环节的综合体。人力资源管理的主要内容和任务包括以下几方面。

1. 制订人力资源计划

根据组织的发展战略和经营计划，评估组织的人力资源现状及发展趋势，收集和分析人力资源供给与需求方面的信息和资料，预测人力资源供给和需求的发展趋势，制订人力资源招聘、调配、培训、开发及发展计划等政策和措施。

2. 人力资源成本会计工作

人力资源管理部门应与财务等部门合作，建立人力资源会计体系，开展人力资源投入成本与产出效益的核算工作。人力资源会计工作不仅可以改进人力资源管理工作本身，而且可以为决策部门提供准确和量化的依据。

3. 岗位分析和工作设计

对组织中的各个工作和岗位进行分析，确定每一个工作和岗位对员工的具体要求，包括技术及种类、范围和熟悉程度；学习、工作与生活经验；身体健康状况；工作的责任、权利与义务等方面的情况。这种具体要求必须形成书面材料，这就是工作岗位职责说明书。这种说明书不仅是招聘工作的依据，也是对员工的工作表现进行评价的标准，更是对员工进行培训、调配、晋升等工作的根据。

4. 人力资源的招聘与选拔

根据组织内的岗位需要及工作岗位职责说明书，利用各种方法和手段，如接受推荐、刊登广告、举办人才交流会、到职业介绍所登记等从组织内部或外部吸引应聘人员以及委托猎头公司。并且经过资格审查，如接受教育程度、工作经历、年龄、健康状况等方面的审查，从应聘人员中初选出一定数量的候选人，再经过严格的考试，如笔试、面试、评价中心、情景模拟等方法进行筛选，确定最后录用人选。人力资源的选拔，应遵循平等就业、双向选择、择优录用等原则。

5. 雇佣管理与劳资关系

员工一旦被组织聘用，就与组织形成了一种雇佣与被雇佣的、相互依存的劳资关系，为了保护双方的合法权益，有必要就员工的工资、福利、工作条件和环境等事宜达成一定协议，签订劳动合同。

6. 入厂教育、培训和发展

任何应聘进入一个组织（主要指企业）的新员工，都必须接受入厂教育，这是帮助新员工了解和适应组织、接受组织文化的有效手段。入厂教育的主要内容包括组织的历史发展状况和未来发展规划、职业道德和组织纪律、劳动安全卫生、社会保障和质量管理知识与要求、岗位职责、员工权益及工资福利状况等。

为了提高广大员工的工作能力和技能，有必要开展富有针对性的岗位技能培训。对于管理人员，尤其是对即将晋升者有必要开展提高性的培训和教育，目的是促使他们尽快具有在更高一级职位上工作的全面知识、熟练技能、管理技巧和应变能力。

7. 工作绩效考核

工作绩效考核，就是对照工作岗位职责说明书和工作任务，对员工的业务能力、工作表现及工作态度等进行评价，并给予量化处理的过程。这种评价可以是自我总结式，也可以是他评式的，或者是综合评价。考核结果是员工晋升、接受奖惩、发放工资、接受培训等的有效依据，它有利于调动员工的积极性和创造性，检查和改进人力资源管理工作。

8. 帮助员工的职业生涯发展

人力资源管理部门和管理人员有责任鼓励和关心员工的个人发展，帮助其制订个人发展计划，并及时进行监督和考察。这样做有利于促进组织的发展，使员工有归属感，进而激发其工作的积极性和创造性，提高组织效益。人力资源管理部门在帮助员工制订其个人发展计划时，要考虑员工个人发展计划与组织发展计划的协调性或一致性。也只有这样，人力资源管理部门才能对员工实施有效的帮助和指导，促使个人发展计划的顺利实施并取得成效。

9. 员工工资报酬与福利保障设计

合理、科学的工资报酬福利体系关系到组织中员工队伍的稳定与否。人力资源管理部门要从员工的资历、职级、岗位及实际表现和工作成绩等方面，来为员工制订相应的、具有吸引力的工资报酬福利标准和制度。工资报酬应随着员工的工作职务升降、工作岗位的变换、工作表现的好坏与工作成绩进行相应的调整，不能只升不降。

员工福利是社会和组织保障的一部分，是工资报酬的补充或延续。它主要包括政府规定的退休金或养老保险、医疗保险、失业保险、工伤保险、节假日，并且为了保障员工的工作安全卫生，应提供必要的安全培训教育、良好的劳动工作条件等。

10.保管员工档案

人力资源管理部门有责任保管员工入厂时的简历以及入厂后关于工作主动性、工作表现、工作成绩、工资报酬、职务升降、奖惩、接受培训和教育等方面的书面记录材料。

五、人力资源管理的原则

(1)招聘选拔原则：寻求、选拔认可公司理念、有文化底蕴、具有成长潜质、学习能力强的人才；针对职位需求，尽可能寻找综合素质最优的人才。

(2)培训发展原则：重点培养关键岗位上业绩突出，并且有潜质、有悟性、好学上进的人才；注重在工作实践中培训和培养人才；注重专业能力提升，强化专业发展通道。

(3)绩效考核原则：通过绩效考核牵引人员关注组织的长期可持续发展；兼顾短期绩效指标和长期绩效指标；兼顾结果性指标和过程性指标；个人绩效与团队绩效适当关联。

(4)薪酬激励原则：关键人才的薪资水平高于行业市场平均水平；重点激励对企业有长期贡献者；短期回报与长期回报相结合。

第二节　人力资源规划

人力资源规划(Human Resource Planning，简称HRP)是一项系统的战略工程，它以企业发展战略为指导，以全面核查现有人力资源、分析企业内外部条件为基础，以预测组织对人员的未来供需为切入点，内容包括晋升规划、补充规划、培训开发规划、人员调配规划、工资规划等，基本涵盖了人力资源的各项管理工作，人力资源规划还通过人事政策的制定对人力资源管理活动产生持续和重要的影响。

一、人力资源规划内容

人力资源规划是预测未来的组织任务和环境对组织的要求，以及为了完成这些任务和满足这些要求而设计的提供人力资源的过程。通过收集和利用现有的信息对人力资源管理中的资源使用情况进行评估预测。对于我们现在来说，人力资源规划的实质是根据公司经营方针，通过确定未来公司人力资源管理目标来实现公司的既定目标。因此，我们将人力资源规划分为战略计划和战术计划两个方面。

(一)人力资源的战略计划

战略计划主要是根据公司内部的经营方向和经营目标，以及公司外部的社会和法律环境对人力资源的影响，来制定出一套跨年度计划。同时还要注意战略规划的稳定性和灵活性的统一。在制定战略计划的过程中，必须注意以下几个方面因素：

1.国家及地方人力资源政策环境的变化

这些变化包括国家对于人力资源的法律法规的制定，对于人才的各种措施。国家各种经济法规的实施，国内外经营环境的变化，国家以及地方对于人力资源和人才的各种政策规定等。这些外部环境的变化必定影响公司内部的整体经营环境，从而使公司内部的人力资源政策随之有所变动。

2.公司内部经营环境的变化

公司人力资源政策的制定必须遵从公司的管理状况、组织状况、经营状况变化和经营目标的变化。由此，公司的人力资源管理必须根据以下原则，根据公司内部的经营环境的变化而变化。

(1)安定原则

安定原则是在公司不断提高工作效率的前提下，公司的人力资源管理应该以公司的稳定发展为其管理的前提和基础。

(2)成长原则

成长原则是指公司在资本积累增加、销售额增加、公司规模和市场扩大的情况下，人员必定增加。公司人力资源的基本内容和目标是为了公司的壮大和发展。

(3)持续原则

人力资源管理应该以公司的生命力和可持续增长、并保持公司的永远发展潜力为目的；同时致力于劳资协调、人才培养与后继者培植工作。

3.人力资源的预测

根据公司的战略规划以及公司内外环境的分析，制定人力资源战略计划，为配合公司发展的需要，以及避免制定人力资源战术计划的盲目性，应该对公司的所需人员作适当预测，在估算人员时应该考虑以下因素：

(1)公司的业务发展和紧缩而所需增减的人员；

(2)因现有人员的离职和调转等而所需补充的人员；

(3)因管理体系的变更、技术的革新及公司经营规划的扩大而所需的人员。

4.企业文化的整合

公司文化的核心就是培育公司的价值观，培育一种创新向上、符合实际的公司文化。在公司的人力资源规划中必须充分注意与公司文化的融合与渗透，保障公司经营的特色，以及公司的经营战略的实现和组织行为的约束力，只有这样，才能使公司的人力资源具有延续性，具有自己的人力资源特色。

(二)人力资源的战术计划

战术计划是根据公司未来面临的外部人力资源供求的预测，以及公司的发展对人力资源的需求量的预测，根据预测的结果制定的具体方案，包括招聘、辞退、晋升、培训、工资福利政策、梯队建设和组织变革。

在人力资源管理中有了公司的人力资源战略计划后，就要制定公司人力资源战术计划。人力资源的战术计划包括4部分：

1.招聘计划

针对公司所需要增加的人才，应制定出该项人才的招聘计划，一般一个年度为一个段落，其内容包括：

(1)计算本年度所需人才，并计划考察出可有内部晋升调配的人才，确定各年度必须向外招聘的人才数量，确定招聘方式，寻找招聘来源。

(2)对所聘人才安排工作职位，并防止人才流失。

2. 人员培训计划

人员培训计划是人力资源计划的重要内容,人员培养计划应按照公司的业务需要和公司的战略目标,以及公司的培训能力,分别确定下列培训计划:

(1)专业人员培训计划;

(2)部门培训计划;

(3)一般人员培训计划。

(4)选送进修计划。

3. 考核计划

一般而言,以内部因为分工的不同,对人员的考核方法也不同,在提高、公平、发展的原则下,应该根据员工对于公司所作出的贡献大小作为考核的依据。这就是绩效考核的指导方针。绩效考核计划要从员工的工作成绩的数量和质量两个方面,对员工在工作中的优缺点进行测定。譬如科研人员和公司财务人员的考核体系就不一样,因此在制定考核计划时,应该根据工作性质的不同,制定相应的人力资源绩效考核计划。至少应该包括以下三个方面:工作环境的变动性大小;工作内容的程序性大小;员工工作的独立性大小。绩效考核计划做出来以后,要相应制定有关考核办法,常用的方法包括:排序法、平行法、关键事件法、硬性分布法、尺度评价表法、行为定位等级评价法、目标管理法。

4. 发展计划

结合公司发展目标,设计核心骨干员工职业生涯规划和职业发展通道。明确核心骨干员工在企业内的发展方向和目标,以达到提高职业忠诚度和工作积极性的作用。

二、人力资源规划原则

1. 充分考虑内外部环境的变化

人力资源计划只有充分地考虑了内、外环境的变化,才能适应需要,真正地做到为企业发展目标服务。内部变化主要指销售的变化、开发的变化、或者说企业发展战略的变化,还有公司员工的流动变化等;外部变化指社会消费市场的变化、政府有关人力资源政策的变化、人才市场的变化等。为了更好地适应这些变化,在人力资源计划中应该对可能出现的情况做出预测和风险变化,最好能有面对风险的应对策略。

2. 确保企业的人力资源保障

企业的人力资源保障问题是人力资源计划中应解决的核心问题。它包括人员的流入预测、流出预测、人员的内部流动预测、社会人力资源供给状况分析、人员流动的损益分析等。只有有效地保证了对企业的人力资源供给,才可能进行更深层次的人力资源管理与开发。

3. 使企业和员工都得到长期的利益

人力资源计划不仅是面向企业的计划,还是面向员工的计划。企业的发展和员工的发展是互相依托、互相促进的关系。如果只考虑企业的发展需要忽视了员工的发展,则会有损企业发展目标的达成。优秀的人力资源计划,一定是能够使企业和员工达到长期利益的计划,一定是能够使企业和员工共同发展的计划。

三、人力资源规划的作用

人力资源规划主要有如下作用:

1. 有利于组织制定战略目标和发展规划

人力资源规划是组织发展战略的重要组成部分，同时也是实现组织战略目标的重要保证。

2. 确保组织生存发展过程中对人力资源的需求

人力资源部门必须分析组织人力资源的需求和供给之间的差距，制定各种规划来满足对人力资源的需求。

3. 有利于人力资源管理活动的有序化

人力资源规划是企业人力资源管理的基础，它由总体规划和各种业务计划构成，为管理活动（如确定人员的需求量、供给量、调整职务和任务、培训等）提供可靠的信息和依据，进而保证管理活动的有序化。

4. 有利于调动员工的积极性和创造性

人力资源管理要求在实现组织目标的同时，也要满足员工的个人需要（包括物质需要和精神需要），这样才能激发员工持久的积极性，只有在人力资源规划的条件下，员工对自己可满足的东西和满足的水平才是可知的。

5. 有利于控制人力资源成本

人力资源规划有助于检查和测算出人力资源规划方案的实施成本及其带来的效益。要通过人力资源规划预测组织人员的变化，调整组织的人员结构，把人工成本控制在合理的水平上，这是组织持续发展不可缺少的环节。

四、人力资源规划的步骤

1. 摸清家底，诊断现状

这是做好人力资源规划的第一步，也是必不可少的一步，许多企业的人力资源经理在没有摸清自身人力资源家底的情况下，就进行所谓的规划过程，其结果肯定会失败的，要么预测不准，要么会造成资源的浪费。因此，年末企业可以采用人力资源调查的方式进行摸底，根据调查结果评价组织中现有的人才和技能。既要从个体员工的知识、能力和素质与岗位说明书的匹配程度方面进行分析，也要从企业内部人力资源状况进行总体分析，并就存在的问题，进行诊断。

2. 预测需求与供给

未来人力资源的需要是由企业的经营目标和发展战略所决定的。大多数情况下，以组织总目标和基于此进行的营业规模预测作为主要依据，来确定组织的人力资源需要状况。因此，人力资源管理者要根据企业每年的经营、财务计划指标，结合企业现有员工状况，尤其是员工流动率，来测算年度人力资源总量和按工种、岗位、职务等分类的结构性指标；在此基础上提出年度须新增招募、压缩辞退、下岗分流、转岗调配的具体计划；最后确定人才需求的数量、质量及素质要求。

在进行了人力资源需求预测后，还应对人力资源供给进行预测，即估计在未来一段时间内企业可获得的人员数目和类型。因此，人力资源管理者必须关注人才市场上相应岗位的供需状况，总体薪资水平，人才供给的素质状况等，以确保企业能留住人才，也能招聘到相应的人才。

3. 制定行动方案

做好人力资源规划的第三步是：制定满足未来人力资源需要的行动方案。对现有能力和未来需要作了全面评估以后，管理者可以测算出人力资源的短缺程度（在数量和结构两方面），并指出组织中将会出现超员配置的领域。然后，将这些预计与未来人力资源的供应推测结合起来，就可以拟订出行动方案。根据企业人力资源管理的现状和诊断，结合企业战略目标和企业的财力、物力，做好人力资源管理的各个环节的行动方案，如内部的人力资源供需平衡方案、招聘总体计划、职业生涯规划方案、绩效考核调整方案、管理见习生计划、薪资调整方案等。

第三节　工作分析与职务设计

一、工作分析

（一）工作分析的定义

工作分析，是指根据工作内容，分析工作的性质、繁简难易、责任轻重，执行工作应具备的学识技能与经验，进而制定担任工作所需的资格条件。

在瞬息万变的工作环境中，一个适当的工作分析体系是至关重要的。新的工作不断产生，旧的工作要重新设计。参考一份几年前所做的工作分析可能会得到不够确切的数据资料。但重要的是，工作分析可帮助组织察觉环境正发生变化这一事实。来自工作分析中的数据实际上对人力资源管理的每一方面都有影响。工作分析资料的主要作用是在人力资源计划方面。仅认识到一个公司将需要 1000 名新员工生产产品或提供服务以满足销售需要是不够的，我们还应知道，每项工作都需要不同的知识、技能和能力。显然，有效的人力资源规划必须考虑到这些工作要求。

如果招聘者不知道胜任某项工作所必需的资格条件，那么员工的招聘和选择就将是漫无目的的。如果缺少适时的工作说明和工作规范，就会在没有一个清楚的指导性文件的情况下去招聘、选择员工，而这样做的结果将会是很糟的。实际上，当企业在获取原材料、供货或设备等这些资源时，这种作法也是不曾听说过的。例如，即使在订购一台复印机时，采购部门通常也会提出精确的说明。当然，在寻求企业的最有价值的资产（人力资源）时，也应采用同样的逻辑。

再者，工作规范中的信息在确定人力资源开发需求方面常常是很有用的。如果工作规范指出某项工作需要特殊的知识、技能或能力，而在该职位上的人又不具备所要求的条件，那么培训和开发可能就是必要的了。这种培训应该旨在帮助工人履行现有工作说明中所规定的职责，并且帮助他们为升迁到更高的工作职位做好准备。至于绩效评价，应根据员工完成工作说明中规定的职责的好坏进行。

在报酬方面，在用货币体现某项工作的价值之前必须了解其对于公司的相对价值。相对来说，工作的职责越重要，工作就越有价值。要求有更多的知识、技能和能力的工作对公司来说应该更具价值。例如，要求具有硕士学位的工作的相对价值要高于只需高中文凭的工作。

在考虑安全与健康问题时，来自工作分析的有关信息也很有价值。例如，雇主应该说明一项工作是否具有危险性。工作说明和工作规范中应该反映出这一点。而且，在某些危险的工作中，工人为了安全地完成工作，也需要了解一些有关危险的信息。

工作分析信息对员工和劳动关系也很重要。当考虑对员工进行提升、调动或降职的问题时，工作说明提供了一个比较各人才干的标准。无论公司是否成立了工会，通过工作分析获得的信息经常能导致更为客观的人力资源管理决策。

当进行人力资源研究时，工作分析信息为研究者提供了一个研究起点。例如，当人力资源管理者要确认区分出色员工和平庸员工的因素时，研究者就只需研究那些有着同样工作说明或规范的员工。

最后，完整的工作分析对岗位调整尤其重要。例如，我们需要工作分析的资料为有关升职、调动和降职的决策提供依据。

（二）工作分析的目的

工作分析是为了解决以下 6 个重要的问题：

（1）工人完成什么样的体力和脑力活动？

（2）工作将在什么时候完成？

（3）工作将在哪里完成？

（4）工人如何完成此项工作？

（5）为什么要完成此项工作？

（6）完成此项工作需要哪些条件？

工作分析给出了一项工作的职责、与其他工作的关系、所需的知识和技能以及完成这项工作所需的工作条件。

（三）工作分析的内容

工作分析的内容包括工作分析要素、工作说明、工作规范等 3 个部分，分别阐述如下。

1. 工作分析要素

要进行工作分析，首先必须弄清该项工作由哪些要素构成？具体含义是什么？

一般来说，工作分析包含的要素有 7 个：

（1）什么职位。工作分析首先要确定工作名称、职位。即在调查的基础上，根据工作性质、工作繁简难易、责任大小及资格等 4 个方面，确定各项工作名称、并进行归类。

（2）做什么。即应具体描述工作者所做的工作内容，在描述时应使用动词，如包装、装载、刨、磨、检测、修理，等等。

（3）如何做。即根据工作内容和性质，确定完成该项工作的方法与步骤，这是决定工作完成效果的关键。

（4）为何做。即要说明工作的性质和重要性。

（5）何时完成。即完成工作的具体时间。

（6）为谁做。即该项工作的隶属关系，明确前后工作之间的联系及职责要求。

（7）需要何种技能。即完成该项工作所需要的工作技能。如口头交流技能、迅速计算技能、组织分析技能、联络技能，等等。

2. 工作说明

工作说明是有关工作范围、任务、责任、方法、技能、工作环境、工作联系及所需要人员种类的详细描述。它的主要功能有：让职工了解工作的大致情况；建立了工作程序和工作标准；阐明了工作任务、责任与职权；有助于员工的聘用与考核、培训等。编写工作说明时要注意：①描述要具体化而非抽象化。②描述的句子要简明，内容不要过于繁杂，最好不超过 3 页。③使用技术性术语时加以解释。

3. 工作规范

为了使员工更详细地了解其工作的内容和要求，以便能顺利地进行工作，在实际工作中还需要比工作说明书更加详细的文字说明，规定执行一项工作的各项任务、程序以及所需的具体技能、知识及其他条件。为此，企业在工作分析的基础上，可设立"工作规范书"或将此项内容包括在工作手册、工作指南等中。所谓工作规范就是指完成一项工作所需的技能、知识以及职责、程序的具体说明。它是工作分析结果的一个组成部分。

（四）实施工作分析的程序

1. 情报收集

收集情报首先要确定收集哪些情报。一般来说，工作分析应取得的情报类型如下所示：

（1）工作活动

——岗位导向活动（要完成什么，如何完成，为什么要完成，何时完成）；

——工作活动或程序；

——活动记录（胶卷）；

——个人责任和义务。

（2）工人导向活动

——工作中表现出来的人的行为（感觉、物理动作、信息交流）；

——基本的情感；

——个人工作要求（精力花费）。

（3）机器、工具、设备和使用的工作辅助材料

（4）与工作有关的显性或隐性的东西

——程序运行所需的物质资料；

——生产的产品；

——生产所需的知识（如物理化学过程和现象）；

——工作提供的劳务。

（5）工作表现

——工作测量（所花时间）；

——工作标准；

——误差分析；

——其他方面。

（6）工作背景

——物质的工作条件；

——工作日程安排；

——组织背景；

——社会背景；

——刺激(金钱的和非金钱的)。

(7)个人要求

——与工作有关的知识、技能(教育、培训、工作经验,等等);

——个人态度(志向、身体特征、个性、兴趣等)。

2.确定由谁来收集情报

一般来说,由人力资源部门的管理人员和某一主管在专家的指导下共同负责情报的收集,而由任职者提供岗位情报。接着,就要确定收集情报的方法,一般情况下,岗位情报的收集方法有5种:①面谈法。即通过与在岗人员会谈或召开岗位分析者或专家讨论会来收集情报。②观察法。即由岗位分析者直接观察从业人员的工作收集情报的方法。③问卷法。即用事先设计好的问卷,由在岗者或监督者或分析者填写问卷的方法。④自我记入法。即由在岗者本人记入调查表的方法。⑤实验法。根据动作研究和时间研究,使用记时表、胶卷等技术装置进行实验分析的方法。

3.确定工作性质

按照工作内容及完成工作所需要的知识、技能、经验,分析工作性质,确定各种岗位名称。

4.确定工作内容和程序

即分析各项工作的具体内容,完成该项工作的程序和方法及所需要的设备、工具等,从中可以看出不同工作的繁简难易程度,并依据不同程度区分为若干层次。

5.明确工作职责

根据某项工作的内容和程序,协调和管理下属的人数、工作的重要程度及对组织的影响,确定该项工作的责任大小和主要职责。

6.明确完成工作的学识、技能和经验

即按照某项工作的性质、内容、职责来确定完成该项工作所需要的知识、技能、经验和个人特征等。

(五)职务说明书

1.定义

职务说明书是用文字形式来表达的职务分析的结果,基本内容包括工作描述和任职者说明。工作描述一般用来表达工作内容、任务、职责、环境等,而任职者说明则用来表达任职者所需的资格要求,如技能、学历、训练、经验、体能等。

2.职务说明书的内容

职务说明书主要由基本资料、工作描述、任职资格说明、工作环境四大部分组成。

(1)基本资料。包括:①职务名称;②直接上级职位;③所属部门;④工资等级;⑤工资水平;⑥所辖人员;⑦定员人数;⑧工作性质。

(2)工作描述

①工作概要。用简练的语言说明工作的性质、中心任务和责任。

②工作活动内容。a.各工作活动基本内容;b.各活动内容占工作时间的百分比;c.权限;d.执行依据;e.其他。

③工作职责。逐项列出任职者的工作职责。

④工作结果。说明任职者执行工作应产生的结果,以定量化为好。

⑤工作关系。工作关系描述包括：a. 工作受谁监督；b. 工作的下属；c. 职位的晋升、转换关系；d. 常与哪些职位发生联系。

⑥工作人员运用的设备和信息说明。主要指所使用的设备名称和信息资料的形式。

（3）任职资格说明。主要包括9个方面：①所需最低学历；②培训的内容和时间；③从事本职工作以及相关工作的年限和经验；④一般能力；⑤兴趣爱好；⑥个性特征；⑦职位所需的性别、年龄规定；⑧体能要求；⑨其他特殊要求。

（4）工作环境

①工作场所。指在室内、室外还是其他特殊场所。

②工作环境的危险性说明。指危险存在的概率大小、对人员可能造成伤害的程度、具体部位、已发生的记录、危险性造成原因等。

③职业病。即从事本工作可能患上的职业病的性质说明及轻重程度表述。

④工作时间要求，如正常工作时间、额外加班时间的估计等。

⑤工作的均衡性，工作是否存在忙闲不均的现象及发生的频率。

⑥工作环境的舒适程度。是否在恶劣的环境下工作，工作环境给人带来的愉快感如何。

3. 注意事项

（1）职务说明书的内容可依据职务分析的目标加以调整，内容可简可繁。

（2）职务说明书可以用表格形式表示，也可采用叙述型。但一般都应加注职务分析人员的姓名、人数栏目。

（六）工作分析的一般方法

不同的企业可以使用不同的工作分析方法。一般来说，企业使用的结构化分析方法可为两大类：

1. 个人重点法

它是指以个人特征为重点的分析方法。它主要包括：职位分析问卷、身体能力分析、关键事件技术、扩展关键事件技术、指导线导向岗位分析等方法。

（1）职位分析问卷法。这一问卷一般包括187个工作因素或7个用于研究的报酬项目。每个问卷包括6个部分：①信息输入：职工从何处、如何取得信息；②脑力操作：工作中应包括哪些分析、决策、规划和信息加工活动；③工作产出：职工进行何种活动，使用何种工具或设备，取得什么成果；④与其他人的关系；⑤工作背景；⑥其他工作特征：何种其他活动、条件或特征与工作有关。以上6个部分中每一部分都包括187个工作因素。每一因素又用下列标准衡量：使用幅度；对工作的重要性；时间总量；发生可能性；实用性；其他。

（2）身体能力分析。主要是对工作所需要的以下9个方面的身体能力进行分析的方法。

①运动能力：持续、重复产生物理力量的能力；

②躯干能力：主要指躯体肌肉能抗拒疲劳再生力量的能力；

③静力：提举、推、拉、扛、负外物的能力；

④爆发力：一次性突发能量的能力；

⑤伸展灵活性：在各种情况下伸展躯体、四肢的能力；

⑥动态灵活性：强调伸展后的回位能力；

⑦整个身体的协调能力：敏捷性；

⑧整个身体的平衡能力：在有外力情况下的平衡能力；

⑨耐力：即身体的忍耐力、持久力。

(3)关键事件技术法。即把工作中最关键的几个事件或因素找出来进行分析，或者把最有效的任职者选出来并对其所作所为进行描述的方法。

(4)扩展关键事件技术法。即在不知道工作的有效行为是哪些的情况下，首先要进行主要工作活动的识别工作，找出关键事件后，再用关键事件技术进行分析。

(5)指导线导向岗位分析法。即根据国家的就业政策和国家对工作设计的法律指导线来进行分析的方法。

2. 岗位重点法

岗位重点法是指以岗位为重点的分析方法。它主要包括：职能式岗位分析法、管理岗位描述问卷法、成果计划法、动作分析法和任务清单法。

(1)职能式岗位分析法。这是既要给员工的活动范围进行定义又要测量员工活动水平的方法。它的基本含义是：在已完成的工作中，区分出员工的实际贡献。因为员工需要借助一些条件进行工作。如一个车工在车零件时，需要借助车床。

(2)管理岗位描述问卷法。这是利用问卷的形式对管理有关工作要素如计划、组织、协调、控制、监督等进行描述的方法。这种问卷包括 197 个项目，这 197 个项目可压缩归纳为 13 个工作要素。

(3)成果计划法。这种方法以岗位分析者和岗位任职者的会谈为基础。会谈的内容主要有：岗位目标、范围、职位性质、责任目标。其中性质和范围是成果计划的核心，它包括5 个主要方面：该岗位如何整合到组织中去；支持人员的一般构成，包括从经验得出的该岗位应拥有的下属的规律、类型和存在理由；岗位要求的技术、管理和人际关系的一般性质；岗位要求的解决问题的能力的性质；控制的性质和来源，行动的自由。成果计划法成功与否，主要取决于会谈双方的会谈技能。

(4)动作分析法。动作分析法最早起源于泰勒的时间与动作研究，主要用于工业生产的工程研究。其中一种形式是工作测量或时间研究。由工作测量去测定某一既定岗位每一工作活动单位的标准时间，这一标准时间往往会成为评价工作效益的依据。

(5)任务清单法。主要是根据任务的完成情况，工作的重要程度和工作所花时间等3个方面设计问卷进行调查和分析的方法。这一方法主要是使用结构化的问卷进行分析。

(6)工作分析计划表

美国劳工部创立了一种名为工作分析计划表的系统研究工作和职业的工作分析法(Job Analysis Schedule，JAS)。采用 JAS 分析法时，由训练有素的工作分析人员负责收集信息。

JAS 法的一个主要构成部分就是评价完成的工作。在这里，需要对工人在完成一项工作中涉及的有关数据、人员和事务做出评价。每类指标均由不同层次的职能组成，层次越高越难完成。工作职能部分的编码代表了 3 项指标中每一种类最高层次的内容。

JAS 中的工人特点评价部分主要与工作要求的资料有关。主要包括了总体学历名称、具体的职业准备、能力、个性、兴趣、体力要求和环境条件等几个方面。任务说明部分具体地描述了要完成的工作，既包括常规任务，也包括临时任务。

以上是工作分析常用的几种方法，它们的适用特点各不相同，各有所长，在实践中可以将几种方法结合起来。

二、职务设计

（一）职务设计的含义

职务设计，又称工作设计，由于原有的职业规范已不适应组织目标、任务和体制的要求；或由于现有人力资源在一定时期内难以达到职务规范的要求；或由于员工的精神需求与按组织效率原则拟定的职务规范发生冲突时需要重新进行职务的设计，以满足一个新的组织目标的需要。

职务设计是指为了有效地达到组织目标而进行的与满足个人需要有关的工作内容、工作职能和工作关系的设计。职务设计是根据组织需要并兼顾个人需要，规定某个职务的任务、责任、权力以及在组织中与其他职务关系的过程。这种设计的好坏，经常对工作绩效有直接影响。

（二）职务设计的内容

职务设计的主要内容包括以下 5 个部分：

1. 工作内容

即确定工作的一般性质问题。

2. 工作职能

工作职能指每件工作的基本要求和方法，包括工作责任、权限、信息沟通、工作方法和协作要求。

3. 工作关系

这是指个人在工作中所发生的人与人的关系，包括与他人交往的关系，建立友谊的机会和集体工作的要求等。

4. 工作结果

这是指工作的成绩与效果的高低，包括工作绩效和工作者的反应。前者是工作任务完成所达到的数量、质量和效率等具体指标，后者是指工作者对工作的满意程度，出勤率和离职率等。

5. 工作结果的反馈

工作结果的反馈主要指工作本身的直接反馈和来自别人对所做工作的间接反馈。即指同级、上级、下属人员的 3 方面的反馈。

一个好的工作设计可以减少单调重复性工作的不良效应，而且还有利于建立整体性的工作系统，此外可以为充分发挥劳动者的主动性和创造性提供更多的机会和条件。

（三）职务设计应考虑的因素

职务设计主要需要考虑 3 个方面的因素。

1. 环境因素

环境因素主要包括人力资源和社会期望。职务设计必须充分考虑到人力的供应问题以及人力的满足欲望。

（1）人力资源

人力资源是指在职务设计时要考虑到能找到足够数量的合格人员。如亨利·福特设计汽车装配线时，考虑到当时大多数潜在劳动力缺乏汽车生产经验，因而把职务设计得比较简单。不发达国家往往引进生产设备时，缺乏对人力资源的充分考虑，在花钱购买技术时没有考虑某些关键职务国内合格人才的缺乏，所以事后又不得不从外国高薪聘请相应专家担任所需职务。

(2)社会期望

社会期望指人们希望通过工作满足什么。工业化初期，由于城市找工作不容易，许多人可以接受长时间、体力消耗大的工作，但随着文化教育水平的提高，人们对工作生活质量有了更高的期望，单纯从工作效率、工作流程来考虑组织效率往往欲速不达。所以在职务设计时，也必须同时考虑"人性"方面的诸多要求和特点。

2.组织因素

组织因素包括专业化、工作流程及工作习惯。

(1)专业化。就是按照所需工作时间最短、所需努力最少的原则分解工作，结果是形成很小的工作循环。

(2)工作流程。主要是考虑在相互协作的工作团体中，需要考虑每个岗位负荷的均衡性问题，以便保证不出现所谓"瓶颈"，不出现任何等待停留问题，确保工作的连续性。

(3)工作习惯。它是在长期工作实践中形成的传统工作方式，反映工作集体的愿望，这是职务设计过程中往往不可忽视的制约因素。

3.行为因素

行为科学研究提醒人们，职务设计不能只考虑效率因素，还应当考虑满足工作人员的个人需要。

(1)任务一体化。某项职务的突出问题就是缺乏任务的一体化，员工不能参与某些完整的几件工作，他们几乎毫无责任感及缺少对成果的骄傲，在完成本职工作后无任何成就感。如果任务组成能够使职工感到自己作出了可以看得到的贡献，工作满意感将大大增加。

(2)多样性。工作时需使用不同的技巧和能力，如缺乏多样性，会导致疲劳厌烦，可能产生更多的失误。通过职务设计考虑工作的多样性特征，能减少疲劳引起的失误，从而减少效率降低的诱因。经过研究表明：工作轮换对于有效的工作会产生积极的作用，自主权以及多样性的运用是职工满意的主要原因。

(3)自主权。对从事的工作有责任，人们有自由对环境作出自己的反应，给予员工的决策权力，提供附加责任可增强员工自尊受重视的感觉，换句话说，缺乏自主权可引起员工的冷淡及低绩效。

(4)任务意义。和任务一体化密切相关的是任务意义。做任何一种工作如果本身缺乏意义就不可能使执行者对职务工作产生满意感。任务意义就是使工作人员知道该项工作对于组织中或外部的其他人是重要的，使职务对工作人员来说甚至更有意义，因为他们知道其他人正依赖自己的工作，因而加强了自身重要性的感觉，自豪、允诺、激励、满意及较好的绩效就可以自然产生。

(5)反馈。当职务不能给予员工们其工作做得如何的反馈，那么就几乎没有引导和激励。例如让员工知道自己的产量与日定额相比如何时，就给了工作人员的反馈，并允许他们调整自己的努力，在这种情况下，就可以通过反馈改善激励状况。

以上三大因素之间往往是有矛盾的。行为因素要求职务设计增加自主权、多样性、任务的完整性、意义及反馈从而提高员工的满意度，但往往导致组织效率降低，劳务成本上升；效率因素要求提高专业化程度，指挥的统一性，分工的细化，但又可能引起员工不满而导致怠工、缺勤、离职，因此必须在两者之间权衡好，才能确保职务设计的有效性。

（四）职务设计的方法

1. 工作专业化

（1）定义

工作专业化是一种传统的职务设计的方法。它通过动作和时间研究，把工作分解为许多很小的单一化、标准化和专业化的操作内容及操作程序，并对工人进行培训和激励，使工作保持高效率。此种职务设计的方法在流水线生产上应用最广泛。

（2）特点

①机械动作的节拍决定工人的工作速度；

②工作的简单重复性；

③对每个工人所要求掌握的技术比较低；

④每个工人只完成每件工作任务中很小的工序；

⑤工人被固定在流水线上的单一岗位，限制工人之间的社会交往；

⑥工人采用什么设备和工作方法，均由管理职能部门作出规定，工人只能服从。

（3）优缺点

专业化职务设计的优点：

①把专业化和单一化最紧密地结合在一起，从而可以最大限度地提高工人的操作效率。②由于把工作分解为很多简单的高度专业化的操作单元，因此对工人的技术要求低，可以节省大量的培训费用，并且有利于劳动力在不同岗位之间的轮换，而不致影响生产的正常进行。③专业化对工人技术要求低可大大降低生产成本，因为只需廉价的劳动力来完成职务设计所规定的岗位要求。④由于机械化程度高，有标准化的工序和操作方法，加强了管理者对工人生产的产品数量和质量的控制，以保证生产的均衡。

专业化职务设计的不足：

它只强调工作任务的完成，而不考虑工人对这种方法的反应，因而专业化所带来的高效率往往会因工人对重复单一的工作不满与厌恶所造成的缺勤、离职而抵消。

2. 工作轮换与扩大化

（1）工作轮换

定期地将工人从一种工作岗位换到另一种工作岗位，但必须保证工作流程不受损失，这种方法并不改变职务设计本身，而是使员工定期地进行工作轮换，这样，会使员工具有更强的适应能力，对工作的挑战性以及在一个新职务上产生的新鲜感，能够激励员工作出更大的努力。在日本企业，工作轮换常被广泛地应用，对于提高工作绩效有很大的影响。

这种职务设计的方法主要不足之处在于：员工实际从事的工作没有真正得到重大改变，只是一种为了解决员工对这份专业化的单一重复性工作所产生的厌烦感并且能在一定范围内作适当的缓冲，轮换后的员工长期在几种常规的简单的工作之间重复交替工作，最终还是感到单调与厌烦的，但不容忽视的是此种职务设计方法给员工提供了发展技术和一个较全面地观察以及了解整个生产过程的机会。

（2）工作扩大化

这是通过增加职务的工作内容，使员工的工作变化增加，要求更多的知识和技能，从而提高员工的工作兴趣。通过职务扩大化可提高产品质量，降低劳务成本，提高工人满意程度，改善整个工作效率，生产管理也变得更加灵活。美国的诸多有名的公司都采用此种职务设计方法来提高工效，降低生产费用。工作扩大化的实质内容是增加每个员工应掌握的技术种类和扩大操作工作的数目，目的在于降低对原有工作的单调感和厌烦情绪，从而提高员工对工作的满意程度，发挥内在热情，但此方法没有从根本上解决工人不满的缘由，所以要真正通过职务设计解决员工的不满与厌烦，还必须应用现代的职务设计方法。

3. 现代的职务设计方法

（1）工作丰富化

工作丰富化是一种纵向的扩大工作范围，即向工作深度进军的职务设计方法，与向工作的横向扩展的工作扩大化的职务设计方法相比较，此种职务设计方法的扩充范围更为广泛，主要是由于此种方法可以集中改造工作本身的内容，使工作内容更加丰富化，从而使职务设计本身更富有弹性。

工作丰富化主要通过增加职务责任、工作自主权以及自我控制，满足员工心理的多层次需要，从而达到激励的目的。

实现工作丰富化需要一定的条件，主要在以下 6 个方面要有所变革，才能实现工作丰富化。

①责任。不仅要增加操作者生产的责任，而且还要使他们有责任控制产品质量，并保持生产的计划性、连续性和节奏性，使每一个工人都感到自己有责任完成一件完整的工作。

②决策。给工作者更多的工作自主权，以提高他们自己在工作中的权威性和自主性。

③反馈。把工作者所做的工作成绩和效果数据及时直接地反馈给本人。

④考核。根据工作者达到工作目标的程度，给操作者以奖励和报酬。

⑤培训。为使员工更好地发挥潜力，就应通过培训、学习等方式使员工掌握更多的生产技能。

⑥成就。通过提高工作者的责任心和决策的自主权，培养员工对所承担工作的成就感。

（2）优缺点

工作丰富化的优点是明显的，它与常规性单一性的其他职务设计方法相比，能够提供更大的激励和更多的满意机会，从而提高工作者的生产效率和产品质量。美国许多公司常采用工作丰富化及其他改革来减少离职率和缺勤率。此种职务设计方法的不足之处在于，要使工作丰富化得以实现，就必须使员工掌握更多的技术，企业因而会增加培训费，增加整修和扩充工作设备费，以及付给员工更高的劳动报酬。

（3）工作特征再设计

这种职务设计方法主要表现为充分考虑个人存在的差异性。区别地对待各类人，以不同的要求把员工安排在适合于他们独特需求、技术、能力的环境中去。因为不同的工作者对同一种工作会有根本不同的反应，个人工作成效及其从工作中获得的满足感，取决于职务设计的方式和对个人有重要影响需求的满足程度。

（4）条件

工作特征的再设计的基本条件是：①组织能够使员工获得高层次需求满足的条件和心理状态。②职务设计的范围直接影响工作者需求的满足程度和工作成果。③成长需求的存在以及在工作范围、工作成绩上起到重要的调节作用。

（5）职位轮换

职位轮换是按照事先安排好的日期，在几个不同的职位上交换工人职位的设计方法。在职位轮换中，雇员轮流在几种被简化的职位上进行工作。职位轮换使工作安排更加灵活，使脏、苦、累、险的工作更容易分配，同时，也降低了工作的单调枯燥。不过，在实践中，如果是从本来就枯燥的职位上轮换到同样枯燥的职位，就不能达到职位轮换的预期目的。

（6）职位扩充

职位扩充是增加或扩展工作的任务，直到一个职位变成一个完整的、有意义的操作过程。职位扩充与工作简化是正好相反的人力资源管理活动。如果一个工作被简化了的职位只包括3种操作动作，工作扩充就会扩大操作的动作，直到这些操作动作对一个人来说，不再那么枯燥和单调。其理论基础是，工作被过分简化会使工作变得乏味，使工作的意义下降。职位扩充使工人不再仅仅完成一个职位工作的一部分，而是完成完整的整个职位的工作。赞成这一职位设计方法的人认为，职位扩充可以降低工作的乏味程度、扩展工作的责任感和意义感并且增加工作的满足感。而反对这一职位设计方法的人认为，并没有太多证据显示工作的动机被提高了。相反，由于增加了附加的工作任务，但没有增加报酬，不仅没有提高干劲，反而降低了总体的工作动机，最后降低了生产率。

（五）职位设计的理论

1. 科学管理

1911年，弗里德里克·泰勒（Frederick W·Taylor）所概括的科学管理理论强调工作是生产过程。他的研究从此之后成了现代科学管理的基础，也成了人力资源管理的基础。泰勒最早在宾西法尼亚的一家钢铁公司的经历，对他形成自己关于工作过程和职位设计的思想有很大的影响。他在很年轻时就已经被提升为该公司的总工程师。他研究了生产过程的技术方面、个人以及雇员所组成的群体。他研究的目的是要得出管理和控制工作的普遍适宜的原则。泰勒设计职位的方法强调的是以下的内容：①使组成职位的任务更加简单；②非常专门的职位描述；③系统的工作程序和计划；④严密的监控。

科学管理进行职位设计的方法的核心，是把每一个职位的操作都简化为基本的动作，并在严密的监督下完成操作，这实际上是一种工作简化。泰勒的科学管理是人类比较早的对职位设计进行系统研究的努力。但泰勒对工作简化的追求走向了极端，对于许多工人来说，过分简单化的工作致使他们感到异化、不满和挫折。人际关系运动发现了这些问题，并且寻找到了职位丰富化这一出路。

2. 社会技术系统方法

社会技术系统方法关注的是提高职位设计使工作的社会和技术方面紧密配合。为了达到这一目的，重要的是研究工作小组或团队，而不是单独的职位。在这种方法中，传统的职位已经不复存在，取而代之的是小组或团队的任务。现在每一个人为了完成团队的任务而被指派了一项工作，每个人的工作都是围绕完成团队的任务而设计的。

通过社会技术系统方法来重新设计工作，必须要有雇主、雇员、管理者、工会组织的通力合作。在这里，工作被按照最容易完成的方式设计。这时，管理者关心的是企业的任务能否完成，这似乎又回到了科学管理的原则上，但这里，重要的是组成工作团队的成员必须具备完成工作任务的资格，而且必须赋予工作团队管理工作过程的自主权力。

3. 人际关系

当科学管理在实践中被运用到极端之后，人际关系运动在很大程度上是作为对这一运动的反应而出现的。人际关系运动强调的不是组织的生产需要，而是从雇员个人的视角来看待职位。这一运动最早是由梅奥（E. Mayo）进行的霍桑实验而引发的。科学管理过分强调职位设计的技术方面，1933 年的霍桑实验是一个转折点，它使工人的社会需要得到了承认，而且看到了这种社会需要对工作业绩可能产生的巨大影响。霍桑实验最早的目的是要解释工作环境的变化是会影响生产率的，但研究的结果与当初的设计是不同的，研究发现，工作环境的变化对生产率的影响并不如一起工作的工人之间的社会互动重要。

在人际关系运动的倡导下，人力资源管理中的职位设计活动开始将社会需要作为动力进行管理。职位轮换、职位扩充和职位丰富化等职位设计活动都是在人际关系的影响下出现的。在这之后人们对工作的技术方面的重视下降，而对工作中劳动者的社会和感情需要更加重视。在当代出现的质量圈等一系列的工人参与管理活动，都是人际关系思想在实践中的发展。

（六）职务设计的步骤

对于一个运行稳定的企业来讲，最常用的职务分析方法是问卷调查法和面谈法。下面我们就结合这两种方法具体讲一下进行职务分析的步骤。一般来讲，职务分析可以分为 5 大阶段：计划阶段、设计阶段、信息收集阶段、信息分析阶段和结果表达阶段。

1. 计划阶段

计划阶段是职务分析的第一阶段。在计划阶段中，应该明确职务分析的目的和意义；确定职务分析的方法；限定职务分析的范围，并选择具有代表性的职务作为样本；明确职务分析的步骤，制定详细的职务分析实施时间表；编写"职务分析计划"，并请有关人员进行职务分析方面的宣传。在职务计划书得到批准后，即可组建职务分析小组，进入职务分析的设计阶段。

2. 职务分析计划

为了提高企业人力资源管理工作的有效性和可靠性，为了有效地在下季度实施企业招聘计划，同时为了能够圆满完成今年的薪酬政策、激励政策和培训政策的调整工作，使人力资源管理职务适应企业的发展趋势。

3. 设计阶段

在设计阶段要具体设计出具体的职务分析实施内容。

（1）问卷调查法

问卷调查法的设计阶段需要编写一份比较详细的"职务分析调查表"。该"职务分析调查表"能够比较全面地反映出该职务的工作内容、工作职责、职务任职资格等内容。问卷调查法的步骤包括：

①事先需征得样本员工直接上级的同意，尽量获取直接上级的支持；

②为样本员工提供安静的场所和充裕的时间；

③向样本员工讲解职务分析的意义，并说明填写问卷调查表的注意事项；

④鼓励样本员工真实客观地填写问卷调查表，不要对表中填写的任何内容产生顾虑；

⑤职务分析人员随时解答样本员工填写问卷时提出的问题；

⑥样本员工填写完毕后，职务分析人员要认真地进行检查，查看是否有漏填、误填的现象；

⑦如果对问卷填写有疑问，职务分析人员应该立即向样本员工进行提问；

⑧问卷填写准确无误后，完成信息收集任务，向样本员工致谢。

（2）面谈法

面谈法的设计工作需要形成一个有效和完整的"面谈提纲"，面谈提纲的内容和"职务分析调查表"的内容基本相同。面谈法有步骤：

①事先需征得样本员工直接上级的同意，尽量获取直接上级的支持；

②在无人打扰的环境中进行面谈；

③向样本员工讲解职务分析的意义，并介绍面谈的大体内容；

④为了消除样本员工的紧张情绪，职务分析人员可以以轻松的话题开始；

⑤鼓励样本员工真实、客观地回答问题，不必对面谈的内容产生顾虑；

⑥职务分析人员按照面谈提纲的顺序，由浅至深地提问；

⑦营造轻松的气氛，使样本员工畅所欲言；

⑧注意把握面谈的内容，防止样本员工跑题；

⑨在不影响样本员工谈话的前提下，进行谈话记录；

⑩在面谈结束时，应该让样本员工查看并认可谈话记录；

⑪面谈记录确认无误后，完成职务信息收集，向样本员工致谢。

职务分析面谈时的关键问题可包括：

①请问你的姓名、职务名称、职务编号是什么？

②请问你在哪个部门工作？请问你的部门经理是谁？你的直接上级是谁？

③请问你主要做哪些职务？可以举一些实例。

④请你尽可能详细地讲讲你昨天一天的工作内容。

⑤请问你对哪些事情有决策权？哪些事情没有决策权？

⑥请讲讲你在工作中需要接触到哪些人？

⑦请问你需要哪些设备和工具来开展你的职务？其中哪些是常用的？哪些只是偶尔使用？你对目前的设备状况满意吗？

⑧请问你在人事审批权和财务审批权方面有哪些职责？可以举些实例。

⑨请问你做好这项职务需要什么样的文化水平？需要哪些知识？需要什么样的心理素质？

⑩如果对一个大专学历层次的新员工进行培训，你认为需要培训多长时间才能正式上岗？

⑪你觉得目前的工作环境如何？是否还需要更好的环境？你希望哪些方面得到改善？

⑫你觉得该工作的价值和意义有多大？

⑬你认为怎么样才能更好地完成工作？

⑭你还有什么要补充的?

⑮你确保你回答的内容都是真实的吗?

4.信息收集阶段

在信息收集完成之后,要形成调研报告。

5.信息分析阶段

信息分析阶段是将收集到的各种信息进行统计、分析、研究、归类的一个过程。在信息分析阶段最好参照企业以前的职务分析资料和同行业同职位其他企业的相关职务分析的资料,以提高信息分析的可靠性。

在信息分析过程中,还可以请求基层管理者提供帮助,确保没有什么疑点。

信息分析阶段,需要分析以下几方面的内容:

(1)基本信息如职务名称、职务编号、所属部门、职务等级等;

(2)工作活动和工作程序,如工作摘要、工作范围、职责范围、工作设备及工具、工作流程、人际交往、管理状态等;

(3)工作环境如工作场所、工作环境的危险、职业病、工作时间、工作环境的舒适程度等;

(4)任职资格如年龄要求、学历要求、工作经验要求、性格要求等;

(5)基本素质如学历要求、专长领域、职务经验、接受的培训教育、特殊才能等;

(6)生理素质如体能要求、健康状况、感觉器官的灵敏性等;

(7)综合素质如语言表达能力、合作能力、进取心、职业道德素质、人际交往能力、团队合作能力、性格、气质、兴趣等。

6.结果表达阶段

结果表达阶段的主要任务是编写职务描述和职务资格要求。具体的步骤如下:

(1)职务分析人员编写职务描述和职务资格要求初稿;

(2)与样本员工、样本员工上级、企业管理顾问等人员讨论职务描述和职务资格要求的具体内容;

(3)确定试行稿;

(4)试行期使用无误后,确定为正式文件。

第四节　人员配备

一、人员配备的基本原则

1.职务要求明确原则

职务要求明确原则,是指对主管职务及其相应人员的要求越明确,培训和评价管理人员的方法越完善,管理人员工作的质量也就越有保证。首先,由于人员配备的目的是以合适的人员来充实组织结构中所规定的各项任务。若职务不明确,人员配备就缺乏依据,就不能以合适的人员去充实这些职务,就不能做到因事设人、发挥各个管理人员的特长,也就不能做到量才录用、人尽其才、才尽其用。其次,职务不明确,就无法了解管理人员在组织中某个特定职务的相对重要性及其任务,也就无法考评他所取得的成绩,也无法对管理人员有目的地进行培训。

2. 责权利一致原则

责权利一致原则，是指组织越是想要尽快地保证目标的实现，就越是要使管理人员的责权利相一致。管理人员必须有足够的权力才能担当他应负的责任，才能实施他的计划。这个权力很大程度上表现为管理人员的自主程度。职责就是管理人员的工作任务即义务，是我们考评有相应权力的管理人员的主要内容。显然，在规定职责时必须把那些诱导人们去工作的许多因素，如薪金、地位、权力、自主权限和完成职责的可能性等考虑进去。管理人员必须也应当得到与其权、责相应的待遇，既包括物质上的，也包括精神上的。这种"利"不仅是管理人员完成任务的保证，也是对其本人及周围人的激励因素。只有责权利一致，才能使管理人员盯紧目标，竭尽全力地完成组织赋予他的使命，真正发挥管理人员的作用，从而避免"有职无权"，职责不明的现象和权、责、利不相应的情况。

3. 公开竞争原则

公开竞争原则，是指组织越想要提高管理水平，就越要在主管职务的候选人之间鼓励公开竞争。实行公开竞争时，空缺的职务是对任何人都开放的，它不仅要求候选人能够胜任空缺的职务，而且要求他能比别人更有效地实现该职务的要求。只有进行公开竞争，组织才有可能选到最合适的人选。公开竞争无论对组织内部或外部的人都应一视同仁，机会均等。

4. 用人之长原则

用人之长原则，是指管理人员越处在最能发挥其才能的职位上，就越能使组织得到最大的利益。在进行人员配备时，必须根据职务的明确要求寻找最合适的人选。所谓最合适的人选，并不是指那些在各方面都完美无缺的人，而是相对于某个特定职务来看候选人的长处适合于这个特定的职务。美国管理学家德鲁克曾经说过："倘若要所用的人没有短处，其结果至多只是一个平平凡凡的组织。"才能越高的人，其缺点也往往越明显。有高峰必有低谷，谁也不可能"十全十美"。与人类现有的博大的知识、经验、能力的汇集总和相比，任何伟大的天才都不能及格。世界上的确没有真正能干的人，问题应该是在哪一方面"能干"而已。在进行人员配备时，管理人员不仅在选拔时以候选人能做什么为基础，注意候选人的长处；在培训时，也要将重点放在怎样发挥候选人的长处，扬长避短；在考评时，要对其作出更客观的评价，既不能只讲其长处，一好遮百丑，也不能只抓住其缺点不放，说得一无是处。

4. 不断培养原则

不断培养原则，是指任何一个组织，越想要使管理人员能胜任其所承担的职务，就越需要他们去不断地接受培训和进行自我培养。由于在现代社会中，科学技术突飞猛进，人类知识更新的速度空前加快，人们推算 19 世纪时知识更新周期 80 ~ 90 年，现已缩短为 15 年，而某些领域更缩短为 5 ~ 10 年。同时，各门学科的分支层出不穷，边缘性、交叉性学科随着发展形成了人类知识结构综合化、整体化的新趋向。一个管理人员，即使他是一位刚从大学出来的毕业生，他在校所获得的知识也只是他一生中所需知识的 10% 左右，只要他一、二年不学习，知识就会老化。因此，与现在提倡的终身教育一样，管理人员必须重视对下级的培养，其自身也要寻求培养的机会和进行自我培养，以适应社会的发展。

二、人员配备的重要性

在管理的五大职能中，人员配备主要涉及的问题是人，因此，它在整个管理过程中占有极为重要的地位。表现为：

1. 人员配备是组织有效活动的保证

组织目标的确定为组织明确了工作方向，组织结构的建立为组织提供了实现目标的条件。但是，要真正实现组织目标，还要靠组织中最主要的因素——人，没有人的组织是没有任何活力，任何功能的静态结构，也就无从谈起指导与领导以及进行有效地控制。人是组织中蕴藏着极大潜在能力的最重要资源。在组织的所有人员中，最重要的是那些主管人员。主管人员的基本任务是设计和维持一种环境，使身处其间的人们能在组织内一起工作，以完成预定的使命和目标。由此可见，主管人员在整个管理过程中起着举足轻重的作用，主管人员是组织活动取得成效的关键人物。因此，有效地为组织机构配备各级主管人员是组织活动取得成效的最好保证之一。大到国家一级的组织，小到一个具体的企事业单位，主管人员配备适当与否，都是与组织的兴衰存亡密切相关的。

2. 人员配备是组织发展的准备

人员配备的另一个重要性，是在复杂多变的环境中为从事组织活动所需要的主管人员做好准备。正如在计划工作中指出的，计划是针对未来的情况，而未来的情况具有不肯定性，未来的主管人员都必须能很好地面向社会，适应由于先进技术应用而产生的、不断增大的外部环境变化的影响及其对组织内部活动造成的复杂变化。因此，同其他管理职能一样，人员配备应有一个开放的系统方法，要着眼于未来，必须根据具体情况采取随机制宜的方法，对主管人员进行恰当而有效地选拔、培训和考评，以满足组织未来对主管人员的需要。

三、人员配备的基本任务

1. 企业系统要正常有效运转必须配备适当人员

企业存在和发展首先要解决的问题就是设计科学合理的企业管理系统，要让该管理系统能有效地运转，就必须使企业组织机构中每个工作岗位都有适当的人去占据和履行职责，使实现企业目标必须进行的每项活动都有合格的人去完成。

2. 为企业发展准备干部力量

企业是一个动态系统，处在不断变化发展的环境中。企业的目标、活动的内容需要经常根据环境的变化做适当的调整，由目标和活动决定的企业的组织机构也会随之发生相应的变化。其间，企业的机构和岗位不仅会发生质的改变，而且会在数量上出现不断增加或者减少。所以，企业在为目前的机构科学地配备人员时，还需要考虑企业组织机构可能发生的变化，为明天的企业准备和提供工作人员，特别是管理干部的准备。由于管理干部的成长往往需要较长的时间，因此企业在使用管理干部的同时还应当通过人员配备的使用来进行人员选择，以培训未来的管理干部。

3. 维持成员对企业的忠诚

人才流动对个人来说可能是重要的，它可以使人才自己通过不断地尝试，找到最合适自己的才能、给自己带来最大利益的工作平台。对整个企业来说，人才流动虽有可能给企业带来"输入新鲜血液"的好处，但其破坏性可能更甚。人员不稳定，职工离职率高，特别是优秀人才的外流，容易使企业出现"严重失血"的现象，这不仅使企业的培训费用付之东流，更使企业的可持续发展状态受到影响甚至威胁。几乎在每一个地方，都发生过公司业务骨干人员跳槽并带走企业原有的关系客户甚至给原公司造成毁灭性打击的事件。

第五节 人员的考核

一、人员考核的含义与作用

所谓人员考核是指按照一定的标准，采用科学的方法，衡量与评定人员完成岗位职责任务的能力与效果的管理方法。人员考核的作用包括以下4个方面：

（1）考核有利于评价、监督和促进员工的工作，有明显的激励作用；

（2）为确定员工的劳动报酬与其他待遇提供科学依据；

（3）为个人认识自我、组织进行考核及促进员工的全面发展创造条件；

（4）有利于管理者了解下属，以便进行合理的岗位调整及职务晋升。

二、人员考核的要求

（1）考核最基本的要求是必须坚持客观公正的原则。

（2）要建立由正确的考核标准、科学的考核方法和公正的考核主体组成的考核体系。

（3）要实行多层次、多渠道、全方位、制度化的考核。

（4）要注意考核结果的正确运用。

三、人员考核的程序

（1）制定考核计划。

（2）制定考核标准、设计考核方法、培训考核人员。

（3）衡量工作、收集信息。

（4）分析考核信息、作出综合评价。

（5）考核结果的运用。

四、人员考核的方法

（1）实测法。是指通过各种项目实际测量进行考评的方法。例如，对员工进行生产技术技能的考评，通常采用现场作业，通过对其实际测量，进行技术测定、能力考核。

（2）成绩记录法。是指将取得的各项成绩记录下来，以最后累积的结果进行评价的方法。这种方法主要适用于能实行日常连续纪录的生产经营活动，如生产数量、进度、质量投诉等。

（3）书面考试法。是指通过各种书面考试的形式进行考评的方法。这种方法适用于员工所掌握的理论知识进行测定。

（4）直观评估法。是指依据对被考评者平日的接触与观察，由考评者凭主观判断进行评价的方法。这种方法简便易行，但易受考评者的主观好恶影响，科学性差。

（5）情景模拟法。是指设计特定情境，考察被考评者现场随机处置能力的一种方法。

（6）民主测评法。即由组织的人员集体打分评估的考核方法。

（7）因素评分法。即分别评估各项考核因素，为各因素评分，然后汇总，确定考核结果的一种考核方法。

第六节　人员的培训

一、人员培训的含义

培训是一种有组织的管理训诫行为。人员培训是为了达到统一的科学技术规范、标准化作业，通过目标规划设定、知识和信息传递、技能熟练演练、作业达成评测、结果交流公告等现代信息化的流程，让员工通过一定的教育训练技术手段，达到预期的水平提高的目标。

在培训的过程中，要注意受训者的学习曲线和信息的反馈，及时地听取受训者的信息，能够帮助组织提高今后的培训效果，减少不必要的支出。

二、培训的目的

1. 适应企业外部环境的发展变化

企业的发展是内外因共同起作用的结果。一方面，企业要充分利用外部环境所给予的各种机会和条件，抓住时机；另一方面，企业也要通过自身的变革去适应外部环境的变化。

企业不是一个封闭的系统，而是一个不断与外界相适应的升级系统。这种适应并不是静态的机械的适应，而是动态的积极的适应，这就是所谓的系统权变观。外因通过内因起作用，企业要在市场竞争中立于不败之地，关键在于企业内部的机制问题。企业的生存和发展如归结到人的作用上，具体可落实到如何提高员工素质、调动员工的积极性和发挥员工的创造力上。企业作为一种权变系统，作为企业主体的人也应当是权变的，即企业必须不断培训员工，才能使他们跟上时代，适应技术及经济发展的需要。

2. 满足员工自我成长的需要

员工希望学习新的知识和技能，希望接受具有挑战性的任务，希望晋升，这些都离不开培训。因此，通过培训可增强员工满足感。事实上，这些期望在某种情况下可以转化为自我实现诺言。期望越高，受训者的表现越佳。反之，期望越低，受训者的表现越差。这种自我实现诺言现象被称为皮格马利翁效应。

3. 提高绩效

员工通过培训，可在工作中减少失误，生产中减少工伤事故，降低因失误造成的损失。同时，员工经培训后，随着技能的提高，可减少废品、次品，减少消耗和浪费，提高工作质量和工作效率，提高企业效益。

4. 提高企业素质

员工通过培训，知识和技能都得到提高，这仅仅是培训的目的之一。培训的另一个重要目的是使具有不同价值观、信念，不同工作作风及习惯的人，按照时代及企业经营要求，进行文化素质教育，以便形成统一、和谐的工作集体，使劳动生产率得到提高，人们的工作及生活质量得到改善。要提高企业竞争力，企业一定要重视教育培训和文化建设，充分发挥由此铸就的企业精神的巨大作用。

三、人员培训的原则

1. 参与

在培训过程中，行动是基本的，如果受训者只保持一种静止的消极状态，就不可能达到培训的目的。为调动员工接受培训的积极性，日本一些企业采用"自我申请"制度，定期填写申请表，主要反应员工过去 5 年内的能力提高和发挥情况和今后 5 年的发展方向及对个人能力发展的自我设计。然后由上级针对员工申请与员工面谈，互相沟通思想、统一看法，最后由上级在员工申请表上填写意见后，报人事部门存入人事信息库，作为以后制定员工培训计划的依据。同时，这种制度还有很重要的心理作用，它使员工意识到个人对工作的"自主性"和对于企业的主人翁地位，疏通了上下级之间思想交流的渠道，更有利于促进集体协作和配合。

2. 激励

真正要学习的人才会学习，这种学习愿望称之为动机。一般而言动机多来自于需要，所以在培训过程中，就可应用种种激励方法，使受训者在学习过程中，因需要的满足而产生学习意愿。

3. 应用

企业员工培训与普通教育的根本区别在于员工培训特别强调针对性、实践性。企业发展需要什么、员工缺什么就培训什么，要努力克服脱离实际，向学历教育靠拢的倾向。不搞形式主义的培训，而要讲求实效，学以致用。

4. 因人施教

企业不仅岗位繁多，员工水平参差不齐，而且员工在人格、智力、兴趣、经验和技能方面，均存在个别差异。所以对担任工作所需具备的各种条件，各员工所具备的与未具备的亦有不同，对这种已经具备与未具备的条件的差异，在实练时应该予以重视。显然，企业进行培训时应因人而异，不能采用普通教育"齐步走"的方式培训员工。也就是说要根据不同的对象选择不同的培训内容和培训方式，有的甚至要针对个人制定培训发展计划。

四、人员培训的方法和内容

岗位专业知识培训是人员培训的主要内容，是指在定员定额的基础上，以岗位职务需要为依据，有针对性地对有一定政治文化素质的在岗在职人员进行岗位专业知识和实际技能的培训。其主要特点在于使培训内容与岗位需要直接挂钩，帮助员工及时获得适应企业发展所必需的知识和技能，完备上岗任职资格。

人员培训可分为入职培训、转岗培训和轮岗培训 3 种形式。

（一）入职培训

入职培训也被称为入职教育、上岗引导活动、上岗培训。指根据员工将要胜任的岗位要求对员工进行的系统性培训。入职培训对员工起到了明确岗位要求的基础性作用，使员工适应岗位的时间缩短，培训的立足点是岗位要求，而非员工之间的个性化差异，所以这类培训具有非个性化培训的特点。

1. 新员工培训

（1）新员工培训的含义。新员工培训是企业最普遍的一种培训类型，新员工在通过招聘录用的各项筛选过程正式进入企业，与企业签订劳动合同后所进行的培训。

现实中有一些企业将新员工培训提前，并作为一种筛选手段和方法，待培训完成后，经过淘汰，员工才正式进入企业，这种作法是以降低招聘风险，节约企业的人工成本为借口而损害了应聘者的利益。新员工培训的时间性应十分明确。

（2）新员工培训的意义。

① 新员工培训对企业的意义。如果说招聘是对新员工管理的开始，那么新员工培训是企业对新员工管理的继续。这种管理的重要性在于通过将企业的发展历史、发展战略、经营特点及企业文化和管理制度介绍给新员工，对员工进入工作岗位产生很大的激励作用，新员工明确了企业的各项规章制度后，可以实现自我管理，节约管理成本。

通过岗位要求的培训，新员工能够很快胜任岗位，提高工作效率，取得较好的工作业绩，起到事半功倍的效果。

通过新员工培训，管理者对新员工更加熟悉，为今后的管理打下了基础。

② 新员工培训对个人的意义。新员工培训对于个人来说是对企业进一步了解和熟悉的过程，通过对企业的进一步熟悉和了解，一方面可以缓解新员工对新环境的陌生感和由此产生的心理压力，另一方面可以降低新员工对企业不切实际的想法，正确看待企业的工作标准、工作要求和待遇，顺利通过磨合期，在企业长期工作下去。

新员工培训是新员工职业生涯的新起点，新员工培训意味着新员工必须放弃原有的与现在的企业格格不入的价值观、行为准则和行为方式，适应新组织的行为目标和工作方式。

（3）新员工培训的内容。

新员工培训的内容灵活多样，一般来说包括如下几方面：

① 企业概况。企业的发展历史、企业的发展战略和目标、企业的行业背景和特点、企业的经营特点和竞争对手、企业的市场区域划分、产品特点、服务理念、企业文化、规章制度、行为规范和共有价值观等。

② 企业制度。包括企业行政、财务及人力资源管理等各种规章制度及各项规定。如就职规则、薪酬制度、工作时数、员工福利、劳资关系、就职合同、保密协议等。与员工自身密切相关的加班制度、轮班制度、工作费用报销规定、节日工资标准、发薪方式、纳税方法及安全保障等。

③ 业务知识。结合岗位特点，对业务知识和技能及管理实务要进行专项培训。

④ 员工职业生涯发展规划。使员工明确企业为其设置的职业生涯通道，根据自身的情况和将要从事的岗位，选择适合于自身的发展方向，使员工与企业共同发展。

对新员工的培训，包括历史篇、文化篇、常识篇，要将企业精神复制到新员工的思想中，将新员工的思想和行为方式纳入到企业的文化中，使员工对企业做出更大的贡献。

（4）新员工培训的方法。

① 两步法：将新员工培训分为集训和岗位指导两个步骤。集训是对全体新员工统一进行培训，如对上述第一类企业概况和第二类企业制度的培训；岗位指导是将新员工按岗位的划分到岗后进行有针对性的培训。

②三步法：将新员工培训分为集训、部门培训和岗位指导三个步骤。这种培训方法要求各部门承担相应的培训任务，对整体培训后的新员工结合部门特点进行工作的分工和协作的培训，然后对新员工进行实地培训，可以用见习的方法完成。

根据企业的规模和生产特点，可以选择不同的培训方式，具体的内容可以结合企业文化进行设计，如红地毯式、会议式、讲座式、忆苦思甜式，等等。

（5）新员工培训的程序。

①新员工培训的准备工作

文字资料：编写和印制好的员工手册、制定新员工培训计划、按培训内容编写的培训资料或提纲、新员工基本情况表、新员工培训通知书等。

硬件部分：场地的布置、设备的检查与调试座位的排定、温度的调节、学习用品的准备、后勤服务与保障等。

②新员工培训执行的程序

第一步：入职教育开始时，由高层经理人员致欢迎词，介绍公司概况的相关内容，及员工可以对公司具有的期望和公司对雇员的要求。

第二步：由人力资源部门进行企业制度的讲解和指导，并与新员工进行讨论。

第三步：由新员工的直属上司对业务知识进行特定性的岗位指导。

第四步：举行新员工座谈会，鼓励新员工尽量提问并进行详细解答，进一步使员工了解关于公司和工作的各种信息，使新老员工更好地沟通。

（二）转岗培训

（1）转岗培训的含义

转岗培训是指对要进行岗位转换的员工进行适应新岗位要求的培训。

这种培训产生的原因主要有3个方面：

第一，由于企业经营规模与方向的变化、生产技术进步、机构调整等因素对现有员工的岗位进行调整；

第二，由于员工不能胜任现在的工作；

第三，由于员工某方面的才能或特长受到重视，需要重新安置。

（2）转岗培训的程序和方法

转岗培训的程序是：

①在调查分析的基础上，人力资源部确定转换岗位的岗位名称和人数，征求员工的意见。

②对照岗位说明书，确定培训内容和方式。

③培训结束后对受训者进行考试或考核，考试、考核合格，人事部门办理正式转岗手续。

转岗培训的方式有：

与新员工一起参加入职培训、现场一对一指导、外出参加培训、集中定向培训等。

（三）轮岗培训

1.轮岗培训的含义

交叉轮岗是在预定的时期内使受训者相互变换工作岗位，使其获得不同岗位的工作经验的形式。如在对管理人员进行培训时，让受训者有计划地到生产、销售、财务等部门工作几个月，实际参与所在部门的工作，或仅仅作为观察者，了解所在部门的业务，扩大受训者对整个企业各个环节工作的了解。

2. 轮岗培训的意义

①培养工作乐趣。任何一个工作岗位做长了，必然会让职工产生厌倦情绪，开始产生惰性，失去工作激情和创造精神。进行工作岗位轮换后，新的岗位就是全新的工作流程和内容，都会给人带来一定的刺激感和乐趣，能有效地提升职工的工作积极性，避免因为在同一岗位长时间工作产生厌倦感，从而使工作效率降低。

②工作的系统化和整体性。轮岗就需要进行经常性的工作交接，这迫使各位员工将手头工作进行系统化和整体性处理，这样才能实现在一两天时间内的迅速交接。若是没有这个需求，员工很少会将自己的工作整理得非常清晰，因为要定期交接，"当前事，当前毕"，每位职工就必须及时地把手头的工作整理得很清晰、很有条理性，这样才能快速准确地交接。

③各岗位员工之间互相理解配合，降低内耗。企业最大的消耗在于内耗，而内耗更多又是人为因素造成的。除去制度设置的不合理外，各个岗位人员之间的互相不理解从而导致的不配合是主要原因。而通过岗位互换，各岗位员工之间就会有个深切的体会与理解，互相理解别人的难处和工作特性所在，有效地增强员工之间的互相理解与配合度，总体上减少内耗。

④增强员工的多向工作技能。从个人的角度而言，进行轮岗工作制度，员工可以在短时间内学习更多的工作技能，对自己的职业素质和职业竞争力都将有一个很好的提升，也能在一定程度上缓解待遇问题。

3. 轮岗培训的实施

新员工的轮岗培训，是通过轮岗使之对企业各个方面有所了解，并且从中判断他适合于哪个领域的工作。

中层轮岗培训是为了提升其综合管理能力。先把每个部门的副职都培养好，再进行正职轮换，以确保每个部门的正常运营。

高层轮岗，大多是为培养高层做准备，锻炼的已经不完全是专业知识，而更多的是培养领导能力和战略能力。

在轮岗前，应该对当事人进行比较充分的岗前培训，使他对未来的岗位有一个清晰的了解。这样，既能降低风险、提升成功率，又能让当事人感受到企业对自己职业生涯负责任的态度。

五、培训计划的制定与实施

1. 培训制度

(1)培训服务制度：员工参加培训前提出申请，经相关部门批准，签订培训协议，约定企业与员工之间的责任和义务及违约责任。培训协议签订后方可参加培训。

(2)培训的考核制度：主要包括对培训工作本身进行考核，对受训者进行考核。

(3)培训的激励制度：培训前提出培训目标，对照培训考核结果，对组织培训者和受训人进行各种奖励和惩罚，以促进培训效果的提高。

2.培训计划的制定与实施

培训计划是根据企业发展战略和企业文化,结合人力资源规划及企业的实际情况,对年度、季度或月度的培训工作进行规划,制定出培训时间、培训地点、培训讲师、培训的参与者,并进行培训经费预算的一系列工作。年度培训工作是最普遍的,在年末对当年的培训工作进行总结,根据企业经营情况,制定下一年的培训方案,实施的过程中不断细化、修改和完善,以增强培训效果。

培训计划的制定和实施是通过进行培训需求分析来制定的,还要充分考虑到企业的实际情况和经费的预算约束条件,对培训方案进行优选,以满足企业经营管理的需求。

员工的职业生涯规划是培训计划中最重要的一项工作。通过制定员工的发展规划,确定员工的发展区域,对各岗位的人才进行有针对性的培养。

管理案例

"三星"培训骨干员工

首先,明确训练对象是骨干推销员,在公司已有13~15年,长期在营业部第一线工作,有一定的下属,实际上担任部分经理职责,却并不是完全的管理者。

其次,本次训练要达到的目的,是缩短预期销售量与实际销售量之间的差距,并可以当场反映出效果究竟如何。

最后是训练计划安排,时间为三天两夜,所有参加者集体住宿,采用授课法、分组讨论法和角色演示法进行。

在明确了以上三点之后,接着要做的是制订本次训练的内容及侧重点:最重要的是让骨干员工了解为达到目标应有的角色意识和执著追求的精神;其次是如何根据自己的能力设定适当的目标,再次是学习有效的商业谈判技巧,最后才是具体的个人为达成目标所制定的行动方案,如采取何种推销手段、有效的访问次数、推销数量以及开拓新的市场,等等。

由于训练分三天进行,所以他们对训练内容作了如下安排。

第一天:

上午:骨干员工到集训地报到,熟悉新环境。

下午:讨论为什么要达到一定的目标。训练负责人可启发员工从三方面加以讨论。

①从自身来说,实现自我成长的途径,自己生存的必要,家庭生活的要求,体现自我价值,下属追随的对象,成为公司发展史上光荣的开拓者,与公司紧密相连;

②从公司来说,公司存在与否的根本,能否提高市场占有率的关键,继续运转的动力。

③从社会来说,贡献社会的指标,提供社会最好的产品。

实施时可将所有人员分为5人一组,用自我提示法、KJ法进行小组讨论。

晚上:为自己设立要达到的目标。其步骤如下:

①用设定目标最正确的方法,确定自己的目标,找出与实际销售情况之间的差距。

②采取的方法有现有资料使用法、价值判断法和援助其他部门计划法等。

以现有资料分析法来说,将其他公司的数据资料同木公司进行比较,分析本公司在占有率、成长率、商品数量、性能方面的地位,从而确定本人想要拜访的顾客数量、实现经济目标、销售数量,等等。

③个人提出自己成功的方法和范例，交流心得。

第二天：上午：用角色演示法来学习推销技巧的初次演示。

由指导员进行角色分派，决定顾客和推销员的人选，然后设置演出场景，就可以开始第一次演示了。在演示完毕以后，由观察员针对各演出角色进行评论，对于扮演推销员者，至少提出三项优点和三项需要改进的方面，进行综合评价。

下午：针对上午演示中暴露出来的问题，进行第二次演示，指导员作总结发言。

第二次演示的角色应进行互换，由上午扮演顾客者来扮演推销员，而原扮演推销员者则扮演顾客，以便更好地体会角色差异。

晚上：由个人针对本人特点，制订工作计划表，说明进行推销活动的战略战术，例如拜访客户的时间、想要达到的目的、推销技巧，等等。

第三天：

上午：每个人说明自己的行动方案和计划状况，由指导员进行评论，指出应该注意的地方。

应注意的地方有：

①该计划是否针对本人特点？

②是否贯彻了角色演示中学到的技巧与技能？

③是否融入了本人的心得体会？

下午：由指导员将个人计划表以及指导员所作评述交给其上司，解散员工，回到各自的工作岗位。

案例技能

经过培训，员工是否将学习成果运用到实际工作中去了呢？这次训练是否有必要呢？

本章小结

通过本章学习，我们了解到人力资源管理就是指运用现代化的科学方法，对与一定物力相结合的人力进行合理的培训、组织和调配，使人力、物力经常保持最佳比例，同时对人的思想、心理和行为进行恰当的诱导、控制和协调，充分发挥人的主观能动性，使人尽其才，事得其人，人事相宜，以实现组织目标。

本章介绍了人力资源规划的内容、作用、原则和步骤，工作分析和职务设计的相关知识，人员考核和人员培训的相关内容，这些内容共同组成人力资源管理的主要内容。

练习题

一、填空题

1. 人力资源规划分为(   )和(   )两个方面。

2. 工作分析的内容包括(   )、工作说明、(   )等三个部分。

3. 人力资源管理的职能有五个方面: (   )、人力资源开发、人力资源评价、人力资源保持和(   )。

4. (   )是 20 世纪 80 年代兴起的旨在提升组织人力资源质量的管理战略和活动。

5. 要实行(   )、(   )、全方位、制度化的人员考核。

二、选择题

1、职务设计主要需要考虑的因素有(   )。

A. 环境因素 　　　 B. 组织因素 　　　 C. 行为因素 　　　 D. 政策因素

2. 人员考核的方法有(   )。

A. 实测法 　　　 B. 成绩记录法 　　　 C. 直观评估法 　　　 D. 书面考试法

E. 部门测评法

3. 人员培训的原则(   )。

A. 参与 　　　 B. 激励 　　　 C. 因人施教 　　　 D. 应用 　　　 E. 经济

4. 人员培训可分为(   )三种形式。

A. 入职培训 　　　 B. 在岗培训 　　　 C. 转岗培训 　　　 D. 轮岗培训

5. 人力资源管理的原则(   )。

A. 招聘选拔原则 　　　 B. 培训发展原则 　　　 C. 绩效考核原则 　　　 D. 薪酬激励原则

三、简答题

1. 人力资源管理的特点有哪些?

2. 人力资源管理的原则有哪些?

3. 人力资源规划原则有哪些?

4. 工作分析的目的是为了解决哪几个重要的问题?

5. 人员配备的基本原则有哪些?

第十一章　管理职能新发展

本章学习目标

1. 了解组织文化的基本构成
2. 了解危机和危机管理的概念和特征
3. 了解创新的基本内容
4. 理解组织文化的含义与功能
5. 理解创新的含义与作用
6. 掌握危机产生的原因
7. 掌握危机管理的操作与程序

案例导入

猴子的企业文化

有 3 只猴子并排站在一个布置着机关的笼子里。在第三只猴子的上方，有一把香蕉。很自然地，第三只猴子伸手去抓令它垂涎的食物，它每掰下一只香蕉，其他两个猴子就会被浇以凉水。两个倒霉蛋立刻气势汹汹地盯着享受着美味的同伴，但是这只猴子毫不在意，吃完一只，它会伸手去抓第二只。当它吃过几根香蕉后，另外两只猴子因为凉水的浇灌而愤怒到了极点。

科学家们将吃香蕉的猴子迁走，然后领来一只新猴子。正当这只新猴子伸手去碰香蕉时，其他两个伙伴立刻对它拳打脚踢。它不明白这是怎么回事，但是它立刻停止自己的行为。一段时间后，科学家又用一只新猴子替代浇过凉水的猴子中的一只。同样，新猴子在抓香蕉时，其他的伙伴会毫不留情地袭击它。

最后，科学家又替换掉最后一只被浇过的猴子，新来的馋嘴猴子在抓香蕉时还是遭到同伴的暴打。无论引进哪知猴子，他注定会挨打。即使把给水系统撤掉，新来的猴子也不能幸免于难。猴子们并不明白为什么这样做，它们只知道事情本来就是这样。

管理启示

组织文化是组织在长期的发展过程中形成的特有的价值观念、行为方式、规范等的总和。组织成员的言行会自觉不自觉地受到组织文化的影响。

第一节　组织文化建设

20 世纪 70 年代以来，文化因素对于企业管理实践和各种组织行为的重要影响引起了人们的普遍关注和认真研究。20 世纪 80 年代产生的企业文化和组织文化理念及其理论，把企业和其他组织的管理从技术、经济、政治等层面提升到了文化，是管理科学的一次大综合，是管理思想发展史上的又一场革命。组织文化是涵盖了企业文化的一个大概念，组织文化贯穿于组织的全部活动之中，影响着组织成员的行为、精神面貌和整个组织的工作意识形态与竞争能力。

一、组织文化的含义

1. 组织文化概述

组织文化源于企业文化，而作为一个概念和理论，最早是在 20 世纪 80 年代管理学界提出的。第二次世界大战以后，日本经济满目疮痍、荆棘遍地。但在短短的时间里，生产率增长速度却高出美国数倍。直至 20 世纪 80 年代初，日本的经济得到发展，并迅速跨入世界先进国家行列，成为世界第二大经济强国。美国的许多经济专家和企业家经研究考察发现，日本企业注重的理念、价值观、经营准则、道德规范等为企业的发展提供了巨大的精神支持。于是，出现了《企业文化——现代企业的精神支柱理论》、《Z 文化——美国企业界怎样迎接日本的挑战》、《日本企业管理艺术》、《寻求优势——美国最成功公司的经验》等著作，共同构建了企业文化理论的基本框架，组织文化的理论也随之发展起来。

2. 组织文化的概念

社会中的任何组织，由于环境条件和传统文化的影响，会形成自己独有的价值理念、意识形态和行为方式，从而塑造自己独具特色的组织文化。

关于组织文化的概念，国内外许多学者有不同的认识：

美国管理学家彼得·德鲁克认为："企业管理不仅是一门学科，还应是一种文化，即自己的价值信仰、工具和语言的一种文化。"

美国加州大学管理学教授威廉·大内在《Z 理论——美国企业界怎样迎接日本的挑战》中提到："传统和气氛构成一个企业的文化，同时，文化意味着一个企业的价值观，或进取、或灵活，这些价值观成为企业员工活动、建议和行为的规范。管理人员以身作则，把规范灌输给员工，再一代代地传下去。"

南京大学管理学教授周三多认为："组织文化是组织在长期的实践活动中所形成的，并且组织成员普遍认可和遵循的具有本组织特色的价值观念、团队意识、工作作风、行为程度、思维方式等的总和。"

综上所述，组织文化是组织在长期的发展过程中形成的特有的价值观念、行为方式、规范等的总和，它能引导、激励、约束组织成员，从而实现组织共同目标。

二、组织文化的构成

不同学者对组织文化的构成有不同的理解。迪尔和肯尼迪以价值观为核心，提出环境、价值观、英雄人物、典礼仪式、文化网络等五要素构成论。威廉·大内等人认为，组织文化由传统、风气、价值观以及支持性环境四个因素构成。彼得斯和沃特曼则倾向于组织文化主要由价值观和企业家精神构成，而日本的企业界主要用企业家精神来概括一切。

我国企业界和管理学界对组织文化的构成要素也是众说纷纭。有的研究者认为"它包括一个组织独特的指导思想、发展思想、发展战略、宗旨、经营哲学和管理特色，包括特有价值观、传统、作风、道德规范和伦理关系，包括约定俗成的规章制度等"。有的研究者认为："组织文化的具体内容包括组织价值观、组织哲学、组织精神、组织目标、组织民主、组织道德、组织风尚、礼仪和组织文化网络等"。中外学者对组织文化结构及要素的分析迥异，国外学者对组织文化构成的确定比较谨慎，因而使之狭窄；我国学者对组织文化构成的确定比较大胆，因而使之宽泛。确定组织文化的构成必须遵循的基本原则是，它只能是自觉培育起来的，具有管理功能的各种精神要素以及与之相适应的组织行为模式的总和。

如果从现代系统论的观点看，组织文化由表层文化、中介文化和深层文化三个层次共同构成。它们分别对应着组织文化的可观察层、制度行为层和观念层。

（一）组织文化的可观察层

这是构成组织文化的第一层次，是组织文化的表层部分，通常包括具有代表性或说服力的、体现组织风貌与精神的展示，包括事例、仪式、标志等。这一层次的文化内容往往能折射出组织的经营思想、经营管理哲学、工作作风和审美意识，它常被用来向参观者和新录用的组织成员作介绍或对其进行培训教育。

1. 事例

由于组织是一个为了某一具体目标或目标体系而运作的实体，因此组织在运作中会有成功或失败的时候，而组织管理者也会有成功或失败的经历。如果能将组织创业及发展的事例加以整理，形成一个个相互联结或有典型意义的故事，则对教育组织成员尤其是新成员，强化他们对组织的认知，促成他们对组织的信心，以及吸取以往的经验和教训，大有帮助。

同样，在商业化的组织中，如果组织可以向其成员和所面对的社会对象以生动活泼的故事形式讲述组织的价值观与行为方式，则也会使故事的接受者留下深刻的印象，会很快受到成员或社会的关注。研究发现，通过故事形式或通过具体的事例讲解组织的价值观与行为方式，有助于组织文化的贯彻和落实。

2. 仪式

日常工作中所举行的仪式是强化组织成员对于组织文化意识的一种有效方式。比如，在组织运作的第一线，每日上班前的班组晨训及下班前的总结等。

3. 标志

标志指以一个或多个符号（包括文字和图像）来传递特定的组织文化。比如，海尔公司的标志以文字"真诚到永远"的口号及相应的图像符号宣传了海尔公司对顾客的真情。标志包括组织名称、产品的外观和包装、组织标志、标准色及其应用等。标志的特点是独特、鲜明、有内涵、易记、易传播。但目前我国的许多组织的标志只是一个简单的图形符号，并未在向顾客或社会传递其组织文化上下工夫。

此外，组织的面貌也是组织文化可考察的表层内容，如组织的自然环境、建筑风格、绿化面积等。

（二）组织文化的制度行为层

组织文化的制度行为层是构成组织文化的第二层次，是组织文化的中间层次，它通常规定了组织成员在共同的工作中所应当遵循的行为规范、责任制度、特别规定，集中体现组织文化对组织行为的规范性和约束性的要求。

1.行为规范

组织文化的行为规范指组织成员习以为常的、指导或制约他们日常行为的标准，如组织成员与人沟通的方式、召集会议的程序、撰写与提出报告的准则等。组织文化的行为规范在各个组织间有着很大的差异，如在甲公司，经理开会时会鼓励与会者对议程及内容提出意见；在乙公司，经理开会则完全按照事先规定的议程进行，不允许成员对议程有任何意见。前者看来较为生动，后者看来较严肃。但这并不意味着前者一定比后者好，因为这与每个组织的文化直接相关。乙公司的成员也许习惯了公司开会的风格，反而会觉得公司开会有效率，而觉得甲公司的开会是在浪费时间。

2.责任制度

责任制度是指组织内各级组织、各类人员工作的权力及责任与行为规范、工作制度结合在一起，目的是使每个员工、每个部门都有明确的分工和职责，使整个组织能够分工协作，井井有条地高效率工作。

3.特别规定

特别规定主要是指组织的非程序化制度和组织特有的典礼仪式等，如员工与干部对话制度、民主评议制度、内部节日、周末聚餐等。

（三）组织文化的观念层

组织文化的观念层是组织的深层文化，是组织文化的核心和灵魂，是形成组织文化的表层和中介层的基础和原因。一个组织是否形成了自己的组织文化，就必须看该组织的文化中有没有自己的观念层。组织文化的观念层，表现为组织的共享价值观、经营管理哲学、组织风气和民族情结。

1.共享价值观

共享价值观是联结与激励组织成员思想和行动的核心。所谓的"共享"意味着将组织视为一体。共享价值观是组织成员所共同遵守的价值标准和基本信念，通过组织成员日常活动的规范，以及独特的组织竞争优势体现出来。组织的面貌、经营策略和管理方式可以随环境而变化，但组织的共享价值观是长期稳定的，较少改变。世界上能长久生存的百强企业，基本上都具有稳定的共享价值观。

2.经营管理哲学

经营管理哲学是组织的管理者为组织设立相关目标，以及为实现目标而优化资源配置和实施行动策略的指导原则，它受到组织所处的社会经济环境等客观因素和管理者个人修养、知识水平、实践经验、作风和性格等个人因素的影响，具有相对的稳定性。只有以正确的经营管理哲学指导组织的管理实践，一切问题才有一个基本的依据，组织内的人力、物力才能真正发挥效力。

3.组织风气

组织风气是约定俗成的行为规范，是组织文化在员工的思想、作风、传统习惯、工作方式、生活方式等方面的综合反映。例如，我国 20 世纪六七十年代大庆油田的艰苦创业、无私奉献的大庆精神，它的组织风气主要特色就是"三老四严"，即"对待事业，要当老实人，说老实话，办老实事；对待工作，要有严格的要求、严密的组织、严肃的态度、严明的纪律"。

当然，组织风气所形成的文化氛围对一切外来信息有筛选作用。处在某种同样的社会危机中，在风气较差的组织中可能会造成劳动积极性下降、人际关系紧张。

4. 民族情结

民族情结来自组织所在国度或地域。例如，日本公司大多强调公司内工作小组的合作精神，美国公司大多强调公司要给予成员较大的个人创作空间。前者与日本民族重视集体有关；后者与美国民族重视个人相关。如果一个组织属于某个特定的区域，则所在区域的民族情结将对其组织文化的形成产生直接影响。如果组织开始跨区域运作，则必须考虑多个区域的文化兼容性。进一步说，如果组织在不相邻的国家或区域运作，则必须考虑不同的甚至是相互冲突文化间的兼容问题。

组织文化的三个层次构成了组织文化系统，从整体上显示组织文化的独特性质，使它和社会文化中的其他文化系统区别开来。三个层次的要素相互联系、相互制约，构成了一个有机体系，从整体上显示组织文化的水平。

三、组织文化的功能

1. 组织文化的功能

组织文化在组织管理中发挥着重要的作用，主要表现在下面几个方面：

（1）导向功能。组织文化的导向功能是指组织文化引导组织整体和个人的价值取向，以达成组织共同目标。而导向作用是通过组织文化的塑造来引导员工默化地接受组织的价值观念，自觉地保持个人目标与组织目标的一致性。它为组织的运行、发展以及决策的制定提供正确的指导思想和健康向上的气氛。组织的各项决策取决于组织领导层的观念和作风，而且还取决于整个组织的精神面貌及文化气氛。特别当组织处于复杂多变的环境中时，组织的领导者及其成员更要能保持正确的价值观和做出正确的决策。

（2）激励功能。组织文化的激励功能是指组织文化能促使组织成员产生积极进取的精神及高昂的工作情绪。心理学的研究表明：人们越能认识行为的意义，行为的社会意义越明显，越能产生行为的推动力。它不仅仅对组织成员产生外在的激励作用，更重要的是激发组织成员内在的潜力，从满足个体实现自我价值的需要出发，进而引发组织成员为实织目标而积极奉献。组织文化使组织成员所产生的认同感、归属感及安全感也起到使成员具有责任感和义务感的激励作用。

（3）凝聚功能。组织文化的凝聚功能是指成员普遍认可和遵循的价值观念将所有员工团结起来，结成绳，为实现目标而努力。在外部环境复杂多变的情况下，将组织成员的理想、成功的欲望与组织目标凝聚在一起，形成共同的目标、行为准则。

（4）约束功能。组织文化的约束功能是指组织文化对每个组织所具有的约束和规范的作用。它以特有的文化氛围造成强大的个体行力和动力，使组织成员产生认同感，由此产生自我控制和自我约束。

（5）创新功能。组织文化为组织成员创造性能力的发挥营造了良好的氛围，他们为组织的成功而不断地奋发向上、创新自我。伴随着企业的发展，企业文化也随之产生相应更新和发展，保持企业在激烈的竞争中立于不败之地。

2. 组织文化的消极作用

组织文化在有其正面作用的同时，也有其潜在的负面作用。主要有以下三个方面：

（1）组织文化惯性。组织文化具有稳定性的特征。组织既有的思维定势使人们感觉钝化，传统的思想观念、思维方式、行为规范仍然继续滞留，下意识地使新战略的实施困难重重。

（2）扼杀个性和思想观念的多元化。共同的组织文化容易形成同一化，而同一化必然会扼杀个性的发挥，抑制员工和组织的创造性发挥。

（3）对外来文化的排斥。当一个社会组织形成了自己的组织文化，并被大多数员工所认同后，他们往往会强调自己组织文化的优势，看不到别人的长处。而且在成员之中又相互影响，逐步强化，就会发展到唯我独尊的程度，出现排斥外来文化的现象。这样做不利于不同文化的互相交融，不适应全球经济一体化的需要，不利于企业的多元化经营和跨国经营的开展。

因此，作为一个企业的管理者，既要充分发挥组织文化的正面作用，又要善于发现并克服其消极影响。

四、组织文化建设

1. 组织文化建设中存在的误区

（1）注重组织文化的形式而忽略了内涵

在中国组织文化建设过程中，最突出的问题就是盲目追求组织文化的形式而忽略了组织文化的内涵。组织文化活动和组织形象设计都是组织文化表层的表现方式。组织文化是将组织在创业和发展过程中的基本价值观灌输给全体员工，通过教育、整合，形成一套独特的价值体系，是影响组织适应市场的策略和处理组织内部矛盾冲突的一系列准则和行为方式，这其中渗透着创业者个人在社会化过程中形成的对人性的基本假设、价值观和世界观，也凝结了在创业过程中创业者集体形成的经营理念。将这些理念和价值观通过各种活动和形式表现出来，才是比较完整的组织文化，如果只有表层的形式而未表现出内在价值与理念，这样的组织文化是没有意义的，难以持续的，也就不能形成文化推动力，对组织的发展难以产生深远的影响。

（2）将组织文化等同于组织精神而脱离组织管理实践

有些管理者认为，组织文化就是要塑造组织精神或组织的圣经，而与组织管理没有多大关系，这种理解是很片面的。组织文化就是以文化为手段，以管理为目的，因为企业组织和事业性组织都属于实体性组织，它们不同于教会的信念共同体，它们是要依据生产经营状况和一定的业绩来进行评价的，精神因素对组织内部的凝聚力、组织生产效率及组织发展固然有着重要的作用，但这种影响不是单独发挥作用的，它要渗透于组织管理的体制、激励机制、经营策略之中，并协同起作用。组织的经营理念和组织的价值观是贯穿在组织经营活动和企业管理的每一个环节和整个过程中的，并与组织环境变化相适应的，因此不能脱离组织管理。

（3）忽视了组织文化的创新和个性化

组织文化是某一特定文化背景下该组织独具特色的管理模式，是组织的个性化表现，不是标准统一的模式，更不是迎合时尚的标语。纵观许多组织的组织文化，方方面面都大体相似，缺乏鲜明的个性特色和独特的风格。其实，每一个组织的发展历程不同，组织的构成成分不同，面对的竞争压力也不同，所以其对环境作出反应的策略和处理内部冲突的方式都会有自己的特色，不可能完全雷同。组织文化是在某一文化背景下，将组织自身发展阶段、发展目标、经营策略、企业内外环境等多种因素综合考虑而确定的独特的文化管理模式，因此，组织文化的形式可以是标准化的，但其侧重点各不相同，其价值内涵和基本假设各不相同，而且组织文化的类型和强度也都不同，正因如此才构成了组织文化的个性化特色。

2. 组织文化建设的目标

(1)确定理念识别

①确定全体职工的价值观。企业价值观是组织文化的核心，决定企业的命脉，关系企业的兴衰。现代企业不仅要实现物质价值，还要实现文化价值，要充分认识企业竞争不仅是经济竞争，更是人的竞争、文化的竞争、伦理智慧的竞争。企业的最终目标是服务社会，实现社会价值最大化。

②确立企业精神。培育有个性的企业精神是加强组织文化建设的核心，培育具有鲜明个性和丰富内涵的企业精神，最大限度地激发职工内在潜力，是组织文化的首要任务和主要内容。企业精神是指：企业广大职工在长期的生产经营活动中逐步形成的，由企业的传统、经历、文化和企业领导人的管理哲学共同孕育的，并经过有意识的概括、总结、提炼而得到确立的思想成果和精神力量，必须是集中体现一个企业独特的、具有鲜明的经营思想和个性风格，反映企业的信念和追求，并由企业倡导的一种精神。培养企业精神，要遵循时代性、先进性、激励性、效益性等原则，不仅要反映企业本质特征，而且要反映出行业的特点和本单位特色，体现出企业的经营理念。

③确立符合企业实际的企业宗旨是企业生存发展的主要目的和根本追求，它是以企业发展的目标、目的和发展方向来反映企业价值观。企业道德是在企业生产经营实践的基础上，基于对社会和对人生的理解作出的评判事物的伦理准则。企业作风是企业全体干部职工在思想上、工作上和生活上表现出来的态度、行为，体现企业整体素质和对外形象。

(2)确立视觉识别

统一标志、服装、产品品牌、包装等，实施配套管理。在企业发展中还要以务实的态度不断完善企业视觉识别各要素，做到改进—否定—再改进—再确定。包含企业标志、旗帜、广告语、服装、信笺、徽章、印刷品统一模式等，以此规范员工行为礼仪和精神风貌，在社会上建立起企业的高度信任感和良好信誉。

(3)确立行为识别

行为识别主要体现在两个方面，一方面是企业内部对职工的宣传、教育、培训；另一方面是对外经营、社会责任等内容。要通过组织开展一系列活动，将企业确立的经营理念融入到企业的实践中，指导企业和职工行为。

(4)以人为本，树立精干高效的队伍形象，打造精神文化

组织文化实质是"人的文化"，人是生产力中最活跃的因素，人是企业的立足之本，企业职工是企业的主体，建设组织文化就必须以提高人的素质为根本，把着眼点放在人上，

分别达到凝聚人心，树立共同理想，规范行动形成良好行为习惯，塑造形象扩大社会知名度的目的。为此要做好建立学习型组织，抓好科学文化知识和专业技能培训，培育卓越的经营管理者，带动组织文化建设，做好思想政治工作等相关工作。

（5）内外并举，塑造品质超群的产品形象，打造物质文化

组织文化建设应与塑造企业形象相统一，实现技术创新，做到群众性合理化建议活动持之以恒，使之具备独特的技术特色和产品特色。创品牌，教育职工要像爱护自己的眼睛一样爱护企业的品牌声誉，使企业的产品、质量在社会上叫得响、过得硬、占先机，展示企业精华。要做到在经营过程中的经营理念和经营战略的统一，做到在实际经营过程中所有职工行为及企业活动的规范化、协调化，做到视觉信息传递的各种形式相统一，为促进企业可持续发展奠定坚实基础。

（6）目标激励，塑造严明和谐的管理形象，打造制度文化

企业管理和文化之间的联系是企业发展的生命线，战略、结构、制度是硬性管理，技能、人员、作风、目标是软性管理。强化管理，要坚持把人放在企业中心地位，在管理中尊重人、理解人、关心人、爱护人，确立职工主人翁地位，使之积极参与企业管理，尽其责任和义务。强化管理要搞好与现代企业制度、管理创新、市场开拓、实现优质服务等的有机结合。还要修订并完善职业道德准则，强化纪律约束机制，使企业各项规章制度成为干部职工的自觉行为。提倡团队精神，成员之间保持良好的人际关系，增强团队凝聚力，有效发挥团队作用。

（7）寓教于文，塑造优美整洁的环境形象，打造行为文化

人改造环境，环境也改造人。要认真分析组织文化发育的环境因素，使有形的和无形的各种有利因素成为组织文化建设的动力源泉。采取强化措施，做到绿化、净化、美化并举，划分区域，责任明确，做到治理整顿并长期保持卫生环境。要开展各种游艺文体活动，做到大型活动制度化，如体育活动（趣味运动）会、组织文化艺术节等；小型活动经常化，如利用厂庆、文体活动等形式丰富职工文化生活，强化视觉效应。

3.组织文化建设的方法

组织文化的建设是一个长期的过程，同时也是组织发展过程中的一项艰巨、细致的系统工程。在组织现有的条件下，从组织文化中提炼先进的管理思想作为指导，通过扎实和细致的工作，将组织的目标、宗旨、道德等深层次内容融入到组织文化的各个层次。具体地说，塑造组织文化可以采取以下步骤：

（1）选择适当的价值标准

选择正确的组织价值观是塑造组织文化的首要战略问题。作为组织文化的核心选择不仅要立足于本组织的特点，而且还要把握好组织的价值观与组织文化各个要素的相互协调，经过科学的组合，使其达到系统的最优化。此外，一个企业的组织文化凝聚全体员工的理想和信念，体现企业发展的目标和方向。同时组织文化应当包含社会责任感，使社会公众对企业产生良好的印象。

（2）强化员工的认同感

在确立了为大多数组织成员所认同的价值观之后，就应把基本认可的方案通过强化方法使其深入人心。具体做法可以是：

第一，利用一切宣传媒体和舆论，大张旗鼓地宣传组织文化的内容和精要，以创造浓

厚的环境氛围。

第二，树立典型人物和英雄人物。榜样和英雄人物是组织精神和组织文化的形象缩影，能够以其特有的感召力和影响力为组织成员提供可以仿效的具体榜样。组织发展到关键时期，组织成员往往以典型人物和英雄人物的言行作为自己行为的标准。

第三，加强相关培训教育。通过有目的的培训与教育，能够使组织成员系统地接受组织价值观并强化员工的认同感。培训教育的方式可以多种多样。

（3）提炼定格

组织文化的形成并不是一劳永逸的，它必须经过一段时间的分析、归纳、提炼方能定格。

第一，精心分析。在经过群众性的初步认同实践之后，应当将反馈回来的意见加以整理和评价，详细分析和比较实践结果与规划方案的差距，必要时可吸收有关专家和员工意见。

第二，全面归纳。在系统分析的基础上，进行综合化的整理、归纳、总结，并反思那些落后或不适宜的内容与形式，保留积极进步的形式与内容。

第三、精练定格。把经过科学论证和实践检验的组织精神、组织价值观、组织伦理进行条理化、完善化、格式化，再经过必要的理论加工和文字处理，用精练的文字表述出来。

构建完善的组织文化需要经历一段时间过程，并非一蹴而就。因此，充分、及时和广泛地发动，认真提炼，严肃定格是创建优秀的组织文化所不可缺少的。

（4）巩固落实

巩固落实需要至少以下两方面的保障：

第一，必要的制度保障。建立奖优罚劣的规章制度还是有一定必要性的。这是因为形成组织文化以前，要求组织成员自觉地按照组织文化的标准去行事，是不太现实的。在组织文化成熟的时候，组织内个别成员做出违背组织宗旨的事也是经常发生的。

第二，领导率先起示范作用。组织领导在组织文化的塑造过程中起着决定性的作用，他们的看法和观点无疑对全体员工有着巨大的影响，他的行为更是一种无声的号召。作为组织的领导，一定要以身作则、作风正派、肩负起塑造优秀组织文化的使命。

（5）丰富发展

任何一种组织文化都是特定的历史产物，都反应了当时组织的内外状况。当前的环境发生变化的时候，组织一定要不失时机地调整、更新、发展组织文化，跟上发展。这不仅是一个淘汰更新的过程，也是一个认识与实践不断深化的过程，只有丰富和发展组织文化，组织文化才能达到更高层次。

第二节　创新管理

管理案例

微软的创新之路

20世纪中叶以来，随着科学技术的飞速发展和科技成果的广泛应用，科学社会化的速度明显加快，以技术创新为核心的技术进步在经济增长中的作用更加突出。

微软不断创新，成为技术进步的缩影。比尔·盖茨创立的微软公司获得巨大成功的全部奥秘在于，他们把知识作为主要资本从事生产，将研究与开发置于中心地位，保持持续不断地创新。该公司 OFFICE 产品部副总经理克里斯彼得斯说："我们所做的一切，在 3 年以后将不再有意义。"比尔盖茨有一句名言："微软距离破产永远只有 18 个月。"这句话道出了微软追求创新的经营理念。

有人说，微软是世界信息业的骄子，他的崛起反映的不只是知识创造财富的现象，他是美国快速发展信息产业的一个组成部分，象征的是一种新的产业、新的经济——知识经济的出现，它是知识经济的缩影。为什么微软公司取得了如此大的成功呢？原因就是在公司内创造最好的条件和资源，不断进行创新，扩大其新产品系列，不断地从一个软件市场和销售渠道进入另一个软件市场和销售渠道。

（资料来源：姜仁良. 管理学习题与案例. 北京：中国时代经济出版社，2006）

管理技能

你怎样理解"微软距离破产永远只有 18 个月"？

经验总结

我们从此案例中可以学到什么经验？

"不创新，则灭亡"。这句话日益成为现代管理者的共识。21 世纪，一场新的革命正在全球兴起，这就是以信息技术、知识产业为主要标志的知识经济革命。创新是知识经济的灵魂，是知识经济的生命线，它迫使人们不断创造、探索未知的领域，不断地学习、接受新事物的挑战。那种固定不变的常规型管理已经不能适应变化的环境，必将为创新型管理所取代。

生物界的"物竞天择、适者生存"法则，在市场中一样适用，只有适应市场的企业才能生存。今天成绩斐然的企业，明天可能就会宣告破产，因为环境总是不断变化，今天成功的经验在明天可能就会过时。为了不被市场淘汰，企业只有不断改变自己，适应环境变化，这个改变的过程就是创新。所以，不管企业有没有意识到创新，但它在为生存而努力的时候，就不可避免地开始了创新活动。

全球经济一体化、企业经营国际化、信息技术飞速发展，这些新情况的出现，使全世界的竞争者从来没有如此接近过。由于经济开放，没有一个行业、一个企业可以与外界隔绝，所有的竞争几乎都可看作国际竞争，要么是国内企业走出国门与外国企业竞争，要么是外国企业走入国门与国内企业竞争。竞争已经全球化，这是不可回避的事实，企业必须面临更多更强的竞争者。一切止步不前的、发展缓慢的企业，都无法跟上不断追求创新发展的同行，最终将淹没在残酷的商海之中。这是一个"快鱼吃慢鱼"的时代，速度慢于平均水平就是落后。

立足市场必须有竞争力，也许一次偶然的成功可获得令同行称羡的竞争力，而在市场中叱咤风云，没有永恒的竞争力，它随时都会面临被超越的危险。20 世纪 80 年代的卓越企业，到了 90 年代就有 1/3 销声匿迹，这些企业曾取得了成功，但是没有保持住成功。而在全球，一样有很多的著名企业，它们能屹立百年不衰，说明成功是可以持久的，而持久的源泉就是创新。百年企业发展的历史，也是百年企业不断创新的历史。百年企业一般都曾因为某种特质而产生了某段时间的辉煌，这种特质可能是产品，可能是技术，还可能是很多其他因素。但是百年企业并不是一直凭着这种特质发展，而是发生了多次创新，有些创新是显而易见的，有些创新则是悄然无声的。再回首看看那些早期让百年企业骄傲一时的特质，要么发生了巨大变化，要么已消失。同样都是具有某种成功特质的企业，一些固守特质的企业消失了，而一些改变特质的企业却依旧存在。

企业的持续发展不仅是能在特定环境下发展，还能在变化的环境下发展；不仅能短期发展，更能长期发展。所以，企业的持续发展战略必须具有很强的适应性，适应可以指跟随市场发展，也可以指引领市场发展。在企业的持续发展战略中，创新处于核心地位，因而创新是实现持续发展的基本途径和重要途径。墨守成规的企业不可能成为百年企业，因为没有不变的对手，更没有不变的市场，要在变化的环境中保住地位，就要随变化而变化，动态发展。企业只有通过创新，才能不断优化自身，在市场中获得持久的竞争力。

一、创新及其基本内容

计划、组织、指挥和控制是组织保证目标实现的必不可少的管理职能，但从某种意义上讲，他们同属于管理的维持职能，其任务是保证组织系统按既定的目标和流程运行。管理实践证明，管理始终处于动态的环境之中，仅有静态和维持的职能显然是不够的，必须不断调整系统的活动内容、目标和流程，才能适应环境变化的要求，这就是我们所要阐述的创新管理职能。

（一）创新的含义

美国经济学家熊彼特在其《经济发展理论》一书中首次提出了创新的概念。他认为，创新是对"生产要素的重新组合"。具体包括以下 5 个方面：①生产一种新产品。也就是消费者还不熟悉的产品，或是已有产品的一种新用途和新特性。②采用一种新的生产方法。也就是在有关的制造部门中未曾采用的方法。这种方法不一定非要建立在新的科学发现的基础上，它可以是以新的商业方式来处理某种产品。③开辟一个新的市场。就是使产品进入以前不曾进入的市场，不管这个市场以前是否存在过。④获得原材料或半成品的新的供给来源，不管这种来源是已经存在的还是第一次创造出来的。⑤实现一种新的企业组织形式。例如建立一种垄断地位，或打破一种垄断地位。后来，许多研究者也对创新进行了定义。创新概念所包含的范围很广，涉及许多方面。比如，有的东西之所以被称作创新，是因为它提高了工作效率或巩固了企业的竞争地位；有的是因为它改善了人们的生活质量；有的是因为它对经济具有根本性的提高。但值得注意的是，创新并不一定是全新的东西，旧的东西以新的形式出现或以新的方式结合也是创新。创新是生产要素的重新组合，其目的是获取潜在的利润。

创新不仅要构思出新的东西，而且要做出新的东西。创新是企业家精神的核心，企业家通过创新可以产生新的资源来创造财富，或者使现有的资源具有更大的创造财富的能力。创新不仅涉及新材料、新机器，而且涉及新知识、新技能、新组织设计、新方法设计。

创新不同于发明，发明是指一种新产品、新技术或新经营方式的初次出现。但就创新来说，发明仅仅是开始，发明完成以后，要通过创新才能把发明引入经济和社会之中，从而给经济和社会带来较大的影响和变革，使企业或组织获得自身的经济效益和社会效益，即要把发明逐步转变成经济和社会的一种资源，实现商品化开发。

创新一般是指淘汰旧的东西，创造新的东西，它是一切事物向前发展的根本动力，是事物内部新的进步因素通过矛盾斗争战胜旧的落后因素，最终发展成为新事物的过程。而管理，是指综合运用人力资源、财力资源、物质资源和信息资源以有效地实现企业或组织目标的过程。那么，创新管理是什么呢？从国内现有的文献来看，对于创新管理，主要有以下几种观点：

（1）创新管理是指用新的更有效的方式或方法来整合组织资源，以期更有效地达成组织的目标与责任。从这个意义上说，创新管理至少可以包括 5 种情况：提出一种新的经营思路并加以有效实现；创设一个新的组织机构并使之有效实现；提出一个全新的管理方式方法；设计一种新的管理模式；进行一项管理制度的创新。其中，新经营思路和新经营模式要求对所有的企业而言都是新的，而且所有的这些创新必须是可行的并有助于资源的有效整合。

（2）管理过程就是创新管理过程，管理就是创新。持这种观点的人认为：企业创新管理就是不断根据市场和社会环境的变化，重新整合人才、资本和技术要素，以创造和适应消费者的需求，同时实现自身的效益和社会责任的目标的过程。这个过程需要创新、需要具体管理，所以管理就是创新，或者说，管理过程就是创新过程。

（3）创新管理是管理的一项基本职能。创新管理首先是一种思想以及在这种思想指导下的实践，是制定新原则以及在这种原则指导下的具体活动，所以创新管理是管理的一项基本职能。

（4）创新管理是新的管理方式、方法的引入。持这种观点的人认为：创新管理是组织创新在企业经营层次上的辐射，所以创新管理是在组织中引入了新的管理方式和方法，它的主要目标是试图设计一套规则和运转程序去提高工作效率并降低交易费用。

从上述对创新管理的几种观点可以看出，创新管理是指为了更有效地运用资源去实现组织目标而进行的创新活动过程。或者说，是企业或组织在生产、技术、经营、管理等各个方面，不断地创造、应用先进的思想、科学的方法、新颖的技术，摒弃过时的东西以达到更高目标的一切创造性活动。

创新管理是一个将资源从低效率使用向高效率使用的过程，其着眼于资源的更有效运用。从前面对管理职能的描述中可以看到，传统的管理职能主要包括计划、组织、指挥和控制，并且它们都有自己固定的内容、工作程序和特定表现形式。而创新管理虽然也有其规律性，但它本身并没有特定的表现形式和固定的工作程序。它是通过组织的各项管理活动来表现自身的存在和价值。

管理过程一般从计划开始，通过组织、指挥到控制结束，各职能之间相互交叉渗透，循环往复，把工作不断推向前进。创新管理在这一管理活动过程中处于中心地位，通过对计划、组织、指挥和控制各职能的创新，推动着管理向更有效运用资源的方向前进。

乔·笛德（Joe Tidd）、约翰·本斯特（John Bessant）、凯思·帕维特（Keith Pavitt）是英国著名的三位创新管理学者，他们合作撰写了《创新管理》，在书中认为，创新管理是一项系统工程，必须整合市场、技术及组织变革，才能提升创新效率。创新过程具有风险，只有少数新技术运用到新产品中，只有少数的新产品能获得成功，因而创新不是一劳永逸，还需要持续的科学管理，就是创新管理。创新管理不是生产经营活动中独立的一环，而与企业的整个生产经营过程相关。当企业的创新管理达到较高水平后，可以大大地促进企业创新，进一步优化企业。没有一个企业是完美的，总会有一些缺陷，将来还会出现新的缺陷，所以必须不断地完善企业。创新管理就是一个帮助企业不断完善的手段，增强企业体质。

一般认为，创新贯穿于组织的各项管理活动之中，通过组织的各项管理活动来表现自身的存在与价值。因此，创新具有以下特征：

1. 创造性

创新就是解决前人所没有解决的问题，不是模仿、再造，而是在继承中打破旧的思想、模式、框框和方式方法，从而创造新的事物。它是一件复杂的活动过程，其关键是要敢于打破常规，敢走新路，勇于探索，勇于实践。因而其成果必然是有创造性和新颖性的。

2. 价值性

现代经济学将利润划分成三部分：①隐含收益利润，是指企业所有者自己劳动和自己投资所获取的收益；②垄断利润，指在非竞争市场中居于垄断地位的企业所获得的收益；③创新利润，指由于承担风险和进行创新所获得的回报。我们可以清楚地看出，创新利润才是最重要、最基础的部分。因为隐含利润可计入成本，垄断利润是特殊利润，是市场经济所不允许的，只有创新利润是相对稳定的。而从创新成果的社会效果看，它既具有普遍的社会价值，同时还具有经济价值、学术价值、艺术价值、实用价值。所以创新具有超常的价值性。

3. 变革性

创新的实质就是改造旧事物，创造新事物。人们常说"穷则思变，变则是通"，即是说，当我们没有办法解决问题的时候，就得考虑一下"变"，就是要改变方法、思路、功能等；"变"了问题就能得到解决，就"通"了。这个由"变"到"通"的过程，就是创造和革新的过程。不破不立，破旧立新，推陈出新，都是指对旧事物的变革，都是指创新的过程。

4. 动态性

在市场经济环境中，在知识经济条件下，唯一不变的就是一切都在变。创新也不例外，也是一个动态的过程，它不是一劳永逸的，而是不断创造和革新的过程。海尔集团正是由于在不断进行产品革新、技术革新、管理革新，不断地去适应市场，创造需求，形成了一种不断推陈出新、改革突破的机制，才能在市场竞争中始终处于领先的地位，立于不败之地。

5. 时间性

当今社会是一个快速变化的社会，网络技术和因特网的出现，使速度成为十分重要的因素。尤其对创新而言，其成功的显著特点之一就是快速创新，否则就会失去机会，导致创新的失败。同时对创新成果的确认，也与时间有着密切的联系。相似或相同的成果是否被确认，以时间的先后为界。假如某一企业创造出了一项新成果，并比别的企业早将其商业化（这个时间可以是一年、半年、一个月甚至几天），该企业就有了主动权，就有了首先占领市场的机会。

6. 风险性

风险性是指由于对外部环境变化估计不足或无法适应，或对创新过程难以有效控制而造成创新活动失败的可能性，这种不确定性就是风险。在创新过程中，无论是技术本身、技术前景、技术效果还是产品的生产、销售、售后服务，以及市场接受时间等方面都存在着不确定性。因此，创新管理的风险是客观存在的，尤其是高新技术的创新更具有高风险。

创新的这些特征，归纳起来最根本的特征就是一个"新"字。没有"新"意，就无所谓创新。人类文明发展史实际上是一部生产力的发展史，而推动生产力发展的最主要动因恰恰就是创新。因为创新最重要的价值在于：它通过把生产力要素创造性地组合起来并通过市场实现商品化，从而获得从未有过的利润或收益或社会财富。而一个现代企业也唯有锐意进取、与时俱进、不断创新，才能增强竞争力、保持旺盛的战斗力，在激烈的市场竞争中立于不败之地。

（二）创新的作用

当前，创新正快速改变着我们的生活和生存方式，预计在今后的一二十年，以创新为基本特征的"新"经济将以锐不可当的势头蓬勃发展，世界将因此发生翻天覆地的变化。管理大师熊彼特认为：经济腾飞的主要原因是企业经营者将创新和生产手段有机结合，而创新可能是技术的新发展，可能是经济资源的重新配置，可能是一个流行趋势，但它都能给企业带来巨大的经济利益。许多经营成功和经营失败的企业经验和教训告诉我们，创新贯穿于企业生命的始终，是企业发展的永恒主题。其作用主要有以下几个方面：

1. 创新是企业改善市场环境的重要手段

首先，通过产品创新可以改善现有市场条件。因为，产品创新能加速新技术、新工艺、新材料在产品生产中的应用，能提高产品质量，更好地满足消费者的需要，改变用户对企业产品的看法，从而提高产品在市场上的竞争力；其次，通过创新可以形成新的市场，使企业在更广阔的市场中进行选择，因为，如果企业的创新成果能满足消费者新的需要，就会给企业带来新的用户；第三，若企业创新的成果是首次进入新的市场领域，它将具有领先者的优势，一定程度上决定着市场规模和产品价格。

2. 创新是企业生存和发展的基础

现代企业始终处在一个动态、多变、竞争激烈的环境下，要想生存和发展，且要生存发展得好，就必须改革、创新。因为社会在发展，科技在进步，产品在更新，只有创新才能赶上时代的潮流，站到科技领域的前沿，才能占领市场。

3. 创新是企业实现持续发展的重要源泉

企业持续发展是指企业不仅能在特定的条件下实现发展，而且能在变化的条件下发展；不仅在短期内实现发展，而且能在较长的时间内实现发展。企业持续发展的关键在于它能不断调整自己的行为，适应时代和社会发展的要求。纵观大多数成功的企业，其由小到大、由弱到强，无不是以不断创新来实现的。企业发展离不开创新，创新能使企业更好地发展。只有在无论是逆境还是顺境中都能从容面对的企业，才能持续不断地发展。而这种从容不是任何企业都能具备的，只有通过不断创新，并且将创新与企业生存的环境协调起来，才能达到。

4. 创新是企业提升素质和提高经济效益的根本途径

通过技术创新，可以改善研制条件，提高研制能力，提高企业的基本素质，从而改进产品或设计，开发或推广新技术、新工艺，加速新工艺在企业中的应用，降低成本，提高生产效率；通过创新管理和组织创新，可以改善企业管理，完善企业组织，重塑企业市场形象，开发企业创新人才等，从而提升企业素质，提高企业适应市场的能力和工作效率，全面提高企业经济效益。

5. 创新是提高企业竞争力的有效方式

企业要发展，必须面临激烈的竞争，而要想在市场竞争中占有一席之地，必须从知识经济的要求出发，从市场环境的变化出发，不断调整自己的经营发展战略，在调整过程中不断进行创新。企业只有通过技术、管理、制度、市场、观念、战略等诸方面的创造和创新，才能适应市场运行的法则——优胜劣汰，在市场竞争中占据主动，成为竞争的优胜者。

6. 创新可以利用剩余生产能力，并具有连动效应

企业由卖方市场转向买方市场，中国经济整体上呈现出供大于求，不少企业的生产能力过剩，使企业资源利用率低。但如果能开动脑筋，积极开拓，结合实际，深入了解市场，在技术上和市场经营上大胆创新，就有可能充分利用现有剩余的生产能力，生产出满足消费者需要的新产品，获得社会效益和企业效益。同时，一种产品尤其是新产品成功进入市场后，随着该产品销售量的增加，其他相关产品的销售量也会随之增加，这就是创新的连动效应。

（三）创新的内容

1. 观念创新

管理观念又称为管理理念，它是指管理者或管理组织在一定的哲学思想支配下，由现实条件决定的经营管理的感性知识和理性知识构成的综合体。一定的管理观念必定受到一定社会的政治、经济、文化的影响，是企业战略目标的导向、价值原则，同时管理的观念又必定折射在管理的各项活动中。进入20世纪80年代以来，经济发达国家的优秀企业家提出了许多新的管理观念。如知识增值观念、知识管理观念、全球经济一体化观念、战略管理观念、持续学习观念等。在我国，企业的经营观念存在着经营不明确、理念不当、缺乏时代创新精神等问题，因此，应该尽快适应现代社会的需要，结合自身条件，构建自己独特的经营管理理念。

2. 目标创新

我们知道，知识经济时代的到来导致了企业经营目标的重新定位。为什么？原因很简单：一是企业管理观念的革命，要求企业经营目标重新定位；二是企业内部结构的变化，促使企业必须重视非股东主体的利益；三是企业与社会的联系日益密切、深入，社会的网络化程度大大提高，企业正成为这个网络中重要的联结点。因此，企业经营的社会性越来越突出，从而要求企业高度重视自己的社会责任，全面修正自己的经营目标。在新的经济背景下，我国企业要生存，目标就必须调整为：通过满足社会需要来获得利润。

3. 技术创新

技术创新是企业创新的主要内容，企业中出现的大量创新活动是有关技术方面的。技术水平高低是反映企业经营实力的一个重要标志，企业要在激烈的市场竞争中处于主动地位，就必须不断地进行技术创新。技术创新经常被一些人与技术发明相混淆。实际上，创新的概念要远比发明宽阔；发明是一种创新，但创新决不仅仅是发明。如果说发明可能是新知识、新理论创造基础上一种全新技术的出现的话，那么创新则既可能是这种全新技术的开发，也可能是原有技术的改善，甚至可能仅是几种未经改变的原有技术的一种简单的重新组合。美国管理学家德鲁克在《革新与企业家精神》中曾以集装箱的产生为例，指出，"把卡车车身从车轮上取下，放到货船上，在这个概念中并没有包含多少新技术，可这是一项创新"，这项创新缩短了货船留港的时间，"把远洋货船的生产率提高了3倍左右，或许还节省了运费。如果没有它，过去40年中世界贸易的迅猛扩大就可能不会发生"。

由于一定的技术都是通过一定的物质载体和利用这些载体的方法来实现的，因此企业的技术创新主要表现在要素创新、要素组合方法的创新和产品创新3个方面。

（1）要素创新

从生产的物质条件这个角度来考察，要素创新主要包括材料创新和手段创新。材料既是产品和物质生产手段的基础，也是生产工艺和加工方法作用的对象。因此，在技术创新的各种类型中，材料创新可能是影响最为重要、意义最为深远的。材料创新或迟或早会引起整个技术水平的提高。

由于迄今为止作为工业生产基础的材料主要是由大自然提供的，因此材料创新的主要内容是寻找和发现现有材料、特别是自然提供的原材料的新用途，以使人类从大自然的恩赐中得到更多的实惠。随着科学的发展，人们对材料的认识渐趋充分，利用新知识和新技术制造的合成材料不断出现，材料创新的内容也正在逐渐地向合成材料的创造这个方向转移。

手段创新主要指物质生产手段的改造和更新。任何产品的制造都需要借助一定的机器设备等物质生产条件才能完成。生产手段的技术状况是企业生产力水平具有决定性意义的标志。

生产手段的创新主要包括两个方面的内容：一是利用先进的科学技术成果去改造和革新原有的设备，以延长其技术寿命或提高其效能，比如把单板机改装成自动控制的机床，用计算机把老式的织布机改装成计算机控制的织布机等。二是利用更先进、更经济的生产手段取代陈旧、落后、过时的机器设备，以使企业生产建立在更加先进的物质基础之上，比如用电视卫星传播系统取代原有的电视地面传播系统等。

（2）要素组合创新

利用一定的方式将不同的生产要素加以组合，这是形成产品的先决条件。要素的组合包括生产工艺和生产过程的时空组织两个方面。

工艺创新包括生产工艺的改革和操作方法的改进。生产工艺是企业制造产品的总体流程和方法，包括工艺过程、工艺参数和工艺配方等；操作方法是劳动者利用生产设备在具体生产环节中对原材料、零部件或半成品的加工方法。生产工艺和操作方法的创新既要求在设备创新的基础上，改变产品制造的工艺、过程和具体方法，也要求在不改变现有物质生产条件的同时，不断研究和改进具体的操作技术，调整工艺顺序和工艺配方，使生产过程更加合理，使现有设备得到充分的利用，使现有材料得到更充分的加工。

生产过程的组织包括对设备、工艺装备、在制品以及劳动在空间上的布置和时间上的组合。空间布置不仅影响设备、工艺装备和空间的利用效率，又影响人机配合，从而直接影响工人的劳动生产率；各生产要素在时空上的组合，既影响在制品、设备、工艺装备的占用数量、影响生产成本，又影响产品的生产周期。因此，企业应不断地研究和采用更合理的空间布置和时间组合方式，来提高劳动生产率、缩短生产周期，实现在不增加要素投入的前提下，提高要素的利用效率。

（3）产品创新

生产过程中各种要素组合的结果便形成企业向社会贡献的产品。企业通过生产并提供产品既求得社会承认、又证明其存在的价值。企业通过销售产品来补偿生产消耗、取得盈余，实现其社会存在。产品创新包括品种和结构的创新。

①品种创新要求企业根据市场需要的变化，根据消费者偏好的转移，及时地调整企业的生产方向和生产结构，不断开发出用户欢迎的适销对路的产品。

②产品结构的创新，在于不改变原有品种的基本性能，改进或改造现在生产的各种产品，组成更加合理的产品结构，使其生产成本更低、性能更完善、使用更安全，从而更具市场竞争力。

4. 制度创新

制度是组织运行方式、管理规范等方面的一系列的原则规定，制度创新指从社会经济角度来分析企业系统中各成员间的正式关系的调整和变革。企业具有完善的制度创新机制，才能保证技术创新和创新管理的有效进行。如果旧的落后的企业制度不进行创新，就会成为严重制约企业创新和发展的桎梏。企业制度主要包括产权制度、组织制度和管理制度三个方面。企业制度创新就是实现企业制度的变革，通过调整和优化企业所有者、经营者和劳动者三者的关系，使各个方面的权利和利益得到充分的体现；不断调整企业的组织结构和修正完善企业内部的各项规章制度，使企业内部各种要素合理配置，才能发挥最大限度的效能。

5. 结构创新

在工业化社会的时代，市场环境相对稳定，企业为了实现规模经济效益，降低成本，纷纷以正规化、集权化为目标。但随着企业规模的不断发展，组织复杂化程度也越来越高；信息社会的到来，使环境不稳定因素越来越多，竞争越来越激烈。管理者意识到传统的组织结构不适应现代环境的多变性。一个有效组织应当是能随着环境的变化而不断调整自己的结构，使之适应新的环境的组织。根据这一认识，现代企业组织正不断朝着灵活性、有机性方向发展。

6. 环境创新

环境是企业经营的土壤，同时也制约着企业的经营。环境创新不是指企业为适应外界变化而调整内部结构或活动，而是指通过企业积极的创新活动去改造环境，去引导环境朝着有利于企业经营的方向变化。例如，通过企业的公关活动，影响社区政府政策的制定；通过企业的技术创新，影响社会技术进步的方向。就企业而言，市场创新是环境创新的主要内容。市场创新是指通过企业的活动去引导消费，创造需求。人们一般认为新产品的开发是企业创造市场需求的主要途径。其实，市场创新的更多内容是通过企业的营销活动来进行的，即在产品包装、结构、性能不变的前提下，或通过市场的地理转移，或通过揭示产品新的物理使用价值，来寻找新用户，再通过广告宣传等促销工作，来赋予产品一定的使用价值，影响人们的某种消费心理和消费行为，诱导、强化消费者的购买动机，增加产品的销售量。

7. 文化创新

现代管理发展到文化管理阶段，可以说是更深层次的管理。通过员工价值观与企业价值观的统一，建立企业独特的管理制度体系和行为规范，使企业文化成为企业的思想基础。创新不仅是现代企业文化的一个重要支柱，而且还是社会文化中的一个重要部分。当今文化创新已成为企业文化的奠基工作，创新价值观得到了企业全体员工的认同，行为规范就会得以完善和提升，企业的动力机制就会高效运转起来。

8. 管理创新

组织创新和管理创新虽有异曲同工的作用，但管理创新的内容更广泛一些。管理创新是在计划、组织、领导、控制等管理职能方面采用的新方法和新手段，从而更好地发挥管理职能的功效。

二、创新的过程与组织

（一）创新的过程

要有效地组织系统的创新活动，就必须研究和揭示创新的规律。创新是对旧事物的否定，是对新事物的探索。对旧事物的否定是说，创新要突破原先的制度，破坏原先的秩序，必须不能墨守原先的章程；对新事物的探索，指创新者只能在不断地尝试中去寻找新的程序、新的方法。在最终的成果取得之前，可能要经历无数次反复，无数次失败，因此，它看上去似乎是杂乱的。但这种"杂乱无章性"是相对于旧制度、旧秩序而言的，是对于创新之前的突破而言的。就创新的总体来说，它们必然依循一定的步骤、程序和规律。

总结众多成功企业的经验，成功的创新要经历"寻找机会、科学构思、审慎行动、不懈坚持"这样几个阶段的努力。

1. 寻找机会

创新是对原有秩序的破坏。原有秩序之所以要打破，是因为其内部存在着某种不协调的现象。这些不协调对系统的发展提供了有利的机会或造成了某种不利的威胁。创新活动正是从发现差异和利用旧秩序内部的这些不协调现象开始的，不协调为创新提供了契机。

旧秩序中的不协调既可存在于系统的内部，也可产生于对系统有影响的外部。

（1）就系统的外部来说，有可能成为创新契机的变化主要有：①技术的变化，可能影响企业资源的获取、生产设备和产品的技术水平。②人口的变化，可能影响劳动力市场的供给和产品销售市场的需求。③宏观经济环境的变化。迅速增长的经济背景可能给企业带来不断扩大的市场，而整个国民经济的萧条则可能降低企业产品需求者的购买能力。④文化与价值观念的转变，可能改变消费者的消费偏好或劳动者对工作及其报酬的态度。

（2）就系统内部来说，引发创新的不协调现象主要有：①生产经营中的瓶颈，可能影响劳动生产率的提高或劳动积极性的发挥，因而始终困扰着企业的管理人员。这种卡壳环节，既可能是某种材料的质地不够理想，或始终找不到替代品，也可能是某种工艺加工方法的不完善，或某种分配政策的不合理。②企业意外的成功和失败，派生出的产品之销售额出人意料、其利润贡献出人预料地超过了企业的主营产品；而老产品虽经过精心整顿改进后，结构更加合理、性能更加完善、质量更加优异，却并未得到预期数量的订单……这些出乎企业预料的成功和失败，往往可以把企业从原先的思维模式中驱赶出来，引发成为企业创新的一个重要源泉。

企业的创新，往往是从密切地注视、系统地分析社会经济组织在运行过程中出现的不协调现象开始的。

2. 提出构想

敏锐地观察到不协调现象以后，还要透过现象究其原因，并据此分析和预测不协调的未来变化趋势，估计它们可能给组织带来的积极或消极后果；并在此基础上，努力利用机会或将威胁转换为机会，采用头脑风暴、德尔菲、畅谈会等方法推导出多种解决问题、消除不协调的新思维、使系统在更高层次实现科学的构想。

3. 审慎行动

创新成功的秘密主要在于审慎行动。提出的构想可能还不完善，甚至可能很不完善，但这种并非十全十美的构想必须立即付诸行动才有意义。"没有行动的思想会自生自灭"，这句话对于创新思想的实践成效尤为重要，一味追求完美，怕受讥讽、怕被攻击的徘徊，可能错失良机，把创新的机会白白地送给自己的竞争对手。例如，20世纪70年代，施乐公司为了把产品搞得十全十美，在罗彻斯特建造了一座全由工商管理硕士（MBA）占用的29层高楼。这些MBA们在大楼里对每一件可能开发的产品都设计了拥有数百个变量的模型，编写了一份又一份的市场调查报告，然而，当这些人继续不着边际地分析时，当产品研制工作被搞得越来越复杂时，竞争者已把施乐公司的市场抢走了50%以上。创新的构想只有立即动手才能逐渐完善，只有迅速地而审慎的行动才能抓住"不协调"提供的机会。

4. 不懈坚持

构想也会遇到问题，尝试中是有风险的。创新的过程是不断尝试、不断失败、不断完善、不懈努力、坚持到底的过程。因此，创新者在开始行动以后，为取得最终的成功，必须坚定不移地继续下去，决不能半途而废，否则便会前功尽弃。在创新过程中，创新者必须有足够的自信心，有较强的忍耐力，在尝试过程中，既要为减少失误或消除失误后的影响采取必要的预防或纠正措施，又不把一次"战役"（尝试）的失利看成整个"战争"的失败，要知道创新的成功是在屡屡失败后获得的。伟大的发明家爱迪生曾经说过："我的成功乃是从一路失败中取得的。"这句话对创新者应该有所启示。创新的成功在很大程度上要归因于"最后五分钟"的坚持。

（二）创新的组织

1. 创新的主体

（1）全体员工是创新活动的源泉

管理创新活动的源泉在于全体员工的积极性、智慧和创造力的发挥。因此，企业管理者要创造出鼓励创新的氛围，依靠全体员工开展创新活动。这样才能不断涌现出新的创意，管理创新活动的推行也更容易得到支持。当然，作为单个人的员工很难成为管理创新的主体，因为其工作性质属于操作层，且受到上司多方面的控制，虽有创意也很难在工作中进行实践。但作为群体的员工却往往能成为管理创新的主体，这是因为群体中可以包容大量的创意，当这些创意得到企业家认可并付诸实施时，这些员工们就成了真正的管理创新主体。

（2）管理者是创新管理的中坚力量

企业中有许多管理者，在专业分工的条件下对自己职责范围里的事物、人员、资源进行管理。这些管理领域如人事、财务、生产、营销等均存在大量创新空间，因此这些管理者如果提出创意并加以实施的话，就成为管理创新的中间主体。如果在企业的鼓励下，一个企业许多管理人员都在进行管理创新探索，那么这种企业必定充满活力。

（3）管理专家和研究机构是创新管理的辅助

在复杂、多变和激烈的竞争环境中单凭企业家和管理人员的知识、智慧、经验是不够的，还需要借助一些专门的管理专家、参谋机构的理论和智慧，依靠他们来分析、收集信息、制订方案，并帮助企业家付诸实施，这种利用"外脑"的方式对创新管理是非常重要的。

（4）创新型企业家是创新管理的关键

由于企业家在整个企业发展中所处的特殊地位，他们具有管理支配权，既可亲自提出创意又能付诸实施，所以对管理创新活动会产生重大影响。企业家是管理创新的关键人物。企业要想不断创新，首先必须有锐意进取的创新型企业家。

企业家始终在寻求变化，对变化作出及时反应，并把变化作为创新机会予以利用。企业家的创新精神要求他们必须具备一定的心智特征和能力结构。

①创新型企业家的心智特征。心智特征是由过去的经历、素养、价值观所形成的基本固定的思维方式和行为习惯。作为创新主体的企业家应具备下面一些心智特征：善于学习、具有广博的知识；善于思考、具有系统的思维方式；勇于进取的价值取向；健全的心理素质；优秀的人格品质。

②创新型企业家的能力结构。作为管理创新主体的企业家必须具备一定的能力才可能完成创新管理的过程。其能力包括：创新能力、转化能力、应变能力、组织协调能力。

2. 创造促进创新的组织氛围

促进创新的最好方法是大张旗鼓地宣传创新，激发创新，树立"无功便是过"的新观念，使每一个人都奋发向上、努力进取、跃跃欲试、大胆尝试。要营造一种人人谈创新、时时想创新、无处不创新的组织氛围，使那些无创新欲望或有创新欲望却无创造行动、从而无所作为者自己感觉到在组织中一无是处；使每个人都认识到组织聘用自己的目的不是要自己简单地用既定的方式重复那些重复了若干次的操作，而是希望自己去探索新的方法，找出新的程序，只有不断地去探索、去尝试才有继续留在组织中的资格。

3. 制定有弹性的计划

创新意味着打破旧的规则，意味着时间和资源的计划额外占用，因此，创新要求组织的计划必须具有弹性。创新需要思考，思考需要时间。把每个人的每个工作日都安排得非常紧凑，对每个人在每时每刻都实行"满负荷工作制"，则创新的许多机遇便不可能发现，创新的构想也无条件产生。美籍犹太人宫凯尔博士对日本人的高节奏工作制度就不以为然，他说：一个人"成天在街上奔走，或整天忙于做某一件事，没有一点清闲的时间可供他去思考，怎么会有新的想法"？他认为，每个人"每天除了必须的工作时间外，还必须抽出一定时间去供思考用"。同时，创新需要尝试，永无尝试机会的新构想就只能停留在人们的脑子里或图纸上，不可能给组织带来任何实际的效果。

4. 正确地对待失败

创新的过程是一个充满着失败的过程，创新者应该认识到这一点，创新的组织者更应该认识到这一点。只有认识到"失败是正常的，甚至是必需的"，管理人员才可能允许失败，支持失败，甚至鼓励失败。当然，支持尝试，允许失败，并不意味着鼓励组织成员去马马虎虎地工作。这里说的是希望创新者在失败中取得有用的教训，学到一点东西，变得更加明白，从而使下次失败到创新成功的路程缩短。美国一家成功的计算机设备公司在它那只有五六条的企业哲学中甚至这样写道:"我们要求公司的人每天至少要犯 10 次错误,如果谁做不到这一条,就说明谁的工作不够努力。"

5. 建立合理的奖酬制度

要激发每个人的创新热情,还必须建立合理的评价和奖惩制度。创新的原始动机也许是个人的成就感、自我实现的需要,但是如果创新的努力不能得到组织或社会的承认,不能得到公正的评价和合理的奖酬,则继续创新的动力会渐渐失去。

注意物质奖励与精神奖励的结合。奖励不一定是金钱上的,而且往往不需要是金钱方面的,精神上的奖励也许比物质报酬更能满足驱动人们创新的心理需要。从经济的角度来考虑,物质奖励的效益要低于精神奖励:金钱的边际效用是递减的,为了激发或保持同等程度的创新积极性,组织不得不支付越来越多的奖金。对创新者个人来说,物质上的奖酬只在一种情况下才是有用的,奖金的多少只能被视作是衡量个人的工作成果和努力程度的标准。

奖励不能视作不犯错误的报酬,而应是对特殊贡献、甚至是对希望作出特殊贡献的努力的报酬;奖励的对象不仅包括成功以后的创新者,而且应当包括那些成功以前、甚至是没有获得成功的努力者。就组织的发展而言,也许重要的不是创新的结果,而是创新的过程。如果奖酬制度能促进每个成员都积极地去探索和创新,那么对组织发展有利的结果是必然会产生的。

奖励制度要既能促进内部的竞争,又能保证成员间的合作。内部的竞争与合作对创新都是重要的。竞争能激发每个人的创新欲望,从而有利于创新机会的发现、创新构想的产生;而过度的竞争则会导致内部的各自为政,互相封锁。协作能综合各种不同的知识和能力,从而可以使每个创新构想都更加完善,但没有竞争的合作难以区别个人的贡献,从而会削弱个人的创新欲望。要保证竞争与协作的结合,在奖励项目的设置上,可考虑多设集体奖,少设个人奖,多设单项奖,少设综合奖,在奖金的数额上,可考虑多设小奖,少设甚至不设大奖,以给每一个人都有成功的希望,避免"只有少数人才能成功的超级明星综合症",从而防止相互封锁和保密,破坏合作的现象。

第三节　危机管理

管理故事

顾客满意为重

1998 年 4 月,开业不久的重庆家乐福江北金观音店在重庆一家当地报纸上刊登了一则家乐福特价酬宾广告,其中说:"百事可乐原价 5.00 元,现价买一赠一(2.00 元)。"当时商家刊发广告的意图是购买一瓶 1.25 升百事可乐,赠送一瓶 2 元的开府可乐。但是顾客却理解成百事可乐买一送一,总共只需 2 元钱。

4 月 17 日那天,许多顾客直接奔向家乐福的饮料柜,抢购 1.25 升装百事可乐。可当顾客按每瓶 2 元钱的价格付款时,家乐福的收银员却怎么也不肯,双方僵持不下。由于商店原先根本没有想到这则广告存在歧义,因而不能一下子做出反应,局面变得不好收拾,直到店长布拉松出面才解决了问题。作为该店的店长,法国人布拉松对该事件表现得沉稳而又得体，他说："尊重顾客的意愿。"

几十人上百人迅速就把 500 件百事可乐购买一空，超市不得不马上调货补充，并调集保安人员维持秩序，帮助顾客有序购买。为了不影响整个商场购物环境，后来超市不得不规定每人限购两瓶。同时在该市报纸上发表启事对原广告失误加以修正，使百事可乐价格问题圆满解决。

显然，金观音店卖出的这批百事可乐大大低于成本价。当有人问及布拉松关于此事的看法，布拉松说："向企业负责，更向公众负责，我们愿意尊重顾客的意愿。我不在乎利润的损失，我的宗旨是顾客满意为先。"百事可乐一事使家乐福的诚信度大大提高。无意中的价格事故，虽然产生了一时的"利润危机"，但布拉松的经营宗旨却赢得了重庆市民的称颂，它不仅买回了一个教训，同时也为家乐福树立了良好的口碑。

管理技能

1. 重庆家乐福江北金观音店出现何种危机？并分析危机出现的原因。
2. 店长布拉松处理危机的方法是什么？此种方法的利和弊分别是什么？

一、危机和危机管理的涵义

1. 危机的涵义

在日常生活中，危机这个词被广泛使用，从能源危机到环境危机，从人口危机及到战争危机，频繁的使用使它几乎变成了灾难或意外的等同语。《韦伯大辞典》有一个关于危机的定义：危机是事件的不稳定的、关键时刻的一种状态，在这个状态中会有一些大的变化发生，同时可能伴随着一些大家不希望发生的结果。"危机"是由两个字组成，即"危"和"机"。"危"，代表的是危险，"机"，代表的是机会。这里所说的机会不是指可获得更多额外的利益，而是其隐含存在脱险的机会，或是降低危机爆发所带来的可能不利效应。在危机管理理论领域，对于危机的概念，许多学者从不同角度对危机进行了描述：

危机对策研究的先驱 C. F. 赫尔曼曾经对危机下过一个经典的定义："危机是威胁到决策集团优先目标的一种形势，在这种形势中，决策集团作出反应的时间非常有限，且形势常常向令决策集团惊奇的方向发展。"巴顿（Barton）说："危机是一个会引起潜在负面影响的具有不确定性的大事件，这种事件及其后果可能对组织及其员工、产品、服务、资产和声誉造成巨大的损害。"福斯特（Forster）认为："危机具有四个显著特征，即急需快速作出决策、严重缺乏必要的训练有素的员工、相关物资资料紧缺、处理时间有限。"里宾杰（Etrbniger）也认为："危机是对于组织未来的获利性、成长乃至生存发生潜在威胁的事件。"

总之，国外学者对危机的界定偏重于对一个事件、一种情景的描述，强调其带来的损害与威胁。

国内对危机的理解强调其双重含义，既看到危机造成的损失与威胁，也强调其有助于组织发现隐患、找到振兴机会的潜在作用，强调其时间上的急迫性。如《汉语大词典》中对危机的解释：①是潜在的祸害或危险；②是严重困难的关头。前者是指日常的经营运作中那些有损于利益或者妨碍目标实现等所有不利于成长和发展的问题没有被及时发现和解决，以致逐渐积累终于酿成大祸，即组织自身存在的经营隐患；后者则是指那些难以预料的突发事件在极短的时间内给组织造成巨大的人身和财产损失或者产生对组织发展极为不利的社会影响，有可能危及组织生存的特定时期，即组织控制范围以外发生突发事件，需要组织积极应对化解的关键时刻。

结合中外学者对危机的界定，我们可以将危机定义为：组织所面对的外部突发事件或某种经营管理隐患的累积爆发，它对组织的日常运营、战略目标的实现或生存发展构成威胁或严重损害，要求组织管理者在最短的时间内做出决策，及时采取措施主动化解的特殊时期。

2. 危机的特征

（1）危机的程度性

在危机的不同发展阶段，危害程度也不同，管理者应正确地评估危机，分清哪些是较轻的危机，哪些是严重甚至程度危及生存的危机，特别是同时爆发多种危机的情形更是如此。危机的影响范围和损害程度不同，组织处理的方式和资源的配置也不同，在危机处理过程中需要依据一定的指标划分危机的不同级别以便分别采取对应措施及处理方式。如SARS期间，我国依据每天新增病例人数划分了不同危险等级，以便对应调整监测、隔离限制活动范围等措施。

（2）危机的复杂性

危机很少是由单一因素造成的，一般也不会毫无先兆地突然发生，所谓"冰冻三尺，非一日之寒"讲的就是这个道理。危机一旦爆发，必定是由多种不利因素的负面影响长期累积的结果，这些因素包括组织内部因素和组织外部因素。一个生产性组织的原料或产品的长期积压，错误的投资决策，混乱的财务管理体系等都可影响组织的现金流而使一个经营看似良好的公司陷入破产的境地。危机的复杂性还表现在多种危机同时爆发，几种危机之间相互关联、相互影响。如摩托罗拉公司投资的"铱星公司"，尽管技术绝对领先但却因价格过高、市场定位失误、合作伙伴选择不当等原因出现经营困难，引发投资者信任危机，资金流断裂而不得不宣布破产。

（3）危机的动态性

危机爆发后随着时间的流逝而不断变化扩展，如果不能及时控制则有可能使一个微小的危机发展成为危及组织生存的重大危机。危机管理的措施得当，资源投入大，危机就会得到有效的控制和恢复，如果对危机的认识不够，没有采取很好的措施，也没有相应的投入，危机就会不断扩大。危机的动态性还表现在危机的扩大与控制消灭的斗争之中。如三株公司在蓬勃发展、蒸蒸日上的巅峰期，却由于一名消费者意外死亡的事件没有及时妥善解决和忽略媒体的作用而导致全国销售额直线下滑，月销售额从数亿元跌到不足1 000万元，积压库存达2 400万瓶，相当市场价值7亿元，公司出现全面亏损，到处传言三株已向有关方面申请破产。尽管法院的最终裁决是公司产品质量没有问题，但却已经为时过晚、无力回天，公司不得不彻底放弃"三株口服液"的生产销售。

（4）突发性和不确定性

危机往往都是不期而至，令人措手不及，危机一般是在组织毫无准备的情况下瞬间发生，给组织带来的是混乱和惊恐，此即为危机的突发性。所谓不确定性，是指人们不可能或无法对问题进行客观分类的情形。因此，面对具有不确定性特征的问题时，人们的行为在很大程度上依赖于"其对自己正确估计机会的估计",或者说,依赖于他对自己信念的置信度。也就是说,不确定情形下,人们只能对问题给出主观分类并赋予这种主观分类以一定的主观概率,比如对在未来 3 年内科学家们能否研制出 SARS 疫苗这一事件的估计。因此,在这种情形下,人们能否正确预见事物的未来,完全依赖于洞察力、敏感性、专业知识以及运气。

(5)破坏性

由于危机常具有"出其不意,攻其不备"的特点,不论什么性质和规模的危机,都必然不同程度地给组织造成破坏,造成混乱和恐慌,而且由于决策的时间以及信息有限,往往会导致决策失误,从而带来无法估量的损失。另一方面,危机往往具有连带效应,引发一系列的冲击,从而进一步扩大事态。危机不仅会破坏正常的组织运营秩序,更严重的是会破坏组织持续发展的基础,威胁组织的未来发展。

(6)急迫性

危机一旦爆发,其破坏性的能量就会被迅速释放,并呈快速蔓延之势,如果不能及时控制,危机会急剧恶化,使组织遭受更大损失。而且由于危机的连锁反应及新闻的快速传播,如果给公众留下反应迟缓,漠视公众利益的形象,势必会影响公众的同情和支持。因此,对于危机处理,可供作出正确决策的时间是极其有限的,这也正是对组织决策者最严峻的考验。

(7)聚焦性

进入信息时代后,危机信息的传播比危机本身的发展要快得多。媒体业的发展大大强化了媒体在危机中的影响与作用。信息传播渠道的多样化、时效的高速化、范围的全球化,使危机情境迅速公开化,成为公众聚集的中心,成为各种媒体热炒的素材。同时,作为危机的利益相关者,各类媒体不仅仅关注危机本身的发展,也更关注组织对危机的处理态度和所采取的行动。作为社会公众有关危机的主要信息来源,各种形式的媒体对危机报道的内容和态度影响着公众对危机的看法和态度。有些组织在危机爆发后,由于不善于与媒体沟通,导致危机不断升级。

3.危机管理

在危机已经或将对组织造成冲击时,组织都会被动或主动地开展一系列的管理措施来应对危机以减少危机造成的损害,自此危机管理作为一项相对独立的有针对性的管理活动也就应运而生了。

普林斯顿大学的诺曼·R·奥古斯丁教授认为,每一次危机本身既包含导致失败的根源,也孕育着成功的种子。发现、培育,以便收获这个潜在的成功机会,就是危机管理的精髓。而习惯于错误地估计形势,并使事态进一步恶化,则是不良的危机管理的典型。简言之,如果处理得当,危机完全可以演变为"契机"。

美国学者 StevenFink 认为"对于组织的前途转折点上的危机,有计划的消除风险和不确定性,使组织更能掌握自己前途的艺术。"

日本学者龙泽正雄将危机发现与危机确认作为危机管理的出发点,认为危机管理是发现、确认、分析、评估和处理危机的系统过程。

尽管上述定义的表述各不相同,但它们都强调了以下两点:第一,危机管理是一个时间序列,既包括危机爆发前的管理又包括危机爆发后的管理;第二,危机管理的目的在于减少乃至消除危机可能带来的危害。

　　基于上述认识，我们把组织的危机管理界定为：所谓危机管理，是指组织或个人通过危机监测、危机预警、危机决策和危机处理，达到避免、减少危机产生的危害，甚至将危机转化为新的发展机会等目的的一系列活动。简而言之，通过管理使潜在危机或者现实危机的危害性降到最低。

二、造成我国危机事件的主要原因

　　解决问题的关键，是搞清楚问题的来源，那么，危机是如何产生的呢？这是实施危机管理的前提条件。由前面的危机分类可以看出，引发危机的因素可以大致归纳为组织的外部环境和内部环境两方面，因此，专家们一般依据危机的来源将其分为外部危机和内部危机两大类。组织外部危机是指由于国内外经济政治环境的变化、组织所属行业的变迁以及各种自然灾害或其他突发性风险事件的发生等组织不可控因素的出现而造成的危机；而组织内部危机是指组织在经营的过程中，由于自身管理不当而造成的危机。

　　1. 外部原因

　　主要包括以下几个方面的情况：

　　（1）自然灾害。自然灾害是由自然不可抗力所引起的灾难，如地震、海啸、雷电、水灾、干旱、自然环境的变化而引发的疾病等。在爱立信从手机市场大溃退事件中扮演重要角色的美国新墨西哥州的飞利浦公司，正是由于雷电引起电压骤升，电线进出的火花点燃了该公司的第 22 号芯片厂的车间，使数以万计的手机芯片毁于一旦。自然灾害所引发的危机与组织所在的地理位置、组织的性质、组织所从事的行业有关，由于自然灾害无法预测，组织也无法左右其发生，因此组织除了作必要的准备外，重点在于如何应付处理。

　　（2）政治、法律法规变化所引发的危机。一个组织与其所在地的政治、法律息息相关。政权的变更、政治风波、新法律出台、行业标准的提升，会对组织过去所从事的业务产生影响，也迫使组织对今后作出新的抉择。2001 年 11 月 16 日，对于中美史克公司来说是一个梦碎的日子，中国国家药品监督管理局发布关于暂停使用和销售含"苯丙醇胺"药剂的通知，中美史克公司的两个主打产品康泰克和康得正含有这种成分，这次危机使年销售量为 7 亿元的史克公司暂时退出了非处方感冒药市场。

　　（3）经济环境的变化和技术的进步。一个国家经济的发展或萎缩，国家宏观经济结构的调整，发生金融危机等都可能使组织发生危机。另外，技术的进步也是组织发生危机的重要原因。技术进步往往会大大提高生产率，提供更为优质的技术革新产品，使企业原有的生产显得落后，产品过时。成本较低的替代品的出现，对企业可能是致命的一击。新的检测手段的出现，使得产品检测的方法得到改进，人们对产品的要求也会相应地提高，原先合格的产品有可能上红榜而遭到市场的淘汰。

　　（4）媒体的误导与公众的误解。媒体在组织与公众之间扮演重要的角色，是组织与公众交流的渠道。由于组织公关或组织领导言行上的失误，媒体能掀起滔天巨浪。公众的误解往往也是通过媒体的宣传而引发事端。以生产"彼阳牦牛骨髓壮骨粉"而闻名的哈尔滨红太阳集团公司，由于"红太阳集团棒击访假记者"的负面报道而损害组织形象，经营业绩一落千丈的事件可以说是无端地祸起萧墙。

　　（5）恐怖袭击事件。只要恐怖袭击存在，人们就会永远处于惊慌和恐怖之中。

"9·11"恐怖袭击事件使美国民航业损失数百亿美元,几大航空公司相继申请破产保护。而办公地点设在世贸大厦中的企业更是损失惨重,一些企业日常业务不能继续,一些企业的客户数据由于事前没有备份而荡然无存,再加上间接损失,对某些企业来讲,不仅是一场空前的灾难,更是威胁到企业生存的危机。近年来,屡屡发生的中国政府和企业的海外工作人员遭绑架的人质危机也在一定程度上影响到组织的正常经营。总之,来源于组织外部的危机事件具有突发性、紧急性特点,往往是组织始料不及又难以预防的,需要组织通过快速反应和正确应对来减少损失和挽回影响。

2. 内部原因

危机的内部来源是指那些与组织自身的管理直接相连的各种因素由于没有得到应有的重视或处置不当,导致组织陷入困境或遭受重大损失,主要包括以下 5 个方面的原因:

(1)战略失误。公司的发展靠的是正确战略的支撑。公司盲目的多元化,投资的失误,错误地估计形势而导致战略转折点的出现,战略转折点的出现可能是危机的开始,也可能是战略调整的开端,调整得好,组织能化危机为转机,否则组织难逃劫难。

(2)财务危机。资金是组织生存的命脉,也是财务管理的重点。财务意识淡薄,财务管理混乱,预算不切合实际,财务信息搜集困难或不真实,财务控制不力,资金链条断裂,财务丑闻,都可能引发财务危机。

(3)结构和组织文化。结构并不是一成不变的,随着组织的发展,原有的结构可能降低效率,不能适应发展的要求,其行为惯性可能将组织引入歧途。其思维和处理事情的方式,在变化的环境面前可能显得落后。组织的结构和组织文化只有随着环境的变化不断更新,才能充分发挥其在组织中的支撑和主导作用。

(4)人力资源危机。人是组织重要的资源,组织的管理在很大程度上是对人的管理。员工素质低下,特别是管理人员的专业知识缺乏,思想观念、经营理念僵化,对组织或部门的活动缺乏科学的规划和控制的能力,直接影响组织的管理水平。员工的需求没有得到很好的理解和满足,缺乏科学的激励机制,员工的积极性和创造性得不到充分的发挥,员工流动大,特别是关键员工的流失、决策层的异动,都是组织必须考虑的内在危机。

(5)产品和质量。产品(包括服务)是组织存在的基础,组织产品过时,未能满足消费者的需求,在技术、质量方面落后于竞争对手,产品结构不合理都可引发危机。在众多的案例中,因产品的质量、产品设计存在缺陷而引发的危机最多,最有可能导致组织的生存危机。另外,产品的成本也是一个重要的方面,未来的竞争主要集中在质量(Quality)、成本(Cost)、交付(Delivery)、服务(Service)这四个方面,客户至上、不断降低成本和成本利润透明化的要求使组织面临越来越大的压力,准时的交付和优质的服务都是组织在未来的竞争中必须慎重考虑的问题。

三、危机管理的过程

按过程论和危机生命周期论的观点,结合危机不同时期的特点,一般的危机管理过程通常分为 3 个阶段:危机预警阶段、危机控制阶段、危机总结阶段。

1. 危机预警阶段

成功的管理者除了考虑当前的市场压力外,应花大力气考虑将来可能发生的危机。这就引出了危机管理的预防阶段:未雨绸缪。

（1）正确地认识危机

爆发危机，组织正常的经营必然被打乱，如果没有很好的危机预防措施，组织上下就会惊慌失措，就不可能正确地认识危机、分析危机的起因，也不可能采取有效的危机处理措施，从而错失了处理危机最佳时机。组织管理者在危机管理中应扮演舵手的角色，敏感地觉察到危机的紧迫性和给组织带来的严重后果，迅速找出危机的诱因，同时调动组织所有员工的积极性，利用团队精神、群体决策能力，树立战胜危机的决心和信心，对危机有针对性地采取措施，防止危机的扩散。

①风险的识别与确认。任何经营活动都伴随着一定的风险，要做好危机的预防，并不是要对所有的风险进行管理，究竟哪些风险的危害程度大到组织必须注意，哪些风险的危害程度小到可以忽略不计，这就是风险的识别。识别风险的方法有多种，可以运用行业风险，也可以用一般组织的风险加上自己组织的特有的风险，还可以从历史的经验进行中总结。如果有足够时间和资源，应尽可能地列出组织可能面临的风险即风险的确认。

②风险的评估。风险一旦确认以后，应尽可能地列出一些评估的指标，将这些指标量化，根据评估的结果，按危害程度由重到轻的顺序对风险进行排序，排在前面的则是必须高度关注的风险。评估风险有助于更好地进行风险管理，在进行风险管理的时候，必须尽可能地找出风险的诱发因素，以便对症下药，同时将资源进行合理分配，搞好资源的投入产出分析，尽可能地做到以最少的投入来化解风险。

（2）引入危机管理框架结构

以前，人们总是在危机发生时建立一个危机管理小组来协调和控制危机及其产生的影响，但这种小组是临时组建的，不具备行使一些特定任务所必备的各种技能，同时挑选小组成员也要花费很多时间。因此，我们可以尝试建立危机管理结构框架，它主要由三部分组成，第一部分是信息系统，第二部分是决策系统，第三部分是运作系统。

信息系统主要负责对外工作，由信息整合部、信息对外交流部和咨询管理部组成。信息整合部对外派出信息侦察兵来收集信息，并对所收集的信息进行整理和评估鉴定；信息对外交流部负责应付公众、媒体、利益团体和危机之外的人，咨询管理部主要负责分析危机的影响和危机管理造成大众及相关利益集团对组织的看法，并提出改善的建议，把一些重要信息及时向高层报告。

决策系统由危机管理者统帅，负责处理危机的全面工作，他必须有足够的权威进行决策，一般由首席危机管理者，如公司的经营决策层担任，也可由中级或基层管理者担任，但是这时必须由高级决策层授予其较大的权限。

运作系统由部门联络部和实战部组成，其中部门联络部负责联络公司内部受危机影响的部门与不受影响的部门，是正常经营地区与受危机影响地区的联系纽带，而实战部则负责将危机管理者的策略计划做成实战的反应策略和计划，并通过专业知识来实施这些计划。这种危机管理框架结构，不管应付何种类型、规则与性质的危机，都清楚地限定了每一个部门的工作和目标。将内部的信息沟通和提供给外部团体的信息分开，减少了误解和对抗，降低了对组织信誉所造成的影响，而且，组织可以根据需要来构建结构框架，将非危机时的工作头衔与危机管理中的任职分开。这样既可以避免机构的庞大臃肿，又可以提高应付危机的能力。

（3）建立危机预警系统

确认了风险以后，就应建立相应的危机预警系统来实现对危机的管理。建立危机预警系统的目的是尽早地发现危机，当危机发展到一定程度以后，系统能自动地报警，然后进入处理程序。过去为应对外敌的入侵而发明了狼烟，现在丰田公司因零库存而被奉为神话，加上看板管理，这些都是很好的预警系统。

危机预警系统功能就是收集危机的信息，对收集到的信息进行分析处理，然后转化为控制的指标体系，将加工整理后的信息和指标与危机预警的临界点进行比较，从而对是否发出警报作出决策。为实现上述功能，危机预警系统由以下几部分组成：①信息收集子系统。信息收集子系统的任务是对有关危机风险源和危机征兆等信息进行收集。建立信息收集子系统时，一定要满足信息收集的全面性，而且要保证信息真实性和传递的可靠性。②信息加工子系统。信息加工子系统是对所收集的信息进行分类和整理，然后转化成指标体系所需的格式。在进行信息的分类和处理时，信息加工子系统要具有对虚假信息进行识别和剔除的功能，这样可以保证决策的质量。③决策子系统。经过处理后的信息被送到决策子系统，决策子系统通过对所接收到的信息进行分析，然后将分析的结果与相应的指标体系进行比较，看是否超过了危机的临界点，如果超过，就将警报传递给警报子系统。④报警子系统。报警子系统的功能就是要将危机警报明确无误地传递给危机管理者，以便让危机管理者迅速采取行动。

建立危机预警系统时，要注意指标建立的合理性，最好将预警系统与组织的日常管理相结合，比如财务管理与财务预警系统的融合。另外，预警系统应经常维护和更新，以保证预警系统的有效性。

（4）定期对公司的管理体系进行评审

运营环境变化以后，组织原有的管理活动有可能出现与现实不符，出现的新问题又没有办法处理，组织内部容易出现扯皮、相互推卸责任和"三不管"等管理上的死角，这样不利于经营管理，也降低了经营效率；因此，应定期对管理体系进行评审，根据变化的环境和组织存在的问题，对管理体系作必要的调整和整改。对管理体系的评审和修改，应由管理层和专业的管理咨询公司一起进行，在审时度势和满足实际需要的基础上，旨在提高产品质量、劳动效率和核心竞争力。

（5）培训与模拟演习

危机预防不仅仅是管理者和少数几个人的事，它在于所有职员的参与。为使大家形成一个统一的团队，有必要将危机预防管理的基本知识与全体员工进行交流，使全体职员熟悉危机预防的常识与程序，同时集思广益，完善危机管理机制，将危机管理推向组织文化管理高度，使危机管理成为组织文化的一部分。模拟演习和培训是组织进行危机交流的有效方式。危机模拟演习能够提高职员应对危机的技能，加深员工对危机的认识，同时可以检验危机预警系统的有效性。不少企业对新进员工都要进行安全知识的培训，也有一些老国有企业门口仍写有"安全生产便是最好的效益"，这句话虽然不全对，但也是对安全事故有一定的警示作用。

2. 危机控制阶段

本阶段的首要任务是危机的确认。以发生在 1994 年年底的英特尔公司奔腾芯片的痛苦事件为例，引发这场危机的根本原因是英特尔将一个公共关系问题当成一个技术问题来处理了。随之而来的媒体报道简直是毁灭性的，不久之后，英特尔在其收益中损失了 4.75

亿美元。更可笑的是，当公司提出愿意更换芯片时，很少有用户肯接受。估计仅有大约1%到3%的个人用户更换了芯片。可见，人们并不真的要更换芯片，他们只要知道他们有权利换就行了。这个阶段的危机管理通常是最富有挑战性的。经验告诉我们，在寻找危机发生的信息时，管理人员最好听听公司中各种人的看法，并与自己的看法相互印证。

危机确认后的任务是迅速地采取行动。仅仅提高对危机的认识是不可能使危机得到解决，关键还是有所行动。火越小就越容易被扑灭，危机处理得越早，就越会把握危机处理的最佳时机，把危机的损失降到最低，危机的负面影响就越小。具体表现：

(1)成立危机管理小组

在危机的初始阶段，首先要迅速成立危机管理小组，对危机进行统一管理。其次，要员工深入群众了解危机的各个方面，收集危机具体、详细的信息，包括危机发生的时间、地点、原因、造成的损失、事态发展、员工及公众对危机的看法和他们关注的焦点。收集信息可以采用现场采访、慰问受害者及家属等方式，做好相关的记录，然后递交给有关部门。危机管理人员要对所收集的信息进行认真的分析研究，针对危机的问题提出对策并制定行动计划，行动计划应有一个最乐观的计划，即危机还没有完全得到了解决，同时也要有一个危机爆发后的计划。一个行动计划制定以前反复地进行论证，听取专业人士的意见，在确定其可行性之后，迅速地给予实施，在实施的过程中，注意反馈信息和计划的修订。

(2)迅速采取隔离措施

为了防止危机的进一步扩大，减少危机所带来的损失，应采取果断措施迅速地隔离危机现场，加强对危机现场的控制，对危机现场的人员、组织作必要的救护，防止此次危机引发其他的危机或危机向组织以外扩散。

(3)正确评估危机，有针对性地采取行动

遭遇危机，就像人生了病一样，会表现出这样或那样的不良现象，通过对危机的评估，就是要从种种危害信号中找出现实危害或潜在威胁最大的方面，有针对性地采取行动。

(4)对危机处理所需资源的管理

为了能有效解决资源运用的问题，组织平时便应设立危机资源管理系统，包括资源的种类、数量、配置低点等，从而建立资源管理系统数据库，以供危机管理小组运用。

(5)资讯的管理

随着组织规模的扩大，组织信息处理的量越来越大，引入信息管理系大势所趋，互联网的出现和应用标志着信息时代的来临，构筑先进的信息平台，有助于预防因资讯缺失而爆发的危机，也可以形成核心竞争力。在危机处程中，信息的快速收集和处理显得极为重要。危机爆发后，处理信息的速度要快，原有信息系统可能遭到不同程度的破坏，会得到真假掺杂的信息，这给危机处理带来了一定的难度。而准确又快速处理是正确有效处理危机的前提，只有危机管理者全面地了解危机现状和相关信息，并快速地将危机决策传递给危机处理者，减少危机信息传递的环节，保持资讯的准确性，保证在危机处理中用一个声音对外说话危机才会得到有效处理。

(6)加强危机中的沟通

由于危机涉及的面较广，人员较多，比如企业危机，涉及工会、雇员、股东、消费者、企业所在的社区、政府等，每个人掌握的信息、对事态关心的程度心理各不相同。为了争取相关人员的谅解和支持，缓解危机的压力，尽量争取加入危机管理团队，进行必要的沟通显得十分重要。一方面，沟通可以加强内部的信息交流，充分传达信息，使危机管理人员及普通群众对危机有全面的认识，便于上下之间合作，集思广益，保持同一步伐；另一方面，沟通可以加强组织与利益相关群体的联系，更容易获得他们的支持和信任，让他们也加入到危机处理中来，通过沟通可以将组织对危机积极负责的态度和处理危机的决心展示给利益相关群体，使他们及时了解危机的现状，统一和端正他们对危机的认识，使他们认识到危机与自己的利益息息相关，组织解决危机的努力与维护自己利益是一致的。另外，及时地沟通还可以使组织与外部公众建立良好的互动关系，特别是在危机的蔓延阶段，各种猜测平地而起，通过沟通可以澄清事实，把信息告诉公众，有利于减少公众的猜疑，也是对各种谣言有力地回击，从而大大减轻舆论的压力。

3.危机总结阶段

(1)成立评估系统并进行评估

危机结束后，组织需要成立一个调查及评估小组，在危机发生后应立即针对下列问题作评估：①计算机、沟通技术等功能是否已发挥既有的功能？②感应系统与决策群体间的合作是否良好？③以组织现有的知识与能力是否能对危机作有效的处理？④组织危机沟通网络系统是否能如期地传达所需信息？⑤组织所学到的知识是否可转化成有利于组织本身的工具？⑥组织成员还会造成决策群体在危机情境下所作的决策效果如何？由以上可知，调查评估小组所负责的是对整个危机管理活动作调查及评估工作，以供组织修正危机计划时参考。

(2)加速复原工作的推行

危机发生后，组织对其内外部遭受到伤害的利害关系者应予以适当的救助与补偿。就组织外部的利害关系者而言，在危机发生后，组织除应勇于向社会大众说明危机发生的原因与处理情形外，并应声明愿意负起道义上的责任，而不是一味地推卸责任。就组织内部而言，危机除了会造成销售量减少、利润下降、组织成员心灵上的创伤，还会造成自我价值的错乱。此时管理者应通过沟通的方式来治愈组织成员心理上的创伤，或是使组织成员们了解危机对于组织所造成的严重影响，来获取成员们的认同进而加入组织复原的工作。

(3)从教训中总结经验与危机管理的再推动

在危机爆发后，组织的管理者除了要加速复原工作的进行与成立调查评估小组外，最主要的工作还是要从危机事件中吸取教训，并将此学习回馈至危机前的准备工作，以利危机管理活动的再推动。因此，组织应当运用组织学习的理论，来从事危机管理体系的规划与运作，通过此过程来教导组织成员如何学习、分享知识、并执行创造性的决策。如此一来，才可达到所谓的预期下一个危机、避免下一个危机，更进一步达到管理下一个危机的目的。

本章小结

通过本章学习，我们了解到，所谓组织文化是组织在长期的发展过程中形成的特有的价值观念、行为方式、规范等的总和，它能引导、激励、约束组织成员实现组织共同目标。

通过本章学习，我们了解到，所谓创新管理是企业或组织在生产、技术、经营、管理等各个方面，不断地创造、应用先进的思想、科学的方法、新颖的技术，摒弃过时的东西以达到更高目标的一切创造性活动。

通过本章学习，我们了解到，所谓危机管理，是指组织或个人通过危机监测、危机预警、危机决策和危机处理，达到避免、减少危机产生的危害，甚至将危机转化为新的发展机会等目的的一系列活动。简而言之，通过管理使潜在危机或者现实危机的危害性降到最低。

本章重点介绍组织文化的建设目标和组织文化建设的方法，创新管理的内容及创新管理的过程，危机管理的操作及实施。

练习题

一、填空题

1. 组织文化的功能包括：（　　　）、（　　　）、（　　　）、（　　　）和（　　　）。

2. 创新具有以下特征：（　　　）、价值性、（　　　）、动态性、（　　　）和（　　　）。

3. 创新是（　　　）的有效方式。

4. 管理观念又称为管理理念，它是指管理者或管理组织在一定的哲学思想支配下，由现实条件决定的经营管理的（　　　）和（　　　）构成的综合体。

5. 制度创新指从（　　　）角度来分析企业系统中各成员间的正式关系的调整和变革。

6. 组织文化由表层文化、中介文化和深层文化三个层次共同构成，它们分别对应着组织文化的（　　　）、（　　　）和（　　　）。

二、选择题

1. 危机具有四个显著特征，即急需快速作出决策、严重缺乏必要的训练有素的员工、相关物资资料紧缺（　　　）。

　　A.处理经费欠缺　　　B.处理时间有限　　　C.准备时间太短　　　D.处理方法落后

2. 危机预警系统由以下几部分组成（　　　）。

　　A.信息收集子系统　　　B.信息加工子系统　　　C.决策子系统　　　D.警报子系统

3. 按过程论和危机生命周期论的观点，结合危机不同时期的特点，一般的危机管理操作通常分为三个阶段：（　　　）。

　　A.危机预警阶段　　　B.危机控制阶段　　　C.危机处理阶段　　　D.危机总结阶段

4. 一般依据危机的来源将其分为（　　　）。

　　A.外部危机　　　B.政治危机　　　C.财务危机　　　D.内部危机

5. 技术创新主要表现在（　　　）。

　　A.要素创新　　　　　　　　B.要素组合方法的创新

　　C.工艺流程创新　　　　　　D.产品创新

6. 组织文化的观念层，表现为组织的（　　　）。

　　A.共享价值观　　　B.经营管理哲学　　　C.组织风气　　　D.民族情结

三、简答题

1. 组织文化的建设目标是什么?
2. 创新管理的内容有哪些?
3. 危机管理的操作程序是什么?

参 考 文 献

[1] 徐晓黎.管理学原理[M].重庆：重庆大学出版社，2003

[2] 徐艳梅.管理学原理[M].北京：北京工业大学出版社，2000

[3] 张正博.管理学原理与企业实务[M].上海：立信会计出版社，2005

[4] 宋香云.管理学原理[M].北京：中国传媒大学出版社，2007

[5] （美）斯蒂芬·P.罗宾斯，大卫·A.德森佐主编.毛蕴诗译：管理学原理[M].大连：东北财经大学出版社，2005

[6] 汤姆森，斯迪克兰德.战略管理[M].北京：北京大学出版社，2003

[7] 龙竹，余保东.管理学原理[M].武汉：华中科技大学出版社，2002

[8] 黄雁芳.管理学教学案例集[M].上海：上海财经大学出版社，2001

[9] 熊银解.现代企业管理[M].武汉：武汉理工大学出版社，2006

[10] 安维，孙健升.现代企业管理[M].北京：中国金融出版社，2005

[11] 陈玉柱.应用管理学[M].北京：北京理工大学出版社，2010

[12] 陈京.组织行为学[M].北京：机械工业出版社，2009

[13] 张一纯.组织行为学[M].北京：清华大学出版社，2006

[14] 刘贤伟.市场营销之竞争对手分析[J].当代经济，2007(7)

[15] 杨刚.浅析企业增长型战略的决策模型[J].技术与市场，2007(8)

[16] 曾仕强.圆通的人际关系[M].北京：北京大学出版社，2008

[17] （美）黑贝尔斯，（美）威沃尔.有效沟通（第7版）[M].北京：华夏出版社，2005

[18] Stephen P. Robbins, Timothy A. Judge.组织行为学（第12版）[M].北京：中国人民大学出版社，2008

[19] 金占明.战略管理[M].北京：清华大学出版社，2004

图书在版编目（ＣＩＰ）数据

管理学原理／向秋华主编. --长沙：中南大学出版社，2011.7
ISBN 978 - 7 - 5487 - 0335 - 8

Ⅰ. 管… Ⅱ. 向… Ⅲ. 管理学 Ⅳ. C93

中国版本图书馆 CIP 数据核字(2011)第 135453 号

管理学原理
（第 2 版）

主编 向秋华

□责任编辑	陈应征		
□责任印制	易建国		
□出版发行	中南大学出版社		
	社址：长沙市麓山南路		邮编：410083
	发行科电话：0731 - 88876770		传真：0731 - 88710482
□印　　装	长沙德三印刷有限公司		

□开　　本	787 × 1092　1/16	□印张 19.5	□字数 482 千字
□版　　次	2015 年 8 月第 2 版	□2018 年 9 月第 3 次印刷
□书　　号	ISBN 978 - 7 - 5487 - 0335 - 8
□定　　价	40.00 元